IQ·EQ 박사 　현용수의 인성교육 시리즈 8

## 이스라엘을 모델로
# 좌파 논리 쪼개기

〈부제: 기독교인의 성경적 국가관과 정치관〉

현용수 지음

SOUTH KOREA AND ISRAEL

도서출판 쉐마

IQ·EQ 박사 현용수의 유대인의 자녀교육: 인성교육 시리즈 ⑧

## 이스라엘을 모델로 좌파 논리 쪼개기
### <기독교인의 성경적 국가관과 정치관>

| | |
|---|---|
| 초판 | 1쇄 (도서출판 쉐마, 2021년 6월 1일) |
| | 2쇄 (도서출판 쉐마, 2021년 7월 1일) |
| 지은이 | 현용수 |
| 펴낸이 | 현용수 |
| 펴낸곳 | 도서출판 쉐마 |
| 등록 | 2004년 10월 27일 |
| | 제315-2006-000033호 |
| 주소 | 서울시 강서구 공항대로71길 54 |
| | (염창동, 태진한솔아파트 상가동 3층) |
| 전화 | (02) 3662-6567 |
| 팩스 | (02) 2659-6567 |
| 이메일 | shemaiqeq@naver.com |
| 홈페이지 | http://www.shemaIQEQ.org |
| 총판 | 한국출판협동조합(일반) |
| | 생명의말씀사(기독교) |

Copyright ⓒ 현용수(Yong Soo Hyun) 2021
본서에 실린 자료는 저자의 서면 허가 없이 복제를 금합니다.
Duplication of any forms can't be published without written permission.

ISBN 978-89-91663-90-9

값 25,000원

도서출판 쉐마는 무너진 교육을 세우기 위한 대안으로
인성교육과 쉐마교육의 원리와 실제를 연구하여 보급합니다.

*Character Development Series* ⑧

# The South Korea Suicide

〈Politics and Faith:
The Case for One Judeo Christian Perspective.
Biblical Nationalism and Politics, Modeled on the Israel〉

By

Yong Soo Hyun (Ph. D.)

---
Presenting
Modern Educational Problems and
It's Solution
---

2021

Shema Books
Seoul, Korea

# 차 례

## 서평 · 추천사

- 최홍준 목사 : 모든 목사, 장로, 성도들은 밤을 새서라도 읽어야 할 책이다 · 23
- 이성구 박사 : 쉐마교육을 통한 정치신학 정립, 한국교회의
  새 역사 시작의 계기 마련 · 30
- 김진섭 박사 : "좌파의 허구, 우파의 빈약, 중도 혹은 예수파라는 모순"을
  한꺼번에 해결 · 37
- 정성구 박사 : 잠자는 한국교회 지도자들과 지식인들을 일깨울 것 · 40

저자 서문1: A박사의 좌파 논리 반박에 놀랐다 · 42
저자 서문2: 자살하는 대한민국을 구하는 길을 찾아서 · 48
〈목사의 '예수파' '중도'라는 말에 놀랐다〉

---

### 제1부
### 하브루타식
### 대한민국 좌파 논리 쪼개기

---

### 제1장
### 하브루타식
### 대한민국 좌파 애국관 쪼개기
〈인성교육학적 입장〉

Ⅰ. 서론 · 70

1. 문제 제기 · 70
   A. 공산화되는 대한민국 안보의 위기 · 70
2. 총체적 난국: 나라가 자살하고 있다 · 76

〈알고 갑시다〉 조직적 대한민국 와해 작전에 속은 국민들 · 79

3. 본서의 글 형식 · 84

4. 용어에 대한 정의 · 85

  A. 보수와 진보의 정의 · 85

    1) 일반 생활방식적인 측면에서 보수와 진보의 정의 · 85

    2) 이념적인 측면에서 보수와 진보의 정의 · 86

    3) 신학적인 측면에서 보수와 진보의 정의 · 88

  B. 우파와 좌파 및 종북좌파의 정의 · 88

    1) 인문학적인 측면에서 우파와 좌파의 정의 · 88

    2) 이념적인 측면에서 우파와 좌파 및 종북좌파의 정의 · 89

    3) 성경적인 측면에서 우파와 좌파의 정의 · 89

    〈알고 갑시다〉 약 70년간의 참담한 공산주위 실험 · 90

## II. 좌파 A박사의 문제제기와 현용수의 반론
〈왜 한국인은 이념적 잣대로 진짜와 가짜 애국을 분별해야 하는가〉 · 91

  A박사의 문제제기1에 대한 반론 · 92

    - 좌파는 종북, 보수는 애국이라는 이분법적 프레임이 나쁘다고요

    - 진짜 애국과 가짜 애국 분별법

    〈현용수 칼럼〉 경제 전문인과 민주 투사의 공과(功過) 차이 · 97

  A박사의 문제제기2에 대한 반론 · 100

    - '극단적인 몇몇 정치인들'의 영향력을 무시하라고요? 안 되는 이유는

    〈알고 갑시다〉 문재인, 당신은 잊혀지고 싶겠지만 우리는 당신을 잊지 못한다 · 102

  A박사의 문제제기3에 대한 반론 · 106

    - 좌파와 우파의 시위 현장이 다른데, 어디를 가야 국익에 도움이 되나요

A박사의 문제제기4에 대한 반론 ·107
- 사기꾼이 아니면 정치인은 자신의 이념을 말해야 합니다. 왜냐고요

A박사의 문제제기5에 대한 반론 ·108
- 다음에 동성애 옹호, 북한 인권과 핵에 침묵하는 분을 뽑지 말자고요 그들이 당신이 옹호하는 좌파인줄 모릅니까
〈권면사〉 이승만 대통령 서거 55주년 추도예배 권면사 ·110

A박사의 문제제기6에 대한 반론 ·115
- 좌파와 보수의 정치색을 자제하라고요? 이승만 박사의 위대함을 압니까
- 저자가 합리적이고 개혁적인 보수를 지향하지 않는다고요

A박사의 문제제기7에 대한 반론 ·118
- 김구 선생처럼 보수와 진보를 초월한 분이 쉐마교육에 합당하다고요
- 김구 선생에게 애족의 실체는 있었으나 애국의 실체가 없었던 게 문제였습니다
- '민족'과 '국가' 중 그리고 '통일'과 '국가' 중 어느 것이 더 우선합니까
〈알고 갑시다〉 MBC는 거짓 평화 선동을 중단하라! ·128
- 한시준 교수의 문제제기에 대한 반론: 헌법에 '건국'이란 단어가 없으면 건국이 아닌가 ·130

A박사의 문제제기8에 대한 반론 ·133
- 오늘날 대한민국의 존재가 김구 선생 같은 많은 분들 덕분이라고요
- 조선의 독립이 누구의 공인지 압니까
- 대한민국을 건국하신 이승만 박사만이 가진 두 가지 위대한 특징
- 왜 젊은이들이 한국을 '헬 조선'이라고 하는지 압니까
〈인성교육학적인 입장에서 분석〉
〈알고 갑시다〉 이승만은 '美 제국주의 앞잡이'였는가 ·140
〈이승만을 미국이 제거하려고 비밀계획을 세웠다〉

A박사의 문제제기9에 대한 반론 ·143
     - 교수님과 다르게 생각하는 분들도 존중해 달라고요

   A박사의 문제제기10에 대한 반론 ·143
     - 저자가 독립운동가들의 공을 이승만 대통령보다 작게 보고 무시한
       듯 하다고요
     - 왜 이승만 박사의 과오는 말하지 않느냐고요

   A박사의 문제제기11에 대한 반론
     - 국민이 어리석지 않다고요 ·144
     〈알고 갑시다〉'한국민, 북한 호감도 역대 최고'…아산정책연구원 여론조사 ·148

   A박사의 문제제기12에 대한 답변 ·149
     - 현재 솔로몬의 지혜는? 가짜 애국에 속지 않는 방법은?
     - 문제 해결의 답으로 유대인을 모델로 한 현용수의 '인성교육학'과
       '쉐마교육학'의 논리를 제시하는 이유

Ⅲ. K목사의 문제제기에 대한 현용수의 반론 ·153

Ⅳ. 인성교육에서 효를 빼자는 진보 국회의원들 무엇이 문제인가 ·159

 1. 효가 인성교육에 미치는 영향 ·159
   〈무상복지의 허구〉 산 갈매기와 죽은 갈매기 ·168
 2. 충(忠)의 제거가 '헬 조선'이란 비아냥의 근본 원인이다 ·170
   〈알고 갑시다〉'해변의 모래'와 '하늘의 별처럼'의 차이 ·175
 3. 결론 ·176

## 제2장
## 이스라엘을 모델로 한 기독교인의 국가관과 정치관
〈하브루타식 교회 좌파 정치 논리 쪼개기〉

### I. 문제제기 · 181

1. 정치 발언하는 목사는 비정상인가 · 181
2. 일러두기: 정치 주제가 쉐마교육의 영역에 포함되는 이유 · 182

### II. 좌파 A박사의 문제제기와 현용수의 반론 · 183

1. A박사의 문제제기 1-2에 대한 반론 · 183

   Q1. 이념적 잣대를 앞세우면 기독교의 본질인 예수님의 복음이 훼손될 수 있나 · 184

   Q1-1. 독일 히틀러의 이념에 잠잠했던 독일 교회의 비참했던 최후를 잊었나 · 184

   〈알고 갑시다〉 유대인 하나가 고통을 당하면 모든 유대인이 아프다 · 188

   Q1-2. 복음은 왜 이념의 잣대를 앞세워도 훼손 받지 않고 그것을 초월하나 · 189

2. 국가관과 정치는 왜 구약의 이스라엘을 모델로 해야 하나 · 192
   〈삼위일체론에 근거한 정치신학〉

   Q1. 삼위일체론에서 국가관과 정치는 왜 성자 예수님의 영역이 아니고 성부 하나님의 영역인가 · 192

   Q1-1. 성부 하나님, 성자 하나님 그리고 성령 하나님의 기능적 역할 분담 · 192

   Q1-2. 한 죄인이 구원을 받아 성부 하나님의 자녀가 되는 과정 · 197

   Q1-3. 왜 기독교인의 국가관과 정치 모델은 이스라엘의 유대인인가 · 199
   〈교회에 적용〉

   Q2. 왜 모든 주제에 "예수님이라면 어떻게 말씀하실까?"가 적용되지 않나 · 202

   Q3. 왜 국가관과 정치는 예수님을 모델로 하면 안 되나 · 204

   Q3-1. 세례요한과 예수님의 정치참여 차이 · 204

Q3-2. 왜 예수님은 바리새인의 정치적 질문을 피하셨는가 · 207
Q4. 요약: 왜 국가 정치에서 '예수파'는 '성부 하나님파'가 되어야 하나 · 212
Q5. 적용: 미국의 9.11테러에 대한 두 가지 의견 중 어느 것이 옳은가? · 216
〈부시 대통령 vs K 교수〉

〈알고 갑시다〉 미국(GNP $57,904)과 한국(GNP $27,125)의 복지 수준 비교 · 219

3. 예수님이 말씀하신 '용서'와 '화해'는 국가 사이에도 적용 되나 · 221
〈예수님이 원수를 사랑하라고 했다고 북한 정권도 사랑해야 하나〉
Q1. 왜 대한민국 정권은 북한 공산주의 정권을 용서하면 안 되나 · 221
Q1-1. 예수님의 용서 적용, 개인 사이는 되나 국가 사이는 안 된다 · 221
Q1-2. 한국이 이스라엘이라면 북한 정권을 어떻게 할 것인가 · 223
Q2. 왜 대한민국 정권은 북한 공산주의 정권과 화해가 안 되나 · 227

〈알고 갑시다〉 '통진당 해산 반대' 헌재 소장, 국민이 받아들일 수 있나 · 231

4. 왜 하나님을 닮은 목사들은 정치 발언을 꼭 해야 하나 · 233
Q1. 정치의 원조는 왜 하나님인가?〈하나님이 정치를 하셔야 할 이유와 사례〉· 233
Q2. 왜 목사는 한 손에는 성경을 한 손에는 신문을 보며 설교해야 하나 · 235
Q3. "각 사람은 위에 있는 권세들에게 복종하라"는 말씀의 바른 해석 · 239
Q4. 유대인의 정치참여 이유 〈선한 정치와 악한 정치의 구별법〉· 240

〈알고 갑시다〉 "박근혜 최악이라고 욕해 미안합니다" 서울대에 뜬 사과문 · 242
〈알고 갑시다〉 놀라운 선교 비사 · 244

5. 왜 예수파 목사는 보수우파여야 하나 · 245
Q1. 보수우파의 원조는 왜 하나님인가 · 245
Q1-1. 왜 예수파 목사는 보수여야 하나 · 245
Q1-2. 왜 예수파 목사는 우파여야 하나 · 246

Q1-2-1. 인문학적 및 이념적인 측면에서 '우파'의 정당성 · 247
　　　　첫째, 인문학적인 측면에서 '우파'의 정당성 · 247
　　　　둘째, 이념적인 측면에서 '우파'의 정당성 · 247
　　　Q1-2-2. 성경적인 측면에서 우파의 정당성: 왜 우파가 옳은가 · 248
　　　　1) 하나님은 우파의 원조이시다 · 248
　　　　2) 예수님도 우파의 원조이시다 · 250
　　　　3) 요약 및 결론 · 252
　　Q2. 목사가 '나는 예수파, 혹은 중도파'라고 하면 맞는 말인가 · 254

6. 정치신학의 결론: 목사들의 결단을 촉구하며 · 257
　Q1. 왜 예수파가 국가의 위기에 앞장서 싸워야 하나 · 257
　Q2. 정상적인 기독교인은 왜 국가의 위기에 분노해야 하나 · 259
　　Q2-1. 30년 전 유학생이 알려주었던 한국의 급변한 좌경화 소식 · 260
　　Q2-2. 왜 하나님은 예레미야를 분노로 채우셨나 · 262
　　Q2-3. 거룩한 분노를 가진 자여 침묵하지 말라 · 265
　Q3. 목사가 정치 발언하면 손해 본다고? 그래도 해야 합니다 · 267
　Q4. A박사의 결언과 현용수의 답변 · 269

7. 정치 참여 방법: 시국 한탄만하는 대형교회 L목사, 이렇게 실천하세요 · 270

Ⅲ. 좌파 손봉호 교수의 우파 교회 비판에 대한 현용수의 반론 · 276

　손봉호 교수의 주장1:
　　현재 한국은 이념 갈등이 1945년 해방 직후의 좌우 대립 같다. 교회가
　　화합의 중재 역할을 해야 한다(pp. 7-8) · 276

　현용수의 반론1:

전자는 맞지만 후자는 틀립니다. · 277

손봉호 교수의 주장2:
　교회는 우파 한쪽을 부추기어 악순환을 부채질하고 있다(p. 8). · 280

현용수의 반론2:
　부추기는 것이 아니고 교회를 죽였던 공산주의 국가들의 팩트입니다. · 280
　〈알고 갑시다〉까지만도 못한 사람들에 대한 단상〈한국에 미군이 없다면…〉· 281

손봉호 교수의 주장3:
　교회가 이념화하면 무서운 재앙을 맞을 수 있다 광화문 태극기 집회 비판(p. 8) · 284

현용수의 반론3:
　공산주의 이념과 교회의 신앙을 혼동하고 있군요. 세 가지 반론 · 284

손봉호 교수의 주장4:
　교회가 군사정부 시대에는 반정부 운동을 안 했는데 왜 현재는 하나(p. 8). · 285

현용수의 반론4:
　진정 두 가지 이유를 모르나요. · 286

손봉호 교수의 주장5:
　성경을 믿는 그리스도인은 이념의 추종자가 될 수가 없고, 이념의 추종자들은 우상숭배자들이다(p. 9). · 289

현용수의 반론5:
　그리스도인에게 자유민주주의라는 이념은 하나님을 섬기기 위한 도구이지 목적이 아닙니다. 숭배의 대상은 더욱 아닙니다. · 289
　〈알고 갑시다〉문재인은 왜 공산주의자인가 · 290

손봉호 교수의 주장6:
　기독교는 우파가 강조하는 '자유'도 좌파가 추구하는 '정의'도 모두 존중해야 한다. "동시에 그리스도인은 '탐욕으로 가득 찬 우파의 뻔뻔함'과 '독

선에 취해 있는 좌파의 위선'과는 모두 거리를 두어야 한다"(p. 9). · 295

현용수의 반론6:
'자유'와 '정의'라는 두 가지 가치는 자유민주주의가 실현될 때 얻는 귀중한 선물입니다. 과거 우파 정권보다 문재인 좌파 정권이 더 탐욕스럽고 뻔뻔하지 않나요. · 295

### IV. 유대인 전문가가 본 한일 갈등에 대한 견해 · 301

Q1. 아베에 대하여 호감을 가져야 하는가 · 302
Q2. 한국은 아베의 한국 '백색국가' 제외 결정에 대해 어떻게 해야 하는가 · 302
Q3. 그럼에도 불구하고 왜 대한민국은 친일 정책으로 가야 하는가 · 302
Q4. 문재인 대통령의 거북선 발언의 바른 비유는 무엇인가 · 303
Q5. 한국은 이스라엘이나 중국에게 무엇을 배워야 하는가 · 303
Q6. 한일관계의 뇌관이 된 대법원의 '징용 배상 판결'은 옳은 것인가 · 305
Q7. 대법원의 '징용 배상 판결' 어떻게 해결해야 하는가 · 310
Q8. 일본의 수출규제에 대한 문재인 정권의 책임은 없는가 · 311
Q9. 일제 불매운동은 해야 하는가 · 311
Q10. 위안부 소녀상은 일본의 요구대로 철거해야 하는가 · 312
Q11. 사방이 적으로 둘러싸인 이스라엘의 생존법은 무엇인가 · 312
〈알고 갑시다〉 유대인과 공산주의의 경제관 차이 · 314

## 제2부
## 다음세대 좌파가 흥하는
## 원인과 해결방안

## 제1장
## 다음세대 교회교육, 이스라엘을 모델로 한 대안 제시

### I. 우파가 직시해야 할 세 가지 근본 문제의 본질 · 320

1. 4.15 총선이 보여준 근본 문제의 본질 · 320
   〈왜 부도덕한 좌파의 수가 늘었나〉
2. 젊은 세대 이념 문제의 본질 · 325
   〈왜 자녀를 중대형교회에 보내면 좌파가 되는가〉
3. 복음과 이념 혼동의 본질 · 328

   A. 실제로 복음주의 교회에 좌파가 있는가 · 328
      〈좌파가 복음을 믿으면 우파가 되는가〉
      〈알고 갑시다〉 한국의 적화 현상, 어디까지 왔나 · 334

   B. 복음주의 기독교인 중에 좌파가 많은 이유 · 336
      〈알고 갑시다〉 좌파를 우파로 돌린 두 성공 사례 · 339

### II. 좌파 교인을 우파로 돌리는 근본 대안 · 341

1. 기독교인이 더 강한 애국심을 가져야 하는 이유 · 341

   A. 문제제기: 왜 보수 기독교인은 진보 기독교인보다 애국심이 약한가 · 341
   B. 유대인은 예루살렘의 평안을 위하여 기도한다 · 345
      첫째 사례: 유대인이 이스라엘 본토에 거주했을 경우 · 345
      둘째 사례: 타국의 노예 경우1 –
               바벨론에서 조국 이스라엘을 위해 기도했다 · 346
      셋째 사례: 타국의 노예 경우2 – 바벨론의 평안을 위하여 기도했다 · 346
      넷째 사례: 유대인이 스스로 선택한 타국에 살았을 경우 · 349

C. 적용1: 일제 강점기에 조선의 기독교인은 일제의 평안과 번영을 위해
      기도해야 했나 · 350

   D. 적용2: 북한의 기독교인은 북한의 평안과 번영을 위하여 기도해야 하나 · 354

   E. 적용3 및 결론: 남한의 기독교인은 북한의 평안과 번영을 위하여
      기도해야 하나 · 355

2. 이스라엘처럼 세 곳에서 국가관과 정치신학을 가르쳐라 · 357

3. 교회학교의 커리큘럼을 이스라엘 모델로 바꿔라 · 359

   A. 이스라엘 회당의 커리큘럼 · 359

   B. 이스라엘을 모델로 바뀐 교회학교 커리큘럼 · 362

   〈알고 갑시다〉 미국 대학교수가 수강생 전원에게 F를 준 사연 · 365
   〈공산사회주의는 왜 다 망하는가?〉

   C. 기존 교회학교 커리큘럼과 이스라엘을 모델로 한 커리큘럼의 차이 · 368

   D. 적용: 회당교육과 교회교육 이전과 이후의 변화 · 371

      1) 유대교로 개종한 이방인의 회당교육 이전과 이후의 변화 · 372

         회당에서 A교육을 받은 자의 변화

         회당에서 B교육을 받은 자의 변화

      2) 새신자의 교회교육 이전과 이후의 변화 · 374

         교회에서 A교육을 받은 자의 변화

         교회에서 B교육을 받은 자의 변화

   E. 교회학교 커리큘럼을 이스라엘 모델로 바꾼 결과: 이념 분열이 없어진다 · 376

   F. 왜 한국의 초대교회에는 애국자가 많았는데 현재는 줄었는가 · 377

4. 실패한 기존 교회학교 커리큘럼의 실화 · 379

5. 대안의 요약 및 결론 · 381

   A. 대안의 요약 · 381

   B. 결론: 한국에 나타날 4가지 변화를 기대 · 382

\* 쉐마교육을 받은 후의 변화:
청년의 때에 이런 귀한 말씀을 들을 수 있다는 사실이 기적이다 · 385
〈나는 전라도 학생이지만 이승만, 박정희 전 대통령을 존경한다〉

\* 이애란의 정치권 체험기: 정신 못 차린 우파 - 4.15 총선 패망의 원인 · 390

## III. 이스라엘을 모델로 했더니 저출산 문제도 극복했다 · 393
〈유대인의 저출산 극복 연구와 교회 임상 결과 발표〉

1. 문제제기, 세계 최저 출산율 0.84 · 396
2. 유대인의 고출산율 8명의 본질: 생육, 번성, 충만하라 · 398

    A. 정통파 유대인은 왜 산아제한을 안 하나 · 398

    B. 구약의 지상명령을 실천하는 유대인의 사명 · 400
       〈유대인과 한국인의 출산율에 차이가 나는 근본 이유〉

    C. 왜 하나님은 인류의 번성을 그토록 소원하시나 · 403

    D. 바울이 말한 교회 지도자의 자격은 왜 유대인의 쉐마인가 · 404

3. 저출산의 본질1: 낙태법 폐지와 동성애차별금지법의 공통점과 차이점 · 406

    A. 왜 낙태법 폐지와 동성애차별금지법은 함께 다루어야 하는가 · 406

    B. 왜 낙태법 폐지는 동성애차별금지법보다 죄가 더 중한가 · 407

    C. 유럽은 낙태를 불법에서 합법으로 바꾸었는데 이스라엘은 아직도 불법인가 · 408

4. 저출산의 본질2: 성교육의 문제점과 바른 대안 · 409

    A. 현재 성교육, 무엇이 문제인가 · 409

    B. 성교육, 바른 대안은 무엇인가 · 410

5. 저출산 위기 극복, 쉐마교육 임상 결과 발표 · 412

    사례 1: 출산율 0.84에서 3.5명으로 4년만에 급증한 동상제일교회 · 412
         - 태산 같은 고민, 해결 방안은 무엇인가

사례 2: 5남매를 키웠던 김치남 목사 쉐마 실천기 · 416

사례 3: 쉐마교육을 실천한 교회는 왜 미래에 희망이 보이나 · 419

6. 제언 및 결론: 여성가족부와 교회의 저출산 대책, 유대인의 쉐마교육에서 답을 찾아라 · 421

  A. 정부에 제언 · 422

    첫째, 정부는 가정을 해치는 악법을 제거하라. · 422

    둘째, 정부는 청소년들에게 바른 성교육을 시켜라. · 422

    셋째, 정부는 진보 페미니스트를 가정과 여성 관련 공무원 채용에서 제외시켜라. · 422

    넷째, 정부는 교회를 탄압하지 말고 적극 도우라. · 423

    다섯째, 정부와 여성가족부는 저출산 대책을 쉐마교육에서 찾아라. · 423

  B. 교회에 제언 및 결론: 교회만이라도 쉐마교육을 실천하여 저출산을 극복하라. · 424

## 제2장
## 300만을 굶겨 죽인 북한 어떻게 아직도 생존하는가
### 〈우파가 좌파를 이길 수 있는 방법 제시〉

I. 종북좌파의 우파 공격 전략을 배워라 · 431

1. 300만을 굶겨 죽인 북한이 아직도 생존하는 이유 · 431
〈북한이 가진 강력한 세 가지 교육의 무기〉

2. 한국 보수우파는 주사파들이 가진 세 가지 교육의 무기가 없다 · 437

〈알고 갑시다〉 좌파에 속는 한국 국민 · 440

3. 왜 불교나 천주교 및 개신교에도 김일성 주체사상을 가진 공산주의자들이 많은가 · 445

4. 요약 및 결론 · 446

* 한국인이 정체성 얼마나 약한가1: 고2 학생의 사례 · 447
  〈수평문화에 물든 나의 참담한 자화상, 원인과 대안을 찾은 기쁨〉

* 한국인이 정체성 얼마나 약한가: 김은주 교사의 사례 · 450
  〈해외에서 겪었던 나의 부끄러운 과거의 원인을 알았다〉

II. 쉐마교육의 이상적인 학습 방법, 주사파에게 배워라 · 458
  〈한국 보수의 두 가지 교육의 무기는 무엇인가〉

1. 주사파에게 배우라고 한 이유 · 458
2. 교육학적 접근: 주사파처럼 콘텐츠를 개발하고 반복하여 가르치라 · 459
3. 전략적 접근: 주사파처럼 슈르드(shrewd)하라 · 461
  〈알고 갑시다〉 민주노총이 종북세력인 이유 · 465

III. 대안: '왜 인성교육 + 쉐마교육'이 정답인가 · 467

1. 유대인 자녀들은 왜 부모가 선정한 후보에게 투표하나 · 468
2. 한인 모범 교회 소개 · 469
  〈알고 갑시다〉 하나님은 왜 성경공부를 많이 한 아론보다
                애굽 왕실교육을 받은 모세를 지도자로 택하셨나? · 471
3. 왜 한국에는 대형교회보다 쉐마를 실천하는 교회에 희망이 있는가 · 472
  〈현용수 칼럼〉 우한폐렴으로 문 닫은 교회, 대안은 쉐마다 · 474

## 제3장
## 글을 마치며

I. 대한민국에 진보좌파의 수가 많아진 이유 · 480

II. 인성교육학적인 입장에서 정체성에 족보와 국가관이 필요한 이유 · 483

 1. 정체성과 수직문화 그리고 국가관의 관계 · 483
 2. 진정한 바른 국가관이란 어떤 것인가 · 486
 〈알고 갑시다〉 무상급식 혜택 받은 학생들, 왜 행복을 못 느끼나 · 488

III. 포스트모더니즘 시대, 보수 위기의 대안 · 492


## 부 록

### 부록 1: 쉐마지도자클리닉 참석자들의 증언

- 반성문 · 496
  - 김지자 박사 (서울교육대학 명예교수, 교육학)

- 현 박사가 발견한 구약의 지상명령은 신약교회 문제의 해결방안이다 · 498
  - 김의원 박사 (전 총신대 총장, 구약학)

- 한국교육 문제점의 정확한 진단과 명쾌한 성경적 해법 제시 · 501
  - 김진섭 박사 (백석대 신학부총장, 구약학)

- 교육계의 답답했던 숙제들이 시원하게 풀렸다 · 504
  - 정지웅 박사 (서울대 명예교수, 교육학)

- 하버드에서 배울 수 없는 것들을 배워 · 507
  - 윤사무엘 박사 (미국 Geneva College 구약학 교수)

- 세계로교회에서 경험한 이승만 독립정신과 쉐마대한민국 스피릿 · 510
  - 박영재 원장 (의사, 홀리웨이브선교회 총무이사)

- 남편의 기를 팍팍 죽였던 전형적인 IQ아내와 어머니였는데…. · 521
  - 이정하 교수 (김해대학교 안경광학과)

- 구약의 지상명령 발견은 다윈의 진화론보다 더 탁월하다 · 526
  - 윤용주 박사 (미국 Washington Reformed University 교수, 신약학)

- 한국교회 쇠락의 원인을 알고 대안을 찾았습니다 · 529
  - 채규영 박사 (차의과학대학교 분당차병원 소아청소년과 교수)

- 무섭고 사나운 짐승처럼 변해가는 학생들에게 쉐마교육만이 대안 · 540
  - 박경란 교사 (고양제일중학교)

부록 II: 쉐마 국악 찬양 · 542

부록 III: 쉐마자녀교육 십계명 · 553

참고 자료(References) · 562

LA 타임즈 현용수 교수 특집 보도

# Los Angeles Times

SATURDAY, JULY 13, 2002 — Religion

*'We have to learn the secrets of the Jews.'*
The Rev. Yong-Soo Hyun

The Rev. Yong-Soo Hyun, left, who has immersed himself in the study of Orthodox Judaism, meets with Rabbi Yitzchok Adlerstein at a Shabbat meal.

## Taking a Cue From Jews' Survival

**Culture:** Minister studies Orthodox Judaism to teach Korean Americans how to educate children, help churches thrive.

By TERESA WATANABE
TIMES STAFF WRITER

## Judaism by Example

**Koreans study Jewish family values, traditions and history as secrets to longevity.**

by JULIE GRUENBAUM FAX, Senior Writer

Thirty-five Korean ministers and professors visited the Los Angeles Jewish community last week, sitting in on high school Torah classes, attending morning prayers, joining a Shabbat meal and studying Jewish texts with local rabbis.

All devout Christians, these students of Judaism hailed not only from South Korea, but also from Korean communities in Russia, China, South America, Canada and across the United States.

They were not interested in converting to Judaism or in proselytizing Jews, but rather were here to learn the secret to Judaism's survival.

"Jews successfully conveyed the Torah, the traditions, the history — especially the history of suffering — and the family values based on Torah for 3,000 years with no generation gaps," said the group's leader, Yongsoo Hyun. "The Christian people lost the value of how to raise children who are holy. We are recovering that history to spread it all over the world."

Hyun, 62, a Presbyterian minister and professor who moved to the United States in 1975, has spent the last 18 years studying the Jewish community and spreading his Jewish gospel from his Mar Vista-based Shema Education Institute.

This is the ninth annual tour of Los Angeles Hyun has led, culminating event of a three-semester course attended by 400 students each year at locations around the world. Hyun says 3,000 Koreans have graduated his class, paying $350 a semester, and he believes about 3 million people have been affected by his teachings through seminars led by his disciples or by reading one of his 22 books on Judaism, which have sold hundreds of thousands of copies in South Korea.

Hyun focuses on family, jumping off the biblical idea of keeping three generations together — as in Abraham, Isaac and Jacob, or the Torah's refrain of "you and your children and your children's children."

But some Jews might not recognize the Judaism Hyun teaches. He speaks of a Judaism with intact families and no faulty transmission lines between parent and child. He speaks of Jewish Nobel laureates gaining their wisdom through Jewish studies, though most did not have a Jewish education.

Yongsoo Hyun

His understanding of Jewish Education derives almost exclusively from observance of Orthodox families and studying with traditional rabbis. He believes the father is primarily responsible for transmitting texts and traditions to children, with the mother being responsible for the family's emotional well-being and helping the father.

"I don't get high grades in modern feminist literature, but I don't think this division of labor is clear cut. Both parents contribute appreciably to both the intellectual and the emotional training of their children," said Rabbi Yitzchok Adlerstein, who has been Hyun's mentor. "It is partially Dr. Hyun's reaction coming from a very man-centered society, where these divisions of labor still exist, and he thinks he spots them in traditional Judaism, but I don't see them in my home or in my community."

Adlerstein, a professor of Jewish law and ethics at Loyola Law School, said Hyun is as loyal a friend as the Jewish community and Israel will find, as well as a personal friend. Hyun pursues Jewish knowledge assiduously, and he knows more about Jewish texts and traditions than most Jews.

The visitors to Los Angeles, many of whom brought their families, toured the Museum of Tolerance, Beth Jacob Congregation in Beverly Hills, the Skirball Cultural Center, American Jewish University and YULA Boys High School and went on a shopping spree at 613 The Mitzvah Store before participating in a commencement ceremony at the JJ Grand Hotel in Koreatown at the end of their weeklong stay.

Koreans often compare themselves to Jews — a beleaguered people from a small country surrounded by enemies, which is, like ancient Israel, divided in two. Their brothers in North Korea are persecuted, while millions of Koreans in the Diaspora — and even those in the increasingly westernized South Korea — struggle to maintain their traditions and a standard of excellence for their children.

Hyun's interest in Judaism began in 1990 while working toward his Ph.D. in education at Biola University, a Christian school in Orange County. As part of his studies, he was moved by what he saw as the God-centered nature of Jewish education, compared to the student-centered nature of classical American education.

He started taking classes at the University of Judaism (now American Jewish University), but was turned off by the liberal approach he found there. He switched to Yeshiva University of Los Angeles and, after some persistent nudging, ended up talking with Adlerstein, who was teaching them at the time.

Adlerstein, currently director of interfaith affairs at the Simon Wiesenthal Center, invited Hyun to his home for Shabbat dinner. Now Hyun and his wife — and often dozens of Hyun's guests — regularly attend Adlerstein's Passover, Rosh Hashanah and Shabbat meals.

Hyun set up the Shema Education Institute in 1992, and has since become something of a cult figure among his followers in South Korea and in the Korean Diaspora.

"We have had great leaders like Moses, and Paul in the New Testament, and Dr. Hyun's discovery of the secret of Jewish survival is one of the greatest discoveries in human history," said Yeong Pog Kim, with Hyun translating.

Kim has 2,000 members at his Presbyterian Church of Love and Peace near Seoul, and he said he is slowly introducing them to Jewish family values and educational methods.

He believes the Jewish give and take between teacher and student can revolutionize staid Korean classrooms. And it will make families stronger, as husbands learn to respect their wives and spend more time with their children.

Like many of Hyun's students, Chi Nam Kim, a pastor in Toronto, has modified how he observes the Lord's Day. Now, his wife lights candles every Sunday, and he says a prayer over the wine and the bread, and blesses his children and wife, all dressed in their best traditional clothes.

On Nam Kim explains this commitment by quoting Rabbi Abraham Joshua Heschel's observation, "More than the Jews have kept the Sabbath, the Sabbath has kept the Jews."

One student, Jin Sup Kim, prays three times a day, reciting the Shema and the biblical chapters that come after it, along with verses from the New Testament.

Jin Sup Kim is vice president of the divinity college at Baekseok University, a Christian school near Seoul with 30,000 students. Kim earned a Ph.D. in ancient near eastern studies at Philadelphia's Dropsie College, now known as the Center for Advanced Judaic Studies at the University of Pennsylvania. Kim, who teaches Hebrew, named his children Salome, Emet and Chesed, Hebrew words for peace, truth and kindness. During summer and winter breaks, he studies the Bible with his children for hours every day and encourages his 950 divinity students to do the same.

Kim leads a division of the Shema Education Institute and his own organization, the Korean Diaspora Revival Foundation, with offices in Israel aimed at drumming up Korean support for Israel and Judaism. Addressing the anti-Semitism some Christian missionaries imported into Korea has been a clear benefit of the program.

"I didn't like the Jewish people because of what they did to Jesus and Paul in the New Testament," said Yeong Pog Kim, the minister from Seoul. "But now I turned to being pro-Israel. Now it opened my eyes to see the Jews positively, as a friend, and to see the Old Testament with a positive mind."

In the past decade, South Korea has sent more tourists — mostly Christian pilgrims — to Israel than the rest of Asia combined, and the political relationship between the two countries continues to improve, according to the Jerusalem Center for Public Affairs.

While Israel needs that kind of international support, and the attention the Shema Education Institute is offering the L.A. Jewish community is flattering, is this attention all positive?

Adlerstein isn't so worried about the Koreans' filtered interpretations of Judaism — they are, after all, not planning to become Jewish. But Adlerstein does worry about what some refer to as reverse anti-Semitism, something he has seen in many parts of the world.

"Putting Jews up on a pedestal for how they are educated or for their achievements is sort of nice, but at the same time, it sends the message that the reason why we like Jews will tolerate them is because they act on a higher plane. And we don't always act on a higher plane, and these positive stereotypes are not always true," Adlerstein said. "We would rather be accepted because we are a people and all people deserve tolerance and acceptance."

Still, there is something compelling about the expectation, Adlerstein said.

"As a traditional Jew, I can't fight it too much because I do believe it is what the Ribbono Shel Olam [Master of the Universe] asks of us. He does ask of us to live on a higher plane, to be an or lagoyim [a light unto the nations]. I find this insistence in some people who are not anti-Semites, but who insist on Jews being different, to be disturbing and exhilarating at the same time."

# Book Review

기독교인의 성경적 국가관과 정치관
## 《이스라엘을 모델로 좌파 논리 쪼개기》를 읽고

- 모든 목사, 장로, 성도들은 밤을 새서라도 읽어야 할 책이다
  - 최홍준 목사 (호산나교회 원로목사, 국제목양사역원 원장)

- 쉐마교육을 통한 정치신학 정립, 한국교회의 새 역사 시작의 계기 마련
  - 이성구 박사 (전 고려신학대학원 구약학 교수)

- '좌파의 허구, 우파의 빈약, 중도 혹은 예수파라는 모순'을 한꺼번에 해결
  - 김진섭 박사 (백석대 전 서울캠퍼스 부총장)

- 잠자는 한국교회 지도자들과 지식인들을 일깨울 것
  - 정성구 박사 (전 총신대, 대신대 총장)

서 평

# 모든 목사, 장로, 성도들은
# 밤을 새서라도 읽어야 할 책이다

최홍준 목사
〈호산나교회 원로목사, 국제목양사역원 원장〉

저는 현 박사를 소개 받으면서 쉐마교육을 운운하기에 쉐마교육은 유대인의 가정교육인데 하면서 큰 기대를 하지 않고 원고를 읽게 되었다. 원고를 읽으면서 놀라지 않을 수 없었다. 새로운 세계로의 안목이 열리게 되었다. 생전 처음 듣는 논리들이 많았다.

이 책은 오늘 날 우파라고 하는 목사, 장로, 성도들이나 좌파라고 하는 목사, 장로, 성도들은 밤을 새서라도 꼭 읽어야 할 책이라고 확신한다.

저는 대한민국은 좌파 정권이 들어서면서 모든 면에서 위기를 당했다고 생각한다. 나라가 공산화되어가면서 없어질 위기에 처했다. 학교에서 전교조 교사들의 좌편향된 교육을 받은 젊은 세대들은 거의 좌경화되어 있다. 부산대학교 학생들 중 80%가 지난 대선 때 문재인을 찍었다는 소문도 있다. 그런데 더욱 심각한 것은 교회에도 좌편향된 목사들이 많다는 것이다.

좌파정권은 코로나-19를 핑계로 하나님의 나라인 교회를 핍박하고 있다. 공산화하는데 가장 큰 걸림돌이 교회이기 때문이다. 교회가 단합하여 나서지 않으면 교회나 나라를 구하기 어렵게 되어 있다. 그런데도 대부분 교회들은 침묵하고 있다.

우파는 좌파에 비해 백번 옳은데도 그들과 싸울만한 논리가 매우 부족하다. 따라서 좌파를 우파로 돌리기가 쉽지 않다. 특히 좌파 목사들을 우파로 돌리기는 더 힘들다. 그들을 설득할 논리가 부족하기 때문이다.

이런 현실을 안타깝게 생각하던 차에 수영로교회의 원로목사인 정필도 목사님의 소개로 유대인 교육 전문가 현용수 박사를 알게 되었다. 그리고 그의 신간 '이스라엘을 모델로 한 그리스도인의 국가관과 정치관'의 원고를 받아 읽었다.

이 책은 예상 외로 우리가 그 동안 몰랐던 현 시국을 타개할 수 있는 매우 좋은 논리들을 제공해준다. 좌파의 토론에도 두렵지 않은 좌파 쪼개기 논리로 가득한 책이다. 그 이유들을 몇 가지로 정리해보았다.

첫째, 이 책은 처음부터 우파의 주장을 주입식으로 전개한 것이 아니다. 대부분 좌파 교수(A박사와 손봉호 교수)들이나 K목사가 좌파의 논리로 저자의 논리를 반박하면 그 주장을 재반박하는, 유대인의 하브루타식 토론으로 이루어졌다.

따라서 매우 긴박감이 있고 흥미롭다. 한 권의 책을 읽으면 좌파와 우파의 주장을 한 눈에 파악할 수 있다. 그리고 어느 것이 옳은지를 분별할 수 있는 능력이 생긴다.

이것은 우파의 주장을 독자들에게 강요하지 않고 왜 우파가 옳은지를 좌파와 토론하는 과정에서 깨닫고 선택하라는 것이다. 이 책은 좌파의 허구를 지적하여 그들이 무엇에 속고 있는지를 가르쳐 주고 있다. 그런 면에서 이 책을 읽으면 하브루타식 토론 방식도 배워 스마트해질 수 있을 것이다.

둘째, 제1부 제2장 '이스라엘을 모델로 한 기독교인의 성경적 국가관과 정치관'은 본서의 핵심 주제다.

현 박사는 묻는다. "한국의 진보 목사들은 국가에 대한 정치 발언을 많이 하는데, 왜 보수 목사들은 잠잠한가?" 전통적으로 보수 목사들은 오직 말씀준비와 기도만 열심히 해야 거룩한 목사가 되고 존경을 받아왔기 때문이다. 따라서 목사가 정치 발언을 하면 '정치 목사' 혹은 '타락한 목사'로 소외당하기 쉽다.

현 박사는 나라가 위기인데도 교회가 잠잠한 원인은 목사들의 정치신학이 잘못되어 있기 때문이라고 판단했다. 물론 그들 중 일부는 정부 권력이 무서워 잠잠할 수도 있을 것이다. 이 책은 왜 나라의 위기에 목사가 정치발언을 해야 하는지를 성경적으로 잘 설명해 놓았다.

그에 의하면 국가관이나 민족관 그리고 정치관을 거론할 때는 신약의 예수님을 모델로 하면 안 되고, 구약의 이스라엘을 모델로 해야 된다는 것이다. 그는 이 논리를 삼위일체론적으로 잘 설명했다.

한 마디로 구원론을 거론 할 때는 성자 하나님이신 예수님을 모델로 해야 하지만, 국가 정치를 거론할 때는 구약의 성부 하나님의 통치를 받았던 이스라엘을 모델로 해야 한다는 것이다.

따라서 그리스도인은 다윗 왕이 잘못했을 때 나단 선지자가 그의 잘못을 지적했던 것처럼, 문재인 대통령이 대한민국을 북한의 김정은에게 바치려 하는 안보의 위기에는 목사들이 나단 선지자처럼 대통령의 잘못을 지적해야 한다는 것이다. 이것이 성경적인 국가관이고 정치관이다.

셋째, 저자는 목사가 자신은 '중도'라고 하거나 '예수파'라고 하는 것이 왜 틀렸는지도 성경적으로 통쾌하게 설명했다. 정통 보수신학은 성경의 정확무오설을 믿기 때문에 우파가 될 수밖에 없다는 것이다. 또한 성부 하나님이 인류 역사를 주관하시는 정치의 원조이시고 우파의 원조이시라는 것이다. 물론 예수님도 하나님의 우편에 앉으셨다 (눅 22:69). 좌편이 아니셨다. 즉 우파이셨다.

따라서 목사가 하나님의 형상을 닮기 위해서는 하나님처럼 좌파가 아닌, 우파가 되어야 한다는 것이다. 현 박사는 특히 국가의 생사를 가르는 이념의 문제, 즉 자유민주주의냐, 아니면 공산주의냐를 선택해야 할 때에는 왜 중도가 없어야 하는지도 잘 설명했다. 문제는 목사의 정치참여 자체가 나쁜 것이 아니고, 그것을 공동체의 유익을 위해 사용하지 않고 자기 유익을 위해 남용하는 것이 잘못이라는 것이다.

넷째, 현재 많은 목사들이 좌와 우가 서로 용서하고 화목하자고 한다. 그런데 현 박사는 이것이 잘못이라는 것이다. 예수님이 말씀하시는 '용서'나 '화목'이라는 용어는 개인과 개인 사이에는 적용되지만, 국가와 국가 사이, 혹은 국가의 정체성을 가늠하는 우파 이념과 좌파 이념 사이에는 적용이 안 된다는 것이다.

이스라엘은 이념이 다른 블레셋이 쳐들어 왔을 때 그들을 무력으로 죽이고 무찔렀다. 따라서 대한민국을 허무는 공산주의 이념을 가진 자들은 용서하고 화해해야 할 대상이 아니고 싸워서 이겨야 할 대상이다. 특히 대한민국을 허무는 것은 하나님의 나라인 교회를 허무는 것임을 명심해야 한다.

    현 박사는 과거 독일 교회가 히틀러의 나치당에 대항치 못했던 과오를 예로 들었다. 그 당시 독일 교회가 히틀러에 순종적이고 잠잠했기에 독일은 전체주의 국가로 변했다. 그리고 한 사람의 잘못된 판단으로 제2차 세계대전을 일으켜 수많은 인류를 죽였다.

    한국교회는 이 같은 오류를 범하지 않기 위하여 공산화를 꾀하는 문재인 정권에 대항해 싸워야 한다고 역설한다.

    다섯째, 제2부 제1장의 주제는 '다음세대 교회교육, 이스라엘을 모델로 한 대안 제시'다. 현 박사는 자녀들을 공립학교에 보내면 전교조 교사들의 영향으로 좌파가 되는 것은 이해가 되는데, 왜 교회교육을 받아도 좌파가 되느냐고 묻는다. 그는 그 원인을 자세하게 분석했다. 그리고 대안도 제시했다.

    결론적으로 교회가 '복음'과 이념'을 혼동하면 안 된다는 것이다. 이 문제를 해결하기 위해서는 교회학교 커리큘럼을 이스라엘 모델로 바꾸어야 한다는 것이다. 교회사 2000년 동안 교회학교에서는 새신자반에서 주로 복음과 관련된 예배와 기도 및 교회생활에 관해서만 가르쳤다.

    그런데 이제는 이스라엘 회당에서 랍비가 유대인에게 성경만 가르치는 것이 아니라 자국의 국가관과 정치관을 가르치는 것처럼, 한국 교회도 자신들이 속한 대한민국의 바른 국가관과 정치관을 가르쳐야 한다는 것이다. 그래야 유대인이 회당과 나라를 지킬 수 있는 것처럼 한국의 기독교인도 교회와 나라를 지킬 수 있다는 것이다.

    한 명의 기독교인이 잘못될 경우에는 자신만 망하지만, 나라가 좌경화하면 전체 교회와 국가가 망할 수 있다는 것을 명심해야 한다. 교회학교 커리큘럼을 바꾸는 것, 이것은 교회사에 남을 획기적인 패러다임 시프트다.

여섯째, 제2부 제2장에서는 '300만을 굶겨 죽인 북한이 아직도 생존하는 이유'를 설명했다. 이 글을 읽으니 우리 우파가 좌파(주사파)에 비해 너무나 순진했다는 느낌을 지울 수가 없다. 우파에게도 유대인의 뱀처럼 지혜로운 슈르드 교육이 필요한 이유다.

현 박사가 지적한 더 큰 문제는 "폐쇄된 북한에서 교육받은 인민들이 공산주의자가 되는 것은 이해가 되는데, 왜 자유로운 남한에서 성장한 남한 주사파의 파워가 그렇게 강한가?"라는 것이다. 그들에게는 허구이긴 하지만 김일성 주체상이라는 교육의 콘텐츠와 방법이 있기 때문이라는 것이다.

유대인은 유대인다운 유대인, 즉 유대인의 정체성을 가지게 하는 그들만의 교육 콘텐츠와 방법이 있다. 때문에 4000년 동안 생존해 왔다. 물론 중국인이나 일본인도 자기 민족의 정체성을 가르칠만한 교육 콘텐츠와 방법이 있다.

북조선도 비록 허구이지만 북조선인다운 북조선인을 만들기 위한 그들만의 교육 콘텐츠와 방법이 있다. 때문에 70년 동안 생존해 왔다. 그런데 남한만이 자유 대한민국 국민다운 국민으로 만들 수 있는 우리만의 정체성을 가지게 할 만한 교육 콘텐츠와 방법이 없다는 것이다. 슬픈 현실이다.

현 박사는 이에 대한 대안이 있다는 것이다. 그의 박사학위 논문을 기초로 자유 대한민국의 국민다운 국민으로 만들 수 있는 우리만의 교육 콘텐츠와 교육 방법을 개발해놓았다고 했다. 그것을 유대인의 쉐마교육에 접목하여 '인성교육 + 쉐마교육'이란 이론으로 정리해 놓았다. 반갑지 않을 수가 없다.

더구나 전 세계 한인 디아스포라에 이 교육을 실천하는 교회가 많다는 것이다. 그리고 그 교육의 열매 또한 매우 좋다는 사례들이 많다고 한다.

이 외에도 많은 내용들이 있다. 책 중간 중간에 국민들이 꼭 알아야 할 값진 정보들을 많이 실었다. 그리고 제2부 제3장은 전체를 요약하며 '포스트모더니즘 시대, 보수 위기의 대안'을 실었다. 그리고 부록1에는 한국의 출산율 저하를 막기 위한 소논문 '낙태법, 이스라엘과 한국의 차이와 이유'를, 부록2에는 현용수 박사의 전체 사역을 이해하기 위한 '쉐마지도자클리닉 참석자들의 증언'을 실었다. 모두 중요한 값진 내용들이다.

본서를 읽으면서 깨달은 것이 있다. 신약교회는 2000년 동안 구약성경을 주로 구속사적 입장에서만 해석했다. 그러나 이제 저자가 왜 구약성경을 구속사적 입장에서만 보지 말고 선민교육학적, 즉 쉐마교육학적인 입장에서도 보아야 한다고 주장하는지, 그 이유를 알게 되었다.

대한민국의 국가관이나 민족관 그리고 정치관을 정립하는데 등한시했던 모든 기독교인들에게 본서는 필독서다. 특히 좌파에게 속는 모든 분들, 특히 목회자들에게 필독서로 더 강하게 추천한다. 모든 기독교인들이 이 책을 읽고 다음세대를 위하여 교회교육의 커리큘럼도 이스라엘의 모델로 바꾸기를 소원한다. 그리고 잘못된 국가관과 정치관을 바꾸어 가정과 교회와 나라를 살릴 수 있기를 소원한다.

서 평

## 쉐마교육을 통한 정치신학 정립,
## 한국교회의 새 역사 시작의 계기 마련

이성구 박사 〈전 고려신학대학원 구약학 교수〉

(사)통일교육문화원 이사장
전 한국기독교목회자협의회 대표회장
영국 브리스톨 트리니티대학 구약학 Ph.D
전 경성대학교 교수
전 고려신학대학원 교수

**영혼 구원과 함께 세상과 국가 번영에 책임을 지라**

구약의 선지서를 전공한 필자는 십여 년 동안 신학대학원에서 구약학을 가르쳤다. 그리고 위기에 직면한 대한민국의 현재 상황에 대해 매우 우려하고 있던 중 현용수 교수로부터 본서에 대한 서평을 부탁 받았다.
이번에 출간하는 책, 『이스라엘을 모델로 한 기독교인의 성경적 국가관과 정치관〈목사의 정치 발언, 옳은가〉』는 현용수 박사가 그동안 자신이 집중적인 관심을 가져온 유대인의 쉐마교육, 혹은 구약의 교육적 관점에서 기독교 정치신학을 시도한 것이다. 역사적으로 민감한 주제인 기독교와 정치의 관계를 쉽게 풀어내고 있다.

한국교회는 여전히 교회와 정치의 문제에 대하여 전혀 다른 견해가 상존하고 있다. 소위 진보적 신학 입장을 가진 사람들은 군사정부 이래 적극적으로 정치적 입장을 개진해 왔으나 보수적 입장을 가진 사람들은 대체적으로 교회와 정치는 분리되어야 한다는 입장을 견지해 왔다고 할 수 있다.

현 교수는 이런 전통적인 보수적 신학을 가진 사람들이 정치적 입장을 밝히기를 꺼려하는 것에 대하여 성경을 근거로 적극적인 반론을 제기한다. 자신의 입장을 조금은 독특한 방법으로 전개하고 있다.

기독교 정치신학을 전개한다는 생각을 하면서도 저자는 흔히 사용하는 논증의 방법을 사용하지 않는다. 기존의 정치신학에서 보이는 이전 신학자들의 논리나 역사 발전 과정 등을 따라 기술하는 연역법적 변증의 길을 따르지 않는다.

그의 정치 신학적 도전은 삶의 현장에서 시작한다. 한 마디로 본서는 좌파와 우파의 논쟁기다. A교수와의 12번(+)에 걸친 논쟁, 복음주의 철학자이자 현실 정치와 사회윤리문제에 깊이 관여해 온 한국교회의 대표적인 지성인으로 불리는 손봉호 교수(서울대 원로교수)의 주장에 대한 구체적인 반론을 통하여 그의 쉐마교육 사상을 접목시키면서 또 다른 신학의 영역을 여는 작업을 진행하고 있다.

본서는 근년에 일어난 매우 구체적인 대한민국 정치 현장의 분석으로부터 시작한다. 2016년 박근혜 대통령을 탄핵으로 몰고 간 광화문 광장의 시위 현장에 대한 분석을 논점의 출발점으로 삼고 있다.

그는 현재의 정치 구도를 이루게 만든 광화문 광장의 소위 '촛불혁명'을 사회주의를 주창하는 극단적 좌파 세력들이 연합하여 만들어낸 하나의 좌파혁명으로 간주하고 있다. 그가 이 책을 쓴 목적은 이런 점에서 매우 분명하다.

> "본서는 좌파들의 허구 논리에 팩트로 답변한다. 그들은 무엇에 속고 있는지를 알게 하기 위함이다. 그리고 이런 국가적인 위기에 침묵하는 목회자들이 있다. 본서는 그들의 잘못된 정치신학을 구약의 이스라엘을 모델로 설명하며 바로 잡는다. 마지막으로 본서는 다음 세대를 위한 바른 대안을 제시한다." (저자의 서문에서 인용)

좌파들의 잘못된 주장에 논리적으로 적극 맞서야 한다는 사명감을 느끼면서 이 책은 시작되었다. 그가 즐겨 찾는 구약의 이스라엘을 통하여, 여전히 정치에 대한 잘못된 신학적 견해를 가진 목회자들을 깨우고 싶어 한다.

그와 함께 미래세대를 바르게 키워야 한다는 절박감이 저자를 이 쉽지 않은 논쟁의 자리에 서게 하였음을 분명히 하고 있다. 현 박사의 한국사회 현실에 대한 인식의 절박성은 그가 동원하는 "나라가 자살하고 있다", "좌파 광풍"과 같은 어귀에서 여실히 드러나고 있다.

현 박사가 제시하는 한국교회의 좌경화를 막는 길, 진정한 애국애족하는 우파 기독교인이 되는 길이 "하나님 중심주의"를 가르치는 것이라는 주장은 매우 흥미롭다. 대부분의 기독교인들이 가장 중심적으로 생각하는 "예수 중심주의"는 구원론적 관점에서 중요한 원리이지만 우리에게 국가관 민족관을 가르쳐 주는 점에 중점을 둔다면 그것은 성부 하나님의 역사, 곧 구약의 하나님의 역사에 주목해야 함을 강조한다. 중요한 지적이다.

흔히 구약보다 신약을 더 많이 설교하고 가르치는 한국교회 강단을 지키는 목회자들이 새겨들어야 한다. 실제로 구원론은 구약에서 시작하여 신약에서 절정을 이루지만 인간론을 비롯한 국가관, 교육원리, 역사관, 사회적 삶에 관한 원리들은 구약에서 집중적으로 다루어지고 있음을 부인하기 어렵다.

혹시 구약 없이 신약만으로도 구원의 역사를 이해할 수 있을지 몰라도 구약 없이 하나님의 창조 역사, 하나님의 형상인 인간과 하나님의 나라를 이해, 하나님 나라의 거대 담론을 이루는 국가와 세상을 이해하는 것은 불가능한 일이다.

현용수 박사는 이러한 구약학자들의 생각을 구체적인 삶의 현장에 적용하고 사용할 수 있는 실천적 원리들을 유대인을 모델로 구체화하는 작업을 해냄으로써 기독교 문화와 역사 발전에 기여하고 있다.

이런 과정을 통하여 다음 세대를 제대로 된 바른 국가관을 가지고 바른 정치신학적 입장을 가진 사람으로 키울 수 있도록 교회교육을 '성자 하나님 중심'의 구원 교육에 그칠 것이 아니라 구약의 하나님 중심교육, 즉 유대인의 쉐마교육, 정치신학을 담은 교육을 함께 시행하도록 할 것을 강력히 요구한다.

물론 우리는 이것을 소위 '전인적 기독교교육'이라는 이름으로 시행할 수 있을 것이다. 그러나 보다 명확한 개념, 확실한 교회교육의 영역을 강조하는 의미에서 성경에서 말하는 개인적 구원과 함께 사회적 구원, 국가적 구원으로서의 복음, 그 복음의 시작인 구약 이스라엘의 삶과 신앙을 '성부 하나님 중심교육'이라는 이름으로 강조하고 있다는 점은 한국교회가 깊이 성찰해야 할 일이다.

현 박사가 강조하는 몇 가지 중요한 사실을 다음과 같이 요약한다. 향후 한국교회가 나아가야 할 방향을 잡는데 도움이 되기를 소망한다.

### 1. 사람은 누구든지 비판을 받아야 하는 존재다

앞서 지적한 대로 현 박사는 사건의 현장으로부터 답을 찾아간다. 그 첫 번째 과정은 그가 누구이든 대한민국의 안보를 해치는, 좌파 이념을 주장할 때는 그냥 덮어주지 않는다는 점이다. 국민 일각에서 군주와 같이 대접하는 문재인 대통령이든, 교회 일각에서 기독교 지성인의 대표로 여기는 손봉호 교수든 그의 비판의 칼날을 피해가지 못한다.

나라를 지키기 위해서는 후배라고 자비를 베풀지 않으며 선배라고 무턱대고 따르지 않는다. 따질 수 있는 대로 조목조목 따지고 나선다.

구원이 죄인된 인간의 원상회복, 즉 영혼 구원과 성화라는 사실을 제대로 인식하지 못하여 온갖 잘못이 발생한다. 성화의 일부로서 인간을 창조주이신 하나님 아버지께로 돌아가게 하는 것이 정치여야 하고, 그것은 곧바로 성부 하나님의 설계대로 살아가게 해야 한다는 정치적 명제로 다가오게 된다. 따라서 기독교인의 정치참여는 세속적인 작업이 아니라 신학적인 작업으로 이해해야 한다.

### 2. 좌우파의 문제는 국가 정체성 문제이고 그것은 곧 교육의 문제다

이 책은 좌파와 달리, 우파는 대한민국 국가관의 정체성을 확립시켜 줄 체계적인 교육 콘텐츠나 교육과정을 확립하지 못하고 있다는 점을 지적한다. 국가 정체성의 문제는 교육의 문제이고 교육은 교육 내용, 열정적인 교육의 장, 교육할 사람이 있어야 하는데 우파는 이것들을 갖추지 못하고 있음을 지적하며 구약교육, 즉 쉐마교육을 통하여 이를 극복할 수 있다고 주장한다.

3. 한국사회나 교회의 가장 큰 문제 중의 하나는 수평문화의
  지배를 받아 수직문화를 몰각하고 있다는 점이다.

이 책에서 현 박사는 한국교회나 사회가 현세적 관심에 집중하여 수평문화에 민감하고 쉽게 받아들이며 확대 재생산하는 일에는 매우 성공적이지만, 역사와 전통을 제대로 이해하는 수직문화의 전수와 발전에는 소홀이 하는 바람에 자기 정체성 확립에 실패하고 있다고 분석한다. 깊이 새겨들어야 할 점이다.

특히 역사에 관심을 갖는답시고 역사 왜곡을 일삼고 있는 현실은 또 다른 위험 요소를 만들어 내고 있다. 바른 역사 인식을 통한 국가 정체성의 확립은 교회나 사회가 함께 생각해야 할 매우 중요한 과제다.

4. 한국교회는 구원론을 넘어서 국가관과 세계관 정립에
  노력해야 한다.

성부 하나님의 사역 영역을 바로 알면 교회가 좌파가 될 수 없음을 강조한다. 그리고 목사들이 자신은 '중도'다, 혹은 '예수파'다 라는 말

을 할 수 없다고 주장한다. 그가 그렇게 주장하는 근거를 성경과 삼위일체론에서 찾아 제시했다. 교회가 구원론에만 집착하게 되면 세계선교는 열심히 하겠지만 국가관과 세계관을 상실하는 우를 범할 수 있음을 명심해야 한다는 점이 강조되고 있다.

### 5. 가정이 교육의 기반이 되어야 한다.

수직문화의 확립은 결국 가정이 맡아야 하는 일이다. 특히 가정예배를 통하여 하나님 백성의 의미, 국가에 대한 바른 정체성을 갖게 하는 이스라엘 백성, 유대인들의 삶에서 한국교회가 가야 할 길을 분명히 할 수 있으면 좋겠다는 것이 저자의 강조점이다. 물론 이를 위해 교회교육의 커리큘럼도 이스라엘을 모델로 바꾸어야 한다는, 획기적인 대안도 제시했다.

한국교회가 쇠퇴기에 접어들었다는 소리가 나온 지 벌써 오래다. 서구교회에 비하면 너무나 쉽게 교회가 자신의 위치를 잃어버리고 있다는 자조감이 지배하고 있다. 이런 때에 한국교회 뿐만 아니라 한국사회를 다시 일으키는 역사를 교회가 감당해야 한다는 사명감을 다시 한 번 불 일듯 일게 해야 한다.

이번 현 교수님의 도전을 통하여 한국교회가 새로운 역사를 시작할 수 있는 하나의 계기를 마련할 수 있기를 소망한다.

## "좌파의 허구, 우파의 빈약, 중도 혹은 예수파라는 모순"을 한꺼번에 해결

김진섭 박사 〈백석대 전 서울캠퍼스 부총장〉

쉐마교육학회 회장, 쉐마교사대학 9회 졸업
미국 Dropsie 대학교 고대근동학(M.A., Ph.D.)
미국 Covenant 신학대학원 구약학(Th.M.)
고려신학대학원 목회학(M.Div.)
서울대학교 농화학과(BA)

현용수 박사님과 "각자에게 베푸신 성삼위 하나님의 은혜를 알므로 친교의 악수"(참조. 갈 2:9)를 나눈 지 30년을 향하고 있다(현용수, 『쉐마교육 개척기』, 2012, 419, 423-24 참조). 쉐마교육학회 창립(2009년 6월)과 함께 "두 사람이 한 사람보다 낫다"(전 4:9-12)는 동역의 기쁨으로 지금까지 회장으로서 섬기게 됨을 감사하고 있다.

현 박사님은 지금까지 인성교육과 쉐마교육의 개론(전3권), 인성교육론 시리즈(전8권), 쉐마교육론 시리즈는 28권, 번역본 탈무드 시리즈(전7권) 도합 46권의 책을 집필하셨다. 그리고 금번에 『정치신학』이란 제목 아래 우리의 자랑스런 조국 대한민국과 180개 국가의 750만 코리언 디아스포라를 위해 "국가관, 정치관, 안보관, 민족관"을 확립함에 매우 심각하고 중대한 문제를 소상히 다룬 필독 역작을 새롭게 내놓게 되었다.

2013년에 이스라엘 신학포럼을 설립하여 현 사단법인 이스라엘포럼의 대표로 성경이 명시하는 "첫째는 유대인에게요, 그리고 헬라인(이방인)에게로다…. 이 신비는 이방인의 충만한 수가 들어오기까지 이스라엘의 더러는 우둔하게 된 것이라. 그리하여 온 이스라엘이 구원을 받으리라."(롬 1:16b; 11:25b-26a)는 하나님의 순서를 따라 유대인의 복음화를 향한 한국인의 비전과 사명을 일깨우고 실천하는 일에 진력해 오고 있는 나로서는 너무나 기쁘게 환영함이 당연할 것이다.

이제 우리 두 사람은 하나님의 특별하신 긍휼로 이미 만 70을 넘긴 소위 노익장이 되었다. 우리는 한국 현대사의 산 증인으로서, 미국에 자녀손들과 함께 "3대의 복"(시 128:5-6)을 누리는 코리언 디아스포라 40년의 동지다. 하나님의 특별하신 은혜로 건국 대통령 이승만 박사가 주창한 "자유민주주의, 자유시장경제, 한미동맹, 기독교입국론"의 4대 정신에 의해 대한민국이 건립되어, 북한, 중국, 러시아와 극명하게 대조되는 오늘 여기의 복된 대한민국을 이룬 역사적 진실을 다시 한 번 상기한다.

본서는 이스라엘을 모델로 하여 "목사의 정치 발언, 옳은가"라는 부제와 함께 "좌파의 허구와 우파의 빈약, 소위 중도파 혹은 예수파라는 모순"을 한꺼번에 해결한다. 그리고 북한의 김씨 일가 3대(70년)

의 '주체사상'과 유대인의 수천 년 '독수리 교육'을 대비하여 한국 그리스도인이 마땅히 지니고 누리고, 나눠야 할 "국가관과 정치관"이다. 특별히 구약성경과 개혁주의신학의 안목으로 다룬 노작이기에 더 마음껏 추천한다.

한국은 전 세계가 주목하고 있는 마지막 보루다. 바라기는 쉐마 · 인성교육을 한국교회와 사회에 정착시켜온 현용수 박사님의 이 신간 필독서가 올바른 애국애족의 "3대로, 대대로"(신 4:9; 사 59:21)의 복을 통해 동성성애와 동성혼의 차별금지법 통과를 온전히 저지하며, 가정회복, 교회회복, 사회와 국가회복, 더 나아가 남북통일과 "첫째는 유대인에게"로 시작되는 세계선교의 비전과 사명을 구현하는데 크게 기여할 것을 확신하고 적극적으로 추천하는 바이다. 아멘, 마라나 타 (주님이여, 오세요)!

# 잠자는 한국교회 지도자들과 지식인들을 일깨울 것

정성구 박사 〈전 총신대, 대신대 총장〉

**대한민국이 무너져 가고 있다**

또한 한국 교회도 위기에 처해 있다. 코로나19보다 더 무서운 사회주의, 공산주의 바이러스에 감염된 종북주의자들이 파놓은 웅덩이에, 우파 지식인, 종교인, 젊은이들이 빠져들고 있다. 그럼에도 불구하고 낙관주의 세계관을 가진 지식인들은 좌파들의 논리에 반박을 못하고, 엉거주춤 맥없이 주저앉고 있다.

종교지도자들도 당장 자신들의 하는 일에 지장이 없으면 중립 또는 중도라는 묘한 말을 하면서 입을 다물고 있다. 서민들, 소상공인, 자영업자들은 살아가는 것 자체가 힘이 드니 좌파니 우파니 말할 힘이 없다. 젊은이들은 좌파교육의 희생양이 되어 갈 바를 알지 못하고 있다.

## 지금 대한민국은 혼돈기다

　집권당은 180석을 등에 업고 그들이 하고 싶은 대로 법을 만들고, 우파들이 숨도 못 쉬게 조여 온다. 하기는 좌파들은 전교조의 교육을 통해서 교사, 학생들을 좌파 이데올로기로 이미 붉게 물들게 했다.
　나는 1980년부터 대학 총장이었다. 그때는 민주화 운동이 불붙었다. 민주화란 말은 모든 것이 합법이요, 진리였다. 그때에 북한 공산당은 세작들을 보내어 똑똑한 학생들을 포섭해서 서울근교에서 M·T란 훈련을 시키면서 프린트물로 된 교재를 가지고 〈매판자본주의〉니, 〈사회주의 경제이론〉등의 신맑스주의를 가르치면서 종북 사상을 심도 있게 논리적으로 합리적으로 세뇌시켰다.
　그 당시 세뇌당한 똑똑한 대학생들은 모두 오늘의 정치 지도자, 언론사 기자들과 논객들, 재판부의 판·검사, 예술계의 지도자들, 종교 지도자들까지 되었으니, 우리도 모르는 사이에 나라가 기울어져 가고 있었다. 북한의 공작은 계획대로 맞아 떨어졌다.

　이번에 현용수 박사가 (이스라엘을 모델로 한 그리스도인의 국가관과 정치관)이란 책을 냈다. 그는 재미 동포로서 조국이 무너져 가고, 교회가 점점 세속화되는 것을 앉아서만 볼 수 없어서 발을 굴리며 종북 세력에 맞서고 있다. 그는 일찍이 쉐마교육운동으로 한국교회와 교육계에 커다란 파장을 던진 인물이다.
　그는 진실과 열정을 가진 분으로 나와는 오래 동안 잘 알고 있다. 금번에 이 책에서 그가 던진 질문과 메시지는 잠자는 한국교회 지도자들과 지식인들을 일깨워서 무너져가는 제단을 다시 쌓고, 말 그대로 대한민국 민주공화국을 세우는데 일조를 하리라 보고 기쁨으로 추천하는 바이다.

초판
저자서문

## A박사의 좌파 논리 반박에 놀랐다
〈저자 서문1: 칼럼을 쓰게 된 동기〉

저자는 40여 년을 미국에서 산 해외 동포다. 해외 동포들에게는 이중문화권에서 한국인으로서 어떤 민족관과 국가관을 가져야 하는지가 매우 중요하다. 인성교육학적인 입장에서 한국인의 정체성, 즉 "나는 누구인가?"를 알아야 하기 때문이다. 그 정체성을 재는 척도는 한국인의 전통적인 수직문화다. 그것을 얼마나 많이 가지고 있느냐에 따라 정체성의 강함과 약함이 결정된다.

그 수직문화 중 하나가 바로 자신이 속한 민족과 국가에 대한 애족 애국심이다. 따라서 저자는 현용수의 인성교육 노하우 제4권 제7부 제5장에 이미 유대인을 모델로 한 '대한민국 국민의 민족관과 국가관 그리고 세계관'에 대하여 저술한 적이 있다(동아일보, 2008).

그런데 이번에 이어서 본서를 쓰게 된 동기가 있다. 2016년 전 박근혜 대통령 탄핵을 위한 촛불집회를 보고 놀랐다. 대한민국이 공산화된다는 위기감을 느꼈다. 더 놀라운 것은 그런데도 한국의 국민들은 불감증에 걸린 듯했다.

왜 저자는 이에 더 민감한가? 첫째는 다른 1세대 해외 동포들처럼 해외에서도 조국의 안전과 번영을 위하여 기도하는 '조국(祖國) 사랑' 때문이다. 둘째, 저자는 유대인 교육을 연구하면서 유대인처럼 이전보다 더 애족 애국자가 되었다. 만약 유대인 교육 전문가라고 하면서도 애족 애국자가 되지 않는다면 그는 다만 유대인에 관한 지식만 가진 자이다.

셋째, 저자는 군대 생활 시절 주월남 맹호사령부 정보기관에서 근무한 적이 있다(1968-1970년). 따라서 월남 패망의 역사를 잘 알기 때문에 한국의 위기에 더 관심을 갖게 되었다.

당시 월남(베트남)은 미국의 천문학적인 지원을 받았다. 월맹에 비해 군사력이나 경제력으로 비교가 되지 못할 정도로 막강했다. 그런데도 1975년 호치민이 이끌었던 월맹 공산 정권에게 패망했다. 가장 큰 이유는 월남 정권과 군부 내에 월맹의 수많은 공산주의자들이 간첩으로 활동하고 있었기 때문이었다. 물론 국민들 중에도 많은 간첩들이 있었다. 공산화가 된 월남에서는 수많은 우파 인사들이 피의 숙청을 당했다.

현재 대한민국이 처한 상황은 그 당시보다 훨씬 더 위험하다고 본다. 많은 우파 국민들은 간첩 신영복을 존경한다는 문재인 대통령과 청와대 실무진들이 북한의 간첩이라고 의심하고 있다(김문수, 블루투데이, '청와대 비서관 22명이 주사파… 엄청난 일', 2017년 11월 20일). 순진한 많은 국민들은 조선민주주의인민공화국(북한)을 찬양하며 추종하는 정부 내 종북좌파의 선전 선동에 속고 있다고 의심한다.

완전 종북좌파였다가 우파로 전향한 김문수 전 경기도 도지사는 이렇게 말했다. 한국에는 친북성향 공산주의(사회주의) 주사파가 "입법, 사법, 행정, 교육, 문화, 방송, 예술, 경제계, 기업, 동네 구멍가게까지 완벽하게 붉은 혁명사상으로 물들였습니다." "현재의 정세는 문재인+김정은 주사파 공동체가 사상이념·권력의 고지를 점령했습니다. 자유대한민국은 주사파의 수십 년 전복 전략에 의해 점령됐습니다."(김문수 칼럼에서 옮김. http://blog.daum.net/leesjh/15341551).

국가의 안보가 무너지면 국가의 멸망은 바로 온다. 저자는 대한민국이 월남과 같은 그런 패망의 역사를 되풀이하지 않기 위하여 본서의 일부를 논문으로 작성하여 쉐마교육학학회에서 발표한 적이 있다 (2017년 1월 9일).

처음에는 2016년 11월 11일 1쪽짜리 우파적 입장에서 박근혜 정권의 위기에 대한 칼럼을 저자의 카톡 방과 페이스북에 올렸다. 그런데 웬일인지 이 글이 삽시간에 전 세계로 퍼져나갔다. 그 후 몇 번 더 칼럼을 썼다. 반응은 뜨거웠다.

그러나 모두 '좋아요'만 있었던 것이 아니라 촛불집회를 옹호하는 반론도 가끔 있었다. 특히 한 때 신학교 교수였던 엘리트 목사인 A박사(본인의 요청으로 가명 처리함)는 매회마다 날카롭게 반론을 제기했다.

그러나 반론 자체가 답변할 만한 충분한 가치들이 있다고 판단했다. 좌파의 구체적인 논리를 그대로 대변했기 때문이었다. 그의 논리를 쪼개는 것은 좌파의 논리를 쪼개는 것이었다. 남과 북이 논리로 누가 옳은지 싸우는 전쟁이 시작되었다. 이때 처음으로 좌파의 사고 구조를 알게 되었다. 그의 반론에 왜 국익을 위해 우파가 옳은지를 유대인을 예로 들며 설명했다.

이 칼럼 역시 반응은 더 뜨거웠다. 몇몇 인터넷판 언론사에서는 저자의 칼럼들을 모두 연재하기도 했다. 도합 12개의 반론이 이어졌다.

반론의 시작은 대한민국의 국가관이나 민족관, 즉 인성교육학적인 문제제기였다. 나중에는 기독교의 정치참여에 관한, 즉 쉐마교육학적인 입장에서 제기했다. 그 중에 하나가 "기독교인이 이념적 정치에 관여하면 예수님의 복음이 훼손될 수 있다는 것"이었다. 이것은 너무나 잘못된 그럴듯한 좌파성향의 성경해석이었다. 그러나 우파도 여기에 속을 것이다.

저자는 인성교육학적 입장에서는 "이념적 입장에서 본 한국인의 진짜와 가짜 애국 분별법"과 바른 민족관과 국가관을 설명했다. 당연히 좌파들의 허구를 밝히기 위해 이승만 전 대통령과 김구의 차이도 설명했다. 큰 틀에서 왜 우파가 옳고 좌파가 그른지, 그리고 좌파를 용인하면 어떤 결과가 오는지를 논증했다.

쉐마교육학적 입장에서는 국가관, 민족관 및 정치관을 구약의 이스라엘을 모델로 설명했다. 즉 새로운 정치신학을 성경에 근거하여 정리했다. 신약시대 기독교인은 왜 국가관, 민족관 및 정치관은 이스라엘을 모델로 해야 하는지를 삼위일체론으로 설명했다. 〈자세한 요약은 제2판 서문 참조〉

A박사는 저자와의 끈질긴 지상토론 끝에 마침내 저자의 논리에

손을 들고 말았다. 자신이 어린 시절 좌파 교육을 받아 그들에게 속았다고 했다. 수많은 엘리트 중년층이 그와 같이 잘못된 이념에 오염되어 속고 있다는 사실에 놀랐다.

저자는 그제야 50대인 그가 왜, 그리고 어떻게 그런 좌파 이념을 가졌는지, 그리고 왜곡된 대한민국 국가관을 갖게 되었는지 그 원인과 실체를 알게 되었다. 한국의 현대사 기간, 즉 1975년 이후 저자가 미국에서 지냈던 40여 년 동안 한국에서 무슨 일이 있었는지를 알게 되었다. 충격이었다.

저자는 과거 독일의 아돌프 히틀러(1889년 4월 20일-1945년 4월 30일)가 통치했던 나치 시대 보수 기독교가 성경을 잘못 해석하여 악을 악이라고 지적하지 못하고 잠잠했었다는 사실을 새롭게 기억했다. 그 결과 역사적으로 제2차 세계대전이라는 상상을 초월하는 전 인류의 재앙을 초래했다.

저자는 정신이 번쩍 들었다. 아하, 저자가 미약하지만 사명감을 가지고 그들의 잘못된 논리들을 바로잡지 않는다면, 한국도 북한과 대치하고 있는 현실에서 독일과 같은 재앙을 맞이할 수 있겠다고 생각했다. 그리고 구약의 이스라엘을 모델로 한 정치신학(政治神學)을 개발했다.

저자의 '기독교인의 국가관과 정치신학' 칼럼들이 한 권의 책으로 나올 줄은 꿈에도 생각하지 못했다. 전적으로 하나님의 은혜다. 또한 날카롭게 반격을 했던 A박사에게도 감사를 드린다. 그가 아니었다면 저자가 어떻게 좌파의 정체성을 알고 그들의 논리를 쪼개는 글을 쓸 수 있었겠는가!

    독자들은 본 저서를 통하여 우파는 우파대로 왜 자신들이 옳은지를 분명히 알고, 다른 사람들에게 우파의 정당성을 가르칠 수 있기를 기대해 본다. 그리고 진보 좌파는 왜, 자신들이 무엇이 잘못되었는지, 무엇에 속고 있는지를 확실히 알기를 기대해 본다.

    **결론적으로** 본 논문이 진보 좌파의 허황된 논리에 속아 사는 이들에게 자신들의 잘못을 깨닫게 하여, 대한민국의 국론 분열을 막아 자랑스러운 대한민국을 바로 세우는 데 보탬이 되었으면 한다. 그리고 기독교인들도 바른 정치신학을 깨닫고 대한민국을 지키고 발전시키는데 적극 동참할 수 있기를 기대해 본다. 이것이 가정과 교회와 대한민국을 지키는 길이다. 좌파의 논리를 이길 수 있는 지혜를 주신 여호와 하나님에게만 영광을 돌린다.

2017년 2월 11일

미국 로스엘젤리스 쉐마 서재에서
현용수

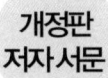
개정판
저자 서문

# 자살하는 대한민국을 구하는 길을 찾아서
〈저자 서문2: 수정증보판을 펴내는 동기〉

프랑스의 '에릭 제무르(Eric Zemmour, 56)'는 프랑스가 1968년 5월 혁명 이후 평등, 성해방(동성애 포함), 인권, 공동체주의 등의 좌파적 가치로 자살의 길을 걷고 있다고 했다(프랑스의 자살, 2014).

그런데 대한민국은 그보다 훨씬 더 빠른 속도로 자살의 길을 걷고 있다. 청와대를 점령한 문재인 대통령과 주사파 세력들은 북한의 간첩으로 의심받고 있다. 그들은 국회, 사법부까지 점령했다. 국방과 한미 동맹은 허물고, 경제는 폭망하고, 아파트 값은 폭등했다. 2030 젊은이들의 꿈과 미래를 없앴다.

더구나 낙태법 폐지는 물론 동성애차별금지법, 학생인권조례 및 진보 성교육 등을 법제화하고 있다. 총체적인 자살의 길을 걷고 있다.

다급한 것은 좌파들과 맞설 수 있는 우파의 논리들, 특히 기독교인의 국가관과 정치신학에 관한 논리가 너무 빈약하다는 것이다.

저자는 이스라엘을 모델로 좌파의 잘못들을 우파의 논리로 쪼개고 있다. 일단 기독교인의 국가관과 정치관은 왜 이스라엘을 모델로 해야 하는지를 삼위일체론으로 설명한다.

## 목사의 '예수파' '중도'라는 말에 놀랐다

저자가 다시 이렇게 긴 글을 쓰게 될 줄은 전혀 예상치 못했다. 그리고 본서의 핵심 키워드인 이스라엘을 모델로 한 '기독교인의 국가관과 정치신학'이라는 새로운 학문의 영역을 개발하리라고는 전혀 예측하지 못했다.

처음(2017)에는 '박근혜 위기, 유대인이라면 어떻게 할까'라는 소논문 형식으로 제1판을 출간했다. 이 책이 의외로 각 교회 교인들에게 소개되면서 어른들뿐만 아니라 본서를 읽었던 많은 젊은 청년들이 좌파에서 우파로 돌아서는 광경을 목격하게 되었다. 그들은 자신들이 무엇에 속았는지를 알았다고 했다.

그때 저자는 깨달았다.

> "좌파는 허구인데도 논리가 정리되어 있는데, 우파는
> 진실한데도 논리가 빈약하구나. 그래서 우파 젊은이들
> 이 좌파에게 논리적인 면에서 지는구나!"

저자는 그때에 우파가 좌파 논리를 더 잘 쪼갤 수 있는 더 많은 논리를 제공해주어야겠다는 사명을 갖게 되었다.

그 이후 기독교 방송에서 중대형교회 목사들의 설교를 들으며 그들이 국가가 공산화되어 나라가 사라질 위기인데도 전혀 문재인 정부에 정치 발언을 하지 않는 데 놀랐다.

그들 대부분은 이렇게 답변했다. "나는 예수파다", "나는 우파도

좌파도 아닌 중도파다", "예수님이 원하시는 교회는 좌우가 싸우지 말고 함께 화목해야 한다." "좌우 어느 쪽이든 상대방을 서로 용서해야 한다." "예수님이라면 북한 정권도 용서하셨을 것이다." "교회는 예수님처럼 세상 정치에 참여하면 안 된다." 등등.

유대인 교육 전문가인 저자에게는 그들의 오류가 눈에 선명하게 보였다. 충격적이었다. 전혀 성경적이지 않았다. 그래서 그들에게 바른 정치신학을 가르쳐 주어야겠다고 생각했다. 그리고 그런 말들이 왜 성경적으로 잘못되었는지를 SNS에 논리적으로 밝히는 칼럼을 시리즈로 쓰기 시작했다.

큰 틀에서 풀어야 할 몇 가지 연구를 위한 질문들을 만들었다.
1) 목사의 정치참여(정치 발언)는 옳은가?
2) 왜 목사는 우파여야 하는가?
3) 왜 공산주의 이념은 용서와 화해의 대상이 아니고 싸워서 이겨야 할 대상인가?
4) 교회에서 이념 갈등을 해소하기 위한 근본 대안은 무엇인가?

물론 이 질문에 대하여 몇몇 우파 분들은 역사에 나타난 사실들을 증거로 제시하며 답변한다. 물론 이것도 중요하다.

그러나 저자는 이에 대한 증거를 성경에서 찾았다. 신구약성경을 구속사적으로만 해석하지 않고 선민교육학적으로 해석했다. 유대인 교육 전문가로 국가관이나 민족관 그리고 정치관은 왜 예수님을 모델로 하면 안 되고 구약시대의 이스라엘이 모델로 해야 하느냐를 설명했다. 그 후에 이스라엘의 종교지도자들의 정치 참여, 즉 왕의 실정과 개인적인 비리에 어떤 정치적인 발언을 했는가, 즉 정치 참여의 모델을 찾아 증거로 제시하였다.

구약성경을 근거로 성부 하나님은 왜 우파의 원조가 되시고 정치가의 원조가 되시는지를 설명했다. 물론 예수님도 하나님의 우편에 앉으셨다(눅 22:69). 좌편이 아니셨다. 즉 우파이셨다. 따라서 하나님의 형상을 더 많이 닮은 목사는 하나님처럼 우파가 되어야 한다. 그리고 왜 목사는 한 손에는 성경을 한 손에는 신문을 보며 설교해야 하는지를 밝혔다. 양들을 위기에서 보호하기 위함이다.

왜 대한민국의 위기에 하나님의 백성들은 분노를 해야 하는지를 예레미야를 예로 들며 논증했다. 저자는 이 내용을 근거로 전광훈 목사가 이끌었던 아스팔트 청와대교회에서 "왜 내게 분노로 채우시나이까?"라는 제목으로 설교를 한 적이 있었다(2019. 10. 25.).

2020년 9월부터 '새물결(Holy Wave)'이라는 주로 우파 의사들이 모이는 단체에서 '쉐마 대한민국'이라는 주제로 시리즈 강의 요청이 들어왔다. 코로나19 때문에 매번 비대면으로 하는 강의였다. 그때 기존의 칼럼들을 다시 정리하면서 하나님의 놀라운 지혜를 받았다. 논리가 더욱 풍성해졌다. 이것이 제2판을 만들게 된 계기가 되었다.

이번에 출간하는 제2판에는 총 2부로 구성되어 있다. 제1부는 '하브루타식 대한민국 좌파 논리 쪼개기'이고, 제2부는 '다음 세대에 좌파가 흥하는 원인과 해결방안'이다. 초판에 대한 부분은 4년이 흐른 시점이기 때문에 일부만 남기고 모두 삭제했다. 대신 더 첨가한 주제들은 다음과 같다.

제1부 제1장 '하브루타식 대한민국 좌파 애국관 쪼개기'에는 부분적으로 약간 보완했다. 그리고 저자가 "5.18 사건 북한군 개입설에 여야 3당 발끈할 문제 아니다"에 대한 칼럼을 썼는데, 이에 대해 K 목사가 여러 가지 문제들을 제기하여 이에 대한 답변을 했다. 제2판에는 그와 토론한 것과 "인성교육서 충효를 빼자는 진보 국회의원들, 무엇이 문제인가"(IV.항, 저자의 조선일보 칼럼)도 첨가했다.

제2장 '이스라엘을 모델로 한 기독교인의 성경적 국가관과 정치관'(하브루타식 교회 좌파 정치 논리 쪼개기)은 대폭 보완했다.

우선 "왜 국가관과 정치는 구약의 이스라엘을 모델로 해야 하나?"라는 질문을 던졌다. 그리고 이에 대한 답을 삼위일체론으로 풀었다. '국가관과 민족관 및 정치관'이라는 주제는 성자 예수님의 영역이 아니고 성부 하나님의 영역임을 논증했다.

한 개인이 성령 하나님의 도움으로 성자 하나님이신 예수님을 믿으면 성부 하나님의 자녀가 된다. 그 이후에는 성부 하나님이 통치하시는 하나님 나라 백성이 된다. 하나님 나라의 백성(기독교인)이 가져야 할 국가관과 민족관 그리고 정치관은 성부 하나님이 통치하시는 구약의 이스라엘을 모델로 삼아야 한다. 따라서 신약의 성도들은 구약의 에스라, 예레미야, 느헤미야 및 에스더처럼 애족 애국자가 되어야 한다.

이것을 전제로 다음 질문들이 이어진다. "'왜 모든 주제에 "예수님이라면 어떻게 말씀하실까?'가 적용되지 않나?" "왜 국가관과 정치는 예수님을 모델로 하면 안 되나?" "세례요한과 예수님의 정치참여 차이" "왜 예수님은 바리새인의 정치적 질문을 피하셨는가?" "정상적인 기독교인은 왜 국가의 위기에 분노해야 하나?" "목사가 '나는 예수파, 혹은 중도파'라고 하면 맞는 말인가?" "예수님이 말씀하신 '용서'와 '화해'는 국가 사이에도 적용이 되나?" "예수님이 원수를 사랑하라고 했다고 북한 정권도 사랑해야 하나?" 등등이다. 물론 기독교(교회)와 정치적 이념 관계를 설명하며 왜 보수 기독교인이 먼저 정치적 이념 문제를 거론해야 하는지도 설명했다.

이것은 '한국 기독교인의 국가관과 정치관'의 기본 초석을 놓은 것이라고 자부한다. 이스라엘을 모델로 한 정치신학은 기독교 2000년 역사에 처음일 것이다. 차후 본서를 다른 나라 언어로 번역할 경우에는 '대한민국'이라는 국호 대신에 자신들의 나라 이름을 넣으면 될 것이다(예: 독일 기독교인의 국가관과 정치관 등).

뿐만 아니라 제2판에서는 좌파 손봉호 교수가 우파 교회를 비판했는데, 이에 대한 저자의 6가지 반론(Ⅲ. 항)과 '유대인 전문가가 본 한일 갈등에 대한 견해'(Ⅳ. 항)도 첨가했다.

제2부는 대부분 새로 첨가한 이론들이다. 제1장에는 왜 자녀들을 중대형 교회에 보내면 좌파로 변하는지 그 원인을 분석하고 그 해결 대안을 제시했다. 그 대안은 교회교육 커리큘럼을 이스라엘의 유대인을 모델로 바꾸어야 한다는 것이다. 이것은 교회교육의 성경적인 근본 대안이라는 점에서 획기적이다. 기독교교육 역사에서 새로운 패러다임 변화다.

기존 교회교육의 커리큘럼에는 주로 복음과 성경공부 과목으로 구성되어 있다. 그러나 새로 개정한 교회교육 커리큘럼에는 '대한민국의 국가관과 민족관 및 정치관(정치신학)'이란 과목들을 첨가해야 한다.

이 과목의 필수 교재는 대한민국의 역사와 수직문화 그리고 이승만 건국 대통령에 관한 도서들이어야 한다. 그러나 본서도 필수 교재가 되어야 한다. 이유는 두 가지로 설명했다. 〈자세한 것은 제2부 제2장 I. 4. B. '교회학교의 커리큘럼을 이스라엘 모델로 바꿔라' 참조〉

뿐만 아니라 미래목회포럼에서 발표했던 '유대인의 저출산 극복 연구와 교회 임상 결과 발표'라는 논문도 실었다. 이것은 한국교회가 "이스라엘을 모델로 했더니 저출산 문제도 극복했다"는 쉐마교육의 파워를 증언하는 것이다. 실제로 유대인의 성경적인 저출산 대책을 실천했던 동상제일교회는 출산율 0.84에서 3.5명으로 4년만에 급증했다. 그 외 다른 사례들도 소개했다.

제2장에는 "300만을 굶겨 죽인 북한, 어떻게 아직도 생존하는가?"에 대한 이유뿐만 아니라, 자유 대한민국에 북한 정권을 추종하는 종북 주사파가 어떻게 그렇게 많은지를 교육학적으로 밝혀냈다. 반면 인구 5000만 명 이상의 OECD 국가들 중 세계 역사에서 가장 짧은 기간에 가장 부강한 나라로 만들었던 한국의 거대했던 영웅적인 보수우파는 왜 점점 쇠약해지고 있는지도 밝혀냈다. 답은 잘못된 교육정책 때문이다.

저자가 북한의 생존 전략을 연구하면서 깨달은 것이 있다. 북한은 한국의 보수가 갖지 못한 세 가지 강력한 교육의 무기가 있다는 것이다. 그것을 남한과 비교하면 남한의 교육은 참으로 잘못됐다는 것을 깨달았다.

유대인은 유대인다운 유대인, 즉 유대인의 정체성을 가지게 하는 그들만의 교육 콘텐츠와 교육의 방법이 있다. 때문에 4000년 동안 생존해 왔다. 물론 중국인이나 일본인도 자기 민족의 정체성을 가르칠 만한 교육의 콘텐츠와 교육의 방법이 있다.

북조선도 비록 허구이지만 북조선인다운 북조선인을 만들기 위한 그들만의 교육의 콘텐츠와 교육의 방법이 있다. 때문에 김씨 일가의 3대 세습과 함께 70년 동안 생존해 왔다. 그런데 남한만이 자유 대한민국 국민다운 국민으로 만들 수 있는 우리만의 정체성을 가지게 할 만한 교육 콘텐츠도 없거니와 교육 방법도 없다. 얼마나 한심한가!

따라서 저자는 저자의 박사학위 논문을 기초로 자유 대한민국의 국민다운 국민으로 만들 수 있는 우리만의 교육 콘텐츠와 교육 방법을 개발해놓았다. 그것을 유대인의 쉐마교육에 접목하여 '인성교육 + 쉐마교육'이란 이론으로 정리해 놓았다. 유대인의 독수리 교육을 모델로 삼았다.

이것은 북한이 가진 세 가지 교육의 무기보다 훨씬 더 강하다. 그리고 교육의 효과(열매)도 매우 선하게 나타난다. 왜냐하면 하나님의 은혜로 하나님의 방법, 즉 성경의 방법으로 만들었기 때문이다.

제3장 '글을 마치며'에서는 '인성교육학적인 입장에서 한국인의 정체성에 국가관이 필요한 이유'를 설명했다. 그리고 포스트모더니즘 이후 보수의 또 다른 위기를 어떻게 극복해야 하는지 그 대안을 제시했다.

부록1에는 '쉐마지도자클리닉 참석자들의 증언'을 첨가했다. 모두 저자가 쓴 본서를 이해하는 데, 그리고 저자의 사역을 이해하는 데 도움이 될 것이다.

결론적으로 유대인이나 일본 그리고 북한까지도 자신들의 정체성을 심어 줄 수 있는 교육의 콘텐츠와 방법이 있는데, 유독 대한민국만 그것들이 없다는 사실에 충격을 금할 수 없다. 인성교육에 가장 중요한 것들 중 하나가 빠졌다.

왜 유대인은 아무리 힘들어도 자기 나라를 '헬 이스라엘'이라고 하지 않는데, 한국의 청년들은 대한민국을 '헬 조선'이라고 불평하는가? 유대인은 자신들의 정체성, 즉 수직문화인 바른 민족관과 국가관을 가정과 학교 및 회당에서 자녀들에게 가르쳤지만, 한국인은 가정에서도 안 가르쳤고, 학교와 교회에서는 잘못된 좌파 민족관과 국가관을 어린 학생들에게 가르쳤기 때문이다.

보수우파가 바른 민족관이나 국가관을 가정과 학교 그리고 교회에서 다음 세대에 가르치지 못한다면 대한민국이 바로 설 수 없다. 조만간 교회도 없어질 것이다. 불행하게도 이미 그 결과의 위기가 현실에 와 있다. 본서와 쉐마교육이 필요한 이유다.

2021년 4월 28일

현용수

## IQ-EQ 총서를 발간하면서

## 무너진 교육의 혁명적 대안을 찾아서

### 왜 유대인의 IQ+EQ교육은 인성교육+쉐마교육인가

현대인들은 교육의 문제점은 많이 지적하지만, 속 시원한 대안은 찾지 못하는 시대에 살고 있다. 저자는 오랜 연구 끝에 그 대안으로 온전한 인간교육을 위해 크게 두 가지가 필요하다는 사실을 깨달았다. 하나는 인성교육이고, 다른 하나는 종교교육이다. 기독교인을 예로 든다면, 인성교육을 바탕으로 한 성경적 쉐마교육(기독교교육)을 해야 한다는 것이다.

따라서 전체 기독교교육은 예수님을 믿기 이전과 이후로 나뉘는데, 이전에는 인성교육을, 이후에는 쉐마교육을 시켜야 한다. 그래서 유대인 자녀교육《IQ는 아버지 EQ는 어머니 몫이다》총서는 유대인을 모델로 한 인성교육론 편과 쉐마교육신학론 편으로 나누어 정리했다. 물론 두 가지 주제는 하나님께서 저자에게 주신 지혜로 개척한 새로운 학문의 영역이다

**인성교육론 편** (인성교육 노하우 시리즈)
**예수님을 믿기 이전: 왜 인성교육은 Pre-Evangelism인가**

'인성교육론 시리즈'는 전체 8권으로 출간 되었다. 1. 문화와 종교교육(저자의 박사 학위 논문), 2. 현용수의 인성교육 노하우(전 4권), 3. 현용수의

쉐마교육 개척기, 4. 가정 해체로 인한 인성교육 실종 대재앙을 막는 길, 5. 기독교인의 바른 국가관과 정치관, 등이다. 8권의 내용은 현대교육의 근본적인 문제점을 분석하고, 해결 방안을 제시한다. 즉 다음 네 가지 질문에 답을 준다.

Q 1. 일반 교육학적 질문: 가르치고 가르쳐도 왜 자녀가 달라지지 않는가. 왜 현대교육은 점점 발달하는데 인간은 점점 더 타락하는가

그것은 IQ교육 위주의 현대교육이 인성교육에 꼭 필요한 세 가지를 놓치고 있기 때문이다.
– 어떻게 자녀들에게 깊이 생각하게 하는 교육을 시킬 수 있을까?
– 어떻게 자녀들이 바른 행동을 하게 할 수 있을까?
– 수직문화의 중요성과 수평문화의 위험성은 무엇인가?

Q 2. 문화인류학적 질문: 왜 한국인 자녀들이 서양 문화에 물들고 있는가

한국의 젊은 세대는 거의가 한국인의 문화적 및 철학적 정체성의 빈곤에 처해 있다. 부모들이 인성교육의 본질이 수직문화인지를 모르고 가르치지 않았기 때문이다. 그 결과 세대 간의 세대 차이가 너무나 다르다. 북미주 한인 2세 자녀들이 부모가 섬기는 교회를 떠난다. 고로 자녀들에게 한국인의 정체성교육이 시급하다.

Q 3: 기독교인의 인성 문제: 왜 예수님을 믿는다고 하면서 사람의 근본은 잘 변하지 않는가

많은 기독교인들이 예수님만 믿으면 모든 인성교육이 잘되는 줄 알고 있다. 그러나 모두 그런 건 아니다. 왜 유교교육을 받은 가정의 어린이들이 기독교교육을 받은 어린이들보다 더 예의 바르고 효자가

많을까? 예수님을 믿고 성령의 은사가 많았던 고린도교회는 왜 데살로니가교회보다 도덕적인 문제가 더 많았을까?

### Q 4. 기독교의 복음주의적 질문: 왜 현대인들에게 전도하기가 힘든가

왜 기독교 가정에서 2세들이 대학을 졸업하면 90% 이상 교회를 떠나는가? 교회학교 교육이 천문학적인 투자에도 불구하고 90% 이상 실패하는 이유는 무엇인가? 왜 현대(2000년대)에는 1970년대 이전보다 복음 전하기가 더 힘든가? 아마 생각 있는 교육자라면 모두가 이런 고민을 안고 살았을 것이다.

한 인간의 마음이 예수님을 믿기 이전 인성교육, 즉 복음적 토양교육이 잘못되었기 때문이다. 예수님의 '씨 뿌리는 자의 비유'에서 말씀하신 네 가지 종교성 토양(길가, 돌밭, 가시떨기, 옥토)(눅 8:4~15) 중 옥토이어야 복음을 영접하기도 쉽거니와 구원을 받은 후 예수님을 닮는 제자화도 되기 쉽다는 말이다. 이를 'Pre-Evangelism'(예수님을 믿기 이전의 복음적 토양 교육)이라 이름했다.

> 현용수의 인성교육론은
> **인성교육**의 **원리**와 **공식**을 제공한다

## 쉐마교육신학론 편 (쉐마교육 시리즈)
## 예수님을 믿은 후: 왜 쉐마교육은 Post-Evangelism인가

예수님을 영접한 사람에게는 하나님의 형상을 닮아가는 기독교교육을 시켜야 한다. 이를 '성화교육' 혹은 '예수님의 제자교육'이라고도 한다. '신의 성품'(벧후 1:4)에 참여하는 자(partakers of the divine nature)가 되는 과정이다. 이를 'Post-Evangelism'(예수님을 믿은 이후의 성화교육)이라 이름했다.

교육의 내용은 신·구약 하나님의 말씀이다. 예수님 믿기 이전의 좋은 인성교육이 마음의 옥토를 준비하는 과정이라면, 복음과 하나님의 말씀은 그 옥토에 심어야 하는 생명의 씨앗이며 기독교적 가치관이다(물론 기독교 가정에서 태어난 자녀에게는 어려서부터 인성교육과 쉐마교육을 함께 시켜야 한다).

저자는 성경적 기독교교육의 본질과 원리를 유대인의 선민교육에서 찾았고 그 내용과 방법이 바로 구약의 '쉐마'에 있음을 발견했다. 즉 성경적 교육신학의 본질과 원리가 '쉐마'에 있다는 것이다.

'쉐마'는 한 마디로 부모가 자녀에게 말씀을 가르쳐, 자손 대대로 자녀를 말씀의 제자 삼으라는 '구약의 지상명령'이다(저자의 저서 《잃어버린 구약의 지상명령 쉐마》(쉐마, 2006, 2009), 제1권 제1~2부 참조). 유대인이 아브라함 때부터 현재까지 4000년 간 하나님의 말씀을 후대에게 전수하는 데 성공한 것은 자녀를 말씀의 제자 삼는 쉐마교육에 성공했기 때문이다(물론 신약시대는 영적 성숙을 위해 신약성경도 필요함).

여기에서 "왜 기독교교육에 유대인 선민교육이 필요한가?"란 질문이 대두 된다. 신약시대에 복음으로 구원받은 하나님의 선민인 기독교인은 영적 유대인(갈 3:6~9)으로 구약에 나타난 선진들(예; 모세,

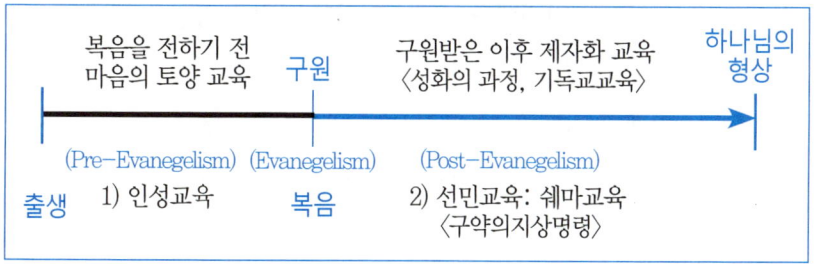

인성교육(Pre-Evangelism)이 부실하면 복음 받기와 제자교육(Post-Evangelism)이 힘들지만(상), 튼튼하면 복음 받기와 제자교육이 쉽다(하).

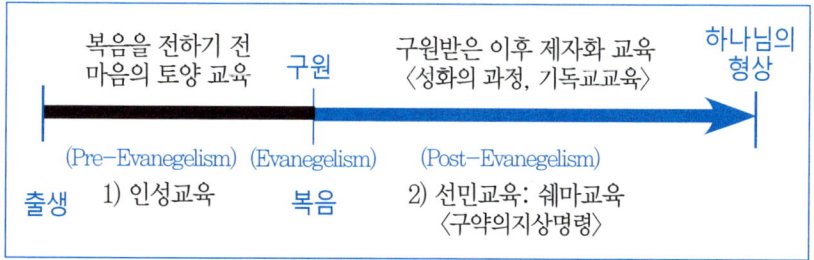

1)항과 2)항이 새로 개척한 학문의 영역이다. 자세한 것은 '현용수의 인성교육 노하우' 제2권 제2부 제4장 II. 2 '기독교교육의 새로운 영역: 종교성 토양 교육' 참조.

다윗, 에스라)의 믿음생활과 쉐마교육을 본받아야 한다(히 11장).

예수님도 유대인으로 태어나셔서 유대인의 선민교육(쉐마교육)을 받고 자라셨으며 제자들에게도 그 교육을 시켰다(마 23:1~4).

〈더 자세한 내용은 저자의 저서 '부모여 자녀를 제자 삼아라' (쉐마, 2018), 제1권 제1부 '기독교교육에 유대인 자녀교육이 필요한 이유' 참조〉

기독교의 제자교육에는 교회에서 타인을 제자 삼는 수평적 제자교육과 가정에서 자녀를 제자 삼는 수직적 제자교육, 두 가지가 있다.

유대인의 쉐마교육에는 전도에 필요한 복음은 없지만, 자녀를 제자 삼는 교육의 원리와 방법이 있다. 이 원리와 방법은 타인을 제자로 삼는 데도 적용할 수 있다.

먼저 가정에서 자녀를 제자 삼은 후에 타인을 제자 삼는 지도자가 성경적 지도자의 모델이다(딤전 3:2-5). 즉 가정에서 쉐마를 실천하는 가장이어야 교회의 지도자가 될 수 있다는 말이다. 이것은 가정 목회에 실패한 사람은 교회 지도자가 될 수 없다는 말이다.

저자는 구약의 지상명령, 쉐마를 성취하기 위해 필요한 쉐마교육 신학들을 다음과 같이 정리했다.

### 쉐마교육신학론 주제들 (쉐마교육 시리즈)
1. 왜 유대인의 선민교육이 기독교교육에 필요한가?
2. 구약의 지상명령 쉐마 (교육신학)
3. 자녀신학
4. 유대인의 가정교육 (가정신학)
5. 유대인의 아버지 교육 (아버지신학, 경제신학)
6. 유대인의 어머니 교육 (어머니신학)
7. 유대인의 결혼 및 성교육 (부부·성신학)
8. 유대인의 효도교육 (효신학)
9. 유대인의 고난의 역사교육 (고난의 역사신학)
10. 절기 교육 (절기 신학)
11. 정치 신학 등

이것은 구약성경에 근거한 기독교교육의 새로운 패러다임이며, 원안이다. 또한 개혁주의 입장에서 신약 교회가 적용할 수 있도록 정리했다.

## 왜 인성교육론이 'Know-Why'라면
## 유대인의 쉐마교육신학론은 'Know-How'인가

유대인 자녀교육의 우수성은 이미 역사를 거듭하면서 증명되었다. 그러나 두 가지 의문이 아직까지 남아 있다. 첫째, 그것이 왜 우수한지에 대한 교육학적, 심리학적 및 철학적 이유를 설명하지는 못했다. 둘째, 왜 유대인 자녀교육이 기독교교육에 필요한지 그 이유를 설명할 수 있는 확실한 교육신학적 해답을 제공하는 데 미흡했다.

두 가지 의문 중 전자에 대한 답이 '인성교육 노하우 시리즈'라면, 후자에 대한 답은 '쉐마교육 시리즈'다. 왜 유대인 자녀교육의 원리와 방법이 한국인의 정체성을 세우는데 필요한지를 설명한 '인성교육 노하우 시리즈'가 'Know-Why'라고 한다면, '쉐마교육 시리즈'는 'Know-How'가 될 것이다. 원인을 밝히고 당위성을 설명하는 'Know-Why'가 있기에 쉐마교육인 'Know-How'가 더 힘을 받아 자신과 자신의 가정, 그리고 교회에서 적용할 수 있다.

현재까지 천문학적 돈을 교육에 투자하고도 교육의 열매가 바람직하지 못한 것은 교육의 원리와 공식을 발견하지 못했기 때문이다. 물론 현대 기독교교육의 이론이 모두 필요 없다는 뜻은 아니다. 인간교육과 교회성장 위기의 근본 대안이 '인성교육 + 쉐마교육'이라는 뜻이다.

처음 국민일보에서 초판 2권(1996년, 23쇄), 조선일보에서 개정 2판 전3권(1999년, 19쇄)으로 출간됐던 유대인 자녀교육서 《IQ는 아버지 EQ는 어머니 몫이다》가 하나님의 은혜와 교계의 열화 같은 성원에 힘입어 지금까지도 스테디셀러인 것에 감사드린다.

그러나 소수이긴 하지만 목회자들과 신학자들께서 까다로운 질문도 했다. 그도 그럴 것이 구원론과 관계없는 인성교육에 관한 수직문화와 수평문화에 대해, 그리고 기독교가 2000년간 원수처럼 여겼던 복음도 없는 유대인의 교육을 이해하기란 쉽지 않았을 것이다. 덕분에 저자는 계속 연구에 연구를 거듭하는 계기가 되었다.

긴 학문의 순례를 마치는 기분이다. 처음 개척한 두 가지 학문의 영역이기에 더 많은 연구가 필요하다. 그리고 쉐마가 주님의 종말을 준비하는 세계선교까지 가려면 갈 길은 아직 멀었다. 이제 하나님의 은혜로 많은 오해도 풀렸다. 많은 쉐마 동역자들의 도움으로 쉐마교육이 파도처럼 번지고 있다.

이 책을 집필하는 데 많은 정통파 유대인 학자들이 특별한 도움을 주었다. LA 예시바대학교 학장이시며 사이먼 위센탈 센터 국제 본부장이신 랍비 마빈 하이어(Rabbi Heir)와 랍비 쿠퍼(Rabbi Cooper) 부학장님, 탈무드 교수이며 로욜라대학교 법대 교수인 랍비 애들러스테인(Rabbi Adlerstein) 부부와 그 가정, 그리고 서기관 랍비 크래프트(Rabbi Krafts) 씨 부부와 그 가정에 심심한 사의를 표한다. 이들의 특별한 도움이 없었으면 저자의 연구는 완성될 수 없었다.

저자의 논문 지도교수이셨던 바이올라대학교 탈봇신학대학원의 윌슨 박사님과 풀러 선교신학대학원의 저자의 선교학(Ph.D.) 지도교수이자 유대교 교수였던 글래서 박사님에게 특별히 감사드린다. 그리고 저자를 물심양면으로 도와주신 이영덕 전 총리님과 김의환 총장님, 그리고 고용수 총장님 및 국내외 많은 교계 어른들과 쉐마교육연구원 동역자님들께 감사드린다.

저자를 키워주신 고인이 된 이순례 어머님과 형님 내외분께도 감사드린다. 지금도 내조를 아끼지 않는 아내 황(현)복희, 그리고 내일의 희망인 네 아들 승진(Stephen), 재진(Phillip), 상진(Peter), 호진(Andrew)에게도 감사한다. 교정을 봐주신 권혁재 목사님과 황갑순 선생님 그리고 표지를 도와주신 원유경님과 편집을 해준 이재현 간사님에게도 감사를 표한다.

이 책들은 방향 없이 혼란스런 교육의 시대에 참교육을 갈구하는 독자들에게 뚜렷하고 확실한 대안을 제시할 수 있다고 확신한다. 이 연구는 분명히 하나님의 지혜로 하나님이 하셨다. 세세토록 영광 받으실, 오직 성삼위 하나님께만 감사와 찬송과 영광을 드린다.

2021년 5월 10일
미국 West Los Angeles 쉐마교육연구실에서

저자 현용수

### 대한민국의 자살

'프랑스의 자살' (Zemmour, 2014)이란 책이 있다.
대한민국은 좌파 이념으로 인하여
프랑스보다 훨씬 더 빠른 속도로 자살하고 있다.
좌파는 논리가 있는데 우파는 그들을 이길, 우파적 논리가 빈곤하기 때문이다.
본서는 우파에게 한국의 자살을 막기 위한 논리를 제공해준다.

제1부

## 하브루타식 대한민국 좌파 논리 쪼개기

제1장 하브루타식 대한민국 좌파 애국관 쪼개기
　　　〈인성교육학적 입장〉

제2장 이스라엘을 모델로 한 기독교인의 성경적 국가관과 정치관
　　　〈하브루타식 교회 좌파 정치 논리 쪼개기〉

"지혜자의 마음은 오른편에 있고
우매자의 마음은 왼편에 있느니라"
(전 10:2)

# 하브루타식
# 대한민국 좌파 애국관 쪼개기
### 〈인성교육학적 입장〉

I. 서론

II. 좌파 A박사의 문제제기와 현용수의 반론

III. K 목사의 문제제기에 대한 현용수의 반론

〈저자의 칼럼, "5.18 사건 북한군 개입설에
　　　　　여야 3당 발끈할 문제 아니다"에 대한 토론〉

# I. 서론

## 1. 문제 제기

### A. 공산화되는 대한민국 안보의 위기

대한민국은 남과 북이 갈라져 있다. 북한도 헌법에는 대한민국의 영토이지만 북한 정부가 불법적으로 점유하고 있기 때문이다. (이후 글에는 남한은 대한민국, 북한은 조선민주주의인민공화국을 칭한다) 그런데 대한민국은 국민들 사이에 '애국자'를 평가하는 기준도 다르고, 국익을 보는 시각도 다르다.

2020년 현재 문재인 대통령이 집권하는 정부는 대한민국이 건국 대통령 이승만 박사나 경제 근대화를 이루었던 박정희 대통령을 인정하지 않는 경향이 있다. 대부분 북한의 김일성 주체사상을 따르는 주사파에 의해 완전히 장악되었기 때문이다.

시작은 김대중 정권과 노무현 정권부터 시작되었다. 그러나 본격적인 좌편향은 2016년 좌파들이 주축이 되었던 촛불집회였다. 촛불집회에서 광화문 광장에 우파 정권의 박근혜를 죽이자는 단두대까지 세워 놓았다. 그리고 박근혜, 최순실, 김기춘, 우병우 등을 포승줄로 묶어 호송하는 장면도 있었다(중앙일보 사진 참조). 이것이 불법을 바로 잡는 정의라는 것이었다. 그들은 촛불집회를 '촛불 시민 혁명'이라고 불렀다.

> [국회가 대통령을 탄핵한 것은] "촛불 시민혁명의 승리라고 기뻐했다. … 국회의 탄핵 가결은 시작일 뿐이라며, 촛불집회가 이 나라 최고권력 대통령을 심판대에 세우고서, 우리는 시민혁명을 노래하고 있다. (매일노동 뉴스, 촛불, 집회가 혁명으로, 2016년 12월 13일)

물론 촛불집회에 참석한 이들이 모두 진보 좌파는 아닐 것이다. 그러나 그 주도 세력들은 대부분 우파 정권을 위협하는 극좌파에 속한 민중총궐기투쟁본부, 백남기 투쟁본부, 민주노총, 전국언론노조, 한국진보연대, 예술행동위원회, 전국농민회총연맹(전농) 등 1500개 시민사회단체들이었다(뉴시스, 민중총궐기 100만명 돌파… '역대 최다 기록', 2016년 12월 12일; 동아일보, 겨울비 속 국회 앞 '밤샘 촛불'… 트랙터 10대 또 상경 시도, 2016년 12월 9일).

일부는 지방에서 개인당 일당 5만원을 주고 관광버스로 서울로 이송했다고 증언했다(카톡방, 어느 스님의 증언). 그리고 경기 교육청(교육감 이재정)은 촛불집회에 학생 동원을 허용했다[blog.naver.com/dreamteller/220865026290, 경기교육청(교육감 이재정), *사실상의 촛불집회 학생 동원 허용, 파장 클 듯*, 2016년 11월 18일]. 물론 군중 속에는 문재인, 우상호, 박지원, 안철수, 박원순 및 이재명 등 소위 진보 좌파 지도자들도 참석했다.

그들의 구호 중에는 "사회주의가 답이다"라는 현수막과 내란죄로 수감 중인 이석기 전 통합진보당 의원을 석방하라는 구호까지 있었다. 주최측은 이석기 역시 박근혜 정부의 피해자라는 이유에서 함께 구호를 외칠 것을 요청했다(머니투데이, *촛불집회서 나온 '이석기 석방'구호, 어떻게 생각하세요*, 2016년 12월 17일).

거대 야당 추미애(더불어민주당) 대표도 "12월 9일, 국회에서의 탄핵안 가결은 국민이 승리한 시민혁명이자 명예혁명이라고 할 수 있습니다. 새로운 대한민국을 향한 첫 출발이자 시작이라는 마음인 것 같습니다."(YTN, *야3당 "빨리 탄핵 판결", '즉각 퇴진' 두고 이견*, 2016년 12월 11일)라고 했다. 이것은 북한에서 말하는 인민재판을 하자는 것과 다름없다. 그러나 그들에게는 대한민국의 정체성을 상징하는 태극기도 없었고, 애국가도 부르지 않았다. 대신에 유행가를 불렀다(YTN, *광화문 촛불집회 취재*, 2016년 12월 18일).

반면 이에 맞서기 위한 서울역 광장과 청계광장에서 열린 우파 기독교와 우파 연합의 집회는 매우 열세였다. 처음에는 11월 초 1천여 명으로 시작했으나(국민일보, *"그리스도인 깨어 기도해야"… 미스바 구국 기도회 열어*, 2016년 11월 10일). 한 달 후에는 8만 명으로 늘었을 뿐이다(연합뉴스, *광화문 광장 오늘도 대규모 집회… 친박단체도 총출동*, 2015년 12월 10일).

그러나 세월이 갈수록 우파의 태극기집회에 참석한 수가 촛불집회에 참석한 수보다 더 많아졌다(2017년 1월 말). 상대적으로 노인들이 많았다. 물론 소수 신념 있는 청소년들도 있었다. 보수우파들은 현 박근혜 정부를 지지했다. '탄핵 무효'나 '법치 수호 대한민국'을 외쳤다. 태극기를 흔들며 애국가와 찬송가 그리고 '아, 대한민국', '6.25노래', '나의 조국' 등을 불렀다(참석자가 SNS에 보낸 사진들, *광화문 촛불집회 취재*, 2016년 12월 18일. http://naver.me/xaG35gZd).

촛불집회에 많은 국민들이 속았다. 그래서 문재인 대통령이 당선되었다. 그는 2018년 2월 9일 평창올림픽 개막 리셉션에서 공산주의(사회주의)자 신영복을 사상가로서 존경한다고 커밍아웃했다. 이미 주사파들이 사상이념, 권력의 고지를 점령했기 때문에 자신들의 정체성을 과감하게 세계만방에 선포한 것이다. 이 자리에는 미국 펜스 부통령, 아베 일본 수상, 북한의 김영남, 김여정 등 세계 여러 나라 지도자들이 참석한 올림픽 개막 리셉션 자리였다(전 경기도지사 김문수 칼럼, http://blog.daum.net/leesjh/15341551).

그 이후 그는 청와대를 주사파 운동권 출신들로 채우기 시작했다. 김문수 전 경기도지사는 자신의 페이스 북에 "63명 비서관 중 22명이 운동권 출신"이라며 "임종석 비서실장과 일하는 비서관급 이상 30명 가운데서 17명(57%)이 운동권 출신"이라고 했다. 김 전 지사는 "이들은 김일성주의자로서 반미친북 사상을 가지고 활동하다가 감옥까지 살고 나와서도 여전히 반미친북 활동을 계속하여 왔다"고 했다." "임종석은 김일성주의자로 3년 6개월간 감옥생활까지 했으나 이후에도 김일성주의를 공식적으로 포기한 적이 없다"고 지적했다(블루투데이, *김문수 '청와대 비서관 22*

명이 주사파… 엄청난 일", 2017년 11월 20).

전향 운동권 출신이자, 문재인 정권에서 '적폐 몰이' 수사로 인해 옥고를 치른 허현준 전 청와대(박근혜 정부) 국민소통비서관실 행정관은 2020년 13일 "국가운영의 컨트롤 타워여야 할 청와대가 지금은 '주사파 집결소', '친문권세 등용문', '선거 출장소', '범죄 공모 은닉 보위부'로 변질됐다"며 '문재인 청와대' 전·현직 유력인사들을 조목조목 나열해 비판했다(펜앤마이크, 허현준, "문재인 청와대는 국가조직의 탈을 쓴 주사파 핵심친문 범죄소굴" 2020년 1월 14일).

김문수 전 경기도 지사는 "이들은 사상통일이 되어 있고, 과거 운동권 경험을 함께 했기 때문에, 청와대 내에서 서로 긴밀하게 협력할 뿐만 아니라, 바깥의 정당이나 시민단체와도 동지적 협력을 한다"며 "대학 운동권 혁명 동지들이 법조계, 언론계, 학계, 공무원, 민노총, 전교조, 문화예술계, 영화계, 종교계, 경제계, 농민운동, 환경운동, 생협 운동, 지역 운동으로 민들레 꽃씨처럼 사방으로 흩날려서, 뿌리를 박고 활동하고 있다"고 지적했다(블루투데이, 2017년 11월 20).

문재인 대통령은 조국을 첫 번째 민정수석으로 임명했다. 조국은 과거 국가보안법 유죄 수형자였다. 그는 2년 2개월 근무한 후 법무부 장관으로 임명받았다. 그는 국회 청문회에서 스스로 사회주의자라고 밝혔다. 그의 부모, 형제, 아내, 아들. 딸까지 위조, 사기, 횡령, 배임, 위장이혼, 증거인멸 등 온갖 범죄를 다 저질렀음을 알고도, 문재인 대통령은 사회주의 혁명동지 조국을 감싸고돌았다(전 경기도지사 김문수 칼럼, http://blog.daum.net/leesjh/15341551).

2020년 4.15총선은 끝났다. 더불어민주당은 지역구와 비례대표를 합쳐 180석이라는 기록적인 승리를 했다. 1987년 소위 '87체제' 등장 이후 좌우를 통틀어 가장 압도적인 승리다. 거대 여당의 일방적인 독주를 막을 어떤 수단도 야당은 가질 수 없게 되었다.

전 전대협 출신 이동호 기자는 이렇게 말했다.

> 자유대한민국을 전복하려는 전위집단은 전대협 출신의 주사파들이다. 이들이 자유민주공화국인 대한민국을 다른 체제로 전복하려고 시도하는 자유대한민국의 적들이다. 이들은 먼저 대한민국 헌법을 사회주의 헌법으로 개정하려는 시도를 할 것이다. 그리고 마침내 북한과 하나가 되는 '낮은 단계 연방제'로 나아갈 것이다. 자유대한민국을 지키기 위해서는 체제를 지키려는 각성된 국민이 직접 나서는 것, 이외에 다른 방법은 없다. (자유일보, 기록적인 여당 승리… 사회주의 헌법 개정 절호의 기회?, 2020년 5월 4일)

실로 자랑스러운 우리의 조국 대한민국이 북한의 김정은 공산주의 정권에 넘어갈 위기에 있다. 따라서 본서는 좌파들의 허구 논리에 팩트로 답변한다. 그들은 무엇에 속고 있는지를 알게 하기 위함이다. 그리고 이런 국가적인 위기에 침묵하는 목회자들이 있다. 본서는 그들의 잘못된 정치신학을 구약의 이스라엘을 모델로 설명하며 바로 잡는다. 마지막으로 본서는 다음 세대를 위한 바른 대안을 제시한다. 이 위기를 교회가 나서서 극복하기 위함이다. 이것은 하나님의 나라를 지키는 것이다.

## 2. 총체적 난국: 나라가 자살하고 있다

현재 대한민국의 문재인 정권은 여러 가지 면에서 위기를 자초하고 있다. 최근 소셜 미디어인 페이스북에는 어느 미국인의 말이라며 "개인이 자살하는 것은 봤어도 국가가 자살로 가는 것은 한국에서 처음 보는 것 같다"는 내용이 올라와 페북 이용자들의 공감을 얻었다(권순활, *펜엔드마이크*, '국가 자살'로 치닫는 20세기 기적의 나라, 2018년 6월 18일).

펜엔드마이크의 권순활 칼럼은 그 심각성을 이렇게 썼다.

> 문재인 정권 출범 1년을 넘기면서 한국이 '국가 자살'로 치닫는 조짐은 갈수록 뚜렷해지고 있다. 공병호 박사는 몇 년 전 저서에서 "세계에서 좌향좌 정책을 통해 성공한 나라가 단 한 나라라도 있으면 제게 알려주십시오"라고 썼다. 지금 대한민국은 그가 '단 한 나라도 성공한 경험이 없다'라고 강조한 '좌파 광풍(狂風)'의 시대에 들어갔다고 해도 과언이 아니다. (권순활, 펜엔드마이크, *다시 한국의 '국가 자살'을 생각한다*, 2018년 7월 1일)

우파의 입장에서 보면, 1) 외교적인 면에서, 2) 안보적인 면에서, 3) 경제적인 면에서, 4) 세계열강들과 경쟁적인 면에서 그리고 5) 종북좌파의 교육적인 면에서 거의 모두 자살골을 넣고 있다. 총체적인 위기다.
〈저자 주: 이 사실들은 너무나 많이 알려진 사실이기에 자세한 언급은 생략함〉

젊은 세대들에게 피맺힌 소리로 충고하고 싶다. 진짜 '헬 조선'이 무엇인지 아나요? 우리 보수우파 대다수는 몇 년 더 살다가 이 땅에서 사라질 것이다. 붙잡아도 떠난다. 그렇다면 이로 인해 나라에 빚이 많아지고 경제가 더 엉망이 되면 결국 그 짐은 누가 떠안아야 되나? 여러분들이라는 사실을 명심하시오.

때문에 진보좌파 정치인들이 복지라는 명목으로 주는 공짜 돈도 함부로 받으면 그것이 모두 여러분들이 갚아야 할 빚이라는 점을 잊으면 안 된다. 그래서 우파 쪽에서는 무상급식 같은 보편 복지보다는 형편이 더 어려운 이들을 더 도와주자는 선별 복지를 주장하는 것이다.

지금 이렇게 잘 사는데도 '헬 조선'이라고 아우성인데 그때는 몇십 배 더 헬 조선이 될 것이다. 1960-1970년대처럼 말이다. 만약 공산주의 정권이 들어서면 수천만 명이 반동으로 몰려 죽을 것이다. 그리고 수백만 명이 굶어죽는 지구상의 최악의 국가가 될 것이다.

따라서 지혜로운 청년들, 특히 중고생들은 혹시 할아버지 할머니 세대나 교사들이 촛불시위를 한다고 해도 함께 따라나설 것이 아니라, 여러분들이 앞장서서 막아야 한다. 그리고 이렇게 외쳐야 한다.

"어른들은 세상을 떠나면 그만이지만, 국가의 혼란으로 인한 빚더미는 결국 우리가 짊어져야 할 텐데, 제발 이 시간에 국력을 소모시키는 데모 좀 하지 마세요."

이것이 철들은, 개념 있는 청소년들일 것이다. 저자가 이렇게 비통한 마음으로, 욕먹을 각오로 글을 쓰는 것도 나를 위함이 아니고 여러분들을 위함이 아니겠는가! 그리고 어른들과 교사들 그리고 교수님들에게 감히 부탁드린다.

"제발 미성숙한 청소년들을 정치적이나 이념적으로 나쁜 길로 현혹하지 마세요. 설사 독재정권 때 억울하게 당했다고 할지라도 원수를 갚는 것 대신에 큰 마음으로 나라를 먼저 생각하십시오. 자랑스러운 대한민국, 말입니다. 후대에 지긋지긋한 가난을 물려주지 않으려면 말입니다."

그래야 여러분이 피를 흘려 성취한 민주화의 공로도 경제성장의 공로와 함께 길이 빛날 것이 아니겠는가!

"우둔한 자는 고난을 당한 후 잘못을 깨닫고, 지혜로운 자는 당하기 전에 깨달아 고난을 피합니다." (탈무드)

> 알고 갑시다

## 조직적 대한민국 와해 작전에 속은 국민들

〈조갑제 닷컴 (2021년 2월 12일) 필자: arock(회원)〉

4년 전, 문재인 대통령이 출범할 당시 온 국민은 취임사 마취제를 맞고 비몽사몽 상태가 되었다. '결과는 정의롭고 과정은 공정한' '이제까지 가보지 못한 길'을 열겠다는 한 마디에 국민들은 약에 취한 상태가 되어버렸다. 그런데 4년을 지나 정신을 차려보니 어느새 국가는 망국의 길로 들어서 있는 걸 이제야 어렴풋이 깨닫게 되었다.

비로소 국민들은 이게 다 계획에 의한 것이었구나, 의심을 갖게 되었다. 조직적인, 그리고 의도적인 국가 와해 작전이 아니면 도저히 있을 수 없는 정책들을 문재인 정권은 실행에 옮겨왔고, 지금도 진행 중이다. 몇 가지 실례를 들어보자!

〈01〉 국고 탕진 작전

한 국가를 와해시키는 빠른 길은 국고를 탕진하여 재정을 고갈시키는 것이다. 무슨 일을 하려 해도 돈이 없으면 손을 놓고 있어야 한다.

문 정부 들어서면서 일자리 200만 개 창조한다는 명목으로 30조 5천억 이상 뿌렸지만 일자리는 도로 감소했다. 작년에 코로나 재난 지원금 명목으로 7조 6천억을 뿌렸지만 상황이 좋아졌는가? 필요 없는 공무원을 증원한다고 매년 5조 6천억, 3년이면 17조의 추가 인건비를 잡았지만 공공 서비스가 좋아졌는가?

이것도 모자라 지자체 선거를 앞두고 또 돈을 뿌리겠다 하고, 말도 안 되는 신판 뉴딜 정책으로 다시 재정을 늘리겠단다. 덕분에 국가부채만 전 정권 다 합친 금액 이상으로 불어났다. 효과 없는 돈을 뿌려 재정을 휘청거리게 하려는 목적은 무엇인가?

〈02〉 에너지 자립 절단 작전

에너지 자립은 한 국가의 산업 전반을 지탱하는 뿌리이다. 1948년 5월 북한의 송전선 차단으로 만성적 전력 부족에 시달리던 한국은 고 박정희 대통령의 탁월한 용단으로 원자력 발전소를 건설하여 에너지 자립을 이룩했을 뿐 아니라 전력을 어느 나라 못지않게 값싸고 편리하게 쓰고 있다.

이 원전을 이번에 감사원과 검찰의 조사에 의하면 경제성 수치를 조작하면서까지 가동 중지시키고 탈 원전을 밀어붙이는데 이는, 곧 전력 수입, 에너지 타국 의존을 불가피하게 만든다.

이번에 전남 신안에 세계 최대인 8.2 기가와트, 즉 8만2000 메가와트의 풍력 단지를 만든다고 문 통이 시공 테이프를 끊었는데 이는 발전소의 ABC만 아는 사람은 허황한 구상이고 돈만 까먹는 일임을 훤하게 알고 있다.

태양광, 풍력 같은 에너지는 전압 불안정, 보관 문제, 송전 문제 등으로 그 용량만큼 꼭 같은 예비 발전 시스템을 갖춰야 하기 때문에 건설과 유지 비용이 이중으로 든다는 건 이미 유럽 각국에서 다 증명된 사실이다.

풍력으로 위 8.2 기가 와트를 지으려면 원전 8기 건설 비용의 4배가 드는 데다가 다시 곱하기 2, 즉 8배가 들며, 환경은 환경대로 파괴되니 대체 왜 이런 엉터리 짓에 앞장서는지 모르겠다.

〈03〉 사법(司法) 무력화

문재인 정권은 검찰 개혁이란 거짓 선동으로 검찰의 힘을 빼는 데 더하여 공수처란 독재 국가의 제도를 도입하는 한편, 자격미달인 인물을 대법원장으로 앉혀 사법부를 꼭두각시화 하고, 헌법재판소는 헌법을 지키는 게 아니라 헌법을 부시는 걸 합법화하는 기구로 전락시켰다.

사법 기능이란 한 국가의 사회질서를 감시하는 중요한 역할을 한다. 사법기능이 약화되면 그 나라는 범죄 조직이 암약하며, 부패가 판을 치고, 정의 공정은 유명무실해진다. 이것은 절대 해서는 안 될 일임에도 정권 유지를 위해 강행하는 게 문재인 정권이다.

〈04〉 국방 약체화

문재인이 핵 무력을 전혀 포기할 의사가 없는 북한정권의 앞잡이로 나서서 비핵화를 가장하면서 미국에 로비한 것은 잘 알려져 있고, 남북군사합의란 이상한 합의를 하여 휴전선 지뢰제거, 비행금지구역 설정, 한강 어구 개방, 합동군사훈련 중지 등 도무지 이해할 수 없는 국방력 약화를 의도적으로 실시해 왔다.

### 〈05〉 동맹 와해 작전

미국과의 동맹이 최고의 전쟁 억지력임을 누구나 알고 있는데, 이를 야금야금 부시려 하는 한편, 중국과는 소위 3불 합의를 통해 사드 배치를 지속 방해하고, 종전선언이니 전작권 반환이니 도무지 누가 동맹이고 누가 원수인지 모를 행동을 하고 있다. 더불어 그간 공조 관계에 있던 일본에게 구시대 유물인 반일 감정을 부추겨 군사정보력의 감퇴를 의도적으로 지향해 왔다.

### 〈06〉 경제 파탄 작전

소득주도 성장이란 말도 안 되는 공상 이론으로 경제를 망치고, 그럼에도 온갖 허구 수치를 들어 최선을 다한 양 위장 공세를 취하고 있다.

### 〈07〉 反정부 단체 지원 작전

문재인 정권이 들어서서 가장 활개를 치는 단체가 과거 反정부 단체였던 민노총, 전교조, 그리고 소위 시민단체들이다. 이들은 심지어 서울시 등 지자체를 통해 굵직한 이권 하나씩을 챙기고 있다. 심지어 경찰도 이들의 불법 행위는 눈감아 준다.

### 〈08〉 비판언론 재갈 물리기

언론 장악을 위해 수단과 방법을 가리지 않는 게 문재인 정권이다. 심지어 유튜브를 포함한 전체 언론을 겁박할 입법 준비까지 현재 진행 중이다.

### 〈09〉 좋은 것은 북으로, 나쁜 것은 남으로

이번에 들통 났듯이 문재인은 좋은 것은 북한으로, 나쁜 것은 남한으로 정책을 쓰고 있다. 원전, 철도, 공단 등 좋은 것은 북한으로 보내고; 나쁜 것, 예컨대 대북전단 방지법, 5.18 법, 악법 만들기, 기업 탄압 등 나쁜 것은 남한에게 만드는 희한한 정책을 만들어 가고 있다.

그러면 문재인은 왜 이런 의도적인 국가와해 공작을 추진하고 있는 걸까? 대한민국이 미워서? 혹시라도 일류였던 대한민국을 3류 국가로 만들려는 건 아닌가? 그래야만 4류 국가인 북한과 연방제가 가능하기 때문인가? 일류와 4류는 연방이 불가능하니까….

국민들은 이제 마취주사에서 깨어나야 한다. 문재인이 고의로 한 짓이 아니라면 위에 열거한 사실들은 대체 어떻게 설명할 수 있는가? 조만간 문재인을 끌어내리지 않으면 대한민국은 어느 날 깨어보니 돌이키지 못 할 정도로 추락해 있는 꼴을 보게 될 것이다.

## 3. 본서의 글 형식

본서는 쉐마교육에서 가르치는 유대인의 탈무드 토론식(하브루타)이다. 즉 저자의 칼럼에 A박사가 반론을 제기(질문)하면 저자가 답변하는 대화체 형식이다. 좋은 질문이 좋은 답변을 이끌어 낼 수 있다. 좋은 질문이란 그 주제에 대하여 깊이 생각하거나 분석하는 능력이 없으면 답변하기 힘든 질문을 뜻한다.

〈저자 주: 제2판에서는 5.18에 대한 저자의 견해와 다른 K 목사의 문제제기에 대한 저자의 반론을 실었다(제1부 제1장 III항). 그리고 좌파 손봉호 교수가 우파 교회를 비판했는데, 이에 대한 저자의 6가지 반론(제1부 제2장 III항)도 실었다.〉

본서에서는 진보 좌파들이 자신도 모르게 가지고 있었던 관념들에 기초한 질문들을 많이 엿볼 수 있다. 저자는 그 질문들에 대하여 논리적으로 그것이 왜 잘못되었는지를 반박한다. 평가는 독자들의 몫이다.

사실 저자가 보기에 질문하는 A박사는 좌파가 아니라고 생각한다. 그러나 그는 많은 면에서 우파와 좌파의 가치를 혼동하고 있었다. 그리고 기독교인으로서의 정치신학도 명확하지 않다. 따라서 그는 이번 촛불집회의 위험성을 전혀 느끼지 못하고 있다. 오히려 이런 촛불집회가 성숙한 민주주의를 위한 순기능처럼 여긴다.

저자가 이번 A박사와의 토론에서 놀란 것은 젊은 지식인들 가운데 그와 같은 생각을 하는 이들이 너무 많다는 점이었다. 그들은 안보 불감증에 걸린 것처럼 보였다.

A박사는 저자가 주관하는 쉐마지도자클리닉 3학기를 모두 수료했다. 그는 인성교육학과 쉐마교육학을 잘 아는 저자의 제자다. 그 역시 저자

가 저술한 인성교육과 쉐마교육에 관한 저서들을 교안으로 만들어 사역자들에게 가르치고 있다.

본서는 팩트와 현장감을 그대로 살리기 위해서 바꾸지 않고 그대로 싣는다. 대신 칼럼의 내용에 미진한 부분과 출처들은 대폭 보완했다. 물론 제2판에서는 질문과 답변 형식이 아닌, 일반적인 저자의 논리들도 많이 실었다.

## 4. 용어에 대한 정의

본서는 기독교인의 국가관, 민족관 및 정치관에 관한 도서다. 따라서 저자의 뜻을 더 정확하게 이해하기 위해서는 본서에서 사용하는 용어들; 즉 보수(保守), 진보(進步), 우파(右派), 좌파(左派) 및 종북좌파(從北左派)의 뜻을 알아야 한다. 따라서 각 단어가 뜻하는 간단한 정의를 다음과 같이 해둔다.

### A. 보수와 진보의 정의

보수와 진보의 차이는 일반 생활방식적인 측면과 이념적인 측면 그리고 신학적인 측면으로 나누어 설명할 수 있다.

1) 일반 생활방식적인 측면에서 보수와 진보의 정의

'다음 사전'에 따르면 '보수'와 '진보'의 정의는 다음과 같다.

> 보수는 "새로운 것을 적극 받아들이기보다는 재래의 풍습이나 전통을 중히 여기어 유지하려고 함"이고, 진보는 "정도나

수준이 차츰 향상하여 감" 혹은 "역사 발전의 합법칙성에 따라 사회의 변화, 발전을 추구함"이다.

물론 저자는 이것을 일부 인정한다. 그러나 허점도 많다고 보아 저자의 '수직문화와 수평문화' 이론으로 '보수'와 '진보'의 뜻을 다음과 같이 정의하고자 한다. 〈저자 주: 자세한 것은 '현용수의 인성교육 노하우', 제1권 제2부 제2장 '인성교육의 본질과 원리: 수직문화와 수평문화' 참조〉

일반 생활방식적인 측면에서 보수나 진보의 차이는 전통, 역사, 철학, 고전 및 효 등 자신의 뿌리를 보전하는 수직문화의 가치를 더 많이 가지고 더 많이 지킬수록 더 강한 보수이고, 더 적으면 적을수록 더 강한 진보다.

또한 세상의 물질, 권력, 명예, 유행 그리고 현대 학문과 과학 등 표면적인 수평문화에 더 많이 젖어 있으면 있을수록 더 강한 진보이고, 더 적으면 적을수록 더 강한 보수다.

그러나 유대인은 자신의 전통적인 수직문화의 가치와 그에 따른 행위는 매우 귀중하게 여기고 지키면서도 수평문화 중 현대 학문이나 과학은 매우 급진적이고 창의적이다. 그래서 사회 경쟁력을 높여준다. 즉 정신적인 가치와 생활방식은 보수이면서 개인이나 사회 발전을 위해서는 빠른 변화로 시대를 앞서간다. 따라서 저자는 보수와 진보의 기준은 유대인의 것을 따른다.

### 2) 이념적인 측면에서 보수와 진보의 정의

대한민국(이하 '남한'이라 칭함)과 조선민주주의인민공화국(이하 '북한'이라 칭함)은 남과 북으로 나누어진 상황이다. 북한은 이념적인 면에서 남한의 적대국이다. 따라서 한국에서 이념적인 '보수'는 이념적인 '우파'와 동일하다. 따라서 둘을 합하여 '보수우파'란 용어에 대하여 정의한다.

"보수우파는 미국식 자유민주주의와 자유 시장경제를 지향하고, 주적인 북한의 공산주의(사회주의)나 김일성 주체사상을 배격하는 이념을 가진 사람들이다."

쉽게 설명하면, 이념적으로 한국의 보수란 진보 좌파(북한 공산주의)의 반대다. 보수는 종교의 자유를 허락하지만, 진보 좌파는 허락하지 않는다.
〈저자 주: 본서에서 사용하는 '공산주의'라는 용어는 '사회주의'라는 용어와 대동소이하게 사용된다.〉
단 이념적인 진보는 스펙트럼이 너무 넓어서 진보라고 모두 공산주의자는 아닐 것이다. 따라서 확실한 공산주의 노선을 따르는 자들을 지칭할 때는 진보 좌파라는 용어를 사용한다.

### 토론

대부분 생활방식적인 측면에서 보수인 사람이 이념적인 측면에서도 보수가 많다. 그리고 전자가 진보이면 후자도 진보인 경우가 많다. 그러나 꼭 그렇지만은 않다.

어떤 이들은 공산주의 이념은 거부하면서도 자유분방한 진보적 생활 방식을 택하기도 한다. 반면 어떤 이들은 자유분방한 진보적 생활 방식은 거부하면서 공산주의 이념을 택하기도 한다. 이것은 무엇을 뜻하는가? 공산주의 체제인 북한에서도 남한처럼 보수와 진보가 있을 수 있다는 것을 뜻한다.

### 3) 신학적인 측면에서 보수와 진보의 정의

신학적인 보수는 대체적으로 세 가지 조건을 지켜야 한다. 1) 성경의 일점일획도 고치면 저주를 받는다는 성경의 정확무오설을 믿어야 하고(신 4:2, 12:32; 마 5:18; 계 22:18-19), 2) 하나님의 말씀(율법)대로 살려고 노력해야 하고. 3) 모든 사고나 행동에 성경의 권위를 최상위에 놓아야 한다.

이 원칙들을 더 확실하게 믿고 더 성실히 실천하려고 노력하면 할수록 더 강한 보수이고, 이 원칙들에서 더 벌어지면 멀어질수록 더 강한 진보다. 특히 신학적으로 성경의 절대적인 권위 대신에 세상의 철학과 사상, 이념 그리고 개인 자신의 생각을 더 많이 첨가하면 할수록 더 강한 진보가 된다.

## B. 우파와 좌파 및 종북좌파의 정의

앞에서 언급한대로 남한의 주적은 북한이다. 따라서 우파와 좌파에 대한 정의는 다음 세 가지, 즉 1) 인문학적인 측면에서 2) 이념적인 측면에서 그리고 3) 성경적인 측면으로 나누어 해야 한다.

### 1) 인문학적인 측면에서 우파와 좌파의 정의

'우파'(右派)란 "보수적이거나 국수주의적인 경향, 혹은 한 단체나 정당 등에서 내부의 보수파나 온건파를 개혁파나 진보 급진파와 구별하여 이르는 말"로 정의한다(다음 사전). 이 정의에 따르면 보수를 진보 급진파와 구별하여 우파라고 부를 수 있다. 즉 보수는 우파, 그리고 진보 급진파는 좌파다. 이것은 기독교인과 비기독교인과 사이에 차이가 없다.

## 2) 이념적인 측면에서 우파와 좌파 및 종북좌파의 정의

이념적인 '우파'는 앞에서 언급한 이념적인 '보수'의 정의와 동일하다. 따라서 여기에서는 생략한다. 그러나 이념적인 측면에서 우파와 좌파에 대한 용어는 보수와 진보라는 용어보다는 정치적인 색깔이 더 확실하다.

그리고 동일한 공산주의(좌파)라 하더라도 북한은 중국과 다르다. 북한은 공산주의와 더불어 김일성 3부자를 신으로 추앙하라는 '김일성 주체사상'이라는 것이 있다. 이것 때문에 북한은 인민들의 인권을 더 억압하는 혹독한 독재가 가능하다. 남한에서 이를 추종하는 이들을 '종북좌파'라고 부른다.

## 3) 성경적인 측면에서 우파와 좌파의 정의

성경적인 측면에서 우파와 좌파의 정의는 앞에서 설명한 신학적인 보수와 동일하다. 그 이유는 본서 제1부 제2장 Ⅱ. 5. Q1. Q1-2-2. '성경적인 측면에서 우파의 정당성: 왜 우파가 옳은가'를 참조 바란다.

**알고 갑시다**

## 약 70년간의 참담한 공산주위 실험

역사석으로 가난을 해결하기 위한 최선의 대안을 제시한 것이 칼 마르크스의 공산주의 이론이었다. 그러나 그것도 전 세계에 약 7천만 명에 달하는 사망자를 내었다. 약 70년간의 실험 끝에 스스로 붕괴되었다.

이 참혹한 실험은 "모두가 잘 사는 나라를 건설하기를 원한다면 모두가 가난해질 수밖에 없다"는 진리를 발견하게 했다.

대안은 무엇인가?

수천 년 동안 이미 역사적으로 검증된 유대인의 경제관을 모델로 삼아야 한다.

〈출처: 현용수, 돈은 이렇게 벌고 이렇게 써라(유대인의 경제신학), pp. 229-230〉

## II.
## 좌파 A박사의 문제제기와 현용수의 반론

<왜 한국인은 이념적 잣대로
진짜와 가짜 애국을 분별해야 하는가>

〈저자 주: 먼저 제II항의 글은 2016년 촛불집회 시대를 배경으로 쓴 글임을 밝힙니다. 그 당시를 회상하며 읽으시면 도움이 되겠습니다.〉

앞에서 2016년 좌파들이 주축이 되었던 촛불집회에 대하여 설명했습니다. 당시 저자는 우파적 시각에서 SNS에 촛불집회를 비판하는 칼럼을 연재했습니다. A박사님은 매번 좌파적 시각에서 저자의 칼럼을 반박했었습니다. 저자는 당시 그와 지상 토론을 하면서 좌파의 시각이 우파의 시각과 너무나 다르다는 것을 알게 되었습니다. 그리고 A박사가 무엇에 속고 있는지도 알게 되었습니다. 긴 토론 후 그는 마침내 자신의 오류를 인정했습니다.

다음은 그분과의 토론 내용입니다. 이 토론은 생각을 달리하는 보수 우파와 진보 좌파 모든 분들에게 좌우 갈등의 본질이 무엇인지를 논리적으로 이해하고, 인성교육학적인 입장에서 자신의 대한민국 애국관을 다시 점검하고 정리하는 데 도움이 되리라 생각됩니다. 저자가 실제로 좌파와 하브루타식 토론을 한 것이기에 더욱 유익할 겁니다.

〈저자 주: II항 중 'A박사의 문제제기'란 표기가 없는 질문들은 제2판에서 지자가 임의로 첨가한 것입니다.〉

A박사님에 의하면 그 당시 촛불 집회에 참석하신 분들은 순수하게 박근혜 대통령과 그 측근들의 잘못에 항의하러 거리에 나왔다는 것입니다. 그것을 좌편향적, 즉 정치적 이념으로 보지 말라는 것입니다.

그러나 저자는 그분들의 그런 행동들이 설사 그렇다고 하더라도, 왜 그러면 안 되는지 그리고 그것들이 국익에 얼마나 해가 되는지에 대해 설명하고자 합니다.

### A박사의 문제제기1

"교수님. 좌파는 종북, 우파는 애국이라는 이분법적 프레임 속에 갇혀 있는 듯 보여 마음이 무겁습니다. 다음에 연재하실 글은 쉐마를 위해서라도 편향된 정치 이념적 글이 아니었으면 합니다."

### 현용수의 반론1

- 좌파는 종북, 우파는 애국이라는 이분법적 프레임이 나쁘다고요?
- 가짜 애국과 진짜 애국 분별법

왜 좌파는 종북, 우파는 애국이라는 이분법적 프레임으로 봐야 하는지 않니까? 우파가 애국하는 방법과 좌파가 애국하는 방법이 다르기 때문입니다. 즉 둘 다 애국자라고 주장하지만 애국하는 방법은 다릅니다.

좌파는 대한민국은 친일파들이 세운 국가이기 때문에 애초에 건국되지 말았어야 했던 나라라고 폄하하며, 국가의 정통성을 조선민주주의인민공화국(북한)에 있다고 주장합니다(조갑제, 반대한민국의 계급투쟁사관으로 기술된 좌편향 교과서의 실상, 월간조선, 2014. 4월호. pp. 213-222; 이동호, 좌파의 불편한 진실, 촛불 주동 세력의 전략과 전술 그리고 실체, 제1차 서울대 트루스 포럼).

또한 그들은 북한의 인권에 대해서는 일체 거론하지 않고, 유엔의 북한 관련 인권결의안에 투표할 때도 정부의 2인자가 북한에 물어보고 합니다(송민순, 빙하는 움직인다. 2016. https://books.google.co.kr/books?id=jpM8DQAAQBAJ&pg=PT642&dq=문재인+북한+유엔+인권결 의안). (물론 모든 좌파가 그렇다는 얘기는 아닙니다)

우파는 이것을 적과 내통했다는 죄로 보아 반역자로 여깁니다. 국민의 생명을 위협하는 국가의 안보에 큰 문제가 되기 때문이지요. 이것은 최순실의 죄보다 몇백 배 더 무겁다고 보지요.

물론 북한의 공산주의 정권 지도자들도 민족주의자이며 애국자라고 자부합니다. 그러나 그들은 남한의 우파 애국자들을 미국 제국주의 승냥이의 괴뢰도당이라고 매도합니다. 미제의 압박에서 신음하는 남반부 인민들을 해방시켜 공산주의화해야 한다고 주장합니다.

뿐만 아니라 종교적인 입장에서 공산주의는 기독교의 가장 큰 적입니다. "종교는 인민의 아편이다"(칼 마르크스, 위키백과)라고 단정 짓고 있습니다. 그 결과 국제오픈도어선교회의 2015년 세계 기독교 박해 순위'(World Watch List, WWL)에 따르면 북한은 세계에서 14년째 기독교를 가장 심하게 박해하는 나라입니다(크리스천 라이프 & 에듀 라이프, '국제오픈도어선교회, 국가별 박해 순위' 발표, 2016년 1월 21일).

이렇게 둘은 상반된 애국관을 가지고 있습니다. 여기에서 진정한 대한민국 국민이라면 '진짜 애국'과 '가짜 애국'을 분별할 수 있어야 합니다. 여기에서 '가짜 애국'이란 자신의 조국인 대한민국을 위한 애국이 아니라는 것입니다. 이것은 잘못된 애국이라는 뜻입니다.

A박사님은 어느 쪽에 속한 애국자입니까? 자세히 알려면 저자의 저서 '현용수의 인성교육 노하우' 제4권 제7부 '대한민국의 민족관과 국가관'을 다시 공부하세요.

그러면 이런 질문도 나올 수 있습니다. "과거 한국에서 반정부 운동을 했던 분들은 모두 가짜 애국자들인가?" 아닙니다. 그분들 중에서도 대한민국을 자랑스럽게 여기며 국가의 진정한 민주화를 위해 투쟁했던 고(故) 함석헌 옹이나 김동길 교수님 같은 분들은 진짜 애국자입니다. 그러나 북한을 찬양하며 그들을 이롭게 했던 반정부 운동은 민주화 운동으로 포장한 가짜 애국자입니다.

따라서 그것이 대한민국 국민의 입장에서 볼 때 애국자냐, 아니면 북한 정부의 입장에서 볼 때 애국자이냐로 나누어지겠지요.

정리하면, 진짜 애국과 가짜 애국을 분별하는 기준은 1) 자신의 조국을 대한민국으로 인정하고, 대한민국을 건국한 초대 대통령 이승만 박사와 대한민국을 자랑스럽게 여기느냐, 아니면 2) 자신의 조국을 북한(조선민주주의인민공화국)으로 정하고, 그 정부를 수립한 김일성과 북한을 자랑스럽게 여기느냐에 달렸습니다.

2)항에 하나 더 첨가하겠습니다. 설사 조국을 북한으로 정하지 않았다고 하더라도, 국가의 정통성을 조선민주주의인민공화국(북한)에 있다고

## 진짜 애국과 가짜 애국의 분별법
### - 대한민국의 바른 정체성 문제 -

| 구분 | 진짜 애국자 | 가짜 애국자 |
|---|---|---|
| 국가의 정체성 | 조국을 대한민국으로 정하고, 대한민국을 건국한 초대 대통령 이승만 박사와 대한민국을 자랑스럽게 여기는 국민 | - 국가의 정통성은 조선민주주의인민공화국(북한)에 있다고 보는 국민<br>- 대한민국은 친일파들이 세운 국가라고 폄하하며, 건국되지 말았어야 했던 나라라고 생각하는 국민 |
| 국민의 태도 | - 대한민국의 경제발전과 민주화를 이룬 할아버지 세대를 존경함<br>(기성세대의 과보다 공을 더 귀하게 여김)<br>- 아무리 힘들어도 대한민국을 자랑스럽게 여김<br>- 북한의 인권에 대해 항의하며, 유엔의 인권결의안에 찬성함 | - 대한민국의 경제발전과 민주화를 이룬 할아버지 세대를 보수우파 꼴통이라고 비난함<br>(기성세대의 공보다 과만 부각함)<br>- 대한민국에 취업난이 닥치면 '헬 조선'이라고 비아냥거림<br>- 북한의 인권에는 침묵함, 유엔의 북한 인권 결의안에 투표할 때도 정부의 2인자가 북한에 물어보고 결정함 |
| 국익에 대처 방법 | - 대한민국 국익에 최우선을 두는 이들 (예; 국가보안법 존속, 제주 해군기지 건설, 사드 배치 찬성 등) | - 대한민국 국익에 반대하는 이들 (예; 국가 보안법 폐지, 제주 해군기지 건설, 사드 배치 반대 등) |
| 공통점 | 자신이 애국자라고 생각함 | 자신이 애국자라고 생각함 |
| 지지자들 | 우파 태극기 집회 참석자들 | 대부분 촛불집회 참석 지지자들 |
| 결론 | - 민족이나 통일보다 국가를 우선함<br>- 바른 대한민국 국가의 정체성 교육을 받은 이들 | - 국가보다 민족이나 통일을 우선함<br>- 가짜 애국에 속는 이들<br>- 국가의 그릇된 정체성 교육을 받은 이들 |

보며, 대한민국은 친일파들이 세운 국가라서 건국되지 말았어야 했던 나라(조갑제, 월간조선, 2014, 4월호)라고 폄하하는 것도 포함됩니다.

즉, 남한 정부와 북한 정부 중 어느 쪽을 더 이롭게 하느냐에 달렸습니다. 이것은 대단히 중요한, 자신이 속한 국가에 대한 정체성의 문제입니다. 대한민국의 입장에서 전자에 속하면 진짜 애국이고, 후자에 속하면 가짜 애국에 속고 있는 것입니다.

전자는 대한민국의 경제발전과 민주화를 이룬 기성(할아버지) 세대를 존경하는 이들로 기성세대의 과(過)보다 공(功)을 더 귀하게 여기는 이들이며, 후자는 대한민국의 경제발전과 민주화를 이룬 기성(할아버지) 세대를 보수우파 꼴통이라고 비난하는 이들(기성세대의 공보다는 과만 부각하는 이들)입니다.

전자는 아무리 살기가 힘들어도 대한민국을 자랑스럽게 여기는 이들이며, 후자는 대한민국에 자신들이 원하는 고급 일자리를 찾지 못하면 '헬 조선'이라고 비아냥거리는 이들입니다. 전자는 대한민국 국익에 최우선을 두는 이들이며(예; 국가보안법 존속, 제주 해군 기지 건설, 사드 배치 찬성), 후자는 대한민국 국익에 반대하는 이들입니다(예; 국가보안법 폐지, 제주 해군 기지 건설과 사드 배치 반대).

현재 많은 젊은이들이 대한민국은 건국되지 말았어야 했던 나라라고 생각하는 이들이 많다고 들었습니다. 따라서 그들은 세계인들이 일자리가 많다고 부러워하며 찾아오는 기적의 나라 대한민국을 '헬 조선'이라고 비아냥거립니다. 학교에서 국가관을 잘못 배운 것이겠지요. 따라서 그들의 보수우파 정부에 대항하여 반정부 시위를 하는 것은 가짜 애국에 속고 있는 것입니다.

현용수 칼럼

## 경제 전문인과 민주 투사의 공과(功過) 차이

현용수
⟨https://blog.naver.com/kabsoonhwang/221436475158, 2019년 1월 4일⟩

한국은 30년 만에 경제 대국과 민주화를 성취한 위대한 나라다. 전자는 이승만 박정희 두 전직 대통령과 경제 전문인의 공이고, 후자는 민주 투사의 공이다.

그런데 2000년대에 들면서 대한민국은 급속히 망해져가고 있다. 그 이유는 무엇인가? 민주화가 된 현재에는 경제 전문인은 여전히 필요하지만 민주 투사들은 더 이상 필요하지가 않다. 그런데도 그들은 자신들의 전공이 아닌 경제에도 깊이 관여하고 있는 것이 문제다.

정치 권력으로 기업주들을 옥죄고 있다. 소득주도 성장이라는 해괴한 논리로 나라 살림을 망치고 있다. 좌파의 온상인 민주노총에 더 큰 힘을 넣어주고 있다.

두 번째로 생각해볼 일이 있다. 과거 386이나 586민주 투사들은 모두 긍정적으로 평가해도 되는가? 아니다. 한국의 민주 투사들은 둘로 구분해야 한다.

진정한 대한민국의 민주주의를 찾기 위한 민주 투사들(예; 함석헌 옹과 김동길 교수 및 이명박 전 현대건설 사장 등)이 있고, 민주화를 가장한, 주적인 북한을 이롭게 하는 사회주의를 신봉하거나 북한과 내통한 주사파 출신들로 이루어진 종북좌파들이 있다.

전자는 후에 건국 대통령 이승만과 경제 대국을 이룬 박정희 대통령의 업적도 존경하고 나름대로 국익에 도움을 주었다.
그러나 후자는 1) 이승만 박정희 두 전직 대통령의 업적을 인정하지 않고, 내신 원수로 여긴다. 2) 그리고 주적 북한의 김일성 김정일 및 김정은을 추종하며 대한민국의 적화통일을 돕는다. 시종일관 대한민국의 암 덩어리다. 그 암 덩어리가 수술을 할 수 없을 정도로 커졌다.

후자에게는 절대로 경제, 안보, 군사, 교육 및 언론은 물론, 특히 정치를 맡기면 안 된다. 모든 분야를 북한이나 중국 같은 사회주의 체제로 만들려고 하기 때문이다.
그런데도 우매한 국민들은 종북좌파의 촛불 선동에 속아 선과 악, 아군과 적군을 구분하지 못하고, 그들에게 표를 주었다. 그 결과 그들은 정권을 잡은 후 많은 초래했다. 그 중 세 가지는 다음과 같다.

1) 핵발전소를 폐기하고, 사회주의 경제를 표방하는 소득주도 성장이나, 세금으로 공무원을 늘리는 일자리 창출로 나라가 거지가 될 판이다.

2) 동맹국인 미국과 반대되는, 주적 북한과 맺은 남북 군사합의서 및 북한 퍼주기 정책에 편중하여 대한민국이 적화통일 일보 직전에 있다.

3) 교육은 '평등'이라는 사회주의 키워드에 맞추어 혁신학교를 만

들었다. 공부를 잘하는 인재들을 존중하는 상향평준화가 아니라 공부를 잘못하는 학생들을 존중하는 하향평준화로 가고 있다. 공부를 잘 못하는 학생들에게 열등감을 주지 않게 하기 위함이란다.

따라서 현재 정부는 일류 인재들을 양성하는 특목고나 과학고 및 외고 등을 모두 없앤다고 한다. 국민은 개인이 자유로이 교육을 받을 권리나 행복 추구권 등을 박탈당하고 있다.

이런 일은 북한에도 없는 제도다. 북한은 인문학이나 과학 및 예술 등에 최고급 인재들을 키우는 특수학교들이 너무나 많다.

종북좌파들은 1) 안보도 망치고, 2) 경제도 망치고, 3) 교육도 망치고 있다. 대한민국의 이념을 자유민주주의에서 사회주의(공산주의)로 바꾸려 하고 있다. 위기다. 이외에도 나라를 망치고 있는 일들을 거론하면 끝이 보이지를 않는다.

우매한 자는 당해보고 깨닫고, 현자는 그 전에 깨닫고 표를 안 준다. 기재부 신재민 사무관도 당해보고 깨달은 케이스다. 늦지만 다행이다. 그런데 아직도 못 깨달은 젊은이들이 너무나 많다. 이들을 교육으로 깨닫게 해야 다음 총선에서 이길 수 있다.

현명한 국민을 만드는 법은 슈르드한 유대인 교육에 답이 있다.

### A박사의 문제제기 2

"극단적인 몇몇 좌파 정치인들이 한 것을 가지고 전부가 한 것처럼 일반화시키는 오류를 범하고 계시네요."

### 현용수의 반론 2
– '극단적인 몇 몇 정치인들'의 영향력을 무시하라고요? 안 되는 이유는?

A박사님은 '극단적인 몇몇 좌파 정치인들'의 영향력이 매우 미미한 것처럼 말하네요. 이것은 억지입니다. 100만이나 되는 군중들이 순수해서, 누가 시키지도 않았는데 자발적으로 나왔다고요? 수만 몇이나 되는 미성숙한 중고생들은 누가 충동질했습니까?

물론 박 대통령과 그의 측근들의 잘못이 있는 것도 사실이지만, 그것을 좌파 정치가들, 좌파 언론들, 좌파 대학교수와 초중고 교사들, 좌파 사회단체들 그리고 좌파 노조들이 과장되게 선동을 많이 해서 나온 것이 아닙니까? 더 큰 문제는 A박사님이 얘기하는 '극단적인 몇몇 좌파 정치인들'의 영향력은 지극히 미미한 것이 아니라 실로 막대하다는 것입니다.

A박사님이 생각하는 '극단적인 몇몇 좌파 정치인들'은 차기 대선 주자들 중 가장 유력한 후보들이라는 데 문제가 있습니다. 여론조사 전문기관 리얼미터가 매일경제·MBN '레이더P' 의뢰로 2016년 11월 28일부터 30일까지 3일간 전국 유권자 1518명을 대상으로 조사한 11월 5주차 여야 차기 대선후보 지지율 여론조사 주중 집계 결과에 의하면, 그들을 추종하는 국민 지지율을 모두 합하면 거의 60%에 이릅니다. (문재인 더불어민주당 전 대표 20.7%, 이재명 성남시장 15.1%, 안철수 국민의당 전 대표는 10.5%, 손

학규 전 의원 4.7%, 안희성 충남도지사 4.4%, 박원순 서울시장 3.7% 등)(경기도민일보, 이재명 성남시장, 반기문도 넘나?, 2016년 12월 3일).

반면, 우파 여권 대선후보자들은 불과 모두 합해야 10% 미만입니다(반기문 제외). 그런데도 그들의 언동의 영향이 극히 일부라고 할 수 있나요?

물론 이번에 촛불집회에 나가신 분들 중에 순수하게 울분이 터져서 나간 분들도 있겠지요. 그런데 문제는 그분들이 앞에서 저자가 정리한 대한민국 국가관을 잘 모르는 상태에서 그 극단적인 몇몇 분들의 영향을 받아서 나갔거나, 아니면 설사 자발적으로 나갔다고 하더라도 그 정치인들과 함께 어울리면 군중 심리에 의하여 자신도 모르게 그분들의 좌파 사상에 물이 들 수 있다는 위험성이 있다는 것입니다. 그렇게 되면 자신도 모르게 대한민국의 국익을 해칠 수 있겠지요.

**알고 갑시다**

### 문재인, 당신은 잊혀지고 싶겠지만 우리는 당신을 잊지 못한다

〈펜앤드마이크, 정규재 대표,
http://www.pennmike.com, 2020년 1월 22일〉

문재인 대통령이 어제(14일) 신년기자회견에서, 자기 딴에는 그럴싸하게 보이려고 그랬는지 몰라도 "퇴임 후엔 깨끗이 잊혀지기 바란다"고 말했다. 그러나 우리가 준비하고 있는 답은 "천만의 말씀"이다.

당신은 지은 죄가 너무도 많기 때문에 결코 잊혀질 수가 없다. 노무현 대통령의 사례를 문재인 당신을 잘 알 것이다. 노무현은 도덕적 붕괴와 그에 이은 비극적 자살로 끝났지만 문재인 당신은 노무현과는 비교가 되지 않을 치죄를 받아야 한다.

거짓을 선동해 전직 대통령을 탄핵한 것부터가 문재인 죄목 1호다. 거짓의 산을 지어올린 것이 문재인 본인은 아니더라도 결과적으로 그 악의 꽃이 피워 올린 혜택은 모두 당신에게 집중되어 돌아갔다.

가장 큰 죄는,

1. 대한민국 국민들이 김정은의 발 아래, 핵 공갈의 공포 속에서 인질 신세로 살아가도록 대한민국을 배신한 죄다.

2. 김정은을 지원하면서 북한의 2천만 동포들을 김정은의 독재에 신음하면서 살도록 한 죄다. 결코 지워지지 않을 범죄다.

3. 김정은과 결탁 하에, 9.19 군사합의라는 것을 통해서 대한민국의 국가안보 체제를 붕괴시키고 적에게 서울까지의 진격대로, 남침대로를 활짝 열어젖힌 죄다.

4. 북한을 탈주해온 주민의 손발을 묶고 눈까지 가려서 북으로 되돌려 보낸 것은 인류가 모두 치를 떨 만행이요 반인권적 잔혹 행위다.

5. 사법부를 겁박하고 사법부내 정치집단을 이용하여 온통 좌경적 재판부로 둔갑시켜놓은 것은 실로 자유민주주의를 파괴한 범죄다.

6. 대한민국을 전체주의 체제로 바꾸어볼 속마음으로 개헌을 추진하였고 공수처를 도입하는 등 갖은 체제 전복시도를 해왔거나 실행한 것은 실로 용서할 수 없는 죄다.

7. 대한민국의 오랜 외교의 기본질서를 파괴하여 일본을 적시하고 어리석은 국민을 선동하여 한미일 동맹 관계를 파괴하려고 시도했던 일은 심각한 범죄다.

8. 중국을 끌어들여 반 사드 책동을 만들어 내고 패권주의에 불과한 중국몽을 지지하는 등 망발적 외교정책을 공공연히 획책해왔던 것은 심각한 반문명적, 반 대한민국 행위다.

9. 홍콩의 자유 시민을 적대시하고, 대만 자유시민의 승리를 외면하는 등 대한민국의 지도자와는 전혀 다른 이념의 궤를 드러낸 것은 실로 부끄러운 일이다.

10. 소주성이라는 듣도 보도 못한 경제정책으로 서민의 삶을 도탄지경으로 몰아넣은 죄다.

11. 최저 임금의 급격한 인상을 통해 수많은 자영업자와 저임금 근로자를 실업으로 내몰고 사업포기의 벼랑 끝으로 몰아넣은 범죄다.

12. 국민연금을 통한 기업 규제, 경영권 간섭이 투자를 절멸시키기에 이르렀고, 이는 연금 사회주의적 시도임이 명백하여 역시 체제전환 음모라 불러야 마땅하다.

13. 멀쩡한 원전을 오로지 문재인 당신의 무지와, 무지하기에 공포에 함몰되는 그런 저차원의 심리상태에서 모조리 폐기하고 있는 것은 중대한 국가 산업 파괴행위다. 실로 문명적 설비에 대한 홍위병적 몰이해다.

14. 소위 적폐수사라는 것을 통해 직업 공무원 제도를 파괴하고 대한민국을 조선의 사화 시대로 되돌려 놓은 당신의 증오 범죄는 시대착오적 야만행위다.

15. 연동형 비례제라는 반민주적 악법으로 국민들의 정치적 의사를 왜곡 대표하게 선거법을 개정한 것은 명백한 민주주의 파괴행위이므로 처벌을 받아야 마땅하다.

16. 선거에 개입하여 친구의 당선을 조작해 내거나 검찰의 정당한 수사를 방해하려고 갖는 악행을 저지른 죄는 이루 헤아릴 수 없는 문재인 권력형 범죄의 작은 표본일 뿐이다.

17. 본인은 민주적 통제를 주장하지만 국회 청문회를 부정하는 등으로 국회의 민주적 통제를 거부한 것은 삼권분립의 취지를 정면에서 훼손한 것이다.

18. 깃털만한 실수를 바위 덩어리 같은 범죄로 둔갑시켜 전직 대통령을 3년씩이나 감옥에 가두어 둔 당신의 죄는 인간으로서 더는 용서할 수 없다.

대략 생각나는 것들만 떠올려 보아도 이런 지경이다.

문재인 당신은 잊혀질 수가 없다. 당신은 잊고 싶어도 국민들은 당신을 결코 잊지 않을 것이다. 문재인 그대는 벌써부터 목숨을 구걸하는 것인가.북한과 내통한 주사파 출신들로 이루어진 종북좌파들이 있다.

### A박사의 문제제기 3

"교수님, 죄송하지만 좌파와 우파의 극단에 서서 이념 논리로 국가관과 민족관을 말씀하시는 것은 동의하기 어렵습니다."

### 현용수의 반론 3

- 좌파와 우파의 시위 현장이 다른데, 어디를 가야 국익에 도움이 되나요?

물론 그럴 수도 있겠지요. 하지만 저와 비슷한 우파는 그 시간에 서울역 광장에서 열렸던 구국 기도회(일명 태극기 부대)를 지지했습니다. A박사님은 '박근혜 하야'와 '이석기 석방'을 외치며 청와대 근처까지 행진하자는 촛불집회를 지지합니까? 아니면 서울역의 구국기도회를 지지합니까?

문제는 전자와 후자는 이념 논리도 다르기 때문에 국가관과 민족관이 다르다는 것입니다. 즉 애국하는 방법이 다르다는 것이지요.

〈저자 주: 물론 촛불집회를 지지하는 분 모두가 진보 좌파라고는 볼 수 없을 겁니다. 지금까지 박근혜 대통령의 통치가 최순실과 그 측근들의 조종에 영향을 받았다는 언론 보도에 우파 쪽에 있는 분들도 분노하는 분들이 있으니까요. 그들도 일시적으로 분노가 치밀어 그쪽으로 나갈 수도 있다고 봅니다. 그러나 대략적인 입장에서 그렇다는 겁니다.〉

### A박사의 문제제기 4

"교수님, 지금의 위기 상황을 초래한 것이 누구입니까? 그리고 진보 진영 중에 있는 불순한 좌파세력에게 틈을 주었던 책임이 누구에게 있나요? 그러하기에 먼저 이 점에 대하여 우파 진영의 반성과 성찰이 필요하다고 봅니다."

#### 현용수의 반론4
- 사기꾼이 아니면 정치인은 자신의 이념을 말해야 합니다. 왜냐고요?

물론 지금의 위기상황은 박근혜 대통령과 그 측근이 원인을 제공했습니다. 저자는 그들이 죄가 있는데도 그들을 용서해야 한다고 하지 않았습니다.

여기에서 A박사님에게 질문이 있습니다. 왜 극단적인 좌파 인사가 자신이 청와대 재직시절 북한에 물어보고 유엔 인권결의안에 표결한 것에 대해서는 침묵합니까? 왜 그에게 솔직하게 자신이 지은 죄를 시인하고 반성하라고 촉구하지 않습니까? 왜 그의 죄도 판결을 받아 죄의 값을 치러야 한다고 말하지 않습니까? 왜 이런 이유로 촛불시위를 하지 않습니까?

이것은 대한민국 국민의 입장에서 형평성에 문제가 있는 것 아닙니까? 이번 박 대통령 사건보다 더욱 심하게 책임을 물어야지요.

이것보다 더한 예도 있지요. 2010년 3월 26일 북한의 공격으로 천안함이 폭침당해 46명의 고귀한 대한민국의 장병들이 희생되었고, 2010년 11월 23일 북한의 연평도 공격으로 해병대 2명이 사망하고 16명이 중경상을 입었습니다(네이버 지식백과, '연평도 포격도발'과 '천안함 폭침 사건' 참조).

그런데 왜 좌파 정권을 지지했던 분들과 이번 촛불집회에 참석했던 분들은 그 당시에 북한에 항의하는 촛불집회를 하지 않았습니까?

이번 1) '박근혜 정부의 비리를 캐어 심판하자는 것'과 2) '천안함 폭침과 연평도 포격 도발 사건' 중 어느 것이 더 중요합니까? 전자가 정부의 정의를 세우는 것이라면, 후자는 국가의 중대한 안보에 관한 것입니다. 전자가 이전의 좌파정권에도 있었던 비리의 일종이라면, 후자는 대한민국의 권위와 정체성을 훼손하는, 그리고 국민의 생명을 위협한 심각한 적의 공격입니다. 후자가 전자보다 1천만 번 더 중요하지 않습니까?

그런데도 왜 좌파들은 박근혜 대통령 처단용 단두대까지 설치하고 촛불집회를 하면서, 그 당시에는 김정일을 처단하는 단두대를 설치하고 북한에 항의하는 촛불집회를 하지 않았습니까? 그 의도가 무엇입니까?

### A박사의 문제제기 5

"교수님이 염려하시는 것 저도 잘 알고 있습니다. 그러나 다음 대선에서는 분별력을 가지고 교회가 미국의 대선처럼 투표해야 한다고 생각합니다. 진보와 보수를 떠나 동성애를 옹호한다든지, 북한 인권과 핵에 대하여 침묵하는 분은 뽑아서는 안 될 것입니다."

### 현용수의 반론 5

– 다음에 동성애 옹호, 북한 인권과 핵에 침묵하는 분을 뽑지 말자고요. 그들이 당신이 옹호하는 좌파인줄 모릅니까?

A박사님은 그 말 참말로 잘 했습니다. 동성애를 옹호하고, 북한 인권과 핵에 대하여 침묵하는 분들은 거의 모두 A박사님이 현재 두둔하고 있는 진보 좌파 성향을 가진 분들입니다. 대부분 그들의 주장은 기독교의 가치들과 반대입니다. 그런 면에서 진보 좌파를 두둔하는 A 박사님의 판단은 잘못되었습니다. 진보 좌파들이 추종하고 있는 최고 지도자들이 대선후보 유망주들입니다.

현재 국회에서 악법(惡法, 동성애차별 금지법, 학생인권조례 등)을 만드는 분들도 대부분 진보 좌파 성향의 국회의원들입니다. 우파는 거의 없습니다. 더 큰 문제는 그분들이 국회를 수적으로 완전히 장악하고 있다는 것입니다.

그 많은 국회의원들을 누가 선택했습니까? 좌파 성향의 국민들이 선택하지 않았습니까? 그런데도 이것이 국익을 해치는 위기가 아니라고요? 때문에 그들이 선동하는 야외 촛불집회에 나간다는 것은 여러 가지 면에서 국익에 해가 된다는 것입니다.

진보 좌파의 촛불집회의 섬득한 광경들, 박근혜 대통령 처형 단두대가 보인다.
박근혜 하야(탄핵), 박근혜 처단, 시민혁명, 이석기, 전 통진당 의원 석방을 외친다.

**〈권면사〉**

# 이승만 대통령 서거 55주년 추도예배 권면사

현용수 목사

〈저자 주: 2020년 7월 19일 저녁에 '새물결 이승만 광장' 주최로 '이승만 박사 서거 55주년 추도예배'를 온라인으로 드렸습니다. 다음은 저자의 권면사 전문입니다. 설교는 수영로교회 정필도 원로 목사님이 해주셨습니다.〉

저는 미국에서 45년째 살고 있습니다. 한국에 와 이렇게 만나게 되어 반갑습니다. 권면을 하기 전에 먼저 한 마디 하겠습니다. 한국에 오니까 종북좌파의 교육을 받은 젊은이들이 이승만 대통령을 반통일파 및 친일파라고 마구 비난 합니다. 저는 그들에게 이렇게 말해줍니다.

> "그들의 말이 터무니없지만 설사 그들의 말이 맞다고 하더라도 이승만 대통령을 존경해야 합니다. 그 이유는 그분이 아니었다면 어떻게 자랑스런 오늘 날의 대한민국이 태어날 수 있었겠습니까! 어떻게 하나님의 나라가 이처럼 번성할 수 있었겠습니까!"

그분이 대한민국의 건국 대통령이라는 사실 하나만으로도 그분의 존재 가치는 95%가 선으로 채워집니다. 그분의 나머지 모든 실수는 다 합쳐도 5%에 불과합니다. 우리는 5%의 오점으로 95%의 업적(功)을 뒤엎으려는 좌파에 허구 논리에 속으면 안 됩니다.

이제 여러분들에게 권면을 하겠습니다.

고난의 역사를 가장 철저하게 기억시키는 민족은 유대인입니다. 왜 그들은 고난의 역사를 기억할까요? 다시는 그런 끔직한 고난의 역사를 되풀이하지 않게 하기 위함입니다. 이승만 대통령이 하늘 나라에서 현재 이 자리에 있는 우리의 모습을 보고 계신다면 뭐라고 말씀하실까요? 저는 이렇게 추측합니다.

"야, 너희들, 그동안 뭐하고 있었니? 현재 내가 세운 자유 대한민국이 영원히 지상에서 없어지려고 하잖아. 왜 그렇게 잠잠했니? 왜 간첩 신영복을 존경한다는 종북좌파 대통령과 싸우지 않고 가만히 있었니? 정신이 있느냐 없느냐?"

저는 월남전에 참전했던 파월용사 출신입니다. 저는 당시 육군 보안부대, 미국으로 말하면 CIA와 같은 정보 부대에 있었습니다. 그래서 월남이 어떻게 망했는지 그리고 공산 정권이 들어서면서 우파 인사들을 그들이 어떻게 죽였는지를 잘 알고 있습니다. 당시 우파 사람들이 오죽 급하면 무조건 바다에 뛰어들었겠습니까! 그들이 유명한 '보트 피플'입니다.

여러분 공산주의를 정확히 알아야 합니다. 그들은 항상 자기편이냐 아니냐를 나눕니다. 중간은 없습니다. 자신들을 지지하지 않으면 무조건 반동분자로 몰아 무참히 숙청합니다.

- 공산주의 종주국인 구 소련의 스탈린은 공산혁명을 위해 4,500만명을 죽였고,
- 중국 공산당의 모택동은 대약진 운동으로 2,500만명, 문화혁명으로 5,000만명을 죽였고,
- 북한의 김일성은 700만명을 죽였고,
- 캄보디아의 폴포트는 전 인구의 3/1을 몰살시켰고,
- 베트남도 역시 2천만 명을 정신개조 수용소에 보내고, 약 600만 명을 죽였습니다.

북한 김정은이 한국을 공산화하면 어떻게 될까요? 그의 아버지 김정일은 생전에 이렇게 말했다고 합니다.

"한반도 적화(赤化) 통일 달성 시 (남한의) 1천만 명은 해외로 탈출내지 이전해 갈 것이고, 2천만 명은 숙청될 것이며, 남은 2천만 명은 자본주의를 물먹은 자들에게 더 이상 정신개조가 불가능하기에 살아남은 남조선 인민 2천만 명을 북한인의 노예로 삼을 것이며 북한인 2천만 명만으로 공산국가를 건설할 것이다."

만약 대한민국이 적화통일이 된다면, 한국 역사 이래 없었던 대살육이 자행될 것입니다! 지금 베트남, 캄보디아, 라오스에는 나이

든 60-70대가 거의 없다고 합니다. 당시 자유의 물을 먹었던 2-30대조차 숙청당하여 40년이 지난 지금 어른 세대가 없다고 합니다.

현재 문재인은 신헌법 조항에 '자유'와 '국민'이라는 단어조차 삭제하려고 합니다. 무엇을 의미합니까?

통일의 최대 걸림돌인 교회를 없애고 대신 공수처를 만들어 대한민국을 영원히 지상에서 없애는 한 번도 경험하지 못했던 북한의 공산주의 나라를 만들려는 간교한 기획처럼 보이지 않습니까?

결론입니다. 보수 기독교인이면서 전문직에 종사하시는 여러분! 오늘 이승만 대통령 서거 55주년을 기리는 이유가 뭡니까? 그분의 업적을 기억하고 그분이 원했던 일을 대신 이루기 위함이 아닌가요.

따라서 여러분은 여러분들이 맡은 분야에서 일만 잘하면 안 됩니다. 한국의 이념 정치에 눈을 떠야 합니다. 누구처럼? 새물결 이승만 광장의 스텝들처럼 말입니다. 그리고 대한민국의 자유와 복음 통일을 위하여 분연히 일어나야 합니다.

기억하십시오!

"자유란 나무는 피를 먹고 자랍니다."

유대인처럼 우리의 다음 세대에도 이런 정신을 전수해야 합니다. 그래야 그들이 이 나라를 지킬 것 아닙니까? 새물결 회원 여러분이 앞으로 종북좌파 척결을 하는데 이바지해야 이승만 대통령의 한을 풀어주는 것 아닙니까!
　지혜로운 자는 고난을 당하기 전에 깨달아 피하고 우둔한 자는 고난을 당한 후 통곡하며 후회합니다.

월남이 패망하자 다급했던 우파 사람들이 무조건 바다로 뛰어들었다. 그들을 받아주었던 나라들은 거의 없었다. 나중에 미국이 그들을 난민으로 받아주었다. 후에 그들은 저자가 사는 곳에서 멀지 않은 오렌지카운티에 터를 잡았다. 저자는 나라를 잃은 민족의 설움을 옆에서 지켜보아야 했다. 한국이 공산화 된다면 이보다 더 큰 아픔을 겪게 될 것이다.

### A박사의 문제제기 6

"현 교수님, 극단적인 좌파와 극우적인 보수의 이념이 아닌 합리적이고 개혁적인 보수를 지향하는 목소리에도 귀를 기울이시고 가급적 정치색을 드러내는 원색적인 단어는 자제해 주셨으면 합니다."

### 현용수의 반론 6
- 좌파와 보수의 정치색을 자제하라고요? 이승만 박사의 위대함을 압니까?

나라가 위기에 달했는데, 너도 좋고 나도 좋다는 한가한 소리를 할 때가 아닙니다. 대한민국이 죽느냐 사느냐의 기로에 있습니다. 당연히 나라를 위해 바른 충언을 해야 할 때입니다. 따라서 사기꾼이 아닌 이상 정치적 이념 논리를 말하지 않을 수 없습니다. 왜냐고요?

대한민국은 남과 북이 처절하게 6.25 전쟁(1950-53년)을 겪었습니다. 현재도 휴전 상태입니다. 북한은 그때나 현재나 조금도 변한 것이 없습니다. 계속해서 핵을 만들고 틈만 나면 서울을 불바다로 만들겠다고 협박합니다.

공산주의자들(김정은 독재정권)의 대화 제의는 우리를 속이려 한다는 것을 잊어서는 안 됩니다. 왠지 압니까? 그들의 타협은 반드시 이기기 위한 타협이지 조금이라도 양보하자는 것이 아니기 때문입니다. 왜냐하면 조금이라도 양보하면 자신들의 체제가 위협을 받게 되고, 그렇게 되면 자신들은 모두 죽게 되기 때문입니다. 이것이 대한민국에서 이념 문제는 2분법으로 접근할 수밖에 없는 이유입니다.

따라서 공산주의자와의 타협은 쌍방에서 어느 한쪽이 죽느냐, 사느냐의 문제이지, 중간이나 서로의 윈윈은 없습니다. 반반씩 양보해서 좋은 대한민국을 만들자는 것은 고도의 기만술입니다. 때문에 그들은 대화가 불리하면 언제든지 터무니없는 구실을 붙여 협상을 깨뜨려왔다는 점은 지난 역사의 증언입니다.

그래서 민족의 선각자 이승만 박사는 이를 알고 공산주의자들과 대화를 거절하고 단독으로 남한 정부를 세운 것입니다. 이것이 오늘의 자랑스러운 대한민국을 있게 한 그의 최대의 공적입니다. 그런 이승만 박사를 민족의 반역자로 모는 이들은 도대체 어느 나라 국민입니까? 이런 상황에서 대한민국 안보를 좌지우지 할 수 있는 정치인의 이념을 검증하는 것은 국민의 가장 중요한 기본 의무입니다.

정치가들의 표면적 정치 성향은 이중 얼굴로 포장되어 잘 보이지 않지만 그들의 깊은 곳을 캐다 보면 그들의 숨겨진 이념이 발견됩니다. 그 이념이란 것은 크게 1) 미국식 자유 시장경제 논리를 기본으로 한 자유민주주의와, 2) 사회주의를 지향하고 김일성 주체사상을 따르는 친북 성향으로 나뉘어져 있습니다. 전자는 우파, 후자는 좌파입니다.

주체사상을 만든 황장엽 선생은 북한의 것은 허구라고 실토했습니다. 그런데도 종북 좌파들은 그것을 그렇게 신봉하고 있습니다. 동독도 무너지고, 구소련도 무너지고 북한은 완전히 거덜이 났는데도 그것을 그토록 신봉하는 것이 너무나 안타깝습니다. 북한 정권은 우리와 피를 나눈 수백만의 동족을 굶어 죽게 한 민족의 대 반역자들입니다.

〈참조: 한국의 좌파들이 좌파가 된 원인은 군사 독재정권이 제공했다고 주장하고 있는 점에 대해서는 일부 동의합니다. 한국 국민의 불행이지요. 그런 면에서 이번 촛불집회가 모두 역기능만 있는 것이 아니라, 과거 군사정권에 밀착하여 득을 얻었던 부패한 기득권들이 자신들의 잘못을 회개하는 기회가 된다면 약간의 순기능도 있으리라 생각합니다. 그리고 엄격하게 말하면, '진보'와 '좌파'는 차이가 있으나 지면상 자세한 설명은 생략합니다.〉

물론 보수적 측면에서 중도 세력도 있겠지요. 사실 자신은 중도라고 말하는 이들의 언행도 남북한 대치 상황에서 아리송합니다. 그런데 더 큰 문제는 차기 유력 대선 후보들의 정치색이 중도를 넘어 너무 극단적으로 좌편향되어 있다는 점입니다.

공산주의자들의 대화 제의는
우리를 속이려 한다는 것을 잊어서는 안 됩니다.
왠지 압니까?

- 저자가 합리적이고 개혁적인 보수를 지향하지 않는다고요?

그리고 A박사님, 저자가 합리적이고 개혁적인 보수를 지향하지 않는다고요? 내 강의를 들어보아 알겠지만 얼마나 한국의 권위주의적인 극보수를 많이 비판합니까? 잘못된 기독교인의 모습도 비판하고요.

특히 유대인의 아버지 교육 때 한국의 아버지들이 "합리적이고 개혁적인 보수를 지향해야 한다"고 강조하지 않습니까? A박사님도 그 말에 깨우쳐서 아내와 자녀와 소통할 수 있었다고 간증하지 않았습니까? 저만큼 보수들에게 잘못된 것들을 지적하고 고칠 것은 고치자고 외치는 합리적이고 개혁적인 보수도 찾기 힘들 것입니다. 따라서 저에게 그런 소리는 의미가 없습니다.

여기에서 보수가 주목해야 할 또 하나는 아주 유식한 것처럼 민중이 좋아하는 언어로 포장된 좌파의 선전선동을 잘 분별해야 한다는 것입니다. 이것이 진보 좌파의 특징이니까요. 원래 가짜의 포장이 더 아름답기 마련입니다. 이런 말에 소위 초중고 및 대학에서 똑똑하고 의식이 있다는 학생들이 잘 속아 넘어갑니다. 지식만 있고 지혜가 부족하기 때문이지요.

이런 면에서 오히려 보수우파보다 진보 좌파가 훨씬 더 유대인처럼 슈르드(shrewd, 영민[英敏])합니다. 그들은 순진하고 어수룩한 보수우파를 그럴듯한 거짓 논리로 속이는 데 능숙하기 때문입니다. 북한도 마찬가지입니다. 그리고 순박한 그들을 자기편으로 만드는데 보수우파보다 훨씬 더 능숙합니다.

좌파 정치인들은 매우 어려운 일에 처한 이들에게 매우 친근하게 접근하여 그들의 민원을 잘 도와줍니다. 대부분의 도움을 받은 분들은 그가 좌파이건 우파이건 상관없이 다음 총선에서 그 정치인을 찍어준다고 합니다. 참으로 어리석은 백성들이 많지요. 그런데 대부분 우파 정치인들은 권위주의에 매어 그런 일을 잘하지 못하는 것이 큰 약점입니다.

### A박사의 문제제기 7

"교수님, 백범 김구 선생은 교수님의 말씀처럼 애국-민족주의자였습니다. 그러나 그분은 우익 진영을 대표하는 분이셨지 극우보수주의 이념을 가진 분이 아니셨습니다. 그러하기에 1948년 남한만의 단독 총선거를 실시한다는 국제연합의 결의에 반대하여 통일정부수립을 위한 남북협상을 제창하였던 것입니다."

"심지어 그 후 북한으로 들어가 실패하였지만 정치회담을 열기까지 했습니다. 또한 그 후 정부수립에 참가하지 않고 중간파의 거두로 남았습니다. 이는 백범 김구 선생이 우익 보수의 이념을 초월한 애국-민족주의자였기 때문입니다. 기독교는 백범 김구 선생이 보여준 보수와 진보를 초월한 애국-민족주의의 길을 걸어야 할 것입니다. 이것이야말로 한국적 쉐마교육이 아닐까요?"

### 현용수의 반론7
- 김구 선생처럼 보수와 진보를 초월한 분이 쉐마교육에 합당하다고요?
- 김구 선생에게 애족의 실체는 있었으나 애국의 실체는 없었습니다.

김구 선생이 훌륭한 민족주의자이셨다는 것은 다 압니다. 그러나 그분을 애국자(愛國者)라고 부르기는 모호합니다. 왜냐하면 그분의 애족(愛族)의 실체는 있었으나, 애국(愛國)의 실체는 없었기 때문입니다.

그분의 국가관은 자유 시장경제를 기본으로 한, 이승만 박사가 건국한 남한의 대한민국에 기초한 것도 아니고, 그렇다고 공산주의 이념을 기본으로 한, 김일성이 세운 북한의 조선민주주의인민공화국에 기초한 것도 아닙니다.

즉 그분의 조국은 북한도 아니고, 남한의 대한민국도 아니었습니다. 남북한을 합치어 통일하자는 이상론에 근거한, 실제로 존재할 수 없는 이상 국가였습니다. 김구 선생의 애국이 허상이라는 이유가 여기에 있습니다.

그분은 한국인 지도자라면 당연히 갖추어야 할 자신의 국가관에 관한 이념적 정체성이 없는 분이었습니다. 따라서 김구 선생의 가장 큰 오류는 그분의 국가관이 허상이라는데 있었습니다. 그런 분이 어떻게 대한민국의 지도자가 될 수 있겠습니까?

만약 그분이 상해임시정부 대통령(1919-1925)이 김일성이 아니고 이승만 박사(네이버, 이승만 인물 정보, 2016년)라는 것을 뚜렷하게 인식했더라면,

김일성이 세운 공산주의 나라 조선민주주의인민공화국을 절대로 인정하지 않았을 것입니다. A박사님은 이 점을 알아야 합니다.

> 김구 선생님은 국가관에 관한 이념적 정체성이 없었습니다.
> 그분의 통일 이상론은 허상이기에
> 그분의 애국도 허상이었습니다.

- '민족'과 '국가' 중 그리고 '통일'과 '국가' 중 어느 것이 더 우선합니까?

촛불집회에 참석한 많은 이들이 대한민국의 보수우파 정권을 매우 공격하고 북한 정권을 옹호합니다. 그들에게 북한이 그렇게 좋으면 북한에 가서 살면 되지 않느냐고 하면, 싫다고 합니다. 그러면서 그들은 A박사님처럼 우파와 좌파의 이념을 초월한 애국-민족주의자였던 백범 김구 선생 같은 분이 대한민국의 진정한 지도자가 되어야 한다고 주장합니다.

A박사님이 한 말, '백범 김구 선생이 보여준 우파와 좌파를 초월한 애국-민족주의의 길', 얼마나 멋있는 포용적인 말처럼 들립니까? 특히 복잡한 좌우에 얽힌 이념의 뿌리를 모르는 이들에게, 주로 좌파교육을 받고 자란 미성숙한 신세대들에게는 환상적인 키워드지요. 그러나 이 말은 좌파들이 만들어 낸 독약입니다. 그들이 좋아하는 '우리민족끼리'라는 키워드도 독약입니다.

김구 선생이나 이승만 박사는 모두 민족주의자이다. 그러나 전자는 이념적 국가관이 없어 애국자는 아니다. 후자는 이념이 확실하여 자랑스런 대한민국을 건국했다. 전자는 순진했고, 후자는 슈르드했다.

우리는 '민족'과 '국가' 사이에 어느 것이 더 우선되어야 하느냐고 묻는다면, '민족'이 아니라 '국가'라고 대답해야 정답입니다. 왜냐하면 우리 선조들은 6.25 전쟁 당시 자유 대한민국이라는 국가를 지키기 위해 300만 명이라는 국민을 잃었습니다. 같은 동족인 북한에 김일성이 세운 조선민주주의인민공화국이 죽인 것입니다.

따라서 현재도 우리는 '통일'과 '국가' 사이에 어느 것이 더 우선되어야 하느냐고 묻는다면 '통일'이 아니라 '국가'라고 대답해야 정답입니다. 왠지 압니까? 우리가 원하는 통일은 자유민주주의를 추구하는 대한민국이 주체가 되는 통일이지, 공산주의인 조선민주주의인민공화국이 주체가 되는 통일이 아니기 때문입니다. 이것은 무엇을 뜻합니까? 대한민국이란 국가의 존재 가치가 '민족'이나 '통일'보다 훨씬 더 절대적이라는 것을 뜻합니다.

요약하면, 이승만 대통령과 김구 선생의 차이는 "누가 국가를 더 중요하게 생각했느냐?"의 차이입니다. 기억하십시오. 이승만 대통령에게는 뚜렷한 국가관이 있었고, 김구 선생에게는 없었습니다. 따라서 전자는 애국자이었지만 후자는 아닙니다.

그런데도 불구하고 오늘날 한국의 진보와 좌파들은 북한이 줄기차게 프로파간다로 내세우는 '우리민족끼리', '통일'이라는 두 키워드를 이념 교육에 무지한 이들에게 그리고 어린 학생들에게 감성적으로 주입하여 세뇌해 왔습니다.

그들은 일단 반만년의 역사를 들먹이면서 외세 없이 우리민족끼리 뭉쳐야 하지 않겠느냐고 반문합니다. 그리고 일단 남북한 서로 싸우지 말고 통일부터 해야 하지 않겠느냐고 반문합니다. 이성이 약한 이들은 그들의 '우리민족끼리'라는 감성적인 논리에 거의 속아 넘어가고 있습니다. 혹 여기에 속지 않는 우파들이 있으면 그들을 '반동분자'(反動分子), 혹은 '반통일분자' 등으로 몰아붙이며 거세게 협박합니다.

국가 vs. 민족

국가 vs. 통일

<우파와 좌파를 가르는 시험 문제>
국가와 민족, 어느 것이 더 중요한가?
국가와 통일, 어느 것이 더 중요한가?

일단 "남북한 서로 싸우지 말자"는 말 자체가 사기성 독약입니다. 그들은 앞에서는 그렇게 말하지만 뒤에서는 남한을 공격하여 공산화하기 위해 끊임없이 무기를 증산하고 핵을 만들고 있습니다. 남한은 그들의 가짜 평화에 속으면 안 됩니다.

자유민주주의와 공산주의는 싸우지 않을 수 없는 숙명의 관계라는 것을 명심해야 합니다. 선과 악이 공존할 수 없는 것처럼 둘 중 하나는 없어져야 합니다. 과거 1990년 10월 3일에 자유민주주의였던 서독과 공산주의였던 동독이 통일된 사건이 좋은 예입니다.

자유는 피를 먹고 자란다는 말을 명심해야 합니다. 싸우지 않고 어떻게 자유를 지킬 수 있습니까? 이것은 인류의 역사가 증명하는 것입니다. 미국 워싱턴 DC에 소재한 한국의 6.25 참전 기념장에 가보면 이런 글이 있습니다.

"자유는 공짜가 아닙니다(Freedom is not free)."

미국 워싱턴 DC에 소재한 한국의 6.25 참전 기념장에 있는 "자유는 공짜가 아니다"라는 구호

이런 말을 하면 기독교인이 '싸우자'라는 말을 했다고 저자를 비난할 수도 있습니다. 그러나 이들은 예수님이 말씀하신 '용서'라는 개념을 잘

못 알고 하는 말입니다. 예수님의 말씀은 '개인'에게는 적용되지만, '국가'에게는 적용되지 않습니다. 국가는 스스로를 지킬 수 있는 강한 전투력을 가진 '이스라엘'이 모델입니다(이후 제1부 제2장에서 더 설명함, 그리고 '현용수의 인성교육 노하우' 제4권 제7부 제5장 '대한민국 국민의 민족관과 국가관'과 '유대인의 고난의 역사교육' 제2부 '이스라엘의 건국 과정과 국가관' 참조).

결론적으로 오늘날 한국의 진보, 좌파들의 가장 큰 오류가 무엇인지 압니까? 김구 선생처럼 민족관은 있는데, 대한민국에 대한 국가관의 정체성이 없다는 데 있습니다. 그리고 대한민국의 정체성이 포함된 국정 역사교과서를 만들려고 하면 이념적 편향이라고 주장하며 극렬하게 반대합니다(카드뉴스, 국정교과서, 찬성과 반대 입장의 이유를 알아보니, 2017년 01월 06일). 이런 행태는 이승만 박사가 건국한 대한민국에서 자유를 누리며 살면서 대한민국의 정체성은 부인하고, 오히려 북한 정부를 옹호하는 그

### 이승만, 김구, 및 김일성의 민족관과 애국관 비교

| 구분 | 이승만 박사<br>(자칭 애족 · 애국자) | 김구 선생<br>(자칭 애족 · 애국자) | 김일성<br>(자칭 애족 · 애국자) |
|---|---|---|---|
| 민족관 | - 민족주의자<br>- 우파 독립운동가 | - 민족주의자<br>- 우파 독립운동가 | - 민족주의자<br>- 좌파 독립운동가 |
| 국가<br>이념 | - 자유민주주의 체제에 의한 미국식 시장경제 신봉<br>- 반공산주의<br>- 종교의 자유 허용<br>- 기독교를 매우 권장 | - 국가 이념을 제시 못함<br>- 남북한 중재자로 이승만과 김일성 모두 포용(?)이란 허구 주장<br>- 기독교를 좋아함 | - 소련의 공산주의를 따르는 공산주의자<br>- 종교의 자유 불허<br>(종교는 아편이다)<br>- 기독교를 극도로 핍박 |

| | | | |
|---|---|---|---|
| 국가관 | - 오직 남한에 대한민국 건국 주장<br>- 국가의 정체성이 뚜렷함 | - 애국의 대상이 없음 (한국과 북한의 중도파, 이상형)<br>- 국가의 정체성이 없음 | - 오직 남북한에 공산주의 국가 건국 주장<br>- 국가의 정체성이 뚜렷함 |
| 지지자들 | - 우파(태극기집회 참석자들)가 절대적으로 지지함<br>- 좌파(대부분 촛불집회 참석자들)는 극도로 싫어함 | - 우파는 그의 민족주의는 지지하지만, 국가관은 싫어함<br>- 진보 좌파(대부분 촛불집회 참석자들)는 그의 민족주의와 허구인 통일된 국가관을 모두 지지함 | - 우파(태극기집회 참석자들)는 극도로 싫어함<br>- 종북좌파는 절대적으로 지지함(일부 촛불집회 참석 지도자들 포함) |
| 이승만 따른 남한 | - 남한에 오늘날 자랑스러운 번영의 자유 대한민국을 건국했음<br>- 김일성의 공산당과 김구의 허구 논리인 달콤한 통일론에 속지 않았음<br>- 기독교가 20%인 국가가 되었음 | | |
| 김일성 따른 북한 | - 북한에 공산주의 조선민주주의인민공화국 건국했음<br>- 세계 최악의 1) 독재 2) 인권 침해 3) 최악의 기독교 핍박 국가<br>- 세계 최악의 경제 파탄 국가(1990년대에 300만이 굶어 죽음) | | |
| 김구를 따랐을 경우 | - 중도파인 김구(중재자)의 뜻을 따랐다면 이승만과 김일성을 통합하여 통일하려다가, 공산당의 계략에 속아 남한도 동유럽 국가들처럼 공산화되었을 것임.<br>- 북한 주민과 동일한 환경에서 살아야 함 / - 남북한에 교회가 전무할 것임 | | |
| 교훈 | - 김구: 민족주의자로서는 훌륭하지만, 대한민국 국가론적인 측면에서는 큰 오류를 범함. 이상(우리민족끼리)과 현실(이념의 차이)을 구분하지 못한 인물.<br>- 이승만은 슈르드했고, 김구는 슈르드하지 못했다. | | |
| 결론 | - 한국인이라면 자유 대한민국을 건국한 진짜 애국자 이승만 국부에게 감사해야하고, 북한 정부를 수립한 가짜 애국자 김일성은 원수다.<br>- 김구式 통일 주장하는 좌파의 가짜 애국의 선전선동에 속지 말자. | | |

들이야말로 김구 선생보다 훨씬 더 악한 반국가적인 역적입니다.

만약 당시에 남한이 우파와 좌파를 아우르는 중도파인 김구 선생(중재자)의 뜻을 따랐다면 현재의 대한민국은 없었을 것입니다. 그분은 남북한을 통합하여 '통일하자'는 이상론을 고집하다가 마침내 북한의 김일성에게 속아 남한도 동유럽 국가들처럼 공산화되었겠지요. 생각만 해도 끔찍하지 않습니까?

〈저자 주: 이런 가정은 당시 김구 선생도 인정한 사실이다(김재동, *한국근현대사 바로 알기*, *복의 근원*, 2015, pp. 97-98; 월간조선 이화장에 있는 '金九-류위완 대화 비망록' 全文 공개, 2009년 9월호)〉.

통일을 주장하는, 남북한 중재자 김구 선생의 통일론의 허구에 속지 말아야 할 이유입니다. 특히 조심해야 할 것은 저자를 비롯한 모든 분들이 독립운동가이며 민족주의자이신 김구 선생을 존경하기 때문에 그분의 잘못된 통일론에 속기 쉽습니다. 그분의 국가적 정체성은 북한보다 남한, 즉 우파에 더 가깝기 때문에 더 속기 쉽습니다.

북한 정부는 북한 주민은 물론 남한 정부와 국민, 심지어 미국이나 유엔을 속이는 데도 최고의 선수입니다. 수십 년 동안 북한과 협상을 했던 미국의 러셀 전 차관보는 북한의 3대 지도자에 대해 이렇게 평했습니다.

> 김일성은 (미국 등 국제사회를) 속이기 위해 협상했고(He negotiated for cheating), 김정일은 협상하는 척했다(He pretended to negotiate). 그런데 김정은은 협상을 전면 거부한다(He is categorically rejecting negotiation). (동아일보, *김일성, 속이려고 협상… 김정일, 협상 하는 척만… 김정은, 협상 전면 거부*, 2017년 9월 8일)

물론 남한 정부도 일시적인 정치적인 목적으로 필요에 따라 북한이 제안하는 '화해'나 '평화'라는 제스처에 화답할 수도 있을 것입니다. 그러나 이것은 가짜 '화해'나 가짜 '평화'라는 사실을 염두에 두고 만나야 할 겁니다.

> 김구 선생님은 국가관에 관한 이념적 정체성이 없었습니다.
> 그분의 통일 이상론은 허상이기에
> 그분의 애국도 허상이었습니다.

**알고 갑시다**

## MBC는 거짓 평화 선동을 중단하라!

〈출처: 무명 시민 모니터링, https://blog.naver.com/isaac4381/221270059921〉

〈뉴스 인용〉

판문점 선언의 핵심 중 하나 한반도의 군사적 긴장 완화입니다. 긴장완화의 관건은 중무장하고 있는 비무장지대의 무장해제에 달려 있습니다.

〈손병산, 중무장한 비무장지대에도 '평화의 봄' 오나?, 뉴스 데스크, 2018년 5월 6일〉

〈모니터링〉

비무장지대의 무장해제를 하면 평화가 오는 것처럼 말한다. 휴전선의 군사적 긴장은 대한민국이 평화 의지를 갖지 않아서가 아니다. 북한 3대 세습 정권이 아직도 적화 야욕을 버리지 않았기 때문이다. 그런 최근에도 천안함을 폭침시켰고 연평도에 포격을 가했다. 휴전선에 중무장한 부대를 배치한 것은 북한 정권의 적화야욕을 군사적으로 억제하기 위한 것일 뿐이다.

제2차 대전 때 스위스는 히틀러의 침략에 대비해서 국경선을 요새화해서 방비하고 있었다. 스위스가 중무장하고 방비한 것 때문에 나치 독일과 평화가 훼손된 것이 아니라 오히려 평화를 지킬 수 있었다. 스위스를 점령해서 얻는 이익보다 손실이 엄청나게 클 것이라는 판단 때문에 스위스 침략을 포기한 것이다.

　평화 협정이 평화로 마무리된 역사가 없다. 월맹은 평화 협정을 맺고 2년만에 월남을 침공해서 멸망시켰다. 스위스는 자신을 지킬 힘이 있어서 나치 독일의 침략을 받지 않은 것이다. 북한 정권은 평화를 떠들지만 아직 정치범들의 인권을 유린하면서 석방하지 않고 있다. 이것만으로도 김정은의 평화는 허위임을 알 수 있다. 정말로 평화를 원한다면 정치범 수용소부터 해체하고 인권을 보장해야 할 것이다.
　MBC는 국민들에게 평화 선동을 하기 전에 먼저 북한 정치범 수용소의 폐쇄를 요구해야 할 것이다.

### \* 한시준 교수의 문제제기
#### 헌법에 '건국'이란 단어가 없으면 건국이 아닌가

2017년 MBC 100분 토론에서 한국의 '건국절' 논란에 대하여 우파 논객과 좌파 논객들이 설전을 벌렸다. 좌파 논객으로 나온 단국대 한시준 교수는 먼저 상대방 우파 논객들(양동안 교수, 전희경 의원)에게 "대한민국 헌법에 '건국'이란 단어가 있습니까?"라고 물었다.

우파 논객들은 당황하더니 양동안 교수가 '있다'고 대답했다. 그러자 한 교수는 '틀렸습니다'라고 했다. 그의 말을 요약하면 이렇다.

> "1948년 제정된 대한민국 헌법에는 '건국'이란 단어가 한 번도 없습니다. 따라서 1948년 8월 15일을 건국절로 지키는 것은 잘못됐습니다. 상해 임시정부수립기념일인 1919년 건국일이 맞습니다." (mbc 100분 토론, *전희경 저장소*, 2017년 8월 14일)

### 현용수의 답변

좌파는 이렇게 우파와의 토론에서 엉뚱한 질문으로 기선을 잡습니다. 만약 저자가 그 자리에 있었다면 이렇게 대답했을 것입니다.

> "그 질문 자체가 틀렸습니다. 왜 대한민국 헌법에 '건국'이란 단어를 명기해야 합니까? 헌법은 '건국'이란 단어 대신에 건국에 필요한 법 조항들을 명기한 문서입니다."

이어서 저자는 이렇게 설명했을 것입니다.

> 헌법 제1조 1항에 국호의 정체성, 제1조 2항에 국민의 주권 명시 그리고 제3조에 영토의 범위를 명기했습니다. 이것은 국가의 3대 요소인 주권, 국민, 국토가 실체적으로 충족시켰다는 것을 뜻합니다. 이 팩트 자체로 법적으로 대한민국이 건국되었다는 것을 증명합니다. 즉 1919년 미완성의 임시정부 건국이 1948년 완성되었다는 것을 증명하는 것입니다.
>
> 이것이 헌법에 '건국'이란 단어를 첨가할 필요가 없는 이유입니다. 만약 건국이 완성되지 않았다면 어떻게 제3차 UN총회에서 한반도의 유일한 합법 정부로 인정하고 이를 기점으로 다른 나라들과 수교를 할 수 있었겠습니까? 국제사회가 인정한 건국을 왜 대한민국 국민이 부정합니까? 이런 억지는 종북좌파가 아니면 할 수 없는 행위입니다.

상해 임시정부가 대한민국의 건국이라고 주장하는 이들에게 묻고 싶습니다.

*"자기 나라 건국을 남의 나라에 가서 하는 경우도 있습니까?"*

따라서 대한민국 국민이라면 1948년 8월 15일을 건국절로 지키는 것이 상식입니다. 참고로 저자는 1919년 건국설과 1948년 건국설의 차이를 도표로 보여드리겠습니다.

## 1919년 건국설과 1948년 건국설의 차이

| 1919년 건국절 설 | 1948년 건국절 설 | |
|---|---|---|
| 1919년 4월 13일 (해방 이전) | 1945년 해방 이후 1948년 8월 15일 | |
| 상해 임시정부 수립기념일<br>초대 대통령 이승만 | 남한 단독 정부세우기를 위한 총 선거 (1948.5.10.) | |
| 1948년까지 두 이데올로기가 섞여<br>있었다 – 민족 비극의 잉태<br>(에서와 야곱의 잉태)<br><br>김일성 북한에 조선민주주의인민<br>공화국 건국(DPRK)<br><br>이승만 남한에<br>대한민국 건국(ROK)<br><br>김구 – 국가의 정체성 無<br>국가 정체성 없는 분이 어떻게<br>대한민국 지도자로 가능한가.<br>공산주의자가 있는 한 안 된다. | 제헌절: 대한민국 헌법 제정 – 정체성 정립 | |
| | 제1조<br>　1항 대한민국은 민주공화국이다.<br>　2항 대한민국의 주권은 국민에게 있고<br>　　　 모든 권력은 국민으로부터 나온다. | 국호<br><br>주권<br>국민 |
| | 제3조<br>　대한민국의 영토는 한반도와<br>　그 부속도서로 한다. | 영토<br>정의 |
| | 주권, 국민, 국토: 국가의 3대 요소 충족<br>　　　　　　　모든 건국의 과정 완수<br>헌법에 '건국'이란 단어를 쓸 필요가 없는 이유 | |
| 공통점: 독립운동가, 민족주의자<br>차이점: 공산주의자+자유민주주의자 | 제3차 UN총회에서<br>　- 한반도의 유일한 합법 정부로 인정.<br>　- 다른 나라와 수교 가능 | 국제<br>사회<br>인정 |
| | 초대 대통령 이승만<br>19대 대통령 문재인 | 대통령<br>서열 |
| **결론**: 1948년 8월 15일은 *건국 완성의 날*<br>국제사회가 인정한 대한민국 건국을 왜 국민이 부정하는가. 종북좌파가<br>아니면 할 수 없는 행위다.<br>가짜 애국자 – 조국을 김일성이 세운 북한이라고 생각하는 사람<br>진짜 애국자 – 조국을 이승만이 세운 대한민국이라고 생각하는 사람<br>　　　　　　이승만과 대한민국을 자랑스럽게 생각하는 사람<br>　　　＊이승만을 역적이라고 욕하는데 어떻게 대한민국을<br>　　　　자랑스럽게 생각할 수 있겠는가! | | |

상해 임시정부가 건국이라는 이들에게 묻는다.
"자기 나라 건국을 남의 나라에서 하는 경우도 있나?"

### A박사의 문제제기 8

"교수님, [대한민국이 건국된 것은] 극단적인 이념사상이 아닌 일제로부터 해방을 위해 목숨을 걸고 애국민족주의의 길을 걸은 백범 김구 선생 같은 많은 분들 덕분이라고 생각합니다. 그리고 일제시대에 기독교인들이 독립운동을 할 수 있도록 그 전에 이 땅의 선교사들을 보내 복음을 전해 주신 하나님의 은혜 덕분입니다."

### 현용수의 반론 8

- 오늘날 대한민국의 존재가 김구 선생 같은 많은 분들 덕분이라고요?
- 조선의 독립이 누구의 공인지 압니까?

오늘날 대한민국이 존재하게 된 것은 백범 김구 선생 같은 많은 분들 덕분이라고요? 많은 진보 좌파분들이 이런 상당히 잘못된 주장을 합니다. 왜 그분들의 주장이 허구인지 압니까? 그분들이 독립운동을 하신 것은 맞지만, 실제로 조선의 독립은 조선인 스스로 이룬 것이 아닙니다. 미국이 제2차 세계대전에서 일본을 이겼기 때문에 얻은 것입니다. 즉 조선의 독립은 미국이 공짜로 준 선물입니다. 따라서 미국에 감사해야 합니다.

### - 대한민국을 건국하신 이승만 박사만이 가진 두 가지 위대한 특징

A박사는 김구 선생은 그렇게 존경하면서 왜 이승만 대통령을 그처럼 비판하는지 이해할 수 없습니다. 대한민국을 건국한 것은 온전히 이승만 박사의 결단과 노력 덕분입니다. 당시는 5000년 한국 역사에서 가장 혼탁한 격랑의 물결이 휘몰아쳤던 시기입니다. A박사님은 이승만 박사의 공(功)을 너무 무시하는데, 만약 그 당시 A박사님 같으면 이승만 박사만큼 전 세계의 정세를 살피며 미국을 중심한 자유민주주의 진영과 공산주의 진영을 나누어 볼 수 있는, 냉전시대에 대한 통찰력을 가지고 있었겠습니까?

김일성을 추종했던 그 많은 공산주의자들의 정치적 테러들을 이겨내고 1948년 5월 10일 남한만의 단독 선거를 치를 수 있었겠습니까? 그리고 선거 후 그 많은 혼란 속에서 완전한 3권 분립 국가(행정부, 입법부, 사법부)를 건국하고 대한민국 육해공군 군대를 창설할 수 있었겠습니까?

그리고 북한이 도발한 6.25 침략 전쟁 후 완전히 폐허가 된 거지 나라 대한민국 국민들을 먹여 살리기 위해 미국의 원조를 그만큼 많이 받아올 수 있었겠습니까? 당시 저자가 살았던 충청북도 보은군 산골 골짜기까지 미국의 구호물품들이 왔었으니까요.

백범 김구 선생뿐만 아니라 아무도 그렇게 할 수는 없었을 것입니다. 왠지 압니까? 당시 애국-민족주의자들은 수없이 많았습니다. 그런데 이승만 박사가 다른 분들이 가지지 못했던 독특한 장점들이 있었습니다. 그게 뭐냐고요?

**첫째**는 그분은 애국-민족주의자이기도 했지만 그분의 그릇이 다른 분들에 비해 상대가 안 되도록 큰 인물이었습니다. 이스라엘의 모세와 같은 큰 인물이었습니다.

둘째는 그분이 미국의 하버드대학에서 석사학위(MA)를 취득하고 프린스턴 대학에서 국제 정치학 박사학위(Ph.D)를 취득했으며, 그 후에도 한국에 오기 전까지 수십 년 동안 미국의 주류 상류 사회에서 많은 인맥을 쌓았기 때문에 대한민국 건국이 가능했습니다. 이것은 이스라엘의 모세가 애굽에 유학을 가서 바로의 궁전에서 세계 최고의 수직문화와 세상 학문을 겸하여 익혔던 것에 비유할 수 있습니다.

저자는 미국에서 45년 이상 살았습니다(2020년 기준). 현재도 그런 일류 대학에 입학하기도 힘들지만 박사학위를 취득한다는 것은 매우 힘듭니다. 그런데 110년 전(19세기)에 도포 입고 갓 쓰고 상투 틀던 시절에 거의 모든 한국인은 미국이 어디에 붙어 있는지조차도 모르던 시절이었습니다.

그런데 그분이 하버드대 석사를 1년, 프린스턴대 박사과정을 2년 만에 마친 것은 기적 같은 일입니다. 한국인 최초의 1호 박사입니다(유영익, *이승만의 삶과 꿈*, 중앙M&B, 1996년 12월 28일, '유학' 참조).

그것뿐만이 아니지요. 그분은 1941년에 일본이 미국을 침략할 것이라는 예언서 '일본의 가면을 벗긴다'(Japan Inside out)라는 책을 출판해 미국 정계를 놀라게 했습니다[이승만, *일본의 침략 근성(Japan Inside out)*, 행복우물(번역 김창주), 2015년 11월 1일]. 이 책은 출판된 지 1년 만에 미국에서 베스트셀러가 되었으며 한국인이 쓴 책 중에 최초로 해외에서 베스트셀러 반열에 든 책이라는 기록도 갖고 있습니다(http://cfeorg.blog.me/220799270965). 그래도 그가 친일파입니까?

많은 이들이 국내에서 한국어로 박사학위를 받는데도 논문을 쓰면서 그렇게 어렵다고 하면서 그분의 탁월한 재능에 감탄이 안 됩니까? 그리고 그분의 특성 중의 하나는 완전히 망했던, 지도에서 살아졌던, 거의 아무도 몰랐던 그리고 알려고도 하지 않았던 조선의 독립운동을 하면서 당시 인종차별이 매우 심했던 미국의 상류 백인들에게 비굴하지 않았고 기가 죽지 않았다는 것입니다. 한국인으로 그런 조상을 두었다는 것이 자랑스럽지도 않습니까?

저자가 미국에 43년 전(1973년)에 처음 갔을 때에도 주변 학생들 중 한국을 아는 이들은 없었습니다. 그런데 그보다 60년 전에 대한민국이란 나라도 없었던 때의 일입니다. 그런 분이 당시에 한글도 제대로 읽지 못했던 그리고 세계사에 정말로 무지했던 대부분의 한국 국민들에게 배운 티를 내지 않고 겸손하게, 인내를 갖고 대하고, 일평생 청렴하게 살았던 것은 그분이 한국 민족을 얼마나 사랑했는지를 보여주는 것입니다.

말년에 그가 독재자와 부정선거자로 몰린 것은 2인자 이기붕의 국정 농단 때문이었습니다. 그러나 그는 그 책임을 자신이 지고 수많은 백성들이 자신을 싫어한다는 사실을 접하고는 변명 없이 즉시 하야했습니다 (이호, *4.19 혁명과 이승만의 최후*, http://blog.daum.net/hjs0040/8480032).

한 인간의 업적을 자신의 마음에 안 든다고 그렇게 우습게 한 마디로 평가하면 안 됩니다. 저자는 감히 이승만 박사는 하나님께서 대한민국을 사랑하셔서 준비하신 세종대왕 이후의 가장 큰 세계적인 인물이라고 생각합니다. 그런 분이 특히 진실한 기독교인이라는 점이 자랑스럽지 않습니까?

물론 하나님께서는 캄캄한 어둠에 쌓여 있던 이 땅에 선교사들을 보내시어 이승만 박사에게 복음을 전하게 하시고 영어를 가르치게 하신 것이나, 그 후 그분을 미국에 보내셔서 키우신 것, 그리고 대한민국의 건국과 6.25 전쟁에 유엔이 개입하게 하신 일 등을 종합하면 완전히 하나님의 은혜이지요. 그러나 하나님은 그분의 뜻을 이루시기 위하여 이승만 박사 같은 사람을 사용하셨다는 사실을 잊으면 안 됩니다. 그래서 A박사님도 이승만 박사에게 감사하라는 말입니다.

> 110년 전 상투틀던 시절
> 이승만 박사는 하버드대와 프린스턴대 출신으로
> '일본의 가면을 벗긴다'라는 책을 출판해
> 미국 정계를 놀라게 했습니다.
> 그는 세종대왕 이후 가장 큰 세계적인 인물입니다.
> 그런 인물을 함부로 폄하하지 마시오.

- 왜 젊은이들이 한국을 '헬 조선'이라고 하는지 압니까?
  〈인성교육학적인 입장에서 분석〉

이런 건국의 아버지 이승만 대통령을 조상으로 둔 한국인은 자긍심을 가져야 합니다. 그리고 자라나는 다음 세대에 그렇게 가르쳐야 합니다. 그런데 진보 좌파에서는 반대로 김구 선생과 김일성은 높이고, 이승만 박사는 민족의 반역자이며 원수라고 가르치니 이것이 말이 됩니까?

그러니 현재 그런 교육을 받고 자란 젊은 세대가 대한민국을 자랑스럽게 여기기는커녕 '헬 조선'이라고 비아냥거리지 않습니까? 조금만 힘들면 자살하고요. 그러나 유대인은 개인이나 국가적으로 아무리 고난이 몰아쳐도 '헬 이스라엘'이란 말을 하지 않습니다. 그리고 자살도 하지 않습니다. 왜 이렇게 다른지 압니까?

한국인은 학교에서 어린 학생들에게 대한민국에 대한 자랑스러운 바른 민족관과 국가관 대신에 잘못된 민족관과 국가관을 가르쳤고, 유대인은 이스라엘에 대한 자랑스러운 바른 민족관과 국가관을 가정에서 자녀들에게 가르쳤기 때문입니다.

그 결과 전자는 자신의 정체성이 제대로 형성되지 않아 자존감이 약하고, 후자는 정체성이 제대로 형성되어 자존감이 강하기 때문입니다.

따라서 젊은 한국인은 현실을 비관적으로 보는 경우가 많고, 유대인은 긍정적으로 보는 경우가 많습니다. 전자는 대한민국을 수치스럽게 생각하기 쉽고, 후자는 아무리 힘들어도 자신들의 국가 이스라엘을 자랑스럽게 생각합니다.

한국인은 행복지수가 전 세계에서 꼴찌 수준이고(제이칸 뉴스, *한국 자살률 최고, 행복지수 땅바닥*, 2013년 4월 3일), 유대인은 최고 수준입니다(answers.google.com). 젊은 직장인 행복지수도 전 세계 57개국 중에서 한국은 최하위권인 49위입니다(연합뉴스, *'돈 버는 기계일 뿐?'…한국 직장인 행복지수, 전 세계 하위권*, 2016년 12월 2일).

이것이 박근혜 정부가 좌파 진영에 편향되지 않은, 대한민국을 자랑스럽게 기술한 새로운 국정교과서를 만들어야 한다는 주장에 100% 동조하는 이유입니다. 대한민국을 건국한 이승만 박사를 악인이요 역적으로 여기는데 어떻게 조국 대한민국을 자랑스럽게 생각할 수 있겠습니까?

저자는 A박사님이 아는 대로 인성교육 전문가입니다. 한 인간의 국가관은 가정의 효도교육과 함께 한 인간의 정체성을 형성하는데 매우 중요한 가치입니다. 수직문화에 속하는 인성교육의 기본입니다.

〈자세한 것은 '현용수의 인성교육 노하우', 제2권 제2부 제4장 '심리학적 특면에서 본 수직문화와 수평문화와 제4권 제7부 제5장 '대한민국 국민의 민족관과 국가관 그리고 세계화' 참조〉

진보 좌파가 잘못된 가정교육과 국가관을 가르친 결과 정체성이 제대로 형성되지 못하여 방황하는 한국의 청소년들이 불쌍하지도 않습니까? 어린 청소년들을 그렇게 불행하게 만든 그 죄악을 어떻게 감당하시렵니까?

쉐마지도자클리닉에 참석했던 많은 청소년, 대학생 및 청년들이 이승만 대통령을 칭찬하는 소리를 저에게 처음 들었다고 고백했습니다. 그리고 그들은 대한민국이 이렇게 자랑스러운 나라인지 처음 알았다고 하며 밝게 웃었습니다. 그동안 학교에서 속은 것이 분하다고 했습니다. 왜 그렇습니까? A박사님 같은 좌파들이 잘못 가르쳐서 그렇습니다.

> 이승만 건국 대통령을 역적으로 여기는데
> 어떻게 대한민국을 자랑스럽게 여기겠습니까!
> A박사님 같은 좌파들이 잘못 가르쳐서 그렇습니다.

**알고 갑시다**

이승만은 '美 제국주의 앞잡이'였는가?

미국, 한국전쟁 이후 이승만 제거 계획
아홉 차례나 세워

〈유지호 전 대사, https://blog.naver.com/
kimhs2769/220617247380〉

미국은 한국전쟁 당시 휴전협정에 반대했다는 이유로 이승만 대통령을 제거하기 위한 '비밀 작전'을 세웠다. 유지호 前 예멘 대사는 2008년 '한국논단'에 게재한 〈건국 60주년 기념특집: 미국은 이승만을 제거하려 했다〉에서 맥스웰 D. 테일러 前 주한미군 사령관이 주도한 '에버레디 작전'(Ever ready Operation)을 언급하며, 미국의 이승만 암살 계획을 밝힌 바 있다.

유 前 대사는 리지웨이 중장의 뒤를 이어 6.25 전쟁의 종전을 주도했던 테일러 대장이 美 육군참모총장·케네디 대통령 군사보좌관으로 근무 후, 합참의장·주 베트남 대사를 거치며 고딘 디엠(1963년 쿠데타로 살해) 前 대통령의 암살에도 관여했던 것으로 알려졌다고 밝혔다. 〈출처: 린든 B 존슨, *1966년 2월 1일 녹음테이프*, 존슨 대통령 기념도서관, 텍사스대학교〉

유 前 대사는 또 "이승만 전 대통령의 치적을 폄훼한 책(제목: 남한의 대통령 이승만–허용되지 않은 전기)을 쓴 존 M. 테일러가 맥스웰 대장의 장남으로 밝혀졌다"면서 "저자의 조사 결과 존 M. 테일러는 그가 기고한 월간 잡지 '양키'에서 워싱턴 D.C. 소재 미국 수출입은행 직원, 그 이전에는 CIA(중앙정보국)와 국무부에서 근무한 것으로 소개됐다"고 지적했다.

그는 이어 "이 잡지(양키)에 기재된 인적 사항이 정확하다면 존 테일러는 CIA에 근무 중 상기 전기를 일본에서 출판한 것으로 추정될 수 있다"고 덧붙였다.

유 前 대사는 "美 정보공개법에 따라 새로 공개된 외교문서에는 37년간의 이 박사 독립운동 비화의 베일이 벗겨지고 있다"면서 예컨대 이 박사는 루즈벨트 대통령에게 보낸 서한에서 "우리는 소련이 한국에 소비에트(Soviet) 공화국을 수립하려 한다는 정보를 얻었습니다. 그것이 근거 없는 설이기를 진정으로 희망합니다" 라고 적혀 있음을 소개했다.

그러면서 그는 이 前 대통령은 "40년 전에 미국이 그렇게도 우려하던 극동에서의 소련의 위험이 그대로 남아 있다는 것을 명심해야 할 것이라고 (미국에) 경고했다"면서 "소련 공산체제가 이미 무너진 사실에 비추어, 일찍이 1943년 소련공산주의에 대한 경종을 울렸다는 것은 미래에 대한 李 박사의 뛰어난 통찰력이 있었기 때문"이라고 설명했다.

유 前 대사는 "좌파들이 입을 모아 비난해 마지않는 이승만은 그들의 주장대로 '美 제국주의 앞잡이'가 아니라, 주한미군 사령관이 한국의 현역 대통령을 제거하려 했다는데 있다"면서 "이승만 제거 계획은 전후 아홉 번이나 세워졌다"고 밝혔다.

유 前 대사는 "만약 미국의 이승만 제거 계획이 성공했다면 한국은 미국에 의해 제거된 고딘디엠의 베트남처럼 쿠데타의 악순환에 휘말려 급기야는 공산화의 길을 재촉했을지도 모른다"면서 "미국의 대한(對韓) 정책이 그때그때의 형편에 따라 우방 정치 지도자를 제거할 수도 있었다는 것을 절감하지 않을 수 없다"고 말했다.

〈정리/김필재 spooner1@hanmail.net〉

### A박사의 문제제기 9

"교수님이 그렇게 생각하신다면 저자가 그 생각을 존중해드려야겠지요. 하지만 교수님과 다르게 생각하는 분들도 존중해 주시기 바랍니다."

### 현용수의 반론 9
- 교수님과 다르게 생각하는 분들도 존중해 달라고요?

상대방의 주장이 옳아야 존중하지요. 틀린데도 존중하는 것은 제자를 잘못 가르치는 것입니다. 바른 스승이라면 제자의 잘못된 주장을 바로 잡아주어야 합니다. 누누이 말하지만 특히 이념 문제에는 양보가 없어야 합니다.

저자가 다른 분들의 댓글에는 이렇게 길게 답변하지 않는데, 왜 A박사님의 문제제기에는 이렇게 길게 답변하는지 압니까? A박사님이 저와 다르게 가르치면, 듣는 분들이 저자의 가르침도 그런지 알고 오해할 것 아닙니까? 당연히 바로 잡아야지요. 이것 또한 스승이 제자를 사랑하는 사랑의 표시라고 생각합니다.

### A박사의 문제제기 10

"저도 이승만 전 대통령에 대한 공을 무시하지 않았습니다. 오히려 교수님이야말로 독립운동가들의 공을 이승만 전 대통령보다 작게 보시고 무시하고 계시는 듯하여 염려가 될 뿐입니다. 이승만 전 대통령이 말년에 보수우파의 가치를 훼손한 것 역시 결코 작지 않음으로 이것 또한 균형 있게 말씀해 주셨으면 합니다."

### 현용수의 반론 10

- 저자가 독립운동가들의 공을 이승만 대통령보다 작게 보고 무시한 듯하다고요?
- 왜 이승만 박사의 과오는 말하지 않느냐고요?

먼저 첫 번째 질문에 대해 답할게요. A박사님은 독립운동가들의 공과 대한민국의 건국이란 두 주제를 혼동하고 있습니다. 전자는 조선이 식민지시대를 벗어나기 위한, 독립하기까지의 공이고, 후자는 독립한 이후 한 국가를 건국한 공입니다. 저자는 후자에 초점을 맞추었을 뿐입니다. 절대로 독립운동가들의 공을 무시하지 않았습니다.

이제 두 번째 질문에 대해 답하지요. 물론 이승만 박사의 과오도 있었지요. 1)친일파를 척결하지 못한 점 2)말년에 독재로 인한 4.19 혁명을 초래한 점 등입니다. 이에 대해서는 이미 전에 황 목사님의 댓글(페이스북 참조)에 균형 있게 언급했습니다.

그러나 이승만 박사의 과오가 아무리 크다고 해도 공산주의를 막아내고 자랑스러운 대한민국을 건국한 데 비하면 그것은 불과 5% 미만일 것입니다.

### A박사의 문제제기 11

"왜 자꾸 순수하게 나라를 생각하여 목소리를 내는 분들은 보지 못하시는지 안타깝네요. 분명 이런 혼란을 틈타 불순한 의도를 가지고 활동하는 사람들이 있겠지요. 그리고 지금의 대한민국 국민은 어리석지 않습니다. 그리고 속지도 않습니다. 시민의식이 정치보다 수준이 높으니까요."

### 현용수의 반론 11

- 국민이 어리석지 않다고요?

국민이 어리석지 않다고요? A박사님도 너무 순진하군요. 국민이야말로 어리석습니다.

"대중은 작은 거짓말보다는 큰 거짓말을 잘 믿는다." "대중은 거짓말을 처음엔 부정하고 그 다음엔 의심하지만 되풀이 되면 결국엔 믿게 된다." "대중은 이해력이 부족하고 잘 잊어버린다." (https://en.wikipedia.org/ wiki/Joseph_Goebbels)

세계 제2차 대전의 주범 히틀러를 독일인의 우상으로 만든 괴벨스(Joseph Goebbels, 1897-1945)가 한 말입니다. 집단 최면의 실상을 그대로 지적했습니다. 그는 히틀러 정권의 선전 장관이자 '총력전' 전권위원이었습니다(상게서).

그는 이런 대중심리의 허구성을 이용하여 참으로 거짓을 그럴듯하게 참으로 포장한 프로파간다를 잘 만들었습니다. 그리고 그것을 반복적으로 독일인들에게 들려주어 그들을 세뇌시켰습니다. 그 결과 그는 독일 국민들이 그것을 믿게 하는데 성공했습니다. 그래서 자국인은 물론 주변국 사람들을 수많이 죽였습니다. 당시 독일의 대부분의 보수우파 기독교인들도 속아 넘어갔었으니까요.

북한의 세습된 독재자들인 김일성, 김정일, 김정은은 더 합니다. 자신들은 곧 유일한 신이며 태양이라고 국민을 속였고, 현재도 속이고 있습니다. 어린 학생들이 김일성이 솔방울로 수류탄을 만들어 일제를 무찔렀다는 허황된 말을 믿게 합니다. 그 결과 300만 명이 굶어죽으면서도 김 부자들을 원망하지 않고 오히려 미제 승냥이를 욕하며 죽어가게 합니다. 탈북주민들은 한국에 와서야 비로소 속은 줄을 압니다. 그게 국민입니다.

세계 제2차 대전의 주범 히틀러를 독일인의 우상으로 만든 괴벨스의 가장 큰 죄악은 어리석은 국민을 속인 것이다. 사진은 연설하는 괴벨스

    남한 국민도 마찬가지입니다. 1980년대 이전에는 보수우파 애국자들이 대부분이었습니다. 그들 대부분은 영화 '국제시장'의 주인공같이 열심히 살았습니다. 그런데 1980년대부터 북한의 조종을 받은, 혹은 자생적인 종북 좌파 교사들이 초중고생들에게 종북 좌파 이념교육을 시키어 붉은 좌파로 만들었습니다.

    때문에 젊은 세대들은 자랑스러운 대한민국을 건국한 이승만 박사를 원수처럼 여기고 있습니다. 그리고 그들은 보수우파 정권을 미워하여 사소한 일에도 약간의 틈만 보이면 그것을 침소봉대하여 촛불집회에 참여하고 있습니다.

    우리가 주의할 것은 공산주의자들은 선전사업에 "인간의 뇌는 사활적 큰 문제보다 흥미성 작은 문제에 더 관심을 갖는다"는 사실을 이용하고 있다는 점입니다. 이것이 한국의 근현대사에 대한 역사교과서를 올바로 바꾸어야 하는 이유입니다.

과거 이명박 대통령 때에도 광우병에 대한 실체도 없었던 미국산 소고기를 거짓으로 속여서 광우병 파동을 일으켰습니다. 저자는 미국에서 41년 동안 살며 미국산 소고기를 먹어도 이상이 없었습니다. 진실과 거리가 먼, 광우병에 걸렸다는 한 마리의 소가 일어났다 쓰러지는 동작을 반복해서 계속 보여준 것에 속은 것입니다. 이렇게 잘 속는 것이 국민입니다.

정치가들이 자기들 편리하게 국민은 하늘이며 국민에게 복종해야 한다는 거짓에 속으면 안 됩니다. 잘못하면 나라가 망할 수도 있습니다. 그래서 좌파 언론을 경계해야 합니다. (물론 모든 국민들이 다 그렇다는 것은 아닙니다)

〈참고: 보수우파 정치인이나 교육자들은 종북 좌파 교사들이 초중고생들에게 오랜 기간 동안 종북 좌파 이념교육을 시키는 것을 막지 못한 죄인입니다. 국가에 해를 끼친 것은 물론이고, 어린 학생들의 영혼을 평생 망치게 한 책임을 어떻게 질 것입니까?〉

"대중은 거짓말을 처음엔 부정하고
그 다음엔 의심하지만 되풀이 되면 결국엔 믿게 된다."
- 히틀러를 독일인의 우상으로 만든 괴벨스 -

북한은 300만 명이 굶어 죽으면서도
김 부자들을 원망하지 않고
오히려 미제 승냥이를 욕하며 죽어가게 합니다.
국민이 그만큼 어리석습니다.

**알고 갑시다**

### '한국민, 북한 호감도 역대 최고'…
### 아산정책연구원 여론조사

〈LA중앙일보, 2018년 7월 6일〉

 북미정상회담 이후 북한에 대한 한국민의 호감도가 중국과 일본을 넘었다는 여론조사 결과가 나왔다. 김지윤 아산정책연구원 선임연구위원 등이 5일 발표한 '북미정상회담과 한국인의 주변국 인식' 보고서에 따르면 북한에 대한 호감도는 '4.71점'(0~10점)으로 2010년 조사 이래 역대 최고치를 기록했다.
 미국의 호감도는 5.97점이었고, 중국과 일본은 각각 4.16점과 3.55점이었다. 북한의 호감도가 중국보다 높게 나타난 것은 조사 이래 처음이고, 일본을 넘은 것도 약 4년 만이다.
 김정은 국무 위원장에 대한 호감도 4.06점으로 아베 신조 일본 총리(2.04점)와 시진핑 중국 국가주석(3.89점)을 넘었다. 도널드 트럼프 대통령은 집권 이후 최고인 5.16점을 기록했다.

 〈저자 주: 한국 국민의 최대 주적인 김정은 국무 위원장에 대한 호감도가 아베 신조 일본 총리보다 2배가 높다는 것은 문재인 좌파정권의 가짜 프로파간다 때문이다. 국민은 이렇게 어리석다.〉

### A박사의 문제제기 12

"우파 보수당이 지혜를 모아, 돌아선 국민들의 마음을 다시 얻도록 해야 할 텐데 걱정이 되네요. 솔로몬의 지혜가 그 어느 때보다도 필요한 때인 것 같습니다."

### 현용수의 반론 12
- 현재 솔로몬의 지혜는? 가짜 애국에 속지 않는 방법은?

현재로선 우파 보수당이 지혜를 모아, 돌아선 국민들의 마음을 다시 얻기는 힘들 것입니다. 언론들도 변하지 않을 것입니다. 그렇다면 솔로몬의 지혜는 무엇일까요?

국민들이 저자가 쓴 글이나 혹은 같은 부류의 훌륭한 다른 보수우파들, 즉 지혜자들의 글들을 읽고 깨달아야 합니다. 유대인처럼 선과 악을 잘 구분할 줄 알아 슈르드하게 행동해야 합니다. 그래서 좌파들의 가짜 애국에 속지 말아야 합니다.

똑똑한 국민은 똑똑한 지도자를 만들기도 합니다. 왜 그런지 압니까? 대부분 정치가들은 표만 몰리면 무슨 짓이든지 다 할 수 있으니까요. 선거철만 되면 정치인들이 초등학생들 앞에서도 자존심 다 죽이고 큰절하는 것 많이 봤잖아요. 이것이 저자가 욕을 먹을 각오로 이런 글을 쓰는 이유입니다. (물론 일부 극좌파는 변하기 힘들 수도 있을 것입니다.)

이제는 보수 성향 언론들도 진보의 수가 워낙 많아져 보수적 가치를 지키다가는 밥을 먹고 살기 힘들다는 판단에서인지는 몰라도 대부분 진보편에 선 것처럼 보입니다.

따라서 이제부터 보수우파는 보수우파의 가치를 가진 국민들이 많아지도록 단합하여 노력해야 합니다. 어떤 노력이 필요할까요? 보수우파 지혜자들이 쓴 논리적인 글을 SNS로 수많은 사람들에게 퍼 날라야 합니다.

사실 이 SNS 소통 방법은 1990년대 이후 보수우파당이 집권 시절 주요 보수 언론들이 진보 좌파의 의견을 보도해주지 않자, 그들이 개발한 소통의 방법이었습니다. 그들은 이 방법으로 두 번의 좌파정권을 탄생시키는데 성공했습니다.

그런데 이제는 세월이 바뀌어 주류 언론들이 보수우파의 의견을 보도해주지 않으니, 보수우파 지지자들도 이런 SNS 소통 방법을 쓸 수밖에 없습니다. 이 방법이 성공할 때 정치가들도 바뀌고 주류 언론들도 바뀔 수 있다고 생각합니다.

그리고 자신들이 허구 논리에 근거한 선전선동에 속아 가짜 애국을 하고 있다는 것을 모르고 이에 동조하고 있는 남한의 순수한 국민들과 그들을 선동하는 좌파 지도자들도 변하게 할 수 있다고 생각합니다. 그래야 수렁에 빠진 대한민국을 구할 수 있습니다.

뿐만 아니라 더 나아가 이 방법으로 3대 독재 세습에 시달리는 북한 국민들도 구할 수 있다고 생각합니다. 따라서 그들이 이런 진리를 모르고 하는 일들에 대하여 그들을 원수처럼 여길 것이 아니라 오히려 불쌍한 마음을 가지고 이 사역에 매진해야 할 것입니다.

여기에서 보수우파의 약점 하나를 지적하고 싶습니다. 좌파는 한 사람, 한 사람이 일당백이나 천의 역할을 할 수 있는 악착같은 투쟁정신이 강한데 비하여, 보수우파는 각자 몸을 다치지 않으려고 몸을 사리는 분들이 너무나 많다는 것입니다.

많은 분들이 인터넷에 보수우파들이 쓴 옳은 글을 공유하거나 익명으로 댓글을 다는 것은 고사하고, '좋아요'라는 클릭 한 번 누르는 것조차 인색하다는 것입니다. 결국 이 시국에 보수우파가 힘을 합치지 못해 대한민국이 북한의 김정은 정권에 멸망당한다면 그 처절한 고통은 우리 모두가 고루 져야 한다는 것을 명심하기 바랍니다.

- 문제 해결의 답으로 유대인을 모델로 한 현용수의 '인성교육학'과 '쉐마교육학'의 논리를 제시하는 이유

저자는 부족하지만 미래를 대비하기 위해 유대인을 모델로 한 '인성교육학'과 '쉐마교육학'이라는 새로운 학문의 영역을 개척했습니다. 저서만 약 40여권이 됩니다. 아직도 계속 연구하며 책을 쓰고 있습니다.

저자가 발견한 한국의 문제점은 진보와 좌파의 날카로운 첨단 이론들을 대적할 만한 보수우파의 이론이 너무 빈곤하다는 것을 발견했습니다. 따라서 보수우파는 자신들이 옳다는 심증은 있는데, 왜 옳은지를 젊은이들에게 설득하는 데는 한계가 있습니다.

따라서 저자는 학자로서 보수우파에게 이런 이론을 제공하기 위하여 노력해 왔습니다. 물론 다른 훌륭한 학자님들의 좋은 이론들도 많이 있지만, 저자는 저 나름대로 저자의 박사학위 논문을 근거로 그리고 성공한 유대인을 모델로 한 새로운 이론들을 개발했습니다.

특히 저자의 책들은 유대인이 조상 아브라함 때부터 현재까지 4000년 동안 어떻게 세대차이 없이 자신들의 토라와 역사 및 전통을 다음 세대에 전수하는 데 성공했는가에 대한 연구입니다. 그리고 그들의 다음 세대를 위한 교육의 내용과 형식을 한국 민족 디아스포라에 적용하여 새로운 교육의 인프라를 구축한 것입니다.

이 주제를 크게 인성교육학적인 측면과 성경에 기초한 쉐마교육학적인 측면에서 연구했습니다. 여기에 구약의 지상명령 쉐마, 효도교육, 가정신학, 어머니 교육, 아버지 교육, 성교육, 고난의 역사교육 및 정치신학 등의 주제를 다룹니다. 그리고 시간을 쪼개어 전 세계에 퍼져 있는 한국인 디아스포라 지도자들에게 저자의 이론들을 약 20년 동안 가르쳤습니다.

요즘에는 한국의 서울교대에서 초중고 교사님들에게도 인성교육과 유대인의 영재교육인 하브루타를 가르칩니다. 저자는 기독교인이지만 강의를 듣는 분들 중에는 유교나 천주교인 그리고 불교인들도 있습니다. 그만큼 종교에 관계없이 다음 세대가 위태롭다는 것을 증명하고 있는 것이겠지요.

놀랍게도 저자의 강의를 듣고 책을 읽은 많은 좌파들이 자신들이 속은 것을 깨닫고 우파로 돌아옵니다. 뿐만 아니라 저에게 교육을 받은 분들이 전 세계에 흩어져서 서자가 개발한 논리를 전파하고 있습니다. 다음 세대에 대한 교육이 열매를 맺고 있습니다. 그리고 개인도 변하고 가정도 변하고 교회도 변하고 있습니다. 〈그들의 증언에 관해서는 쉐마교육연구원 홈페이지 www.shemaiqeq.org 참조〉

물론 A박사님 부부도 본인들이 쉐마교육을 받고 너무나 많이 변했다고 했습니다. 이번에 이 글을 통하여 국가관에 대하여 더 변하리라 생각됩니다. 저자는 여기에서 새로운 희망을 봅니다. 여러분들의 끊임없는 기도와 성원 부탁드립니다. 그리고 저자가 생각지 못했던 좋은 문제들을 제기해준 A박사님에게 감사를 드립니다. 연합하여 선을 이룬 것 같습니다.

〈저자 주: A박사님의 문제제기는 이어지는 제2장 II. '좌파 A박사의 문제제기와 현용수의 반론'에도 몇 번 이어집니다.〉

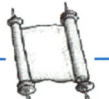

"우둔한 자는 고난을 겪은 후 깨닫고,
지혜로운 자는 그 전에 깨달아 고난을 피한다."
- 탈무드 -

## III.
# K 목사의 문제제기에 대한 현용수의 반론

### "5.18 사건 북한군 개입설에 여야 3당 발끈할 문제 아니다"

〈저자 주: 보수당 의원 3명이 5.18 사건 북한군 개입설을 주장했습니다. *그때 여야 3당이 그들을 제명하자고 했습니다*(서울신문, 2019년 2월 11일). 저자는 이에 대해 "5.18 사건 북한군 개입설에 여야 3당 발끈할 문제 아니다"란 글을 썼습니다. 그런데 호남에서 큰 목회를 하시는 K 목사님이 이런 댓글을 달았습니다. 이에 답합니다.〉

### 질문1
"이미 끝난 문제를 자꾸 끄집어내면 당시 아픔을 경험했던 분들에게 계속 아픔을 주기 때문에 이제 5.18 문제는 거론하지 말아야 합니다."란 주장에 대하여.

### 현용수의 답변1

유대인은 히틀러의 나치에게 6백만이 학살을 당했습니다. 광주 5.18 희생자 수와 비교가 되지 않는 희생입니다. 그런데 2차 세계대전 이후 1945년 독일 뉘른베르크 전범재판에서 나치들은 계속 자신의 범죄 사실들을 부정했습니다.

유대인은 그 당시의 아픔을 매일같이 기억했습니다. 그리고 지금도 기억하고 있습니다. 유대인의 그 당시 참혹했던 고난의 역사를 기억하는 절기를 아예 만들었습니다. '티샤바브'(Tisha B'Av)라는 절기입니다. 성전 파괴일과 함께 나치에게 당한 고난을 영원히 잊지 않기 위함입니다. 〈저자 주: 저자의 저서, *'고난을 기억하는 유대인의 절기 교육의 파워'* (쉐마, 2018) 중 VIII. "'티샤 바브' 절기의 유래" 참조〉

그리고 나치의 범죄 사실을 입증할 증거를 70년이 지난 현재까지 찾아내어 법정에 세우고 있습니다. 그래서 마침내 정의를 실현하는 데 성공했습니다. 아예 독일 정부 총리들이 당선이 되면 이스라엘에 가서 희생자들 묘지에 가서 무릎을 꿇고 사죄하게 만들었습니다.

다른 사람들이 K 목사님처럼 주장을 할지라도 쉐마교육을 누구보다 잘 실천하려고 노력하는 본인이 자꾸 고난의 역사를 기억하면 당사자들이 아프니 잊자고 하는 것은 성경적이지 못합니다.

> "옛날을 기억하라. 역대의 연대를 생각하라. 네 아비에게 물으라. 그가 네게 설명할 것이요, 네 어른들에게 물으라. 그들이 네게 이르리로다." (신 32:7)

### 질문2

"5.18 현장 증거들이 모든 것을 증명했는데(예: 서청원, 조갑제, 김무성 등), 당시에 없었던 이들이 얼마나 안다고 증거를 말합니까?"에 대한 주장에 대하여.

### 현용수의 답변2

역사의 증거들은 현장에 있었던 이들만 가지고 있는 것이 아닙니다. 위안부 문제의 증거들은 당시 일본 경찰들과 군인들에게 끌려간 여성분들의 현장 증거도 중요하지만, 그것을 확인하는 증거들은 50년 후 1991년 초 일본의 방위성 기록에서 찾아냈습니다.

이처럼 5.18 사건의 100% 확실한 진실은 통일 이후에나 밝혀질지도 모릅니다. 혹시 그 이전이라도 김정은이가 밝힐지도 모릅니다. (일부는 북한군으로 5.18 사건에 참여했던 간접 증거들과 북한 교과서에도 있다고 함)

### 질문3

"5.18 유공자 명단을 밝히지 못하는 데는 여러 가지 이유가 있습니다."라는 주장에 대하여.

### 현용수의 답변3

이것은 상식에 어긋납니다. 대한민국 국민 중 가장 정의감이 투철한 광주인들은 보훈처에서 그런 변명을 하면 이렇게 반박해야 합니다.

"우리를 무엇으로 봅니까? 우리는 다른 도민과 다릅니다. 설사 나와 나의 가족이 손해를 본다고 해도 명예스러운 이름을 밝히세요."

광주인들은 이번 5.18 사건 북한 개입설 때문에 국회에서 대모를 할 것이 아니라, 유공자 명단 밝히지 않는 것에 대하여 국회와 보훈처 앞에서 데모를 해야 합니다. 그래야 다른 도민들로부터 손경을 받을 수 있습니다.

"역시 광주인들은 우리와 달라! 믿을 만해!"

이렇게 말입니다.

### 질문4

"이번 국회에서 5.18 사건 북한군 개입설에 대해 발언한 3명의 국회의원과 지만원 씨의 발언 수위에 대해 동의합니까?"란 질문에 대하여.

### 현용수의 답변4

3명의 국회의원 중 여자분의 발언은 망언입니다. 그래서 그분은 곧 사과했습니다. 그리고 저는 지만원 씨가 증거로 제시한 모든 것들이 사실이 아니라고 처음 글에서 밝혔습니다.

문제의 근원은 그분들이 하고 싶은 말을 자꾸 힘으로 막거나 법으로 막으려고 하면 더욱 악에 바치게 됩니다. 그들을 누그러뜨리려면 그들을 대화상대로 초청해주고 객관적인 사람들로 하여금 각각의 주장을 검증하게 하면 됩니다. 왜 자꾸 지만원 씨를 정치적으로 제외시키려고 합니까?

북에 맞서려면 국민 통합이 무엇보다 중요합니다. 야 3당이 자신이 있다면 지만원 씨를 참여시키세요.

### 질문5

"만약 북한군 소행이라면 당시 전 전두환 보안부대장과 전 전두환 대통령이 왜 600명 간첩 중 하나도 잡지 못했습니까?"란 질문에 대하여.

### 현용수의 답변5

그것은 당시 북한의 증언자들에 의하면, 한 번에 600명이 내려온 것이 아니고, 대부분 해안선을 타고 몇 달에 걸쳐 20-30명씩 내려왔다고 합니다. 그리고 600명이 함께 행동한 것이 아니라고 합니다. 조별로 행동 규칙이 있어서 다른 조 사람들은 모르게 조별로 행동했다고 합니다(유튜브 참조).

저는 1968년도에 김신조 일행 31명이 3.8선을 뚫고 내려왔을 때 강원도 양구 최전방에서 근무했었습니다. 당시에는 K 목사님이 군복무를 했을 때보다 더욱 철통같이 전방을 지켰습니다. 그런데도 그들이 청와대 앞에 도착했을 때까지도 아무도 몰랐습니다.

하물며 해안선을 따라 광주로 침투하는 것은 너무나 쉬웠을 겁니다. 그럴지라도 전두환 정권이 후일 그들을 한 사람도 잡지 못한 것은 그들의 무능이라고 생각됩니다. 후일 그는 5.18 사건이 북한 소행이라고 했다고 하는데, 전문가가 아니라서 잘 모르겠습니다. 지만원 씨에게 물어보세요.

아무튼 북한군이 그만큼 적화통일을 하기 위해 혈안이 되어 있다는 겁니다. 그만큼 철저하고 악랄하다는 것이지요. 역사를 통해 배운 것은 대화는 하되 북한의 김정은 정권을 믿어서는 안 된다는 것입니다.

그런데 현 정권이 들어선 후 북한군을 막을 수 있는 육지의 GP와 탱크를 막는 콘크리트 방어막도 없애고, 바닷길도 터주고, 공중 침투도 막지 못하게 했으니 우파 쪽으로부터 현 정권 사람들이 간첩이 아닌가 하는 소리를 듣는 겁니다. 그리고 국가 전복죄로 복역 중인 이석기를 석방하자고 수천 명이 데모를 합니다. K 목사님, 걱정되지 않습니까?

충청도 출신인 제가 이런 문제를 제기하는 것보다 호남 출신인 K 목사님이 이 문제를 문재인 정권에게 강력하게 제기하면 국민으로부터 칭찬을 많이 받을 텐데요. 하나님으로부터도 칭찬을 많이 들을 겁니다. 더구나 그 교회는 큰 데다 그 교회 출신 국회의원도 있지 않습니까. 하나님의 교회를 지키기 위해 대한민국을 북한의 적화통일로부터 막자고 하는데 무엇을 망설입니까?

K 목사님, 사랑합니다. ^^

K 목사 반응: 교수님의 고견(高見)에 감사드립니다. 존경합니다.

현용수의 답변: K 목사님, 오해를 풀었다니 감사합니다. 큰 교회이기에 앞으로 더 기대가 됩니다.

## IV. 인성교육에서 효를 빼자는 진보 국회의원들, 무엇이 문제인가

〈저자 주: 본서의 제1부 제1장의 주제는 '인성교육학적 입장에서 본 국가관'이다. 저자는 국회의 '인성교육 진흥법'에서 '효'를 빼자는 진보 국회의원들의 개정안을 부결시키기 위하여 조선일보에 "인성교육에서 '孝'를 빼면 뭐가 남는가"라는 칼럼을 쓴 적이 있다(2017년 8월 11일). 그리고 이와 연결하여 '충과 효'가 없어지면 가정과 국가가 망한다는 칼럼을 썼다. 이것을 본서에 싣는다.〉

### 1. 효가 인성교육에 미치는 영향

- 진보 국회의원들이 인성교육서 충효를 빼자는 이유

더불어민주당 박경미 의원 등 14인은 지난 6월 인성교육진흥법 개정안을 발의했다. 요점은 기존 인성교육의 핵심 가치 가운데 '효'를 빼자는 것이다. 대신 개인, 대인 관계, 공동체 차원에서 요구되는 예(禮), 정직, 책임, 존중과 배려, 소통과 협동, 정의와 참여, 생명 존중과 평화 등을 핵심 가치로 삼자고 했다. 이유는 "효가 충효 교육을 연상하게 할 정도로 지나치게 전통가치를 우선하기 때문"이라고 했다.

전통가치는 그 나라와 국민의 정체성을 나타낸다. 한국인이 한국의 전통가치를 싫다면, 미국이나 일본의 전통가치를 가져야 하는가. 자신의 부모를 공경하고 대한민국(혹은 그 지도자)을 사랑하라는 충효교육이 잘못되었다면, 남의 부모를 더 공경하고 다른 나라나 그 지도자를 더 사랑하라는 말인가.

보통 효를 부모공경 정도로만 알고 있으나 그 이상이다. 필자는 노벨상 수상 30%의 비밀을 지닌 유대인 교육을 25년 동안 연구하면서 그들은 자신들의 수직문화가 매우 강하고 수평문화를 차단한다는 것을 발견했다.

**한국의 전통가치가 싫으면,
일본의 전통가치를 가져야 하는가**

- 효는 수직문화(인성교육)의 핵심 가치다

　인성교육의 본질은 한국의 수직문화에 근거한다. 수직문화는 전통, 역사, 철학, 사상, 고전, 효, 애국심(忠) 및 고난으로 이루어진 문화다. 이것은 조상대대로 내려오는 인간 내면의 정신세계를 살찌우는 눈에 보이지 않는 가치들이다.

　이것은 인간의 눈에 보이는 외면적 수평문화와 대조된다. 수평문화는 물질, 권력, 명예, 유행, IQ교육 등으로 이루어진 문화다. 전자가 정신세계를 살찌우는 인생의 의미를 찾는 문화라면, 후자는 인생의 본능적 재미(쾌락)를 찾는 문화다. 전자가 지혜라면 후자는 지식(IQ)이다. 전자가 변하지 않는 정신적 형이상학적 가치들이라면, 후자는 시대마다 자주 변하는 세속의 형이하학적 가치들이다. 전자는 깊이 있는 심연문화 혹은 뿌리문화이지만, 후자는 얕은 표면문화다.

　따라서 전자는 고전적인 책을 좋아하지만 후자는 자극적이고 퇴폐적인 영상문화를 좋아한다. 인성교육학적 측면에서 전자가 내면적으로 '깊은 생각'을 하고 외면적으로 '바른 행동'을 한다면, 후자는 '얕은 생각'을 갖고 '제멋대로 행동'을 하기 쉽다.

　전자가 컴퓨터의 하드웨어라면 후자는 소프트웨어다. 하드웨어는 한 인간의 그릇 크기에 비유한다면, 소프트웨어는 잔재주꾼(IQ)에 비유할 수 있다. 현대에 왜 컴퓨터를 잘하는 잔재주꾼들은 많을지라도, 과거처럼 정주영이나 안창호 같은 중량급 큰 인물들을 많이 배출하지 못하는가. 가정이나 학교에서 수직문화를 배우지 못했고 IQ교육만 받았기 때문이다.

　효는 수직문화의 최고 핵심 가치다. 자신의 뿌리를 알고 조상들의 지혜와 전통 및 역사를 전수해주는, 즉 전 세대와 후세대를 이어주는 도구(기능)다. 정신세계와 삶의 실천에 자손대대로 세대 차이를 없게 해준다. 유대인이 수천 년 동안 나라 없이 세계를 떠돌면서도 생존해온 비밀도 자신들의 수직문화를 세대 차이 없이 자녀들에게 전수했기 때문이다.

뿌리 깊은 나무가 외풍에 잘 견디듯, 깊이 있는 수직문화의 사람은 구시대 어른들처럼 의지가 강해 세상의 수평문화에 초연할 수 있다. 은근과 끈기가 강해 큰 고통도 잘 참는다. 힘든 3D업종도 마다하지 않는다.

반면 수직문화가 약하고 수평문화에 물들면 자신의 철학(개념)이 약하여 자존감과 의지가 약하고 마음이 공허해진다. 은근과 끈기가 약해 작은 고통도 참지 못한다. 유혹에 약해 죄를 짓기 쉽다. 봉급 많은 기술직 3D업종보다는 봉급은 적지만 근사하게 보이는 사무직을 선호한다. 이것이 청년 실업율의 근본 원인이다.

수직문화가 강한 이들은 가정, 학교 및 사회에서 건전한 모범생들이 많다. 사회 질서와 어른들의 권위에 순종할 줄 알기 때문이다. 반면 수평문화가 강한 이들은 수직문화가 강한 이들을 싫어해 부모, 교사, 어른들에게 반항하기 쉽다. 전자는 교육하기 쉽지만 후자는 교육하기 힘들다.

특히 폭력이나 음란성 퇴폐 영상문화 같은 수평문화에 물들 경우 정신세계는 쓰레기 문화로 꽉 차 사이코패스가 되기 쉽다. 마음이 부패해 삶의 의욕을 잃어 무력증을 보이기 쉽다. 심할 경우 교육을 포기해야 한다. 이것이 온갖 사회 병리현상의 원인이 된다.

효는 "나는 누구인가?"라는 자신의 정체성을 형성하는 데 필수 덕목이다. 인간에게는 자신의 혈통적, 민족적 및 국가적인 정체성이 필요하다. 개인적으로는 족보와 가문에 대한, 그리고 조국 대한민국에 대한 자부심이 있어야 한다. 이런 사람은 심리적인 내면적 자신감이 강해진다. 따라서 교육심리학자 에릭슨(1902-1994)은 '인성교육'을 '자아 정체성'(ego identity)의 개념을 개발하여 사람들의 내면적 자아 센스를 강화하는 것이라고 했다.

### - 효는 가정을 세우고 지켜주고 행복을 찾게 해주는 근원이다
〈효가 없으면 예절도 없어지는 이유〉

효는 가정을 세우고 지켜주고 번성시키는 행복의 근원이다. 1970년대 이전에 그렇게 참혹한 시대에도 힘들다고 자살하지 않았던 것은 3대가 어울려 사는 따뜻한 가정이란 희망이 있었기 때문이다. 효교육을 시키면 부부의 삶의 철학과 목적이 뚜렷하여 이혼율도 줄어든다. 자신의 가문을 세우고 번성하게 하기 위하여 최선을 다하고 자녀도 많이 낳는다.

효는 가정에서 좋은 시민의 소양을 배우게 한다. 대가족 사회에서 조부모와 부모 그리고 손자들의 질서뿐만 아니라 3촌, 4촌, 6촌들 그리고 외가 식구들과의 관계를 결속시키며 화목을 돕는 사회성을 키워준다.
가정에서 효를 실천한 결과 "개인, 대인관계, 공동체가 요구하는 예, 정직, 책임, 존중과 배려, 소통과 협동, 정의와 참여, 인내, 생명존중과 평화 등 사람됨과 시민됨의 가치"라는 인성의 기본 열매들을 얻는다. 효와 예절은 다르다. 예절은 내면적 효심(교육의 내용)을 외면적으로 표현하는 방법(교육의 형식)이다. 따라서 효가 없으면 예절도 없어진다.
어려서부터 이런 인성교육을 받은 자녀들이 학교와 사회에 나가서도 남과 더불어 살 수 있는 좋은 학생과 좋은 시민이 될 수 있다. 따라서 효는 백 가지 행위의 기본(孝爲百行之本)이다. 유대인의 인성이 학교가 아니라 가정에서 키워지는 이유가 여기에 있다. 한국은 모든 교육을 학교에 맡기는 것은 큰 잘못이다.

효는 자녀가 부모의 은혜에 감사하고 그 은혜를 갚게 한다. 이것이 짐승과의 차이다. 따라서 효는 인간다운 인간을 만드는 가장 기본 덕목이다. 효 교육을 강화하면 노후의 모든 문제들이 근본적으로 해결된다. 부모들이 자녀의 사랑과 존경 그리고 보살핌을 받으면 노인 자살율도 줄어들 것이다.

- 왜 효가 없으면 가정은 해체되나

반면 효가 없으면 가정은 해체된다. 개인주의와 이기주의가 팽배하여 핵가족이 번성한다. 어른들에 대한 감사대신 불평불만이 많아진다. 행복지수가 내려간다. 부모를 공경하기보다는 자신의 유익을 위해 이용하려 한다. 노인의 것들은 모두 잘못된 전통으로 치부하기 쉽다. 반인륜적인 사건이 줄을 잇게 된다.

효가 없으면 가정과 가문 번성의 가치를 몰라 결혼을 피하거나, 자녀를 안 낳으려한다. 이것이 저출산율의 근본 원인이다. 1960년 출산율은 6.0명이었으나 2015년은 1.17명(울산제일일보, *인구의 날에 생각해 본다*, 2017년 7월 20일)이다.

유대인은 가정을 매우 중요하게 여기어 3대가 가정에서 행복을 찾도록 가르친다. 정통파 유대인은 가문의 번성을 위해 자녀도 많이 낳는다. 출산율이 8.3명이다. 그리고 조상들에 대한 존경과 감사가 넘치어 행복지수가 올라간다. 따라서 효는 인류 보편적 도덕과 윤리 가치다. 성경이 제5계명 부모공경을 실천하지 않을 경우 죽이라고 강하게 명령하신 이유가 여기에 있다.

열매를 보고, 그 나무가 좋은지 악한지를 알 수 있다. 조상들의 충효를 포함한 수직문화를 업신여긴 우리의 20여년의 학교교육의 결과(열매)는 참담하다. 자살률(청소년 및 노인 자살률 포함), 이혼율, 낙태율이 세계 최고 수준이고, 행복지수와 출산율은 세계 최하위 수준이다.

- 학생인권 높여주고 무상급식 했는데 왜 학생들은 행복해하지 않는가

그렇게 학생인권을 높여주고 무상급식을 했는데 왜 학생들은 불행하다고 생각하는가. 왜 가정이나 학교에서 패륜범죄와 사회병리 현상들이 넘치는가. 왜 매 맞는 교사수가 매 맞는 학생수보다 많아졌는가. 이것은 1970년대 이전에 충효를 강조했던 수직문화를 업신여기는 진보교육으로 인해 한국의 전통적 도덕과 윤리적 가치관이 사라졌기 때문이다.

그리고 본능을 자극하는 한국의 수평문화가 다른 나라들보다 양적으로 그만큼 더 만연하고 질적으로도 심각하다는 증거다.

- 선거권 연령, 왜 22세로 높여야 하나

이것은 무엇을 뜻하는가. 요즘 불거져 나온 학생 선거권을 예로 들어보자. 현대 학생들은 예전에 비해 선과 악을 스스로 구분할 수 있는, 즉 성숙한 결정을 하기가 더 힘들어졌다는 것을 뜻한다. 즉 어린 학생 유권자는 정신 연령이 낮아 잘못된 후보의 선정적 인기 몰이에 속기 쉽다. 쏠림현상으로 소중한 선거권를 남용할 수 있는 위험성이 많다.

그러함에도 불구하고 일부 정치인들은 선거권을 19세에서 18세로 하

향하려고 한다. 매우 잘못된 정치공세다. 오히려 22세(대학 4년 시기)로 높여야 한다. 정신 연령이 높은 유대인의 나라 이스라엘에서도 선거권 연령이 19세이다.

왜 22세인가. 진보진영의 L 정치인은 청소년 시대에 범죄 행각을 한 적이 많았다. 보수의 H 정치인도 대학생 시절에 친구와 행했던 '돼지 발정제' 사건으로 논란이 많았다. 그분들은 한사코 이렇게 말한다. "그 일은 수십년 전에 철없던 때에 일어난 사건입니다. 즉 선과 악을 제대로 구분할 수 없었던 연령기에 일어난 것을 갖고 너무 시비를 걸지 말라"는 것이다. 대학생 연령도 정신적으로 미숙했다는 것이다.

과거 수직문화가 강했던 시대, 즉 정신세계의 성숙도가 현재보다 훨씬 높았던 때에 살았던 이들도 대학생 시절에는 스스로 선과 악을 구분하기가 그렇게 힘들었다는데, 수평문화에 물든 현대 청소년들은 얼마나 더 하겠는가. 더구나 선거권은 한 지방이나 나라의 운명을 가르는 지도자를 뽑는 중대한 일이 아닌가! 그런 면에서 솔직히 22세도 너무 어리다. 군대를 갔다 온 이후면 어떨까 하는 생각이다.

- 현자는 고통을 당하기 전에 깨닫고 우둔한 자는 고통을 당한 후에 깨닫는다

물론 가르치는 방법 면에서 일부 어른들이 자녀들에게 충효를 유대인처럼 논리적으로 부드럽게 설득하여 이해시킨 것이 아니라, 강압적으로 하게 하여 많은 상처를 준 과오는 인정한다. 따라서 과거 일부 가정과 국가에서 독재자로 군림했던 이들은 회개해야 한다. 이런 과오를 극복하기 위해 유대인 교육을 본받을 필요가 있다. 그렇다고 그 내용이

잘못된 것은 아니다.

　미래 4차산업혁명이 더욱 상승기를 탈수록 인성은 더욱 피폐해 질 것이다. 아무리 첨단 기기로 편안함을 누린다고 하더라도 마음의 고향인 따뜻한 가정이 없다면 인생에 무슨 의미와 행복이 있겠는가.

　앞으로 온갖 기이한 비정상적인 것들이 정상을 핍박할 것이다. '양성평등'이란 용어를 '성평등'이라는 교묘한 용어로 법을 바꾸어, 동성애자들이 정상인들의 진리를 말할 권리를 박탈하거나, 충효가 전통을 우선하는 듯하니 '효'를 인성의 가치에서 빼자는 법을 만들자는 것 등이다. 보수는 이에 무관심하거나 속지 말아야 한다.

　전통과 충효를 없앤 후유증은 다음 세대에 더 심각한 고통으로 나타날 것이다. 현자는 고통을 당하기 전에 깨닫고 우둔한 자는 고통을 당한 후에 깨닫는다. 국회는 가정을 해체하고 나라를 망치는 '효'를 뺀 인성교육진흥법 개정안 발의를 즉각 취소해야 한다.

**무상복지의 허구**

## 산 갈매기와 죽은 갈매기

〈출처: 도란도란사랑방, http://pjw38.tistory.com/567, 2013년 9월 12일〉

　미국 남서부의 해안가에 위치한 항구 도시에서 이상한 일이 발생하였다. 갑자기 그 항구의 갈매기들이 떼를 지어 죽기 시작했던 것이다. 바다의 물고기를 이용, 통조림 가공 사업에 종사하던 시민들에게는 충격이 아닐 수 없었다. 청정지역임을 내세워 광고를 해왔는데 만약 그 갈매기들이 오염된 물고기를 먹고 죽었다면 통조림의 판로는 막히기 때문이다.

　통조림 사업의 파산을 막기 위해 시에서는 학자들로 이루어진 조사단을 구성하여 원인 파악에 나섰다. 조사단은 갈매기 죽음의 원인을 밝혀내기 위해 다양한 조사를 벌였지만 근본 원인을 밝혀내는데 실패했다. 다만 죽음의 원인이 굶주림 때문이라는 사실만을 밝혀냈다. 바다의 오염과는 무관하고 생태계의 알 수 없는 영향으로 갈매기가 죽었다는 추측만을 남기고 조사는 끝났다.
　그러나 시간이 흐를수록 떼죽음을 당하는 갈매기들이 늘어나자 한 동물학자가 다시 연구를 시작했다. 그는 갈매기들의 죽은 이유가 굶주림이었다는 점을 중시하고 주변 환경을 철저히 조사했다.

그리고 지금까지 물고기를 가공할 때 머리, 꼬리 등 부산물을 바다에 버렸지만 소득 증대를 위해 머리와 꼬리를 가축용 사료로 가공하기 시작한 것이 직접적인 원인임을 밝혀냈다.

그 항구 도시의 갈매기들은 그동안 바다에 버려지는 물고기 부산물이 풍부하였기에 스스로 먹이를 구할 필요가 없었다. 그러나 부산물이 더 이상 바다에 버려지지 않게 되자 갈매기들은 두 부류로 나뉘어졌다.

한 부류는 예전의 야성을 회복하여 물고기 잡이에 나섰고, 다른 한 부류는 굶어 죽을 때까지 버려지는 물고기의 부산물을 기다렸던 것이다. 같은 조건에서 환경의 변화에 적응한 갈매기들은 생존하였지만 공짜만 기다리던 갈매기는 굶어죽고 말았던 것이다.

무상복지로 표를 얻으려는 정치인들이나 국민들이 알아두어야 할 이야기가 아닌가 한다.

"좀 더 자자, 좀 더 졸자, 손을 모으고 좀 더 누워있자 하면 네 빈궁이 강도같이 오며 네 궁핍이 군사같이 이르리라." (잠언 6:10-11)

## 2. 충(忠)의 제거가 '헬 조선'이란 비아냥의 근본 원인이다

### - 한복 입고 국악을 불렀던 여대생을 학교 당국에 고발했던 미국의 한국 유학생들, 왜

미국 명문대에 유학을 간 한 여대생의 고백이다. 그녀는 학교 당국으로부터 '국제의 날'에 한국을 대표해 한국의 전통문화를 소개해 달라는 부탁을 받았다(2015년). 그러나 아는 것이 없어 거절했다고 한다.

방학 때 반강제로 부모와 함께 필자에게 유대인을 모델로 한 한국인의 인성교육 강의를 들었다. 그 후 자신이 한국의 전통문화를 업신여기고 미국 것만 좋아했던 것을 매우 후회했다. 그리고 난생처음 한국인의 정체성을 표현하는 한복을 사 입고 한국의 전통문화를 공부하며 국악을 배우기 시작했다. 학교 당국에는 내년에 제가 하겠다고 했다.

원래 음악에 끼가 있는 그녀는 수많은 외국인 학생들과 교직원들 앞에서 예쁜 한복을 입고 장구를 치며 국악을 신나게 불렀다. 그리고 한국의 아름다운 충효를 비롯한 다른 전통문화를 소개했다. 우레 같은 박수가 터져 나왔다.

### - 한국의 전통문화, 학생들은 얼마나 싫어하나

문제는 이후에 터졌다. 그 광경을 지켜보았던 한국 학생들 일부가 학교 당국에 자신들은 그런 한국의 전통문화를 수치스럽게 생각하니 다음부터 그녀를 세우지 말라고 항의했다. 그녀에게는 "한국의 전통문화가 무엇이 자랑스럽다고 외국 학생들에게 소개했느냐?"고 비아냥거렸다. 이것이 대부분 한국 청소년들 의식의 현주소다.

### - 내 부모를 공경하고 나라에 충성하라는 충효가 전통문화라서 싫다면, 남의 부모를 공경하고 다른 나라에 충성해야 하는가

엘리트라고 자처하는 국회의원들도 '충효(忠孝)' 같은 한국의 전통가치에 거부 반응을 느끼기는 마찬가지다. 더불어민주당 박경미 의원 등 14인은 그런 이유로 인성교육진흥법에서 기존의 인성교육의 핵심 가치들에서 '효'를 뺀 개정안을 발의했다.

그래서 2017년 8월 11일 조선일보 칼럼에 "인성교육에 '효'가 빠지면 무엇이 남는가"를 썼다. 이번에는 "인성교육에 '충'이 빠지면 왜 '헬 조선'이 되는지 알아보자. 한국인이 자신의 부모를 공경하고 대한민국에 충성하라는 충효교육이 전통문화라서 잘못되었다면, 남의 부모를 공경하고 다른 나라에 충성하라는 말인가.

### - 왜 충효가 정체성의 기본인가

충효는 "나는 어디에 소속된 누구인가?"라는 자신의 혈통과 국가의 정체성을 형성하는 데 필수 덕목이다. 개인적으로는 족보와 가문에 대한 자부심과 조국 대한민국에 대한 자랑스러움이 있어야 한다. 이런 사람은 자존감이 높고 내면적 자신감이 강해진다. 따라서 교육심리학자 에릭슨(1902-1994)은 '인성교육'을 '자아 정체성'(ego identity)의 개념을 개발하여 사람들의 내면적 자아 센스를 강화하는 것이라고 했다.

### - 왜 한국인의 행복지수가 세계에서 가장 낮은데, 부탄은 1위인가

효가 가정을 세우고 지켜주고 번성시키는 행복의 근원이라면, 충은 나라를 세우고 지켜주고 번영시키는 애국심의 근원이다. 대한민국은 불과 30년 만에 세계인이 부러워하는 경제대국과 민주화라는 두 가지 목표를 이룬 자랑스러운 성공한 국가다. 반면 부탄은 최빈국 중 하나다. 그런데 왜 한국의 청소년들은 행복지수가 세계에서 가장 낮은 반면, 부탄은 1위인가. 전자는 효가 사라졌고 후자는 효가 있기 때문이다.

### - 왜 유대인은 아무리 힘들어도 '헬 이스라엘'이라고 하지 않는데, 한국 청소년들은 '헬 조선'이라고 하는가

왜 이스라엘의 유대인은 아무리 힘들어도 '헬 이스라엘'이라고 하지 않는데, 한국의 청소년들은 현 시대를 '헬 조선'이라고 하는가. 전자는 층이 있고 후자는 층이 사라졌기 때문이다. 층이 없으면 대한민국은 망한다.

### - 한국은 일자리가 많아 외국인 노동자들이 몰려오는데 왜 한국 청년들은 일자리가 없다고 하는가

많은 청년들이 아무리 노력해도 일자리가 부족하기 때문이라고 한다. 이것은 설득력이 약하다. 기술직 3D 업종은 일자리가 넘쳐난다. 한국 청년들이 그것을 거부하여 외국인 노동자 120만 명을 고용하고 있다. 현제 청년 실업률이 높은 이유는 일자리가 없어서가 아니라 그들이 기술직 3D업종을 꺼리기 때문이다. 대졸 출신이 무려 82%인 것도 한 원인이다.

한국 인성교육 문제의 근본 원인은 큰 틀에서 유대인은 충효를 포함한 수직문화를 가르쳐 전수했고, 한국인은 그렇지 못했기 때문이다. 한국 교육은 두 가지 오류를 범했다. 1) 한국의 '전통은 옛것=나쁜 것'이라 비난하며 버리고 서양 것만 모방했다. 충효를 가르쳤다면 조상들의 전통문화도 사랑했을 것이다. 2) 대한민국 국가관(충)을 학교에서 잘못 가르쳤다.

대한민국은 이승만이 건국했다하여 태어나지 말았어야 할 나라라고 비난했다. 오히려 김일성이 수립한 북한을 더 정통성 있는 국가라고 가르친다고 한다. 한국 근대화의 영웅들을 노동자 농민의 노동력을 착취했다는 파렴치범으로 몰아붙였다. 90%의 장점은 보지 않고 10%의 단점만 100%처럼 부각시켰다. 전자가 문화적 정체성의 상실 원인이라면, 후자는 잘못된 국가관 정체성 형성의 원인이다.

그 결과는 참담하다. 대부분 자녀들은 족보와 가문을 무시하고 살아계신 조부모와 부모에 대한 존경과 감사 대신 분노와 반항심이 커졌다. 자랑스런 건국의 아버지 이승만을 통일을 방해한 역적으로 몰며, 대한민국의 국민됨에 수치심을 느낀다. 이런 상황에서 어떻게 자신의 가문과 조국 대한민국에 자부심과 충성심을 가질 수 있겠는가. 행복해질 수 있는가. 그야말로 '헬 조선'이다.

- 북한 주민들은 굶어 죽으면서도 김일성 3부자와 북한을 찬양하는데, 왜 한국 청년들은 이승만을 대적하며 한국을 '헬 조선'이라고 하는가

이것은 북한 주민들이 1990년대 3백만이 굶어죽는 고난의 행군 시대에도 미국제국주의를 저주하며 김일성과 김정일 수령을 찬양했던 것과 너무나 대조된다. 원인은 북한 지도자가 효는 빼고 충만 지나치게 강요했기 때문이다. 자식이 아버지의 불충을 공산당에 고발하고, 당의 명령에 따라 죽이면 그를 영웅시했다. 따라서 가정을 살리는 효와 국가를 살리는 충은 함께 가야 한다.

그런데 남한에 살면서 북한을 지지하는 종북 좌파들도 애국자라고 한다. 그들은 북한 입장에서는 애국자이지만 대한민국 입장에서는 가짜 애국자다. 보수는 가짜에 속으면 안 된다. 그들은 보수의 적이다. 진짜 애국자는 이승만을 존경하며 대한민국을 사랑하는 이들이다.

한국 젊은이들이 '헬 조선'이라고 하는 것은 대한민국 근현대 국가관 교육의 실패를 증명한다. 잘못 가르쳤거나 방관했던 교육자들에게 책임을 묻지 않을 수 없다. 따라서 '헬 조선'이란 비아냥은 한국이 처한 고난에 비례하는 것이 아니고, 자신의 가문과 조국 대한민국을 업신여기는 것(충효의 결핍)에 비례한다.

**알고 갑시다**

'해변의 모래'와 '하늘의 별처럼'….

하나님은 왜 아브라함의 자손이 '해변의 모래'와 '하늘의 별처럼' 불어날 것(창 22:17)이라고 약속하셨나? 하나님은 아브라함의 자손들이 언제나 모래알과 별처럼 두 가지 상충되는 역할을 조화롭게 수행하라는 뜻이다.

그것은 유대인끼리 연합한 모습을 보면 모래알처럼 보이지만, 그 개인들은 각각 의미 있고 가치 있는 별 같은 인물들이 되라는 뜻이다.

전자는 생육 번성을 뜻하고, 후자는 특출하고 강인한 개인들이 뭉친 독수리 민족이 될 것이라는 것을 뜻한다. 그 교육 방법이 하나님께서 가르쳐 주신 유대인의 쉐마교육이다.

## 3. 결론

충효를 최고의 가치로 여겼던 일제 강점기의 독립군들은 나라를 잃은 상태에서도 조선의 아들임을 자랑스러워했었다. 1960-70년대 청년들은 대한민국의 혜택을 전혀 받지 못했지만 투철한 효와 애국심을 가졌다. 가족과 나라를 위해 무엇이든 돈이 되는 것은 아무리 힘든 일이라 해도 몸을 사리지 않고 일했다. 그것이 오늘날 자랑스런 대한민국을 만들게 했다. 위대한 충효의 파워다. 그런데 그 파워가 사라지고 있다.

물론 충효를 가르치는 방법 면에서 일부 어른들이 자녀들에게 유대인처럼 논리적으로 부드럽게 설득하여 이해시킨 것이 아니라, 강압적으로 하여 상처를 준 과오는 인정한다. 따라서 과거 일부 가정과 국가에서 독재자로 군림했던 이들은 회개해야 한다. 이런 과오를 극복하기 위해 유대인 교육을 본받을 필요가 있다. 그렇다고 그 내용이 잘못된 것은 아니다.

### - 서양의 IQ교육에 함몰된 자녀들의 한심한 정체성 교육

한국의 전통문화를 무시하고 서양문화에 심취했던 사대주의적 진보교육과 종북 좌파의 왜곡된 국가 정체성 교육의 악한 열매들이 독버섯처럼 피어나고 있다. 온갖 기이한 비정상적인 것들이 정상을 핍박한다. '양성평등'이란 용어를 '성평등'이라는 용어로 교묘히 법을 바꾸어, 동성애자들이 역으로 정상인들이 진리를 말할 권리를 박탈하거나, 충효가 전통을 우선하는 듯하니 '효'를 인성의 가치에서 빼자는 법을 만들자고 한다. 보수는 이에 무관심하거나 속지 말아야 한다.

전통과 충효를 없앤 후유증은 다음 세대에 더 심각한 고통으로 나타날 것이다. 최악의 경우 대한민국이 사라질 수도 있다. 현자는 고통을 당하기 전에 깨닫고 우둔한 자는 고통을 당한 후에 깨닫는다.

왜 충효가 정체성의 기본인가
효가 가정을 세우는 행복의 근원이라면,
충은 나라를 세우는 애국심의 근원이다

대한민국에 독립운동가들, 이승만과 박정희 대통령만 애국자가 아니다.
죽은 경제를 살려낸 이병철(삼성) 정주영(현대) 박태준(포항제철)
조중훈(한진) 이건희(삼성전자) 등도 애국자다!
우파는 좌파 공격을 받는 재벌들도 보호해야 한다.

지혜자의 마음은 오른편에 있고
우매자의 마음은 왼편에 있느니라
(전 10:2)

# 이스라엘을 모델로 한
# 기독교인의 성경적 국가관과 정치관
〈하브루타식 교회 좌파 정치 논리 쪼개기〉

I. 문제제기
II. 좌파 A박사의 문제제기와 현용수의 반론
III. 좌파 손봉호 교수의 우파 교회 비판에 대한 현용수의 반론 현재까지 몇 가지 주제로 연속 칼럼을 썼습니다.
이번에 SNS의 위력을 실감했습니다. 그런데 이번에도 A박사님이 또 댓글을 남기었습니다. 신학적인 문제를 제기했습니다.

저자는 그분의 잘못된 성경해석을 바로잡기 위하여 어쩔 수 없이 다시 답글을 썼습니다. 이 글 역시 모든 분들에게도 매우 흥미롭고 유익하기를 바랍니다.

〈저자 주: 본서에서 언급하는 '정치'는 국가에 관여하는 정치를 뜻합니다. 그리고 'A박사의 문제제기'라는 표기가 없을 질문들은 제2판을 출간하면서 저자가 첨가한 것들입니다.〉

# I. 문제제기

## 1. 정치 발언하는 목사는 비정상인가

교회사를 되돌아보면, 어느 나라나 교회성장이 어느 정도 올라갔을 때는 교인수면에서 보수 기독교인이 다수이고, 진보는 매우 소수다. 그런데도 국가 정책에는 진보측 교인들의 의견이 전체 의견인 것처럼 반영되는 경우가 많다(한국의 예: 동성애 문제나 학생인권조례 및 북한 통일문제 등). 그 결과 나라가 위기를 당하는 경우가 많다.

왜 보수 목사들은 국가의 정치에 나서지 않나? 전통적으로 정치하는 목사를 타락한 것처럼 여기기 때문이다. 오직 기도와 말씀에만 전념하는 목사를 거룩한 목사로 여기기 때문이다. 저자는 왜 이것이 틀렸는지를 유대인의 쉐마교육학적인 관점에서 정치신학을 논하고자 한다. 물론 본서에서는 기존의 정교 분리의 논쟁이나 다른 신학자들의 주장은 거론하지 않는다.

## 2. 일러두기: 정치 주제가 쉐마교육의 영역에 포함되는 이유

저자는 정치신학적인 입장에서 성경적으로 기독교인과 이념의 관계, 기독교인과 정치의 관계, 그리고 복음과 기독교인의 정치의 관계가 바르게 정립되지 않아 오늘의 혼돈이 일어났다고 본다.

때문에 동일한 예수님을 믿는 교회 안에서도 우파와 좌파가 서로 옳다고 우기고 있다. 그 이유는 교회에서 목사가 '복음'의 목적과 '정치'의 목적을 모르기 때문이다. '복음'의 목적은 영혼을 구원하기 위함이고, '정치'의 목적은 자신이 속한 공동체를 통치하기 위함이다.

따라서 정치신학은 구원에 필요한 복음(혹은 구원론)에 속한 것이 아니고, 구원받은 하나님의 백성을 성경적으로 바르게 교육 시키는 선민교육, 즉 유대인의 쉐마교육에 속한 주제다.

쉐마교육이란 무엇인가? 저자가 주관하는 쉐마목회자클리닉에서 누누이 강조한 것이 '복음'과 '쉐마교육(선민교육)'은 다르다는 것이다. 복음은 구원을 받는 데 필요한 것이고, 쉐마는 구약성경 전체를 통해 하나님께서 말씀하시는 구원받은 백성이 어떻게 하나님의 형상을 닮아 가느냐 하는, 즉 구약의 선민교육이다.

전자는 조직신학의 구원론에 해당되고, 후자는 실천신학의 기독교교육학에 해당된다. 물론 국가관이나 정치신학도 구원론이 아닌 유대인의 쉐마교육에 포함된다. 따라서 기독교인이 유대인 교육을 구원론적 입장에서만 보지 말고 선민교육(쉐마교육)학적 입장에서 보아야 저자의 논리를 이해할 수 있다.

〈또한 구원론적 입장에서 유대인과 기독교인과의 차이점에 대해서는 저자의 저서 *교회교육의 실패 왜 유대인 교육이 답인가*(현용수, 쉐마, 2020), 제1권 제3장 II. 질문 2: '유대교와 기독교의 구원과 성화는 어떻게 다른가?' 참조〉

## II. 좌파 A박사의 문제제기와 현용수의 반론

### 1. A박사의 문제제기 1-2에 대한 반론

#### A박사의 문제제기

다음은 A박사님이 저의 글을 반박하신 댓글입니다.

> "예수님은 정치적 논쟁에 결코 휘말리지 않으셨습니다. 오늘날 교회가 과거 이념 프레임에 갇혀 서로를 판단하고 비판하는 모습을 예수님은 어떻게 생각하실까요? 성경에 근거하여 현 시국을 바라보았으면 합니다."

그리고 A박사님은 결론을 이렇게 맺었습니다.

"기독교는 보수도 진보도 아닙니다. 이념적 잣대를 앞세우면 기독교의 본질인 복음이 훼손될 수 있습니다. 기독교가 추구하는 것은 오직 예수, 오직 복음, 오직 은혜입니다."

### 현용수의 반론

### Q1. 이념적 잣대를 앞세우면 기독교의 본질인 예수님의 복음이 훼손될 수 있나

아닙니다. 많은 분들이 A박사님과 같은, 기독교인은 이념을 주제로 정치적인 논쟁을 하지 말아야 한다는 성경해석에 동의하고 있습니다. 역사적으로 대부분 그렇게 배웠으니까요. 그러나 이러한 주장이 너무나 위험한 주장이라는 역사적인 사실을 한 가지 말씀드리겠습니다.

### Q1-1. 독일 히틀러의 이념에 잠잠했던 독일교회의 비참했던 최후를 잊었나

과거 독일의 아돌프 히틀러(1889년 4월 20일-1945년 4월 30일)가 통치했던 나치의 독재정부 시절, 독일 기독교인들도 이런 성경 해석 때문에 악에 대항하지 않고 잠잠했었습니다. 그 당시만 해도 독일에는 보수 기독교인들이 아직 많이 남아있었을 때였습니다.

악인 히틀러(좌)에 저항했던 본 회퍼(우). 그러나 성경을 잘 못 해석한 보수 기독교인의 호응이 없어 그는 형장의 이슬로 처형당했다. 현재 한국 교회도 A박사처럼 성경을 잘못 해석하면 북한에 당할 수도 있다.

그런데 그 보수 기독교인들이 잠잠했던 결과 독일과 그 주변국들에게 상상을 초월한 재앙을 맞게 했습니다. 물론 일부 본회퍼(Dietrich Bonhoeffer, 1906-1945, 루터교 목사)같은 소수들이 뒤늦게 정치적 의견을 표명하였으나 전혀 받아들여지지 않았습니다.

한국교회도 이런 잘못된 주장에 현혹되면 독일인이 당했던 큰 재앙을 면치 못할 것을 생각하니 가슴이 서늘해집니다.

이렇게 된 근본 원인은 무엇입니까? 국가가 잘못된 이념 논쟁에 사로잡혔을 때 교회가 그것을 정치적으로 반박할 성경적 그리고 신학적인 근거를 찾지 못했기 때문입니다.

전통적으로 목사나 교회의 정치 참여는 바람직하지 않은 것으로 가르쳐 왔습니다. 이것은 기독교인의 정치 참여와는 구별됩니다. 그 성경의 기준은 이것입니다.

> 각 사람은 위에 있는 권세들에게 복종하라. 권세는 하나님으로부터 나지 않음이 없나니, 모든 권세는 다 하나님께서 정하신 바라. 그러므로 권세를 거스르는 자는 하나님의 명을 거스름이니, 거스르는 자들은 심판을 자취하리라. (롬 13:1-2)
>
> 인간의 모든 제도를 주를 위하여 순종하되…. (벧전 2:13)

〈저자 주: 다음에 이 말씀에 관한 것도 논함〉

현재 한국교회는 과거 독일교회처럼 이 목사가 이렇게 말하면 그것이 맞는 것 같고, 저 목사가 그것을 반박하면 그것이 맞는 것 같고, 아예 정치에 입을 다물자고 하면 그것도 맞는 것 같이 여깁니다. 따라서 교계가 사분오열로 갈라져 있습니다. 대한민국이라는 국가는 점차 빠르게 북한의 공산주의(사회주의)에 정복을 당하고 있는데 정말 답답합니다.

대한민국 정부의 잘못된 이념에 대항하는 목사들의 항변은 기껏해야 몇몇 사례들(cases)을 거론합니다. 미국의 어느 목사가 그 도시의 시장을 했다느니, 종교개혁자 누가 어느 도시의 시장을 했다느니 등등입니다.

제가 알기에는 기독교 역사 2000년이 지난 이후 아직까지도 왜 목사나 교회가 정치에 참여해야하는지 그 이유를 시원하게 밝힌 적이 없는 것으로 알고 있습니다.

따라서 저자는 한국교회가 과거 독일 보수 기독교인이 나치에 속았던 악몽의 역사를 되풀이하지 않게 하기 위하여 유대인을 모델로 한 바른 성경적인 바른 국가관과 정치신학을 정리하고자 합니다. 이 길만이 우파가 종북좌파에게 속지 않고 그들을 이겨 대한민국과 교회를 지킬 수 있기 때문입니다.

이를 위해 "구원론과 국가관의 차이", "목사와 교회는 왜 국가와 교회를 지키기 위해 이념 논쟁을 해야 하는가?" "왜 목사와 교회는 국가의 위기에 정치 참여를 해야 하는가?" 등 갈등이 있는 주제들을 문답식으로 정리하고자 합니다.

이것은 종북좌파가 주장하는 신학적인 논리가 얼마나 무식한 허구인지, 그리고 우파 목사나 교회가 종북좌파 정권에 맞서는 정치에 참여하는 것이 왜 맞는지를 성경을 근거로 정확하게 밝히는 겁니다. 그래야 종북좌파들과 그들을 따르는 목사들을 잠재우고, 그들을 우파로 돌릴 수 있습니다.

따라서 이 토론을 끝으로 소비적인 논쟁에 종지부를 찍고, 모든 기독교인이 국가와 교회를 지키기 위해 힘을 합칠 수 있기를 소원합니다.

**목사나 교회는 왜 정치에 참여해야 하나?**

**알고 갑시다**

## 유대인 하나가 고통을 당하면 모든 유대인이 아프다

"만일 몸은 하나인데 머리가 둘 있는 아이가 태어났다면 그 아이는 한 사람인가 두 사람인가?"

탈무드에 나오는 질문이다.
랍비는 이렇게 답한다.

"뜨거운 물을 한쪽 머리에 닿게 할 때 두 머리가 모두 비명을 지르면 한 사람이고, 뜨거운 물 닿은 머리만 소리를 지르면 두 사람이다."

"유대인 하나가 고통을 당하면 모든 유대인이 아프다"를 설명하는 예화다. 〈출처: 현용수, 돈은 *이렇게 벌고 이렇게 써라* (유대인의 경제신학) 중에서〉

남북한 두 형제 중 북한의 수많은 동포들이 그토록 고통을 당하는데 그 고통을 느끼고 그 고통을 중지시키려는 노력을 해야 하는데, 오히려 그 고통을 더 오래 지속시키려고 그 정부를 지원하려는 이들은 대한민국 사람이 맞는가?
이에 더하여 남한 동포들도 북한 동포들처럼 고통을 당하게 하기 위하여 적화통일을 추진하는 세력은 대한민국 대통령이 맞는가?

아, 이를 어찌할꼬!

## Q1-2. 복음은 왜 이념의 잣대를 앞세워도 훼손 받지 않고 그것을 초월하나

A박사님은 저를 이렇게 반박했습니다.

"기독교는 보수도 진보도 아닙니다. 이념적 잣대를 앞세우면 기독교의 본질인 복음이 훼손될 수 있습니다. 기독교가 추구하는 것은 오직 예수, 오직 복음, 오직 은혜입니다."

이 논리는 종북좌파들이 흔히 보수에게 제시하는 교회관입니다. 기독교는 보수와 진보를 나눌 수 없다는 것입니다. 복음 안에서 '하나'이기 때문이랍니다. 만약 교회가 이념적 잣대를 앞세우면 기독교의 본질인 복음이 훼손될 수 있다는 겁니다. 그리고 "기독교가 추구하는 것은 오직 예수, 오직 복음, 오직 은혜입니다."라는 겁니다.

그래서 교회 안에서는 목사나 교인들이 이념 논쟁이라는 정치발언을 삼가라고 합니다. 얼마나 그럴듯합니까? 왜 이 말이 틀렸는지를 밝히겠습니다.

우선 '이념'(理念)에 대한 정의부터 살펴보겠습니다. '이념'은 "한 시대나 사회, 또는 계급에 독특하게 나타나는 관념, 믿음, 또는 주의 따위를 통틀어 이르는 말"(다음 백과)입니다.

한 개인이 가진 이념에 따라 복음이 훼손될까요? 아닙니다. 우선 복음이 무엇입니까? 예수님이 세상에 오심 자체가 '복음'입니다. 누구든지 예수님을 믿으면 영생(구원)을 받습니다(요 3:16). 여기에서 '누구든지'는 개인 구원을 말합니다. 유대인이든 헬라인이든, 진보든 보수든, 자유주의자이든 공산주의지이든, 혹은 살인자나 동성애자까지도 누구든지 예수님을 믿으면 구원을 받습니다.

실례로 탈북자들 가운데에도 뼛속까지 김일성, 김정일, 김정은 3부자를 신(神)처럼 추종하고 공산주의자였던 빨간 분들이 예수님을 믿은 후 북한의 3부자에 속았다는 분들이 많이 있습니다. 북한의 3부자는 신(神)이 아니라는 것이지요.

뿐만 아니라 바울은 예수님을 믿기 이전에는 극렬한 유대주의(Judaism)이념에 심취했던 자였습니다. 그래서 그 이념으로 그리스도인을 엄청나게 핍박했습니다. 그러나 기세등등했던 그도 복음의 빛 앞에서 예수님에게 무릎을 꿇었습니다.

이것은 무엇을 뜻합니까? 구원의 조건은 이념의 잣대가 아니라 한 개인이 죄인임을 시인하느냐, 안 하느냐입니다. 그리고 예수님을 주님으로 믿느냐 안 믿느냐입니다. 그래서 예수님의 사역은 이 땅에 오셔서 개인 구원에 초점을 맞추셨습니다. 사마리아의 우물가 여인을 전도하시는 데 한 나절을 보내셨습니다(요 4:1~26).

> "사람이 거듭나지 아니하면 하나님 나라를 볼 수 없느니라."(요 3:3).

즉 구원론적 입장에서 복음은 개인의 이념과 전혀 상관이 없습니다. 복음 앞에서는 남한의 자유민주주의 사람이든 북한의 공산주의자이든 모두 죄인이기 때문입니다. 전혀 상관이 없는데 어떻게 정치적 이념을 거론한다고 해서 복음이 훼손될 수 있습니까?

따라서 A박사님이 말한 "이념적 잣대를 앞세우면 기독교의 본질인 복음이 훼손될 수 있습니다. 기독교가 추구하는 것은 오직 예수, 오직 복음, 그리고 오직 은혜입니다."라는 말은 그럴듯하지만 잘못된 주장입니다.

〈저자 주: 이 주제는 제2부 제1장 I. 3. A. '실제로 복음주의 교회에 좌파가 있는가(좌파가 복음을 믿으면 우파가 되는가)'에서 더 자세히 설명합니다.〉

복음은 개인의 이념과 전혀 상관이 없고,
구원의 조건은 이념의 잣대가 아니라
한 개인이 죄인임을 시인하느냐, 안 하느냐 입니다.

## 2. 국가관과 정치는 왜 구약의 이스라엘을 모델로 해야 하나
### <삼위일체론에 근거한 정치신학>

기독교인이 바른 정치를 하기 위하여 성경적인 국가관과 민족관, 그리고 정치관을 갖는 것은 매우 중요합니다. 많은 이들이 예수님의 말씀 중에서 이에 대한 답을 찾으려고 하는데, 그것은 잘못된 시도입니다.

이제 "왜 국가관과 정치는 성자 하나님이신 예수님의 영역이 아닌가?", 그리고 "왜 국가관과 정치는 성부 하나님이 통치하시는 구약의 이스라엘을 모델로 해서 찾아야 하나?"에 대한 답을 삼위일체론에 근거하여 설명하겠습니다.

### Q1. 삼위일체론에서 국가관과 정치는 왜 성자 예수님의 영역이 아니고 성부 하나님의 영역인가

#### Q1-1. 성부 하나님, 성자 하나님 그리고 성령 하나님의 기능적 역할 분담

"왜 국가관과 정치는 성자 예수님의 영역이 아닌가?"에 대한 답변을 삼위일체론에서 찾아보겠습니다.

우선 삼위일체에 관해 간단히 설명하겠습니다. 삼위일체란 성부(聖父) 하나님, 성자(聖子) 하나님 그리고 성령(聖靈) 하나님의 세 위격(位格)이 하나의 실체(實體)인 하나님 안에 존재한다는 교의신학(敎義神學)입니다. 하나님은 본질(substance, essence or nature)에서 한 분이시며 위격에서는 세 분으로 영원히 함께 존재하신다(three coeternal and consubstantial persons)는 뜻입니다.

유대인은 삼위일체를 믿는가? 아닙니다. 왜 안 믿는가? 구약성경에는 유일신 성부 하나님에 관해서만 언급되었기 때문입니다(신 6:4-5). 삼위 하나님 중 성자 하나님이신 예수님(4복음서)이나 성령 하나님(행 2장)은 신약시대에 와서 구체적으로 나타나셨기 때문입니다. 〈물론 구약성경에도 삼위를 암시하는 말씀들이 여럿 있지만 여기에서는 생략함〉

삼위일체의 구체적인 근거는 예수님이 제자들에게 신약의 지상명령을 지시하셨을 때 나타납니다.

> 그러므로 너희는 가서, 모든 민족을 제자로 삼아서, 아버지와 아들과 성령의 이름으로 침례(세례)를 주고, 내가 너희에게 명한 모든 것을 그들에게 가르쳐 지키게 하여라. 보아라, 내가 세상 끝날까지 항상 너희와 함께 있을 것이다. (마 28:19-20)

이 말씀은 제자들이 모든 민족에게 복음을 전하여 그들이 예수님을 구주로 믿을 경우 세례를 주어야 하는데, 삼위(Trinity) 하나님의 이름(아버지와 아들과 성령)으로 세례를 주라는 것입니다. 따라서 교회에서 새 신자에게 세례를 줄 때에 삼위의 이름으로 줍니다.

그리고 예배를 마치기 전 마지막으로 축도를 할 때도 삼위의 이름으로 합니다. 이것은 사도 바울이 고린도 후서 마지막에 쓴 말씀을 근거로 합니다.

주 예수 그리스도의 은혜와 하나님의 사랑과 성령의 교통하
심이 너희 무리와 함께 있을지어다. (고후 13:13)

여기에서 중요한 것은 세 분의 위격은 각자 관여하시는 역할이 서로 다르다는 것입니다.

성부 하나님은 천지를 창조하시고 종말까지 세세토록 역사를 주관하시는 분이십니다. 개인의 생사화복(삼상 2:7)은 물론 국가와 국가의 흥망성쇠의 역사를 주관하시는 분이십니다(창 1장; 삼상 2:6-10). 아브라함을 선택하시고 그의 후손 유대인을 모아 신본주의 국가인 이스라엘을 건국하신 분도 성부 하나님이십니다. 이스라엘의 왕을 세우기도 하시고 폐하기도 하십니다(단 2:21; 행 12:31).

성자 하나님은 하나님의 독생자로 인류를 구원하러 오셔서 십자가에 돌아가셨다가 3일만에 부활하신 분이십니다(눅 24:46). 유대인이나 이방인이나 구원은 오직 예수님을 통해서만 받을 수 있습니다(행 4:12). 따라서 예수님의 영역은 조직신학에서 대부분 천국 복음과 관련된 구원론과 기독론에 속합니다.

그리고 성령 하나님은 예수님이 돌아가신 이후 다른 형태, 즉 파워(권능)가 충만한 보혜사로 오신 하나님이십니다(요 14:16, 26; 15:26; 16:7; 행 1:8). 성령 하나님은 주로 우리에게 예수님을 믿게 하고 그분에 대하여 증거하십니다.

"내가 아버지께로서 너희에게 보낼 보혜사, 곧 아버지께로서 나오시는 진리의 성령이 오실 때에 그가 나를 증거하실

것이요." (요 15:26)

그리고 성령 하나님은 기독교인이 기도를 할 때 영으로 도와 주시고 삶 전반을 도와주십니다.

이와 같이 성령도 우리 연약함을 도우시나니 우리가 마땅히 빌 바를 알지 못하나 오직 성령이 말할 수 없는 탄식으로 우리를 위하여 친히 간구하시느니라. (롬 8:26)

## 삼위일체 도표

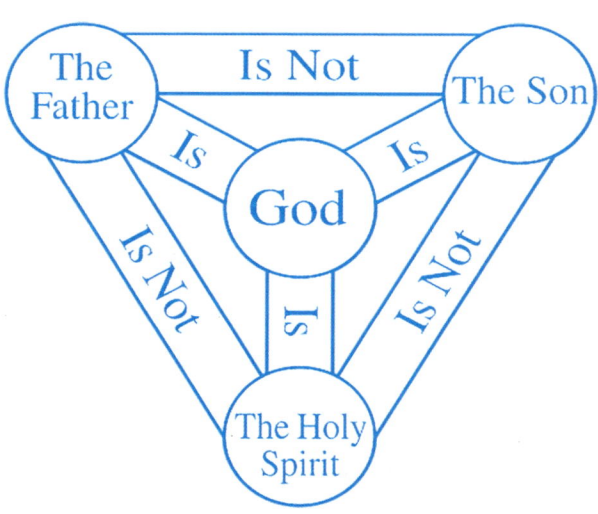

〈도표 설명: 성부 하나님은 성자 하나님 및 성령 하나님과 다르다. 성자 하나님은 성부 하나님 및 성령 하나님과 다르다. 성령 하나님은 성자 하나님 및 성부 하나님과 다르다. 그러나 삼위의 본질은 한 하나님이시다. 위 그림은 삼위 하나님의 각각 다른 기능을 설명함〉

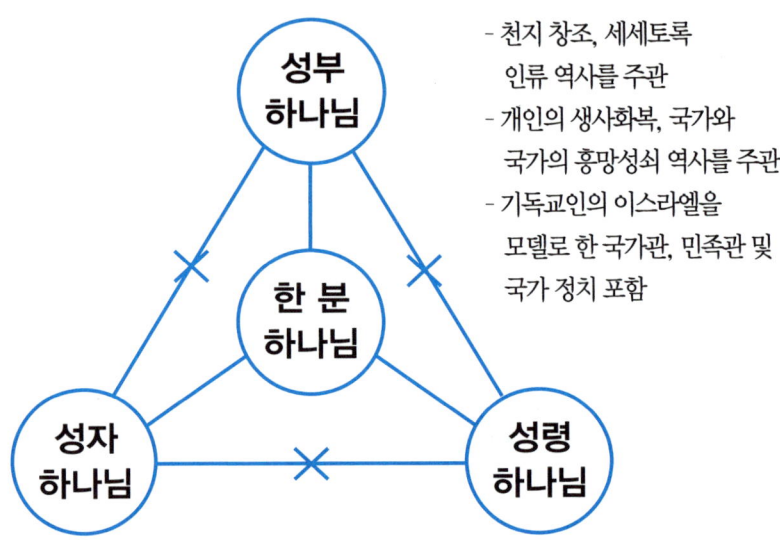

 이렇게 성부 하나님, 성자 하나님 그리고 성령 하나님의 관여하시는 역할은 각각 다르지만 세 위격(位格)은 하나의 실체인 하나님 안에 존재합니다(도표 참조).

## Q1-2. 한 죄인이 구원을 받아 성부 하나님의 자녀가 되는 과정

삼위일체를 설명하기 위해서는 한 죄인이 어떻게 구원을 받고 하나님의 백성이 되는지, 그리고 하나님의 백성은 누구의 통치를 받아야 하는지, 그 과정을 살펴보아야 합니다.

한 죄인은 성령 하나님의 도움을 받아 자신의 죄를 회개하고 성자 하나님이신 예수님, 즉 복음을 믿고 받아들이면 구원을 받습니다. 그는 그 후 누구의 백성이 됩니까? 하나님의 백성, 즉 하나님의 자녀가 됩니다(엡 1:13; 요일 4:13). 신분이 사탄의 자녀에서 성부 하나님의 자녀로 변합니다.

> "너희는 다시 무서워하는 종의 영을 받지 아니하였고 양자의 영을 받았으므로 [성부 하나님을] 아바 아버지라 부르짖느니라." (롬 8:15)

> "너희가 아들인 고로 하나님이 그 아들의 영을 우리 마음 가운데 보내사 [성부 하나님을] 아바 아버지라 부르게 하셨느니라." (갈 4:6)

그래서 기독교인은 성자 예수님을 '아버지'라고 부르지 않고, 성부 하나님을 '아버지', 즉 하나님을 '아바 아버지'라고 부릅니다. 그리고 예수님의 자녀라고 하지 않고, 하나님의 자녀라고 합니다(롬 1:7, 8:15-16; 갈 4:6).

그럴지라도 우리가 기도를 드릴 때에는 성부 하나님의 이름으로 기도하지 않고, 성자 하나님이신 예수님의 이름으로 기도해야 합니다. 그 이유는 우리가 오직 예수님의 보혈을 통하여 1) 구원을 받았고(히 9:12-

14, 10:19-20), 2) 전능하신 성부 하나님을 알았고(요 14:20), 그리고 3) 성부 하나님의 자녀가 되었기(갈 4:6) 때문입니다.

예수님(성자 하나님)의 이름으로 기도할 때 성령님(성령 하나님)의 파워가 역사하십니다. 즉 환자를 위해, 혹은 귀신들린 자를 위해 기도할 때에 성자이신 예수님의 이름으로 기도합니다. 성부 하나님의 이름으로 기도하지 않습니다. 병마나 귀신에게 예수님의 이름으로 명령해야 그들이 무서워 도망을 갑니다. 그때에 성령님(성령 하나님)의 파워가 역사하시기 때문입니다.

이것은 무엇을 뜻합니까? 성부 하나님을 만나기 위해서는 반드시 유대인이나 이방인이나 모두 오직 성자 하나님이신 예수님을 통해야 한다는 겁니다(행 4:12; 갈 2:16). 예수님은 이렇게 말씀하셨습니다.

> 예수께서 가라사대 내가 곧 길이요 진리요 생명이니, 나로 말미암지 않고는 아버지께로 올 자가 없느니라. (요 14:6)

왜냐하면 성자 예수님은 성부 하나님과 우리 사이의 중보자이시기 때문입니다.

> 하나님은 한 분이시요. 또 하나님과 사람 사이에 중보자도 한 분이시니 곧 사람이신 그리스도 예수라. (딤전 2:5)

따라서 우리가 성부 하나님에게 상달되는 기도를 드리기 위해서는 반드시 성자 하나님이신 '예수님의 이름'으로 기도를 드려야 합니다.

〈저자 주: 신약시대의 대부분 유대인은 구약의 성부 하나님만 믿고 성자 하나님(예수님)이나 성령 하나님을 믿지 않기 때문에 구원을 받지 못합니다.〉

이렇게 성부, 성자, 성령 삼위 하나님은 맡은 사역은 각각 다르지만 본질(essence)은 하나이시다. 따라서 이를 삼위일체라고 한다.

## Q1-3. 왜 기독교인의 국가관과 정치 모델은 이스라엘의 유대인인가

앞에서 한 죄인이 예수님을 믿으면 성부 하나님의 백성이 된다고 했습니다. 하나님의 자녀는 누구의 통치를 받아야 합니까? 하나님 나라를 통치하시는 성부 하나님의 통치를 받아야 합니다. 성부 하나님은 태초부터 종말까지 그리고 영원히 인류의 역사를 창조하시고 주관하시는 분입니다. 인간의 생사화복을 주관하시고 국가와 국가의 흥망성쇠를 주관하시는 분입니다.

이것은 무엇을 뜻합니까? 국가관, 민족관 및 정치에 관한 주제는 성자 하나님이신 예수님이나 성령 하나님이 관여하시는 영역이 아니고, 성부 하나님이 관여하시는 영역에 속했다는 점입니다. 즉 조직신학적으로 기독론이나 성령론의 영역이 아니고 신론(神論)의 영역에 속한 것입니다.

그렇다면 실제 이 세상에 본받을만한 성부 하나님이 통치하시는 모델 국가는 어느 나라입니까? 구약시대의 이스라엘입니다. 왜 이스라엘입니까? 이스라엘은 성부 하나님이 직접 세우신 지상에 유일한 신본주의 국가입니다. 사람이 세운 국가가 아닙니다.

성부 하나님이 타락한 인류를 구원하시기 위해 하신, 가장 큰, 첫 번째 업적이 무엇인지 압니까? 이 땅에 하나님 나라, 즉 이스라엘을 건국하신 겁니다.

〈저자 주: 두 번째 큰 업적은 구원자이신 성자 하나님(예수님)을 보내신 겁니다.〉

이스라엘의 국민은 하나님께서 택하신 아브라함의 후손인 유대인입니다. 영토는 하나님이 유대인에게 주신 가나안입니다. 주권은 하나님에게 있습니다. 초대 사울 왕 이전에는 하나님께서 직접 통치하셨고(Theocracy), 사울 왕 이후 왕정시대에는 하나님께서 왕을 직접 임명하셨습니다. 이스라엘의 백성인 유대인이 지켜야 할 법령들은 하나님이 시내산에서 모세를 통해 주신 율법들입니다.

이 나라가 신약시대에 성자 하나님이신 예수님을 통하여 구원받은 성부 하나님의 백성들, 즉 기독교인들이 본받아야 할 성경적인 국가관이나 민족관 그리고 정치관의 모델입니다. 때문에 유대인의 쉐마교육은 신약시대에 기독교교육에만 적용되는 것이 아니라, 기독교인의 국가관이나 민족관 그리고 정치관에도 적용되어야 합니다. 이것이 기독교인에게 유대인을 모델로 한 쉐마교육이 필요한 이유입니다.

따라서 성자 하나님 예수님을 믿어 구원받은 하나님의 백성들은 구약시대 이스라엘의 다윗이나 예레미야, 다니엘이나 에스라 그리고 에스더와 같은 국가관이나 민족관 그리고 정치관을 가져야 합니다. 그리고 나라가 위기에 처했을 때 그들처럼 나라를 구원하기 위한 거룩한 분노를 가져야 합니다. 〈왜 선지자는 거룩한 분노를 가져야 하는지에 관해서는 차후 설명함〉

요약하면 성자 하나님이신 예수님을 믿고 구원받은 기독교인은 성부 하나님의 자녀가 됩니다. 그리고 하나님 나라의 통치를 받습니다. 지상에서 하나님 나라의 모델은 구약의 이스라엘입니다. 따라서 국가관이나 국가의 정치관도 신본주의 국가인 이스라엘이란 국가를 모델로 삼아야 합니다.

따라서 신약의 교회에서도 교인들과 자녀들에게 성경만 가르치면 안 됩니다. 이스라엘이 자기 국민이나 자녀들에게 성경뿐만 아니라 자기 나라의 국가관과 이념을 가르치는 것처럼, 한국교회도 성경과 함께 이승만 대통령의 건국이념에 기초한 대한민국의 국가관도 가르쳐야 합니다.

특별히 한국교회는 이스라엘의 국가관과 정치 모델을 더 잘 따라야 합니다. 왜냐하면 물론 상대적이기는 하지만 이스라엘을 하나님이 신본주의 국가로 세우셨던 것처럼, 대한민국도 하나님의 사람 이승만이 기독교 입국론에 근거해 신본주의 국가(김재동, *이승만을 알면 대한민국이 보인다*, 복의 근원, 2018)로 세우셨기 때문입니다.

그래서 한국교회가 목회자나 이방 선교사들만 배출할 것이 아니라, 나라를 지키기 위한 이스라엘의 다윗이나 예레미야나, 다니엘이나 에스라 그리고 에스더와 같은 애국자들을 많이 배출해야 합니다.

〈저자 주: "왜 보수 기독교인은 유대인보다 애국심이 더 약한가?"이 질문에 대한 답은 제2부 제1장 II. 1. A. '문제제기: 왜 보수 기독교인은 진보 기독교인보다 애국심이 약한가' 참조〉

〈교회에 적용〉

현재 한국교회에는 좌파들이 너무나 많아 걱정입니다. 어른들보다 나이가 더 어릴수록 더 많습니다. 한국의 존경받는 대형교회 J목사님이 저자의 쉐마지도자클리닉 강의를 들은 적이 있습니다. 그분은 스스로 한국에서 모범적인 복음적 교회를 키웠다고 자부했습니다. 실제로 그 교회는 구원의 방주 역할을 크게 했습니다.

그러나 그 교회도 다른 대형교회들처럼 좌파 목회자들이나 좌파 교인들이 많다고 들었습니다. 저는 강의를 마친 후에 이렇게 질문했습니다.

"목사님, 그동안 복음적인 교회를 만드시는 데는 성공하셨지만 교인들과 자녀들에게 대한민국 국가관이나 이념 교육은 시키지를 않아 국가관이나 이념교육에는 실패하지 않았습니까?"

그분은 이렇게 말씀하셨습니다.

"이 강의를 40년 전에 들었어야 하는데, 너무 늦었어…"

매우 솔직한 답변을 하셨습니다. 역시 그분은 인격적인 어른이었습니다. 여러분 교회는 어떠합니까?

## Q2. 왜 모든 주제에 "예수님이라면 어떻게 말씀하실까?"가 적용되지 않나

많은 이들이 어떤 이슈가 등장하면 "예수님이라면 어떻게 말씀하실까?"라고 하며 신약성경의 4복음서에서 그분의 답을 찾으려고 합니다. 이 방법이 통할 때도 있고, 그렇지 못할 때도 있습니다. 그렇지 못할 때를 예로 들어보겠습니다.

**첫째**, 예수님의 말씀 중에서 자녀교육에 관한 말씀을 찾으려면 매우 힘이 듭니다. 왜냐하면 예수님은 천국 복음 이외에 자녀교육에 관한 주제는 말씀하시지 않았기 때문입니다. 그래서 이 말씀 이외에는 찾아보기 힘듭니다.

> "예수께서 보시고 분히 여겨 이르시되 어린아이들이 내게 오는 것을 용납하고 금하지 말라. 하나님의 나라가 이런 자의 것이니라." (막 10:14)

본문도 예수님께서 원래 어린이에 대한 주제로 계획하셨던 말씀이 아니고, 군중 속에서 우연히 어린이들이 예수님께 다가갔을 때 제자들이 그들을 막으니까 하셨던 말씀입니다(막 10:13). 물론 이 말씀도 '하나님의 나라'와 관련해서 말씀하셨습니다.

그래서 목사들이 수십 년 동안 가정의 달 어린이 주일 설교에 이 말씀을 반복해서 본문으로 정하는 경우가 많습니다. 바울 서신들에도 자녀교육에 관해서는 구체적인 원리들이 거의 없고, 구약에 기초한 단편적인 교훈들뿐입니다.

더군다나 신약의 중심인물인 예수님이나 바울은 결혼을 하지 않으셨기 때문에 아내와 자녀들이 없었습니다. 이것은 무엇을 뜻합니까? 그분들의 삶은 천국 복음 전파에는 모델이 될 수 있지만, 가정의 모델은 될 수가 없다는 것을 뜻합니다. 그분들의 삶을 본받자면 싱글로 살아야 합니다.

이것은 신약시대 감독(목사)의 가장 중요한 세 가지 자격, 즉 1)한 아내의 남편이 되어야 하고, 2)가정을 잘 다스려야 하고(딤전 3:1-5), 3) "방탕하다 하는 비방이나 불순종하는 일이 없는 믿는 자녀를 둔 자"(딛 1:6)여야 한다는 조건에 위배되는 것입니다.

이것이 그분들의 삶(신약성경)에서 구체적인 가정신학의 근거를 찾기가 힘든 이유입니다. 물론 두 분이 결혼이나 자녀에 관하여 구약의 율법을 해석하신 것은 있지만, 유대인의 쉐마교육에 비하면 상대적으로 매우 빈곤하다는 겁니다.

왜냐하면 신약시대의 중심주제는 인류 구원을 위한 '복음', 즉 구원론이지, 선민교육인 '쉐마'가 아니기 때문입니다. 예수님이나 바울 및 다른 유대인 사도들 모두 자녀교육은 성부 하나님께서 선택하신 유대인을 통치하시고 양육하셨던 구약시대의 쉐마교육에 있었다는 것을 너무나도 잘 아셨기 때문에 그분들은 더 이상 신약성경에 이를 반복해서 말씀하실 필요가 없었을 겁니다.

### Q3. 왜 국가관과 정치는 예수님을 모델로 하면 안 되나

#### Q3-1. 세례요한과 예수님의 정치 참여 차이

두 번째 예로 왜 국가관이나 민족관 및 국가 정치에는 예수님을 모델로 따르면 안 되는지 설명하겠습니다.

일단 성자 하나님이신 예수님과 세례요한의 사명과 정치 참여의 차이를 대조해 보겠습니다. 예수님은 성자 하나님이십니다. 그분이 성육신(요 1:14)하셔서 이 땅에 오신 목적은 모든 인류를 구원하시기 위함입니다. [예수님 이외에] "다른 이로서는 구원을 얻을 수 없나니 천하 인간에 구

원을 얻을 만한 다른 이름을 우리에게 주신 일이 없습니다."(행 4:12)

따라서 예수님이 돌아가실 때 성부 하나님께서 그분을 이 땅에 보내신 목적, 즉 인류 구원을 위해 십자가를 지신 사명을 다 완수하셨을 때 "다 이루었다"(요 19:30)고 말씀하셨습니다. 세례 요한의 사명도 예수님의 복음 사역을 예비하기 위함이었습니다(마 3:3).

여기에서 주목해야 할 것은 세례 요한이나 예수님이 오신 목적은 죄에 빠진 인류를 구원하시기 위함이지, 세상을 뒤엎어 로마로부터 이스라엘을 해방시키려고 오신 것이 아니라는 점입니다.

그런데 세례요한은 젊은 나이에 갑자기 죽었습니다. 그 이유가 무엇입니까? 그는 예수님만 잘 소개했으면 살았을 텐데 권력자의 정치 이야기, 즉 헤롯왕의 도덕적 결함을 지적했기 때문입니다. 세례 요한은 형제의 아내를 취한 유대 왕 헤롯의 잘못을 지적했기 때문에 죽었습니다(막 6:17-6:29).

그러나 예수님은 평생 동안 천국 복음을 전하신 것 이외에 세상 정치 이야기, 즉 이스라엘을 정복했던 로마 권력을 향해 한 번도 비판하신 적이 없습니다. 왜 그랬을까요? 성부 하나님이 성자 하나님이신 예수님에게 주신 사명은 오직 인류를 구원하실 천국 복음 전파임을 너무나 잘 아셨기 때문입니다(마 9:35).

그래서 예수님은 로마 권력에 대한 비판만 삼가신 것이 아니고, 이 땅에 사시는 동안 유대인이 가져야 할 이스라엘의 국가관이나 국가 정치에 관한 어떤 교훈도 남기지 않으셨습니다.

그것은 그분이 관여할 영역이 아니라 성부 하나님의 영역이라는 것을 너무도 잘 아셨기 때문입니다. 그리고 그것은 이미 구약에 이스라엘이라는 나라의 역사에 모두 기록되었다는 것을 너무나 잘 아셨기 때문입니다.

물론 유대교 종교지도자들을 비판하셨는데, 그것은 그들의 잘못을 지적하여 천국 복음을 확실히 전하기 위함이었습니다.

만약 예수님이 복음 이외에 로마의 세상 정치에 관여를 하셨다면 그분은 하나님이 정하신 때 이전에, 즉 인류 구원에 대한 성취 이전에 세례요한처럼 일찍 돌아가셨을 겁니다. 만약 예수님이 그렇게 하셨다면 하나님의 구속의 역사에 큰 차질이 났을 겁니다.

그렇다면 세례요한은 왜 헤롯의 잘못을 지적, 즉 정치 문제를 거론했을까요? 그것은 하나님이 자신에게 주신 "주의 길을 예비하라"(마 3:3), 즉 오실 메시아 예수님(복음)의 길을 예비하라는 사명을 일시적으로 망각했기 때문입니다.

당시 세례요한이 외쳐야 할 "회개하라"(마 3:2)는 중심 메시지의 대상은 메시아를 기다리는 동족인 유대인이지 이방인, 더구나 로마의 권력자가 아니었습니다. 그런데도 그가 헤롯왕의 잘못을 지적한 것은 정치 권력에 대한 도전이었습니다. 그것은 하나님의 뜻을 거역한 겁니다. 그 결과는 그의 죽음으로 나타났습니다.

〈저자 주: 어떤 이는 구약의 나단 선지자도 다윗 왕의 죄를 지적했는데, 왜 세례 요한이 로마 헤롯 왕의 죄를 지적하면 안 되느냐고 반문합니다. 그 이유는 Q4. "요약: 왜 국가 정치에서 '예수파'는 '성부 하나님파'가 되어야 하나?"의 저자 주에서 설명합니다.〉

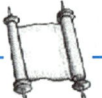

세례 요한은 정치발언을 했다.
그러나 예수님은 한 번도 하시지 않았다.
이유는?

### Q3-2. 왜 예수님은 바리새인의 정치적 질문을 피하셨는가

앞에서 세례 요한은 하나님이 명령하신 사명 이외에 엉뚱하게 정치에 참여한 결과 죽었다고 했습니다. 그러나 성자 하나님이신 예수님은 한 번도 성부 하나님의 뜻을 거역하시지 않으셨습니다.

당시 유대인은 로마의 식민지하에서 육체적으로 많은 핍박을 받으며 굶주림에 시달렸습니다. 그러던 차에 예수님은 많은 유대인들에게 빵 다섯 덩이와 두 마리의 물고기로 오천 명을 먹이고도 남는 오병이어의 표적을 보이셨습니다. 이에 놀란 유대인들은 예수님을 억지로 붙들어 임금으로 삼으려고 했습니다(요 6:1-15).

> 예수께서 그들이 와서 자기를 억지로 붙들어 임금으로 삼으려는 줄 아시고 다시 혼자 산으로 떠나가시니라. (요 6:1-15)

그러나 예수님은 그들의 요구, 즉 이 세상에 속한 왕에 되시는 것을 거부하셨습니다. 왜냐하면 그분은 하늘나라 왕이셨기 때문입니다.

> 예수께서 대답하시되 내 나라는 이 세상에 속한 것이 아니라, 만일 내 나라가 이 세상에 속한 것이었더면 내 종들이 싸워 나로 유대인들에게 넘기우지 않게 하였으리라. 이제 내 나라는 여기에 속한 것이 아니니라. (요 18:36)

따라서 예수님은 이 세상 권력과는 담을 쌓으시고 오로지 하나님 아버지의 뜻대로 천국 복음 사역에만 집중하셨습니다. 그분은 의도적으로 로마 권력에 대한 정치적 발언을 삼가셨습니다. 세례요한과 달랐습니다. 그 실례를 들어보겠습니다.

당시 바리새인은 예수님을 죽일 올무를 찾기 위하여 혈안이 되었습니다. 최상의 올무는 로마 정권에 위협을 주었다는 증거를 잡는 것이었습니다. 그래서 바리새인은 예수님에게 로마 정치 관련, 즉 "가이사에게 세를 바치는 것이 가하니이까, 불가하니이까?"(마 22:17)란 질문을 했습니다.

예수님은 이미 저들의 의도를 아시고 이렇게 말씀하셨습니다. "예수께서 저희의 악함을 아시고 가라사대 외식하는 자들아, 어찌하여 나를 시험하느냐"(마 22:18). 예수님은 그들의 악한 정치적 의도를 눈치채시고 슈르드하게 잘 피해가셨습니다(마 22:15-22). 성경을 좀 더 보겠습니다.

> 이에 바리새인들이 가서 어떻게 하여 예수로 말의 올무에 걸리게 할까 상론하고… 우리에게 이르소서. 가이사에게 세를 바치는 것이 가하니이까, 불가하니이까 한 대, 예수께서 저희의 악함을 아시고 가라사대 외식하는 자들아 어찌하여 나를 시험하느냐… 그런즉 가이사의 것은 가이사에게, 하나님의 것은 하나님께 바치라 하시니, 저희가 이 말씀을 듣고 기이히 여겨 예수를 떠나가니라. (마 22:15-22)

그렇다면 한 번 생각해 봅시다. 우리가 구원론(복음)을 논할 때는 수많은 사례들(cases)이 있는 성자 하나님이신 예수님의 말씀을 거론하며 그분을 닮아야 합니다. 또한 그분이 이 땅에 오셔서 불쌍한 약자들을 많이 도우셨는데(마 4:24; 막 1:32-39, 2:9-11), 그것도 그분의 사역 영역, 즉 이웃 사랑 실천입니다. 따라서 그것도 우리가 본받아야 합니다.

구체적으로 어떻게 본받습니까? 어떤 사람에게 귀신이 들었거나, 혹은 병이 걸렸을 때 우리는 그들을 위하여 꼭 '예수님의 이름'으로 기도합니다(행 3:6, 16, 9:34). 성부 하나님의 이름으로 기도하지 않습니다. 누가 그렇게 기도하라고 시키셨습니까? 하나님이 아니라 예수님이십니다(마 10:1; 막 16:17-18).

그러나 대한민국 정부 권력이나 정치를 논할 때는 로마 권력을 한 번도 비판하지 않으셨던, 그리고 정치에 관한 교훈을 하나도 남기지 않으셨던, 즉 이에 대한 사례(case)가 전혀 없었던 예수님을 어떻게 거론하며 닮을 수가 있겠습니까!

많은 목사들은 예수님께서 정치발언을 하지 않으셨던 것처럼 우리 교회에서도 일체 정치발언을 하지 말라고 했답니다. 얼마나 성경을 왜곡한 바보 같은 결정입니까?

간단히 말해 왜 기독교인이 함께 모여 사는 공동체인 국가를 위한 성경적인 국가관이나 민족관, 그리고 정치 사례를 예수님의 말씀이나 다른 신약성경에서 찾기가 힘든지 압니까? 이 주제들은 성자 하나님이신 예수님이 주관하시는 복음의 영역이 아니기 때문입니다.

이것을 성경신학적으로 설명하겠습니다. 보수신학자들은 성경에서 진리를 찾아야 한다고 말합니다. 그렇다면 성자 하나님이신 예수님의 말씀만 성경입니까? 아닙니다. 구약성경도 성경입니다. 구약성경은 성부 하나님의 말씀입니다.

〈저자 주: 구신약성경 모두 성령 하나님의 감동으로 쓰여진(딤후 3:16; 벧후 1:21), 즉 삼위일체 하나님의 말씀이다. 그러나 본 주제를 쉽게 설명하기 위하여 4복음서는 예수님의 말씀으로 구약성경은 예수님이 오시기 이전, 즉 성부 하나님의 말씀으로 구분한다.〉

우리가 예수님의 말씀 중에서 국가관이나 민족관, 그리고 정치 사례를 찾지 못하면 어디에서 그 사례들을 찾아야 합니까? 당연히 구약성경, 즉 성부 하나님의 말씀 중에서 사례를 찾아야 합니다. 따라서 하나님의 자녀들은 국가관이나 민족관, 그리고 정치관에 대한 성경적인 원리는 사례들이 많은, 즉 성부 하나님이 통치하셨던 구약의 이스라엘 나라의 역사에서 찾아야 합니다.

이것은 앞에서 A박사님이 쓰신 댓글에 대한 답변이기도 합니다. 먼저 그의 댓글을 다시 보겠습니다.

> "예수님은 정치적 논쟁에 결코 휘말리지 않으셨습니다. 오늘날 교회가 과거 이념 프레임에 갇혀 서로를 판단하고 비판하는 모습을 예수님은 어떻게 생각하실까요? 성경에 근거하여 현 시국을 바라보았으면 합니다."

A박사님이 이렇게 말한 것은 예수님이 왜 그 당시 정치적 논쟁에 결코 휘말리지 않으셨는지, 그분의 사명과 의도를 몰랐기 때문입니다. 그래서 그는 "오늘날 교회가 과거 이념 프레임에 갇혀 서로를 판단하고 비판하는 모습을 예수님은 어떻게 생각하실까요?"라는 잘못된 질문을 저자에게 한 겁니다.

이것은 그가 한국교회의 이념 논쟁이 성자 하나님이신 예수님의 영역이 아니고, 성부 하나님의 영역인지를 모르고 한 질문입니다. 따라서 국가관이나 정치 이념에 관한 주제를 논할 때는 "성자 하나님 예수님이라면 어떻게 생각하실까?" 대신에 "성부 하나님이라면 어떻게 생각하실까?"로 바꾸어야 합니다.

Q2:2-3항을 요약하면 이렇습니다. 저는 많은 이들이 어떤 이슈(주제)가 등장하면 "예수님이라면 어떻게 말씀하실까?"라고 하며 예수님의 말씀에서 답을 찾으려고 하는데 이 방법이 통할 때도 있고, 그렇지 못할 때도 있다고 말했습니다(Q2-2 서두).

저는 그렇지 못할 때의 예로 앞에서 두 가지, '자녀교육'에 관한 주제와 '국가 및 정치' 관련 주제를 설명했습니다. 그러면 통할 때는 어떤 주제입니까? 인류 구원에 관한 복음 관련 주제입니다.

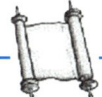

예수님은 그들의 악한 정치적 의도를 아시고
슈르드하게 잘 피해가셨습니다(마 22:15-22).

예수님의 국가관과 정치를 닮으려면
그분이 말씀하셨던 사례들이 있어야 합니다.
사례가 하나도 없는데 어떻게 그분을 닮을 수 있겠습니까?

## Q4. 요약: 왜 국가 정치에서 '예수파'는 '성부 하나님파'가 되어야 하나

Q2의 전체 중심 질문은 "왜 국가관과 정치는 성자 예수님의 영역이 아닌가?"입니다. 이에 대한 앞의 답변들을 요약하면 성령 하나님의 도움으로 성자 하나님을 믿고 구원을 받으면 성부 하나님의 백성, 즉 하나님이 통치하시는 나라 백성이 됩니다. 하나님이 통치하시는 나라의 모델은 구약의 이스라엘입니다.

고로 신약시대 기독교인들도 국가관이나 민족관 및 정치는 대부분 구약의 신본주의 국가인 이스라엘을 모델로 삼아야 합니다. 그런 의미에서 구약은 신약의 그림자입니다. 따라서 예수파라고 주장하는 이들은 복음과 관련된 주제에서는 맞는 말이지만, 국가관이나 민족관 및 정치를 논할 때는 성부 하나님파가 되어야 합니다.

국가관이나 민족관 및 정치라는 주제는 신약의 성자 하나님이신 예수님에 근거한 구원론(복음)에 속한 것이 아니고, 구약을 기초로 한 성부 하나님의 백성 유대인의 선민교육(쉐마)에 속했기 때문입니다. 따라서 신본주의 국가의 정치 모델은 이스라엘입니다.

구원론과 선민교육은 학문의 영역이 다릅니다. 혼동하면 안 됩니다. 전자는 조직신학에 속해 있고, 후자는 실천신학(교육학)에 속해 있습니다. 〈물론 신론에서도 성부 하나님에 대하여 논하지만, 국가관이나 정치의 실천 사례는 구약성경에 있습니다〉 따라서 성경적인 국가관이나 민족관이나 정치도 복음이 아니기 때문에 이에 대한 사례들과 답은 성부 하나님이 주관하셨던 구약의 유대인의 쉐마교육에서 찾아야 합니다.

보십시오. 구약의 믿음의 용장들은 모두 이스라엘이라는 국가를 걱정하는 애국자들이었고, 민족주의자들이었습니다. 그리고 정치가들이었습니다. 요셉, 모세, 다윗, 예레미야, 다니엘, 에스라, 느헤미야 그리고 에스더 등입니다.

그들은 모두 개인도 중요하지만 유대민족과 유대인의 조국 이스라엘이라는 공동체, 즉 국가의 유익을 먼저 앞세웠습니다. 여기에서 우리는 신약의 예수님이나 바울의 복음이 주로 개인구원에 초점이 맞추어져 있다면, 구약은 유대민족 공동체, 즉 이스라엘이라는 국가에 초점이 맞추어져 있다는 것을 알 수 있습니다.

따라서 유대인은 국가와 민족의 앞날을 늘 걱정했습니다. 왕이 국정을 하나님의 뜻에 반하여 잘못 운영하면 선지자들이 목숨을 내놓고 정치적인 발언을 서슴지 않았습니다. 다윗 왕이 충신 우리아를 죽이고 그의 아내 밧세바를 취했을 때 하나님의 종 나단 선지자는 과감하게 왕의 잘못을 지적했습니다(삼하 12:1-9). 즉 하나님이 사랑하신 신실한 종교지도자들은 정치에 참여했습니다(삼하 11-12장과 그 외 많은 선지서 참조). 그들은 애국-애족자들이었습니다.

따라서 성부 하나님을 믿는 신약시대의 기독교인들도 구약의 선지자들과 같은 국가관이나 민족관 그리고 정치관을 가지고 실천해야 합니다. 즉 각자가 애국-애족자들이 되어 대통령(왕)이 잘못했을 때는 목숨을 걸고 직언을 해야 합니다.

특히 "나는 우파도 좌파도 아닌 예수파다"라고 주장하는 이들은 잘못된 이념 때문에 대한민국이 위기에 처했을 때 더욱더 '성부 하나님파'가 되어야 합니다. 그리고 국가의 위기에 앞장서서 정치 발언을 해야 합니다. 예수파라고 하면서 피해가는 것은 자신의 무식을 내보이는 겁니다.

이것은 무엇을 뜻합니까? '예수님의 제자'라는 용어는 주로 복음을 논할 때 사용하는 것이 좋습니다. 그러나 국가관이나 민족관 혹은 정치에 관한 주제에는 이 용어가 적절치 않습니다. 그때는 '예수님의 제자'라는 용어를 사용하더라도 사상과 삶의 행위는 성부 하나님의 자녀로서 이스라엘을 모델로 살아야 하기 때문입니다. 즉 '예수파'라도 성부 '하나님파'가 되어야 한다는 겁니다.

여기에서 중요한 신학적 질문이 대두됩니다. 구신약성경을 어떻게 해석해야 하느냐는 겁니다. 예수님 중심 신학(Christ-centered Theology)이어야 하느냐, 아니면 하나님 중심 신학(God-centered Theology)이어야 하느냐입니다.

구원론은 성자 하나님이신 예수님 중심으로 해석해야 하지만, 천지창조에서 세상 종말까지의 신구약 전체를 아우르는 하나님의 역사는 성부 하나님 중심으로 해석해야 합니다. 물론 국가관이나 정치관은 하나님 중심 신학 속에 포함되어 있습니다.

결론입니다. 더욱 강한 '예수파', 즉 '예수님의 제자'일수록, 국가의 정치를 논할 때는 더욱 강한 '성부 하나님파'가 되어야 합니다. 그래야 삼위일체 하나님, 즉 성부 하나님, 성자 하나님, 그리고 성령 하나님이 한 하나님으로서 조화롭게 일하시는 모습을 볼 수가 있는 겁니다. 세 분의 사역 영역은 다르지만 분명히 한 분 하나님이십니다.

〈저자 주: 앞에서 어떤 이는 구약의 나단 선지자도 다윗 왕의 죄를 지적했는데(삼하 12:1-9), 왜 세례 요한이 로마 헤롯 왕의 죄를 지적하면 안 되느냐고 반문할 수 있습니다(Q3-1. '세례요한과 예수님의 정치 참여 차이' 참조). 그 이유는 전자는 성부 하나님이 주관하시는 구약의 이스라엘을 모델로 한 정치신학적인 입장이기 때문에 가능하지만, 세례 요한의 사명은 성자 하나님(예수님)이 관련된 인류 구원을 위한 복음 사역이 었기에 용납이 안 됩니다. 또한 전자는 통치자의 죄를 이스라엘이란 국가를 위한, 애국자적 입장에서 지적했기에 가능하지만, 후자는 이방나라의 죄, 더구나 이방 나라의 정치권력에 도전한 것이기에 용납이 안 됩니다. 세례 요한은 성자 하나님이신 예수님처럼 하나님이 자신에게 맡기신 복음 사역에만 충실했어야 했습니다.)

> 구신약성경을 어떻게 해석해야 하나?
> 예수님 중심 신학 vs. 하나님 중심 신학

## Q5. 적용: 미국의 9.11테러에 대한 두 가지 의견 중 어느 것이 옳은가 〈부시 대통령 vs K 교수〉

2001년 9월 11일, 미국 뉴욕에서 9.11테러가 일어났습니다. 민간 비행기 두 대가 미국 무역센터 쌍둥이 빌딩을 흔적도 없이 파괴했습니다. 현장을 방문했던 미국의 부시 대통령은 청중들 앞에서 끝까지 적을 추적하여 벌하겠다고 천명했습니다. 그리고 엄청난 경비와 군인을 동원하여 끝까지 테러 배후 단체 알카에다를 추적하여 그 두목인 이라크의 오사마 빈 라덴을 찾아 죽였습니다(다음백과).

9.11테러 후 미국 LA에서 한인 목회자 세미나가 있었습니다. 강사는 훌러신학교의 한국계 K교수였습니다. 유명한 복음주의 신학자였습니다. 그는 청중으로부터 "예수님이라면 9.11테러를 어떻게 처리하실까?"라는 질문을 받았습니다.

그는 이렇게 말했습니다.

"예수님이라면 테러 범죄자들을 용서하시겠지요."

그분은 틀린 겁니다. 정답은 이렇습니다.

" '이 질문은 성부 하나님이라면 9.11테러를 어떻게 처리하실까?'로 바꾸어야 합니다. 왜냐하면 국가와 국가 간의 정치 문제는 성자 하나님이신 예수님의 영역이 아니고, 역사를 주관하시는 성부 하나님의 영역이기 때문입니다. 그 모델이 구약의 이스라엘이고 유대인입니다."

그리고 그는 이렇게 말했어야 합니다.

"유대인이라면 국가를 테러한 적을 끝까지 추적하여 주 범자들을 잡아 법의 심판을 받게 할 겁니다."

왜 K 교수는 이것을 몰랐을까요? 그는 신약의 복음, 즉 구원론만 알았기 때문입니다. 유대인의 쉐마를 모르기 때문입니다. 이것은 무엇을 뜻합니까? 설사 그가 구약을 알아도 구약을 쉐마교육학적이 아닌, 구속사적 입장에서만 연구했기 때문입니다.

그가 한국에서 수많은 목사들에게 잘못 가르쳤기 때문에 많은 복음주의 교회들이 좌편향 되었습니다.

그들 중에는 북한의 계속되는 도발들, 천안함 폭침이나, 연평도 해전을 일으킨 김정은을 불쌍히 여기고 기도하며 용서해야 한다고 주장하는 이들이 있습니다. 그리고 나라의 위기에도 불구하고 잠잠하고 있는 경우가 많습니다.

그 결과 저자의 정치신학에 반발하는 A박사 같은 젊은 신학자들이 나온 겁니다. 그는 저자에게 이렇게 말했습니다. "예수님은 정치적 논쟁에 결코 휘말리지 않으셨습니다. 오늘날 교회가 과거 이념 프레임에 갇혀 서로를 판단하고 비판하는 모습을 예수님은 어떻게 생각하실까요? 성경에 근거하여 현 시국을 바라보았으면 합니다."

얼마나 그럴듯한 주장입니까? 독자 여러분은 이제 이 말이 왜 틀렸는지를 아셨을 겁니다. 문제는 현재 거의 모든 젊은 신학자들이 이렇게 생각하고 있다는 데 있습니다.

어떤 주제에 대해 성경적 해석을 할 때는 구신약성경 전체를 참고하여 한쪽에 치우침이 없도록 해야 바른 해석이 나올 수 있습니다.

## 성자 하나님과 성부 하나님의 역할 비교

| 구 분 | 신약: 성자 하나님의 역할<br>〈인류 구원에 주력〉 | 구약: 성부 하나님의 역할<br>〈하나님의 백성 교육과 그 나라 통치〉 |
|---|---|---|
| 키워드 | 복음 | 쉐마 |
| 목적 | 온 인류의 영혼 구원 | 성자 하나님을 믿고 구원받은 기독교인들, 즉 하나님이 택하신 백성의 선민 교육과 그 나라(이스라엘) 통치 |
| 신학 | 기독론과 구원론(조직신학) | 신론에 속한 기독교교육 및 정치(실천신학) |
| 초점 | - 개인구원을 통한 인류 구원<br>〈세계선교에 주력〉<br>- 복음전파에는 민족이나 국가 및 이념을 초월<br>〈민족관, 국가관, 즉 정치가 필요 없음〉 | - 유대민족 공동체와 그들의 국가인 이스라엘 통치<br>- 성경적 민족관과 국가관(이념 포함)의 원리 존재 〈정치신학의 모델이 됨〉 |
| 특징 | - 복음 전도자 및 선교사가 많음〈예: 예수님, 베드로, 바울〉<br>- 특히 예수님이나 바울은 결혼을 하지 않으셨기 때문에 가정이 없었음 | - 민족주의자와 애국자가 많음<br>〈예: 요셉, 모세, 다윗, 예레미야, 다니엘, 에스라, 느헤미야 그리고 에스더 등〉<br>- 예수님과 바울도 쉐마교육을 받으셨기 때문에 자기 민족과 이스라엘을 사랑하셨음 |
| 결과 | 삼위일체론에 따라 성령 하나님의 도움으로 성자 하나님을 믿고 구원을 받으면 성부 하나님의 백성, 즉 하나님이 통치하시는 나라 백성이 된다. 그 나라의 모델은 구약의 이스라엘이다. 고로 국가관이나 민족관 및 정치는 대부분 구약의 신본주의 국가인 이스라엘을 모델로 해야 한다. 그리고 성부 하나님파는 당연히 성경의 율법을 강하게 지키는 보수우파가 되어야 한다. | |

 알고 갑시다

미국(GNP $57,904)과
한국(GNP $27,125)의 복지 수준 비교

1. 한국은 애 낳으면 돈 준다. (미국은 안 준다)

2. 한국은 애 낳고 5살 때까지 돈 준다. (미국은 안 준다)

3. 한국은 실업 청년에게 돈 준다. (미국은 안 준다)

4. 한국은 세월호 유족에게 돈 준다.
   (미국은 9.11사태 유족에게 돈 안 준다)

5. 한국은 5.18사태 유족에게 가산점 준다. (미국은 그런 거 없다)

6. 한국은 퇴직금이 있다. (미국은 퇴직금 없다)

7. 한국은 일 안 하는 사람도 자르기 힘들다.
   (미국은 일 안 하는 사람을 자를 수 있다)

8. 한국은 해외여행 가본 사람이 70% 이상이란다.
   (미국은 비행기 안 타본 사람이 더 많다고 한다)

9. 한국은 룸살롱 술집이 밤새 영업한다.
   (미국은 룸살롱이 없으며, 일반 가게도 10시면 문 닫는다)

10. 한국은 애들 사교육비로 돈을 많이 쓴다.
    (미국에선 한국사람 빼면, 사교육이란 게 거의 없다)

11. 한국에선 노조가 엄청 권한을 행하며, 귀족 노조 지도부들은

잘 산다.

   (미국에선 이제 노조 찾아보기 힘들다. 노조는 직원들을 위해 일한다)

   한국은 이렇게 살면서도 매일 죽겠다고 난리다. 쓸 거 다 쓰면서도. 아직도 복지를 더 늘려야 된다는 공약들이 판을 친다.

   웃기지 않나?

   일 할 직장이 많아지고, 땀 속에서 스스로 보람을 찾는 세상이 되면 좋겠다.

   〈좋은 글 펌〉

## 3. 예수님이 말씀하신 '용서'와 '화해'는 국가 사이에도 적용 되나
### <예수님이 원수를 사랑하라고 했다고 북한 정권도 사랑해야 하나>

### Q1. 왜 대한민국 정권은 북한 공산주의 정권을 용서하면 안 되나

#### Q1-1. 예수님의 용서 적용, 개인 사이는 되나 국가 사이는 안 된다

어떤 목사들은 우파와 좌파는 이제 이념 싸움을 멈추고 예수님께서 말씀하신 대로 서로 용서하고 화해(화평, 혹은 화목)해야 한다고 합니다. 그리고 많은 이들이 북한 공산주의 정권의 죄도 용서하고 사랑해야 한다고 말합니다. 얼마나 좋은 기독교인처럼 보입니까? 대부분 이 말에 속아 넘어갑니다.

그러나 이 말은 틀린 말입니다. 그들은 예수님께서 말씀하신 신약성경에서 말씀하시는 '용서'와 '화해'의 개념을 모르고 한 말입니다.

먼저 예수님과 바울께서 말씀하신 '용서'의 개념부터 설명하겠습니다. 그들이 흔히 인용하는 성경말씀은 다음과 같습니다.

> 나는 너희에게 이르노니 너희 원수를 사랑하며 너희를 핍박하는 자를 위하여 기도하라. (마 5:44)

> 예수께서 가라사대 네게 이르노니 일곱 번뿐 아니라 일흔 번씩 일곱 번이라도 할지니라. (마 18:22)
> 내 사랑하는 자들아 너희가 친히 원수를 갚지 말고 진노하

심에 맡기라. 기록되었으되 원수 갚는 것이 내게 있으니, 내가 갚으리라고 주께서 말씀하시니라. 네 원수가 주리거든 먹이고 목마르거든 마시우라. 그리함으로 네가 숯불을 그 머리에 쌓아 놓으리라. 악에게 지지 말고 선으로 악을 이기라. (롬 12:19-21)

본문에서 언급한 '원수'는 개인과 개인 사이의 원수를 말합니다. 가령 아내가 자신을 핍박하는 남편을 원수처럼 여긴다면 그를 사랑하고 기도하며 무한정 용서하라는 겁니다. 그리고 원수 갚는 것을 하나님께 맡기라는 겁니다.

자신의 죄 때문에 영원히 죽을 죄인을 하나님이 예수님의 십자가를 통하여 구원해 주셨기 때문입니다. 그 은혜에 보답하는 길이 하나님이 자신의 죄를 용서해주신 것처럼, 자신도 자신에게 악한 일을 한 사람을 용서하라는 겁니다(마 18:35; 눅 11:4; 고후 2:10).

사랑 실천의 모델이신 손양원 목사님은 자신의 두 아들을 죽인 공산주의자를 용서하시고 사랑하셨습니다. 그래서 그를 양 아들로 삼았습니다. 그것은 그분 개인의 원수를 사랑한 것이지 북한 공산주의 정권을 사랑한 것이 아닙니다. 혼돈하면 안 됩니다.

이처럼 예수님과 바울이 말씀하신 '용서'는 개인과 개인 사이에 적용되는 용어입니다. 국가와 국가 사이에는 적용되지 않습니다.

예수님이 자신을 십자가에 못을 박았던 원수들, 즉 로마 병정들과 무리들에 대한 용서도 마찬가지입니다. 예수님이 십자가에서 "아버지여 저희를 사하여 주옵소서. 자기의 하는 것을 알지 못함이니이다"(눅

23:34)라고 기도하셨던 것은 예수님 개인을 죽이려고 했던 원수들에 대한 용서이지, 이스라엘 국가를 멸망했던 로마 정권의 죄악을 용서해 달라는 것이 아니었습니다.

### Q1-2. 한국이 이스라엘이라면 북한 정권을 어떻게 할 것인가

앞에서 예수님이 원수를 사랑하라는 말씀은 개인과 개인에게 적용된다고 했습니다. 그렇다면 국가와 국가 사이의 원수는 어떻게 처리해야 할까요? 그 모델은 Q2에서 설명한 대로 구약의 이스라엘의 정책에서 찾아야 합니다. 즉 대한민국과 북한 사이의 이념 싸움은 이스라엘을 모델로 삼아야 합니다.

구약에는 '원수'라는 단어가 많이 나오는데, 주로 이스라엘이라는 국가나 이스라엘 민족의 원수로 사용되었습니다.

이스라엘은 이스라엘 백성들(유대인)을 괴롭히거나 이스라엘 영토를 침범하는 자들을 원수로 여깁니다. 여호와 하나님은 그 원수들을 용서하지 말고 원수를 갚으라고 하셨습니다. 그리고 하나님도 그 일에 동참해 주셨습니다.

> 이스라엘 자손의 원수를 미디안에게 갚으라. 그 후에 네가
> 네 조상에게로 돌아가리라. (민 31:2)

> 삼손이 여호와께 부르짖어 가로되 주 여호와여 구하옵나니
> 나를 생각하옵소서. 하나님이여 구하옵나니 이번만 나로 강
> 하게 하사 블레셋 사람이 나의 두 눈을 뺀 원수를 단번에 갚

게 하옵소서 하고. (삿 16:28)

"에스더가 가로되 대적과 원수는 이 악한 하만이니이다 하니…." (에 7:6) "이 조서 초본을 각 도에 전하고 각 민족에게 반포하고 유다인으로 예비하였다가 그 날에 대적에게 원수를 갚게 한지라." (에 8:13)

여기에서 두 종류의 원수가 있다는 것을 알 수 있습니다. 1)개인과 개인 사이에 맺혔던 원한을 가진 자, 2)국가와 국가 사이에 맺혔던 원한을 가진 나라입니다.

전자는 용서의 대상이지만, 후자는 진멸의 대상입니다. 왜냐하면 후자, 즉 국가를 멸명시키려는 것은 국민의 삶의 근거지와 정체성을 무너뜨리고 자유를 빼앗는 것이기 때문입니다.

〈저자 주: 물론 개인과 개인 사이에도 좋은 친구가 있는 것처럼 국가와 국가 사이에도 동맹이 있습니다. 따라서 일반적으로 국민과 국가의 안전을 위하여 가급적이면 전쟁을 피하고 평화를 추구해야 할 겁니다. 웬만하면 전쟁 없이 상대국과 외교로 화해하는 것이 좋을 겁니다.〉

어떤 이들은 북한 정권이나 남한의 종북좌파들이 회개할 때까지 아무런 대항도 하지 말고 기도하며 기다리자고 합니다. 대부분 순진한 보수들, 특히 기독교인들은 그 말이 좋아 보여 우유부단하게 기다리다가, 즉 점점 양보하다가 현재는 오히려 그들, 악에게 잡혀 먹힐 지경에 있습니다.

누룩이 빠르게 많이 퍼진 것처럼 점차적으로 남한에 종북좌파들, 사탄의 영역이 이처럼 빨리 넓혀진 것입니다. 더 이상 그들의 감언이설에 속으면 안 됩니다. 그들을 용서하지 말고 단호하게 무찔러야 합니다.

특히 왜 북한의 공산주의는 남한의 원수 중의 원수인지 압니까? 북한 정권은 '종교는 아편'이라고 하면서 김일성, 김정일 김정은을 하나님을 대신하여 하나님으로 모시라고 강요합니다. 하나님이 받으실 영광을 그들이 독차지하고 있습니다.

조금이라도 그들 3부자를 비판하면 북한 정권은 혹독한 정치범 수용소로 보냅니다. 유일신 하나님을 믿는 기독교인은 무조건 정치범 수용소에 보내는 세계 제1의 기독교 박해국, 즉 사탄의 앞잡이입니다. 따라서 김일성의 주체사상은 악 중의 악인 사탄의 종교입니다.

우리는 오해하면 안 됩니다. 예수님은 개인적인 원수를 사랑하라고 하셨지, 사탄(악, evil)을 사랑하라고 하시지 않았습니다. 여호와를 경외하는 것은 악을 미워하는 것입니다(잠 8:13).

이것은 무엇을 뜻합니까? 대한민국을 공산화하려는 세력, 즉 북한 정권이나 이에 동조하는 남한의 종북좌파는 하나님 나라를 대적하는 사탄의 세력이라는 것을 뜻합니다. 그 세력은 용서와 타협의 대상이 아니라 무조건 싸워 이겨야 할 대상입니다. 왜냐하면 대한민국이 공산화되면 한국교회도 없어지기 때문입니다.

그렇다고 남한이 먼저 전쟁을 일으켜 북한을 당장 쳐부수자는 것이 아닙니다. 그들의 적화통일을 막자는 것입니다.

요약하면 구약시대 이스라엘(국가)에게 블레셋은 싸워서 무찔러야 할 사탄의 세력이지 용서의 대상이 아닌 것처럼, 북한이나 종북좌파는 싸워서 무찔러야 할 사탄의 세력이지 용서의 대상이 아닙니다.

생각해보십시오. 만약 일본이 부산을 침범했을 경우에 기독교인이 골방에서 "하나님, 일본은 자신들이 무슨 죄를 저지르는지 모르고 한 일이니 그들을 불쌍히 여기시고 그들의 죄를 용서해 주세요"라고 기도만 해야 합니까? 북한이 남한을 침범해도 그들을 용서하고 기도만 해도 되겠습니까?

아니죠. 대한민국의 기독교인이라면 하나님께서 주신 영토를 지키기 위하여 북한이나 이웃 나라들이 침범하면 용서하지 말고 여호수아 다윗처럼 강하고 담대하게 총을 들고 나가서 싸워 무찔러야 합니다. 이것이 바른 국가관을 가진 신앙인입니다.

특히 믿음이 좋다는 사람부터 먼저 싸움에 나서야 합니다. 그래서 자랑스러운 대한민국을 지켜내야 합니다.

〈자세한 것은 '현용수의 인성교육 노하우, 제4권 제7부 제5장' 대한민국 국민의 민족관과 국가관 그리고 세계화' 참조〉

개인과 개인 사이의 원수와 국가와 국가 사이의 원수가 있다.
전자는 용서의 대상이지만, 후자는 진멸의 대상이다.

## Q2. 왜 대한민국 정권은 북한 공산주의 정권과 화해가 안 되나

앞에서 성경이 말씀하는 '용서'의 개념을 설명했습니다. 이제 성경이 말씀하는 '화해'의 개념을 설명하겠습니다. 그리고 왜 대한민국 정권은 북한 공산주의 정권과 화해하면 안 되는지, 그 이유를 설명하겠습니다.

한국교회에서 이념 전쟁이 한참 치열했던 2020년 7월에 한 대형교회 목사가 모 기독교 방송에서 이렇게 설교했습니다.

> "한국교회는 좌우의 이념 싸움으로 갈라져 있습니다. 분열은 하나님의 뜻이 아닙니다. 이제 교회에서 더 이상 이념 싸움을 멈추고 서로 화해해야 합니다."

그러면서 예수님께서 화목제물이 되셨던 것처럼 우리도 화목제물이 되어야 한다고 설교했습니다. 그분뿐만 아니라 많은 목사들이 그렇게 설교합니다. 그들이 인용하는 성경 말씀은 주로 바울이 고린도교회 교인들에게 한 말씀이었습니다.

> 모든 것이 하나님께로 났나니, 저가 그리스도로 말미암아 우리를 자기와 화목하게 하시고, 또 우리에게 화목하게 하는 직책을 주셨으니, 이는 하나님께서 그리스도 안에 계시사 세상을 자기와 화목하게 하시며, 저희의 죄를 저희에게 돌리지 아니하시고, 화목하게 하는 말씀을 우리에게 부탁하셨느니라. 이러므로 우리가 그리스도를 대신하여 사신이 되어 하나

님이 우리로 너희를 권면하시는 것같이 그리스도를 대신하여 간구하노니 너희는 하나님과 화목하라. (고후 5:18-20)

본문의 뜻은 이렇습니다. 인간은 아담이 타락한 이후 죄로 말미암아 하나님과 원수가 되었습니다. 그런데 예수 그리스도께서 하나님과 인간 사이에 막혔던 죄의 담을 헐기 위해 화목제물로 십자가에서 돌아가셨습니다(롬 5:10-11). "제[예수 그리스도]는 우리 죄를 위한 화목제물이니 우리만 위할 뿐 아니요, 온 세상의 죄를 위하심이라"(요일 2:2). 따라서 "너희는 하나님과 화목하라"(고후 5:20)고 말씀하셨습니다.

그리고 바울은 하나님과 수직적으로 화목을 이룬 기독교인은 수평적으로 이웃과도 화목하라고 했습니다. 그래서 하나님은 "우리에게 화목하게 하는 직책을 주셨다"(고후 5:18)고 했습니다. 이것은 먼저 예수님을 믿은 우리가 하나님의 사랑을 이웃에게 전하고 그들과 화목하라는 겁니다.

우리가 주목해야 할 것은 본문에서 말하는 하나님과의 '화목'이나 이웃과의 '화목'은 개인적인 문제(롬 5:10; 고후 5:19-21; 요일 2:2, 엡 2:16)라는 점입니다. 어떤 국가와 국가 사이의 화목이 아니라는 겁니다.

왜냐하면 그리스도께서 화목제물이 되셨던 것은 개인의 죄를 사해주시기 위함이지, 어떤 국가 공동체의 죄를 사해주시기 위함이 아니기 때문입니다.

따라서 신약시대에는 아무리 유명한 목사나 장로의 자녀라고 하더라도 개인적으로 예수님의 십자가와 부활, 즉 복음을 믿지 않으면 결코 천국에 들어갈 수가 없다는 겁니다.

이것은 무엇을 뜻합니까? 일부 목사들이 예수님께서 화목제물이 되셨으니 여러분도 교회 안에서 이념 싸움을 하지 말고 서로 화목(화해)해야 한다는 말은 예수님께서 화목제물이 되셔야 했던 그 목적을 오해한, 잘못된 말입니다. 왜냐하면 이념 싸움은 개인 구원의 문제가 아니라 한 국가의 운명과 교회의 존폐 위기가 달린 문제이기 때문입니다.

즉 북한의 공산주의라는 이념은 유일신 하나님을 믿는 기독교를 멸하려는 사탄의 세력이지, 용서하고 화해나 화평해야 할 대상이 아니기 때문입니다.

그렇다면 교회의 분열을 막기 위해 좌우가 이념 전쟁을 하지 말고 서로 화해해야 한다고 한 목사도 대형교회 목사이며 성경강해도 잘하는 분인데 왜 이런 말을 했을까요? 그분도 예수님의 복음만 알고 유대인의 쉐마를 모르기 때문입니다. 설사 구약을 알아도 구약을 쉐마교육학적이 아닌, 구속사적 입장에서만 연구했기 때문입니다.

현재 대한민국의 가장 큰 희망은 기독교에 있다고 확신합니다. 이것은 영적인 면에서뿐만 아니라, 잘못된 동성애 차별금지법 같은 악법을 막는 것도 대부분 보수 기독교가 나서기 때문입니다.

진보 좌파 정치인들은 거의 모두 동성애법을 찬성하지 않습니까? 북한의 인권에 대해서는 잠잠하지 않습니까? 그리고 계속하여 악법을 만들고 있지 않습니까?

결론적으로 대한민국이 없어지면 한국교회도 없어진다는 사실을 명심하십시오. 저도 욕을 먹어가며 이런 글을 쓰는 것은 제게도 선지자의 사명이 있기 때문입니다. 이제 잠잠하면 안 됩니다.

파사왕 시절에 유대인 모르드개가 에스더에게 정치에 참여할 것을 권한 말로 칼럼을 마칩니다.

> "이때에 네가 만일 잠잠하여 말이 없으면 유다인은 다른 데로 말미암아 놓임과 구원을 얻으려니와 너와 네 아비 집은 멸망하리라 네가 왕후의 위를 얻은 것이 이때를 위함이 아닌지 누가 아느냐." (에 4:14)

이제 교인들도 "우파와 좌파는 이제 이념 싸움을 멈추고 예수님께서 말씀하신 대로 서로 용서하고 화평하라"는 말에 속으면 안 됩니다.

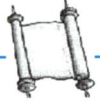

예수님께서 말씀하신 '용서'의 개념은
개인과 개인 사이에 무한정으로 용서하라는 뜻이다.
국가와 국가 사이에는 적용되지 않는다.
대한민국이 없어지면
한국교회도 없어진다는 사실을 명심해야 한다.

**알고 갑시다**

## '통진당 해산 반대' 헌재 소장, 국민이 받아들일 수 있나

〈이 글은 조선일보 사설이다. 독자들에게 도움이 될 것 같아 첨가한다. 출처: 조선일보, '통진당 해산 반대' 헌재 소장, 국민이 받아들일 수 있나, 2017년 5월 20일〉

문재인 대통령이 19일 공석인 헌법재판소장 후보로 김이수 헌법재판관을 지명했다. 진보 성향의 김 후보자는 주요 사건에서 소수 의견을 내왔으며, 문 대통령은 직접 인사 발표를 하면서 그 점을 김 후보자 지명의 주된 이유 중 하나로 들었다. 국회 동의를 얻을 경우 임기는 김 재판관의 잔여 임기인 내년 9월 19일까지일 것으로 보인다. 헌법재판관이 자신의 양심과 법률적 판단에 따른 소신을 갖는 것은 당연한 일이다. 소수 의견은 헌법 재판에서 자칫 묻힐 수 있는 우리 사회 일각의 목소리를 환기하는 순기능을 한다. 그러나 김 후보자가 통합진보당 해산 심판 사건에서 반대했던 것은 이와는 차원이 다른 문제다.

통진당 실세 이석기 전 의원이 주도한 조직은 북한과 전쟁이 발발하면 우리 사회의 주요 시설을 타격할 모의를 구체적으로 해왔다. 이 전 의원은 내란 선동과 국보법 위반으로 징역 9년이 선고됐다.

이에 대해 김 후보자는 통진당이 북한식 사회주의를 추구했다고 볼 증거가 부족하고, 이 전 의원과 그 조직의 활동이 통진당 전체의 책임이 아니라며 해산을 반대했다.

통진당은 북한 주체사상을 신봉하는 이른바 NL파 집단이다. NL파의 목적은 자유민주 헌법 파괴이지만 그 목적을 이루기 위한 수단으로 우리 헌법 내의 자유 보장, 인권 보장, 사법적 권리 보장 등 민주적 권리를 최대한 이용한다.

헌법재판소는 헌법을 지키기 위해 존재하는 기관이다. 그렇다면 다른 사건이 아니라 헌법 파괴를 기도한 조직에 대해선 특별한 경각심을 갖고 다뤄야 한다. 이에 대해 근본적으로 생각을 달리하는 사람이 헌법재판관이 아니라 헌재 소장이 된다는 것을 국민이 받아들일 수 있겠는가.

문 대통령은 통진당 해산 심판 청구에 대해 "반(反)민주적 폭거"라고 했다. 헌재가 통진당 해산을 결정하자 "국가기관이 개입해 매우 안타깝다. 유권자들 판단에 맡기는 것이 원칙"이라고 했다. 김 후보자와 거의 같은 입장이었다.

지금 우리는 북한이라는 폭력 범죄 집단의 심각한 위협 속에서 살고 있다. 사람을 고사총으로 박살내고 화염방사기로 태워 흔적까지 없애는 집단이다. 문 대통령은 이런 집단으로부터 나라를 지켜야 하는 막중한 책임을 지고 있다. 그렇다면 의원으로서 통진당 문제에 대해 가졌던 생각은 바꾸어야 한다. 이것이 무리하고 불합리한 기대이고 요구인가.

## 4. 왜 하나님을 닮은 목사들은 정치 발언을 꼭 해야 하나

### Q1. 정치의 원조는 왜 하나님인가
〈하나님이 정치를 하셔야 할 이유와 사례〉

"왜 하나님이 정치의 원조인가?"

이를 규명하려면 누가 정치를 창조하셨는지를 알아야 합니다. '정치'의 정의는 "통치자나 정치가가 사회 구성원들의 다양한 이해관계를 조정하거나 통제하고 국가의 정책과 목적을 실현시키는 일"(다음사전)입니다.

그 일, 즉 '정치'를 누가 창조하셨나요? 하나님이 창조하셨습니다. 그리고 하나님은 몸소 인류 최초로 정치를 하신 분이십니다. 왜냐하면 하나님은 우주를 창조하시고 역사를 주관하시는 분으로, 인류의 역사를 그분이 주관하시는 대로 가게 하기 위해서는 반드시 그분 스스로 정치를 하셔야 하기 때문입니다.

세상의 모든 권세는 다 하나님께서 주신 것입니다(롬 13:1-2). 그분은 한 나라를 세우기도 하시고 폐하기도 하십니다(신 17:15). 또한 그 나라의 통치자인 왕을 세우기도 하시고 폐하기도 하십니다(단 2:21; 롬 14:4).

예를 들겠습니다. '이스라엘'이란 국가를 누가 만드셨습니까? 하나님이십니다. 그리고 하나님은 그 나라에 사울을 초대 왕으로 세우셨지만 그를 폐하기도 하셨습니다. 그리고 그 후계자로 다윗 왕을 세우셨습니다. 누구를 통해 세우셨습니까? 사무엘 선지자를 통하여(삼상 16장 참조). 그때도 하나님은 고도의 정치를 하셨습니다.

사무엘은 하나님이 어린 다윗에게 기름을 부으라, 즉 이스라엘의 왕권을 인증하는 의식을 치르라고 명령하셨을 때 겁이 났습니다. 그것은 당시 권력자였던 사울 왕에 대한 반역이기 때문이었습니다. 그래서 그는 "내가 어찌 갈 수 있으리이까. 사울이 들으면 나를 죽이리이다"라고 대답했습니다.

그때 하나님은 그에게 주변에서 눈치를 채지 못하게 "너는 암송아지를 끌고 가서 말하기를 '내가 여호와께 제사를 드리러 왔다'하고 이새를 제사에 청하라"고 코치하셨습니다. 고도의 정치지요.

> 사무엘이 가로되, 내가 어찌 갈 수 있으리이까. 사울이 들으면 나를 죽이리이다. 여호와께서 가라사대, 너는 암송아지를 끌고 가서 말하기를, 내가 여호와께 제사를 드리러 왔다 하고, 이새를 제사에 청하라. 내가 너의 행할 일을 가르치리니, 내가 네게 알게 하는 자에게 나를 위하여 기름을 부을지니라. (삼상 16:2-3)

우리가 분명히 알아야 할 것이 있습니다. 정치의 원조는 하나님이십니다. 구약의 이스라엘 역사와 왕정 정치는 모두 하나님의 정치의 손에서 이루어졌습니다. 그분이 최고의 권력자이셨고 통치자이셨습니다. 뿐만 아니라 큰 틀에서 인류의 역사도 지구의 종말까지 하나님의 정치 하에서 진행될 겁니다.

따라서 하나님을 믿는 모든 백성들은 하나님처럼 슈르드하게 하나님의 뜻에 따라 하나님을 위한 그리고 하나님의 정치를 할 줄 알아야 합니다. 그것이 하나님을 본받는 겁니다. 그래야 악으로부터 하나님의 나라를 보호하고 지킬 수 있습니다.

따라서 목사는 하나님의 선한 정치를 대신하는 대리자여야 합니다. 목사의 정치는 하나님의 뜻을 이 세상에서 이루어지게 하는 거룩한 도구이기 때문입니다. 이것이 목사가 세상의 빛과 소금이 되는 방법들 중 하나입니다. 즉 목사가 정치를 해야 세상에 더 큰 선한 영향을 미칠 수 있다는 겁니다.

결론적으로 목사가 정치를 하면 안 된다고 하거나, 강단에서 정치발언을 하면 안 된다는 것은 틀린 말입니다. 그것은 하나님을 닮지 말자는 겁니다. 그것은 복음만 아는, 순진하거나 무식한 발상입니다.

목사가 정치발언을 하면 안 된다고 하면
하나님을 닮지 말자는 겁니다.

### Q2. 왜 목사는 한 손에는 성경을 한 손에는 신문을 보며 설교해야 하나

참된 기독교인은 유대인처럼 개인 구원이나 이방 구원도 중요하지만, 자신의 조국 대한민국을 사랑하고 민족을 사랑하는 민족주의자가 되어야 합니다. 위정자가 잘못했을 때 구약의 선지자들처럼 정치적인 발언도 해야 합니다. 구약의 선지자들이 성부 하나님이 다스리던 이스라엘이란 국가의 통치 도구로 사용되었던 것처럼, 한국교회 지도자들도 대한민국의 선한 통치의 도구로 사용되어야 합니다.

그래야 대한민국이 북한의 이념에 사로잡힌 정치가들에게 휘둘리어 잘못되어 가는 것을 막을 수 있습니다. 기독교가 대한민국을 위기에서 건질 수 있습니다. 만약 자유민주주의 국가인 대한민국이 북한이 원하는 공산화가 된다면 하나님의 교회도 살아남지 못한다는 것을 명심해야 합니다.

따라서 특히 목회자들은 더 이념적인 발언을 많이 그리고 똑바로 해야 합니다. 즉 나팔 소리가 분명해야 합니다.

> "만일 나팔이 분명치 못한 소리를 내면 누가 전쟁을 예비하리요?"(고전 14:8).

왠지 압니까? 목회자의 사명 중에 선지자적 사명이 있기 때문입니다. 선지자의 가장 중요한 역할 중 하나가 시대를 살피는 겁니다. 예수님도 시대의 표적을 분별하라고 하셨습니다(마 16:2-3).

> 예수께서 대답하여 가라사대 너희가 저녁에 하늘이 붉으면 날이 좋겠다 하고, 아침에 하늘이 붉고 흐리면 오늘은 날이 궂겠다 하나니, 너희가 천기는 분별할 줄 알면서 시대의 표적은 분별할 수 없느냐?(마 16:2-3)

따라서 목회자는 시대의 위기를 발견하면 경고의 나팔을 부는 파수꾼의 역할(겔 33:6)도 해야 합니다.

> 파수꾼이 칼이 임함을 보고도 나팔을 불지 아니하여 백성에게 경고치 아니하므로 그 중에 한 사람이 그 임하는 칼에 제함을 당하면 그는 자기 죄악 중에서 제한 바 되려니와 그 죄를 내가 파수꾼의 손에서 찾으리라. (겔 33:6)

그래서 목회자는 한 손에는 성경을 다른 한 손에는 신문을 보며 설교를 해야 합니다. 구약의 선지자들이 모두 그랬습니다. 토라만 강론한 것이 아닙니다. 시대의 경고나팔을 불다가 죽기도 하고 고난도 수없이 당했습니다(이사야나 예레미야 선지자 등). 그래야 적으로부터 양들의 생명과 재산을 보호할 수 있습니다.

현대에도 유대인 랍비들은 토라 공부만 하는 것이 아니고 동족인 유대인이 발행하는 신문을 매일 읽습니다. 그 신문에는 전 세계에 흩어진 유대인에게 어디에서 어떤 사건이 일어나고 있는지를 알리는 자세한 기사들이 있습니다.

랍비는 그 정보를 새벽기도 시간이나 안식일 예배 시간에 성도들에게 설교나 광고 시간을 통하여 전합니다. 아버지들은 그 정보를 가정의 안식일 식탁에서 자녀들과 함께 토라와 함께 토론합니다.

지체된 형제로서 고통 받는 형제들을 어떻게 도울지도 의논합니다. 정치력이 필요하면 커뮤니티 상부나 이스라엘 정부에 보고합니다. 자금이 필요하면 헌금도 합니다. 이것이 성경적인 성직자의 모습입니다. 이것이 유대인의 생존의 비밀입니다.

따라서 목사들은 교회에서 성자 하나님이신 예수님을 본받자는 복음, 즉 구원론에 관한 설교만 하면 안 됩니다. 시국 설교, 즉 정치 설교도 해야 합니다. 이때 성경 본문은 신약성경이 아니라 주로 구약의 선지서를 택해야 합니다.

나는 우파도 좌파도 아닌 예수파라고 하면서 복음만 외치다가는 북한의 붉은 용 김정은의 밥이 되기 쉽습니다. 얼마나 어처구니없는 바보 같은 목회자입니까! 이런 목회자가 그 교회 양들의 생명과 재산을 어떻게 지킬 수 있습니까!

파수꾼의 역할을 제대로 하지 못하는 목사들을 이사야서에는 이렇게 표현했습니다.

> "그 파수꾼들은 소경이요, 다 무지하며 벙어리 개라. 능히 짖지 못하며 다 꿈꾸는 자요, 누운 자요, 잠자기를 좋아하는 자들이니." (사 56:10)

기억하십시오. 대한민국의 안위에 대한, 특히 이념에 관한 정치발언은 각 교단의 총회장 선거를 위한 정치와는 다르다는 겁니다. 공동체라도 전자가 잘못되었을 때는 나라가 망하고 이어서 교회 자체가 멸망할 수 있습니다. 그러나 후자의 작은 공동체가 잘못되었을 경우에는 그 공동체에만 악한 영향을 끼칩니다.

국가관의 이념이 다른, 즉 공산주의자가 자유 대한민국의 정권을 잡게 되면 그 그룹이 이적행위를 하여 나라가 위태로울 수 있다는 것을 명심해야 합니다.

(저자 주: 자세한 것은 저자의 저서 '고난을 기억하는 유대인의 절기교육의 파워' (쉐마, 2018), 제4부 제3장 절기신학 중 Ⅷ. '티샤 바브를 통한 고난의 역사교육' 참조)

## Q3. "각 사람은 위에 있는 권세들에게 복종하라"는 말씀의 바른 해석

앞에서 복음과 쉐마교육의 차이를 설명하면서 왜 정치가 쉐마교육에 속하는지 유대인을 모델로 그 필요성을 설명했습니다. 그렇다면, 성경을 많이 아시는 분들은 로마서 13장 1절에 "각 사람은 위에 있는 권세들에게 복종하라"는 말씀과 상충하지 않느냐고 반문할 수도 있습니다.

여기에서 "권세들에게 복종하라"는 말씀은 권세자의 통치를 피하지 말고 받으라는 말이지, 권세자가 악의 길로 가는 데 가만히 보고만 있으라는 말이 아닙니다. 권세자를 그리고 자신이 속한 국가를 진정으로 사랑한다면 구약성경의 선지자들처럼 권세자에게 반드시 정치적인 충언을 해야 합니다.

대표적인 인물로 다윗을 들 수 있습니다. 그는 자신을 죽이려는 사울왕의 통치를 거부하지 않고 받으면서, 그의 잘못을 지적했습니다(삼상 24장 전체 참조). 나단 선지자도 다윗왕의 잘못을 지적했습니다(삼하 12:1-12).

왜 그랬는지 압니까? 그는 하나님이 주신 권세를 거스르는 자는 하나님의 명을 거스름이니 거스르는 자들은 심판을 자취할 줄을 알았기 때문입니다(롬 13:2).

하나님의 백성은 위에 있는 권세들에게 복종은 하지만, 잘못된 것은 지적해야 합니다. 그래서 악의 길로 가는 것을 막아야 합니다. 국가를 위하여 기도만 하면 안 됩니다. 하나님은 사람을 통해서 일하시기 때문입니다.

어느 대통령이나 실책하는 이유는 주변에서 진심으로 그에게 충언하는 사람들이 없었기 때문입니다. 설사 미움을 받더라도 기독교인은 아부 대신에 대통령의 잘못을 지적해야 합니다. 또한 대통령은 아부하는 측근을 조심하고 충언하는 사람을 더 귀하게 여겨야 합니다. 즉 신실한 기독교인은 바른 국가를 세우기 위하여 권력 주변에서 정치에 적극 참여해야 합니다.

또한 이런 논리는 교회생활에도 적용됩니다. 교회에서 평신도들은 담임 목사가 바른 길로 가지 않을 때 그의 잘못을 지적해야 합니다. 그렇게 하지 않으면 교회 공동체나 국가 공동체 전체가 부패하여 피해를 볼 수 있습니다. 다만 그 목적이 앞에서 예를 든 다윗이나 나단 선지자처럼 선해야 합니다.

### Q4. 유대인의 정치 참여 이유
⟨선한 정치와 악한 정치의 구별법⟩

유대인은 세계 어디를 가나 자신들이 거주하는 나라의 정치에 관심이 많습니다. 왜냐고요? 한 국가의 흥망성쇠는 당대에 국정을 맡은 정치인의 결정에 따라 결정되기 때문입니다. 유대인들 자체가 역사를 통하여 악에 물든 이방 정치인들에게 너무나 많은 피해를 본 민족이기 때문입니다⟨저자의 저서 고난의 역사 교육 시리즈 제3권 '승리보다 패배를 더 기억하는 유대인'(쉐마, 2015년). 참조⟩. 따라서 기독인들도 악을 물리치기 위하여 정치에 무관심하면 안 됩니다.

우리가 꼭 기억해야 할 것은 정치도 하나님이 창조하신 것이라는 것입니다. 그분이 정치가의 원조입니다. 성부 하나님은 이스라엘의 정치에 일일이 참여하셨습니다. 성부 하나님은 바른 정치가의 모델이십니다.

따라서 정치를 하나님의 영광을 위하여 사용하면 매우 선한 것입니다. 현재 한국에서 보수우파 기독교인들이 종북좌파들이 주동이 된 북한의 침공을 막자는 것은 대한민국의 자유를 지키기 위함입니다. 이것은 또한 한국교회의 생존을 보호하는, 즉 하나님의 영광을 위한, 절대적인 가치를 위한 것입니다.

이것은 무엇을 뜻합니까? 정치 자체가 악한 것이 아니라, 정치를 자신의 욕구를 채우기 위해 남용하는 것이 악한 것이라는 것입니다. '정치'라는 용어가 부정적으로 인식된 이유는 후자에 해당되는 정치인들이 많이 있었기 때문입니다. 교계에서는 그런 분들을 흔히 '정치 목사'라고 부릅니다. 그러나 바른 목사들이 정치에 많이 참여하면 그런 분들은 많이 사라질 것입니다.

어떤 분들은 저자의 글을 읽고 연락을 해 왔습니다. 자신은 목회자인데 골방에서 하나님에게 기도만 하면 되는 줄 알고 선거철에 선거도 하지 않았음을 회개했답니다. 이것이 보통 은혜스러운 목회자의 모습이라고 여기지는 않았는지요. 얼마나 잘못된 모습입니까? 기독교인이 악인을 물리치기 위해 바른 사람에게 투표를 던지지 않으면 누가 그에게 투표를 하겠습니까?

특히 좌파정권이 들어선 이후 정치 얘기를 하지 말라는 사람들이 많습니다. 저자에게는 그것이 이념에 관한 말을 하지 말라는 말로 들립니다. 하나님 나라를 허는 공산주의 이념에 관한 말을 목사가 하지 않으면 누가 해야 합니까!

〈물론 그렇다고 나라를 위한 별 큰 이슈가 아닌데도 강단에서 정치 얘기를 많이 하면 안 되겠지요.〉

결론적으로 교회는 혼탁한 세상 정치를 하나님의 방법대로 리드해 나가야 할 사명이 있다는 것을 잊으면 안 됩니다. 기독교인의 정치 참여 그 자체가 소금과 빛의 역할을 감당해야 하는 것입니다.

**알고 갑시다**

## "박근혜 최악이라고 욕해 미안합니다"
## 서울대에 뜬 사과문

오경묵 기자(조선일보, 2020년 11월 27일)

서울대 재학·졸업생 전용 포털 스누라이프에 "박근혜 대통령님. 미안합니다"라는 풍자 글이 올라왔다. 글쓴이는 익명 게시글에서 문재인 정부와 비교하는 무려 13가지 사유를 들며 박 전 대통령에게 "미안하다"고 했다.

글쓴이는 "두 집 살림한다고 채동욱(검찰총장) 잘랐을 때 욕했었는데 이번에 사찰한다고 윤석열(검찰총장) 찍어내는 거 보니 그건 욕할 것도 아니었다는 걸 알았습니다. 미안합니다"로 글을 시작한다.

이어 "미르, K스포츠(재단) 만들어서 기업 돈 뜯는다고 욕했었는데 옵티머스(펀드), 프라임 보니 서민 돈 몇 조 뜯는 것보다 기업 돈 몇 천억 뜯어 쓰는 게 훨씬 나은 것 같습니다. 미안합니다"라고 했다.

또 "문체부 공무원 좌천시켰다고 욕했었는데 '원전 안 없애면 죽을래'라는 얘기했다는 거 보니 그래도 그건 정상적인 인사권의 범위에 있었던 것 같습니다. 미안합니다"라고 했다.

조국 전 법무장관도 글에 나온다. 글쓴이는 "최순실 딸 이대 입학하게 압력 넣었다고 욕했었는데, 조국 아들딸 서류 위조하는 거 보니 아시안게임 금메달은 그나마 성실히 노력해서 대학 간 것 같습니다. 미안합니다"라고 했다.

부동산 문제도 등장한다. 글쓴이는 "(박근혜 정부) 최경환 부총리가 나와서 집 사라 그럴 때 욕했었는데, (문재인 정부에서) 국민은 집 사지 말라고 하면서 집값, 전세값은 계속 올리는 거 보니 당시에 집 사란 건 서민을 위한 선견지명의 정책이었던 것 같습니다. 미안합니다" 라고 했다.

'불통 정권'에 대한 지적도 나온다. "(국정농단 사건 당시) 태블릿 나와서 (대통령이) 사과 기자회견 할 때 사퇴 안 하고 무슨 사과를 하고 있냐, 왜 기자 질문은 안 받냐고 욕했었는데 이제 와서 보니 나와서 사과라도 하는 건 정말 인품이 훌륭한 것 같습니다. 미안합니다"라고 했다.

글쓴이는 이외에도 메르스 사태와 독감백신 사태, 윤창중 사건과 안희정·오거돈·박원순 사건 등을 언급한다. 그러면서 "박근혜 정부가 최악의 정부라고 욕해서 미안합니다. 그때는 이렇게까지 한 번도 경험해보지 못한 세상이 올 줄은 몰랐습니다. 미안합니다"라고 글을 맺는다.

**알고 갑시다**

## 놀라운 선교 비사

⟨출처: '교회가 알아야 할 대한민국 건국사'
(우도환, 비전드림, 2020) 중에서⟩

지금부터 120년 전 한 젊은 미국 선교사 부부가 충남 공주에서 선교를 시작했다. 첫 아들의 이름을 우광복이라고 지어주었다.

1906년 2월 남편은 장티푸스에 감염되어 세상을 떠났다. 졸지에 과부가 된 선교사 부인은 미국으로 돌아갔다가 2년 후 자녀를 데리고 다시 한국 공주로 돌아와 47년간 선교사역을 했다.

1945년 조선이 일제 식민지 통치에서 해방되어 미국의 하지 장군이 군정관으로 한국을 신탁통치 했다. 그때 그에게 영어와 한국말을 능통하게 하는 이가 필요했다. 그래서 만난 이가 우광복이었다.

하지는 우광복에게 자네가 한국 실정을 잘 아니 앞으로 한국을 이끌어 갈 인재 50명을 추천해 달라고 했다. 우광복은 어머니가 추천해 주는 50명을 하지 장군에게 소개했다.

놀라운 사실은 그 중 48명 거의 다 기독교인이었다. 그래서 한국 정부가 수립될 때 요소요소에 기독교인들이 들어가서 이승만과 함께 기독교 나라를 세웠다.

하나님께서는 대한민국을 위하여 미리 이승만과 우광복을 준비하셨던 것이다. 놀라운 하나님의 섭리였다.

## 5. 왜 예수파 목사는 보수우파여야 하나

### Q1. 보수우파의 원조는 왜 하나님인가

이제 "왜 예수파 목사는 보수우파여야 합니까?"란 질문에 답변하겠습니다. 기독교에서 '보수'와 '우파'는 서로 다른 개념입니다. 전자는 성경적(혹은 신앙적) 측면에서 보수를, 후자는 이념적 측면에서 우파를 뜻합니다.

따라서 앞의 질문은 둘로 나누어 답을 해야 합니다. 첫째, 왜 예수파 목사는 보수여야 합니까? 둘째, 왜 예수파 목사는 우파여야 합니까?

### Q1-1. 왜 예수파 목사는 보수여야 하나

예수파 목사는 왜 보수여야 합니까? 이 질문에 답을 하려면 보수를 측정하는 기준이 무엇인지를 알아야 합니다. 그리고 하나님이 왜 보수의 근원이시며 원조라는 사실을 밝혀내야 합니다.

종교적인 유대인(Religious Jews)에게 보수와 진보를 가르는 기준은 무엇일까요? 간단히 말해 1) 성경의 일점일획도 고치면 저주를 받는다는 성경의 정확무오설을 믿어야 하고(신 4:2, 12:32; 마 5:18; 계 22:18-19), 2) 하나님의 말씀(율법)대로 살려고 노력해야 하고. 3) 모든 사고나 행동에 성경의 권위를 최상위에 놓아야 합니다. 이것은 신약시대의 기독교인에게도 그대로 적용됩니다.

이 원칙들을 더 확실하게 믿고 더 성실히 실천하려고 노력하면 할수록 더 강한 보수이고, 이 원칙들에서 더 멀어지면 멀어질수록 더 강한 진보입니다. 특히 신학적으로 성경의 절대적인 권위 대신에 세상의 철학과 사상, 이념 그리고 개인 자신의 생각을 더 많이 첨가하면 할수록 더 강한 진보가 됩니다.

이제 왜 예수파 목사는 성경적으로 보수가 되어야 하는지 설명하겠습니다. 앞에서 삼위일체론에 따라 예수님을 믿어 구원받은 예수파(성자 하나님파)는 성부 하나님파가 되어야 한다고 말했습니다.

성부 하나님파가 되면 왜 성경적인 보수가 되어야 합니까? 그것은 하나님의 입장에서 선과 악을 구별해 놓은 성경의 말씀 자체가 절대 진리이며 보수 그 자체, 즉 보수의 근원이기 때문입니다. 왜냐하면 구신약성경 자체를 만드신 분이 근원적으로 성부 하나님이시기 때문입니다.

이것은 무엇을 뜻합니까? 하나님은 원래 보수의 근원이고 원조라는 뜻입니다. 따라서 하나님의 형상을 닮기 위하여 하나님을 믿고 따르는 백성들은 더 보수여야 합니다. 그렇지 않으면 진보로 기울기 쉽습니다.

## Q1-2. 왜 예수파 목사는 우파여야 하나

예수파 목사는 왜 우파여야 합니까? 이 질문은 세 가지, 즉 우파에 대한 1) 인문학적인 측면에서 2) 이념적인 측면에서 그리고 3) 성경적인 측면으로 나누어 답을 해야 합니다. 이 중 2-3항은 기독교적인 측면에서 정의하고 설명하겠습니다.

〈저자 주: 우파에 대한 이 세 가지 정의는 제1부 제1장 I. 4. '용어에 대한 정의'에서 자세히 언급했기 때문에 여기에서는 꼭 필요한 일부만 언급한다.〉

## Q1-2-1. 인문학적 및 이념적인 측면에서 '우파'의 정당성

### 첫째, 인문학적인 측면에서 '우파'의 정당성

'우파'(右派)란 "보수적이거나 국수주의적인 경향, 혹은 한 단체나 정당 등에서 내부의 보수파나 온건파를 개혁파나 진보 급진파와 구별하여 이르는 말"로 정의합니다(다음 사전).

이 정의에 따르면 보수를 진보 급진파와 구별하여 우파라고 부를 수 있다는 겁니다. 이것은 기독교인과 비기독교인과 사이에 차이가 없습니다. 이어서 보수의 정당성을 설명합니다.

### 둘째, 이념적인 측면에서 '우파'의 정당성

대한민국에서 이념적인 '우파'는 누구를 뜻하나요? 저자는 간단히 이렇게 정의합니다.

> "미국식 자유민주주의와 자유 시장경제를 지향하고, 주적인 북한의 공산주의나 김일성 주체사상을 배격하는 이념을 가진 사람들이다."

쉽게 설명하면, 이념적으로 대한민국의 우파란 좌파(북한 공산주의)의 반대입니다. 우파는 종교의 자유를 허락하지만, 좌파는 허락하지 않습니다. 전자는 하나님 나라를 확장하는데 아무런 제한을 가하지 않지만, 후자는 가장 혹독한 제한을 가합니다.

한국의 좌파, 특히 북한 정부나 남한의 주사파 이념의 목적은 남한을 공산화하는데 걸림돌이 되는 남한의 교회, 즉 하나님 나라를 파괴하는 데 있습니다. 그들을 '종북좌파'라고 합니다. 따라서 기독교 우파는 좌파에 반대해야 합니다. 그런 면에서 좌파 공산주의를 싫어하시는 하나님은 우파이십니다.

좌파 중에도 예수님을 믿는 이들이 있다고 주장합니다. 그러나 그것은 진실을 잘 모르고 믿거나, 아니면 가짜 성도일 겁니다. 본서는 그들에게 자신들이 무엇에 속고 있는지를 알려줍니다.

〈저자 주: 자세한 것은 제2부 제1장 3. A. "실제로 복음주의 기독교인 중에 좌파가 있는가"와 B. "복음주의 기독교인 중에 좌파가 많은 이유" 참조〉

### Q1-2-2. 성경적인 측면에서 우파의 정당성: 왜 우파가 옳은가

#### 1) 하나님은 우파의 원조이시다

이제 성경적인 '우파'란 무엇인지 살펴보겠습니다. 왜 하나님이 우파의 근원이시며 원조라는 것을 설명하겠습니다. 이를 위해서는 하나님의 '의'(義, righteousness)에 대하여 설명해야 합니다.

하나님의 의가 얼마나 중요한가요? 예수님은 성도들에게 먼저 '하나님의 나라'와 '하나님의 의'를 구하라(마 6:33)고 하셨습니다. 하나님의 나라에 하나님의 의가 왜 필요합니까? 의는 하나님의 나라로 영화롭게 하고, 죄는 백성을 욕되게 하기 때문입니다(잠 14:34). 의는 죄의 반대말입니다.

기독교에서 가장 중요한 키워드 중 하나가 '의'입니다. 왜냐하면 구원론에서 가장 중요한 신학적인 용어가 '이신칭의'(以信稱義, justification by faith)이기 때문입니다. "죄인이 오직 믿음으로만 의롭다고 칭함을 받는다"는 뜻입니다. 핵심 성경 구절은 갈라디아서 3장 6-7절입니다.

> 아브라함이 하나님을 믿으매 이것을 그에게 의(righteousness)로 정하셨다 함과 같으니라. 그런즉 믿음으로 말미암은 자들은 아브라함의 아들인 줄 알지어다. (갈 3:6-7)

본문에서 '의'는 히브리어로 '쩨데크, zedaq' 헬라어로 '디카이오수내, dikaiosune'입니다. 둘 다 영어로 번역하면 'righteousness'입니다(Vine, pp. 205, 535). 어근은 'right'인데 두 가지 중요한 뜻이 있습니다. '옳은' 혹은 '오른[편]'이란 뜻입니다(다음 영어사전). 따라서 '의'는 '옳은 것'이며 '오른편'이란 두 가지 뜻을 갖고 있습니다. 그리고 '옳은 것 = 오른편'이란 등식도 성립됩니다. 또한 이것은 '옳은 것'은 '오른편', 혹은 '오른편'은 '옳은 것'이라는 해석도 가능합니다.

〈저자 주: 참고로 헬라어 'dikaiosune'는 '옳은 것이나 공정의 성질 혹은 질'(the character or quality of being right or just)이라는 뜻이다. '옳은 것'은 '틀린 것'의 반대말이다. 그러나 '옳은 것'을 '죄'나 '악'과 대조되는 '선'(善)으로 번역하면 이해하기가 쉽다. 그러나 정확한 번역은 아니다. 창 15:6에 나타나는 히브리어 'zedaq'에는 관계의 법적 신분(the legal status of a relationship)도 있다. "아브라함이 하나님을 믿으매 이것을 그에게 의(righteousness)로 정하셨다"는 이신칭의는 하나님과 아브라함과의 법적 관계라는 뜻이다(Vine, pp. 205-206).〉

누가 아브라함을 의롭다고 칭하셨나요? 하나님이십니다. 이것은 하나님은 '의' 자체이시며 '의'의 출처란 뜻입니다. 하나님이 하시는 모든 관계들은 모두 옳기(의롭기) 때문입니다(God is righteous in all of His relations). 타락한 인간은 누구도 의롭지 못합니다(욥 4:17)(상계서, p. 205).

요약하면, 하나님의 '의'는 '옳은 것'이며 '오른편' 자체이십니다. 즉 하나님은 '옳은 것'과 '오른편'(우파)의 근원이시며 원조라는 뜻입니다. 따라서 성도들은 근본적으로 '오른편'(우파)이신 하나님을 따라 오른편에 서야 옳은 '의인'이지, 왼편에 서면 옳지 않은 '죄인' 혹은 '악인'이 됩니다(마 25:31-46, 예수님의 양과 염소 비유 참조).

하나님이 우파의 근원이고 원조이신데 하나님을 믿고 따르는 목사들도 당연히 '우파'여야 하지 않겠습니까! 어떻게 좌파나 중도가 될 수 있겠습니까? 〈이 논리가 맞다는 것은 이어지는 다음 칼럼에서 더 확실해집니다.〉

### 2) 예수님도 우파의 원조이시다

앞에서 하나님은 우파의 근원이며 원조라고 했습니다. 이제 성부 하나님뿐만이 아니라 성자 하나님이신 예수님도 우파의 근원이며 원조임을 성경에서 찾아보겠습니다.

결론부터 말하자면 성자 하나님이신 예수님께서는 우리가 따르고 본받아야 할 우파의 모델이 되셨다는 점입니다. 그분은 하늘에 오르사 성부 하나님 우편에 앉으셨습니다(마 26:64; 막 14:62; 막 16:19; 눅 22:69). 좌편이 아닙니다.

> 주 예수께서 말씀을 마치신 후에 하늘로 올리우사 하나님 우편에 앉으시니라. (막 16:19)

예수님이 하나님의 우편에 앉으셨다는 것은 하나님은 우파의 근원이신데, 그분의 최측근 우파가 되셨다는 것을 뜻합니다. 이것은 삼위일체론적으로 성부 하나님이 가지신 의의 속성과 성자 하나님이신 예수님이 가지신 의의 속성이 동일하다는 것을 뜻합니다.

생각해 보십시오. 예수님이 하나님의 우파가 되셨는데, 그분을 따르는 성도들이 어떻게 좌파가 될 수 있나요? 당연히 예수님처럼 하나님의 우파가 되어야지요.

예수님은 종말에 심판의 주로 다시 오실 때 의인과 불의한 자를 양과 염소로 나누는 비유로 말씀하셨습니다(마 25:31-46). 오른편에는 양을 세워 복을 받은 자로 칭찬하시고(마 25:34), 왼편에는 염소를 세워 저주를 받은 자(마 25:41)로 경멸하셨습니다. 즉 '오른편'은 의로운 자리로, '왼편'은 저주받은 자리, 곧 불의한 자리로 표현하셨습니다.

예수님이 십자가를 지실 때에도 예수님을 변호하며 그분의 편에 섰던 우편 강도는 구원을 받았고, 예수님의 반대편에서 그분을 비난했던 좌편 강도는 구원을 받지 못했습니다(눅 23:39-43). 〈물론 어느 방향으로 보는가에 따라 좌우 방향 감각이 달라집니다. 그러나 성경에 쓰여진 용어가 중요합니다.〉

이것은 무엇을 뜻합니까? 하나님 편은 오른편에, 악인의 편은 왼편에 세우셨다는 것을 뜻합니다. 즉 오른편에 선자(우파)가 되어야 하나님 편에 서는 것입니다. 이것은 우연의 일치가 아니라 하나님이 역사를 주권적으로 주관하시는 원리와 공식입니다.

하나님은 언제나 우리의 우편에서 오른쪽을 지지하십니다. 성경에는 '오른편(쪽)'은 하나님의 도우심, 보호 등을 상징하고(시 16:8; 110:5; 121:5; 사 41:13; 마 25:31-46), 반면 '왼편'은 연약함, 불의 등을 상징합니다(삿 3:21; 마 25:41). "여호와는 너를 지키시는 자라. 여호와께서 네 우편에서 네 그늘이 되신다"(시121:5)고 말씀하십니다.

유대인의 결혼식에서도 신부는 항상 신랑의 우편에 섭니다. 왼쪽에 서지 않습니다. 왜냐하면 성경이 왕후는 왕의 오른편에 서야 한다고 했기 때문입니다(시 45:9).

> 왕의 귀비 중에는 열왕의 딸이 있으며 왕후는 오빌의 금으로 꾸미고 왕의 우편에 서도다. (시 45:9)

뿐만 아니라 성경은 지혜자의 마음과 우매자의 마음도 우파와 좌파로 나누어 설명하셨습니다. 전자는 오른편(우파)에 있고 후자는 왼편(좌파)에 있다고 했습니다.

> 지혜자의 마음은 오른편(우파)에 있고 우매자의 마음은 왼편(좌파)에 있느니라. (전 10:2)

이제 독자 여러분에게 묻겠습니다. 여러분이 예수님파나 성부 하나님파라고 생각한다면 우파와 좌파 중 어느 파를 선택해야 합니까? 당연히 우파를 선택해야지요. 여기에는 중도가 없습니다.

### 3) 요약 및 결론

이제 첫째와 둘째 질문을 요약해 봅시다. 첫째 질문은 "왜 예수파 목사는 보수여야 합니까?"이고, 둘째 질문은 "왜 예수파 목사는 우파여야 합니까?"입니다. 합하면 "왜 예수파 목사는 보수우파여야 합니까?"입니다. 이에 대한 답은 성경적으로 하나님은 원래 '보수' '우파'의 근원이시며 원조이시기 때문입니다. 따라서 '보수'의 가치나 '우파'의 가치가 기본적으로 동일합니다. 기독교에서 '보수우파'라는 용어를 '진보 좌파'의 반대로 사용하는 이유입니다.

성경적으로 '보수우파'는 하나님의 말씀(율법)에 순종하지만, '진보 좌파'는 하나님의 말씀에 대항하여 교회를 허무는 자들입니다. 따라서 전자는 교회를 거룩하게 세워나가지만, 후자는 성경의 가치를 허무는 동성애를 옹호하거나 낙태법을 찬성하거나 그리고 어린이들에게도 성을 누릴 수 있는 권리를 주자고 주장합니다. 모두 하나님의 법에 어긋나는 주장들입니다.

구약성경의 위대한 이스라엘의 지도자들을 보십시오. 다윗, 예레미야, 다니엘, 에스라, 느헤미야 그리고 에스더는 성경적 그리고 이념적으로 모두 진보 좌파가 아닌, 보수우파였습니다. 그들은 모두 이스라엘의 애국-애족자들이었습니다. 물론 현재도 보수인 정통파 유대인은 십계명을 비롯한 모든 율법을 철저히 지키며 공산주의를 배척하고 있습니다.

따라서 신약시대의 목사들도 성경을 하나님의 말씀으로 믿는다면 구약시대 이스라엘의 지도자들처럼 보수우파가 되어야 합니다. 진보 좌파나 중도가 되면 안 됩니다. 신약시대에는 기독교인도 하나님의 백성이기 때문입니다(갈 3:6-9).

결론입니다. 예수님이 하나님의 보수우파가 되셨는데, 그분을 따르는 제자들이 진보 좌파가 되면 되겠습니까? 당연히 예수님처럼 보수우파가 되어야 하지요. 이 글을 읽는 목사들 중에 혹시 진보 좌파 혹은 중도가 있다면 지금이라도 보수우파로 돌아와야 합니다. 그래야 성도들도 보수우파로 돌아올 수 있습니다. 이런 진리를 알고도 실천하지 않으면 더 큰 죄가 됩니다.

기억하십시오.
하나님은 원래 보수우파의 근원이시며 원조라는 사실을!

## Q2. 목사가 '나는 예수파, 혹은 중도파'라고 하면 맞는 말인가

한국에 이념 논쟁이 뜨거워지고 있습니다. 현 좌파 정권 대통령(문재인)이 대한민국의 이승만 전 대통령이나 박정희 전 대통령을 한 번도 고맙게 생각하지 않고 북한의 간첩 출신 신영복 선생을 가장 존경한다고 했기 때문입니다. 나라가 공산화되려는 조짐에 우파는 걱정이 태산 같습니다.

교인들은 자신의 교회 목사들이 어느 이념을 가지고 있는지 궁금해 하고 있습니다. 이때 많은 목사들이 '나는 우파도 좌파도 아닌 예수파, 혹은 중도파'란 말을 합니다. 왜 그들이 그런 말을 할까요?

1) 대부분은 본서에서 왜 우파가 옳고 좌파가 그른지에 대한 논리를 몰라서 그런 말을 할 겁니다. 2) 일부는 우파라고 하면 좌파로부터, 좌파라고 하면 우파로부터 공격을 받을까 염려해서 일 것입니다. 3) 진짜 친북 성향의 좌파 정권을 좋아해서일지도 모릅니다. 4) 우파이건 좌파이건 상관없이 정권에 아부하여 유익을 얻고자 하는 이들도 있을 겁니다.

앞에서 '나는 우파도 좌파도 아닌 예수파, 혹은 중도파'란 말이 왜 틀렸는지 그 이유를 자세히 설명했기 때문에 여기에서는 간단히 두 가지만 요약하겠습니다.

첫째, 앞에서 설명한 대로 국가관이나 이념을 논할 때는 성자 하나님 이신 예수파는 성부 하나님파가 되어야 한다고 했습니다. 따라서 목사의 이념을 물을 때 '예수파'라고 대답하면 틀린 말입니다.

둘째, 목사에게 이념을 물을 때 '중도'라고 하면 왜 틀린 말입니까? 앞에서 설명한 대로 하나님은 이념적인 입장에서 중도가 아니시기 때문입니다. 하나님은 이념의 기준이 반 성경적이면 마땅히 그것을 배격하라고 하십니다. 예수님은 이념의 잣대로 사용하시는 하나님의 율법에 관해서는 중도라고 말하지 말고 어느 하나를 선택하라고 하셨습니다.

> 오직 너희 말은 옳다 옳다, 아니라 아니라 하라. 이에서 지나는 것은 악으로 좇아 나느니라. (마 5:37)

좌파, 특히 주사파 이념의 목적은 남한의 하나님 나라를 파괴하는 것입니다. 따라서 분명히 '아니다'입니다.

우리는 분명히 알아야 합니다. 이념에는 중도가 없다는 것을! 따라서 '중도'란 용어를 이념이란 주제에 사용하면 안 됩니다. 왜냐하면 기독교와 공산주의는 공존이 불가능하기 때문입니다. 따라서 북한과 공존하자는 '평화'는 가짜 평화입니다. 앞에서 설명한 대로 예수님이 하나님 편에 선 의인과 반대편에 선 악인을 양과 염소로 가르듯이(마 25:31-46) 양과 염소 사이에 중간은 없습니다.

'중도'란 용어는 서로 용납하여 공존이 가능한 그룹들끼리 우열을 가리는 논쟁을 할 때 제3자 입장에서 "나는 어느 그룹도 지지하지 않고 중도다"라고 말할 수 있습니다.

예를 들면, 공존이 가능한, 즉 이념이 동일한 사람들이 형성한 정당에서 정당 대표를 뽑는 선거에서, 혹은 교단 총회장을 뽑는 선거에서 A후보의 주장과 B후보의 주장 사이에 누구 편을 들기 힘들 때 "나는 중도다"라고 말 할 수 있습니다. 혹은 가정에서 아들이 아버지와 어머니 중 누가 옳은지 한쪽을 택하라는 요청을 받았을 때 "나는 중도입니다"라고 대답할 수 있습니다.

결론적으로 "나는 우파도 좌파도 아닌 예수파, 혹은 중도파"란 말은 틀린 말입니다.

이제 각 교회 목사들은 자신의 이념을 선택해야 할 때입니다. 그동안 이런 논리를 몰라서 그랬다면 이 글을 읽고 바로 잡아야 합니다. 알면서도 교인들을 속였다면 이것은 더 큰 죄입니다. 하나님을 두려워해야 합니다.

그리고 자신이 정말 예수님을 잘 믿는 목사라면 당연히 하나님처럼 보수우파가 되어야 합니다. 그리고 북한 체제와 공산주의를 비판해야 합니다.

## 6. 정치신학의 결론: 보수우파 목사들의 결단을 촉구하며

### Q1. 왜 예수파가 국가의 위기에 앞장서 싸워야 하나

구약에 근거한 성부 하나님의 영역에 속한 국가관의 모델은 현재에도 있습니다. 바로 이스라엘입니다. 그리고 그 나라와 연관된 전 세계에 흩어져 사는 유대인들의 애국적인 삶도 모델입니다. 구원론적 입장이 아닌, 교육학적 입장에서 그렇다는 말입니다. 그들은 자신의 유일한 조국 이스라엘을 아랍권과 이슬람권으로부터 지키기 위하여 정치적 및 물질적으로 최선을 다하여 힘을 모읍니다.

쉐마교육을 받았던 바울도 개인 구원을 위한 이방 선교사이면서도 "나의 형제 곧 골육의 친척을 위하여 내 자신이 저주를 받아 그리스도에게서 끊어질지라도 원하는 바로라"(롬 9:3)고 절규했던 민족주의자였습니다. 물론 예수님도 애국-애족자들이었습니다(마 23:37-39, 눅 19:41-44, 23:28). (자세한 것은 저자의 저서 '유대인의 고난의 역사교육 시리즈' 제2-3권 참조)

이것은 무엇을 뜻합니까? 하나님을 믿는 이들은 구약시대나 신약시대나 모두 자기 국가나 민족을 사랑하는 애국애족주의자가 되어야 한다는 뜻입니다. 그리고 자신의 모국을 지키는 파수꾼의 역할을 해야 합니다.

따라서 유대인처럼, 전 세계에 흩어져 사는 한국인 기독교인들도 조국 대한민국을 북한으로부터 지키기 위하여 정치적 및 물질적으로 최선을 다하여 힘을 모아야 합니다. 더구나 한국이 공산화되면 나라만 없어지는 것이 아니라, 하나님의 백성이 한 사람도 남김없이 모두 순교를 당한다는 것을 명심하기 바랍니다. 제일 먼저 대형교회 목사들부터 체포되어 인민재판 후 사형당할 겁니다.

따라서 지금 대한민국이 공산화 직전에서 누가 제일 먼저 나서야 합니까? 예수님을 가장 잘 믿는다는 분들, 스스로 복음에 충직한 예수파라고 하는 목사들이나 장로들이 나서야 합니다. 왜냐하면 하나님이 그것을 원하시기 때문입니다.

특히 소형교회 목사들도 이념적 정치발언을 해야 하지만, 대형교회 목사들은 더욱 열심히 해야 할 겁니다. 물론 본인이 순교하지 않기 위함도 있지만, 많은 교인들에게 북한의 속임수를 알려주어 그들이 일어나 악한 북한으로부터 대한민국을 지키게 하기 위함입니다. 잠잠하면 안 됩니다.

다행히 한국 기독교는 대한제국이 망했을 때 불과 1.5%(약 24만 명)도 안 되었던 개신교 기독교인들이 일어나 일본의 압제에 대항하여 나라를 되찾으려고 했던 1919년 3.1운동이라는 좋은 선례가 있습니다(옥성득, *3.1운동과 기독교*, LA중앙일보, 2015년 3월 3일, p. 20).

그분들의 정치적인 행동 때문에 희생은 많았으나 일제가 무지막지한 무단 통치를 멈추고 문화정치로 바꾸며 일부 자유를 허용했습니다. 이것은 당시 기독교인들이 악한 일제의 정치에 잠잠하지 않고 참여했기 때문에 얻은 피의 보상입니다.

주기철 목사님이나 손양원 목사님도 애국-애족자였습니다. 도산 안창호 선생님도 기독교인으로 애국-애족 자였습니다. 일제의 잘못된 정치를 지적하다가 모진 고난을 당했습니다.

대한민국을 건국한 이승만 박사도 매우 신앙이 좋은 애국-애족자였습니다. 그가 전군에 군목제도를 도입했습니다(이주영, *이승만과 기독교*,

2005년 4월 14일). 이것은 유대인을 모델로 한 좋은 선례입니다. 하나님이 우리 대한민국을 그만큼 사랑하셨다는 증거이죠.

다만 기억해야 할 것은 정치에도 악한 정치가 있고 선한 정치가 있다는 겁니다. 전자는 자기의 유익을 위한 정치를 말하고, 후자는 자기가 속한 공동체 전체의 유익을 위한 정치를 말합니다. 하나님의 백성은 후자 정치를 해야 합니다.

### Q2. 정상적인 기독교인은 왜 국가의 위기에 분노해야 하나

〈저자 주: 이제 기독교인은 국가관과 정치는 성자 하나님의 영역이 아니라 성부 하나님의 영역이라는 것을 알았습니다. 왜 대한민국 정권은 북한 공산주의 정권을 용서하면 안 되는지도 알았습니다. 그리고 왜 예수파 목사는 성부 하나님파가 되어야 하고, 보수우파여야 하고, 국가의 위기에 정치발언도 해야 하는지도 알았습니다.

이제 기독교인은 어떻게 행동해야 할까요? 성부 하나님이 통치하셨던 구약의 이스라엘을 모델로 삼아 그 나라의 국가관과 정치에서 답을 찾아야 합니다. 그것은 유대인의 쉐마교육 내용입니다.

성부 하나님은 그분이 그토록 사랑하시는 대한민국이 생존이냐 파멸이냐를 가르는 존폐 위기에 처한 현실을 우리보다 너무나 잘 알고 계십니다. 그분은 이때에 한국교회와 목사들에게 무엇이라고 말씀하실까요. 먼저 분노하라고 말씀하실 겁니다.

아래 글은 저자가 전광훈 목사가 이끌었던 아스팔트 청와대 교회에서 설교한 것 중 일부(2019.10.25.)를 그대로 싣습니다.〉

## Q2-1. 30년 전 유학생이 알려주었던 한국의 급변한 좌경화 소식

저는 미국에서 44년을 살았습니다. 1973년에 학생 신분으로 미국에 갔고 1975년도에 아내와 결혼하여 미국에 이민을 갔습니다. 평신도 생활을 오래하다가 늦게 하나님의 부름을 받고 신학교에 갔습니다. Biola대 탈봇신대원에서 박사학위를 시작 할 때가 만 40세였습니다.

저는 한국인 종교교육은 어디로 가야 하는지에 대한 논문으로 학위를 받고 그 모델로 정통파 유대인 교육을 연구하여 "IQ는 아버지 EQ는 어머니 몫이다"란 책을 썼는데, 그 책이 베스트셀러가 되면서 한국에 알려지게 되었습니다.

저는 미국에서 박사 과정을 공부할 때 한국에서 유학 온 젊은 복음주의 신학교 교수와 한국의 정치 상황에 대해 논쟁을 벌인 적이 있었습니다. 논쟁을 마치며 그는 저에게 이런 말을 했습니다.

> "현 교수님 같은 보수는 한국에서 교수생활 하기가 힘들 겁니다. 한국에서는 북한과 김일성에 대해 우호적이지 않으면 학교에서 받아주지를 않습니다."

그리고 조금 있다가 E대 출신 여학생이 유학을 왔습니다. 그분이 저에게 주사파가 똑똑한 학생들을 뽑아 공산주의 이념과 김일성 주체사상을 가르치는, 소위 주체사상 학습이라는 것을 설명해 주었습니다.

모두 30년 전, 1980년대 말의 사건이었습니다. 저는 깜짝 놀랐습니다.

> "기독교에도 이렇게 종북좌파가 많다니…"

1970년대에 미국에 이민을 간 동포들은 1970년대의 한국의 전통과 보수적 사고에 정지되어 있었기 때문입니다. 그 후 30년이란 세월이 지났습니다. 1년 반 전 2017년에 미국 연방정부 검사로 일했던 아들한테서 전화가 왔습니다.

"아빠 한국에서 전쟁이 날 것 같아요."
"너 어떻게 아느냐"

아들은 자기 주변 거의 모든 고위관리들이 그렇게 말한다고 했습니다. 알고 보니 미국의 트럼프와 북한의 김정은이 한참 대립하여 극한 상황까지 몰고 갔던 때였습니다. 외국에서는 다 이렇게 한국의 안보가 위기인데 한국에서는 국민들이 너무나 태평한 데에 놀랐습니다. 뿐만 아니라 "세상에 어떻게 이렇게 종북좌파가 많아졌는지"에도 놀랐습니다.

저는 목사님들과 교수님들을 상대로 쉐마목회자클리닉을 20년 동안 강의해 왔습니다. 한국에 와서 보니 주사파 정권이 대한민국을 통째로 북한 김정은에게 넘기려고 해도 거짓 평화에 속고 있습니다. 거의 모든 백성들이 '평안하다' '평안하다'를 외치고 있습니다. '설마' '설마'를 믿고 있습니다.

문재인 정권이 교회를 그렇게 핍박하는데도 목사들은 벙어리가 되어 순한 양처럼 고분고분합니다. 부당한 정권에 정의롭게 할 말을 하는 목사들은 매우 극소수에 불과합니다. 대부분이 정권에 아부하는 것처럼 보입니다.

## Q2-2. 왜 하나님은 국가의 위기에 예레미야를 분노로 채우셨나

한 국가가 위기에 처했다면 그 이유가 있을 겁니다. 천재지변이나 코로나19처럼 밖에서 올 수도 있습니다. 그러나 그 위기가 내부 정권의 좌경화나 타락에 기인할 수도 있습니다. 전자에는 국민이 분노할 수 없겠지만, 후자에는 분노해야 합니다.

현재 한국의 위기는 후자에 속합니다. 저는 오늘 한국의 위기를 보면서 왜 기독교인이 먼저 분노해야 하는지를 성경적으로 설명하겠습니다. BC. 586년경 이스라엘 땅 남유다라는 나라의 시드기야 왕 시대에도 이런 국가의 위기가 있었습니다.

거대한 이웃나라 바벨론이 유다를 점령하고 모든 국민들을 포로로 잡아가려고 계획을 다 세워 놓았습니다. 이것은 이미 하나님이 유다의 왕과 권력 있는 자들과 제사장들, 즉 기득권자의 악한 죄를 심판하려는 계획이었습니다.

당시 남유다에는 두 선지자가 있었습니다. 거짓 선지자 하나냐이었고, 진실한 선지자 예레미야이었습니다.

하나냐는 시드기야 왕에게 유다 나라는 평화의 시대가 도래했다고 했습니다. 여호와 이스라엘의 하나님이 바벨론 왕의 멍에를 꺾었다고 했습니다.

> 그 해 곧 유다 왕 시드기야가 다스리기 시작한 지 사 년 다섯째 달 기브온앗술의 아들 선지자 하나냐가 여호와의 성전에서 제사장들과 모든 백성이 보는 앞에서 내게 말하여 이르되, 만군의 여호와 이스라엘의 하나님이 이같이 일러 말씀하

> 시기를 내가 바벨론의 왕의 멍에를 꺾었느니라. (렘 28:1-2)

예레미야 선지자는 이것이 거짓임을 알았습니다. 남유다 백성들이 하나님의 징계를 받아 바벨론 포로로 잡혀갈 것을 알았습니다. 예레미야는 망연자실했습니다. 그러나 당시 시드기야 왕과 권력자, 대제사장들 및 모든 유대 백성들은 거짓 평화를 외치는 하나냐의 달콤한 평화를 좋아하고 그것을 믿었습니다. 한 치 앞의 위기를 눈치 채지 못했습니다.

여러분, 오늘날 문재인 정권의 거짓 평화 선동에 속는 한국 백성들과 너무나 닮지 않았습니까? 그리고 진실한 선지자 예레미야를 때리고 웅덩이에 빠뜨리고 감옥에 가두고 매질도 했습니다. "너는 왜 입만 벌리면 나라가 망한다고 하느냐"는 것이었습니다. 그는 나라가 망하는 모습에, 그리고 자신의 말을 믿지 않는 이들 때문에 너무나 많이 울었습니다. 그래서 그를 '눈물의 선지자'라고 합니다.

여기에서 우리는 무엇을 깨달아야 합니까? 현재도 우매한 자들은 거짓 평화를 외치는 거짓 정치인들에게는 박수를 보내며 환호하지만, 위기를 알리는 의인들은 핍박을 받고 있다는 사실입니다. 전광훈 목사는 오늘날 한국의 위기를 알리는 진실한 선지자입니다. 이 시간 여러분과 전광훈 목사 스텝들에게 하나님의 위로가 있기를 예수님의 이름으로 축원합니다.

예레미야는 자신의 신세를 한탄하며 이렇게 말했습니다.

> 만군의 하나님 여호와시여 나는 주의 이름으로 일컬음을 받는 자라 내가 주의 말씀을 얻어 먹었사오니 주의 말씀은 내게 기쁨과 내 마음의 즐거움이오나, 내가 기뻐하는 자의 회

에 앉지 아니하며 즐거워하지도 아니하고 주의 손을 인하여 홀로 앉았사오니 이는 주께서 분노로 내게 채우셨음이니이다. 나의 고통이 계속하며 상처가 중하여 낫지 아니함은 어찜이니이까. 주께서는 내게 대하여 물이 말라서 속이는 시내 같으시리이까. (렘 15:16-18)

예레미야는 "내가 하나님의 말씀을 받아먹을 때는 기쁘고 즐겁시만, 자신은 기쁘고 즐거운 자리에는 참석할 수 없고 즐거워 할 수가 없다"(렘 15:16-17)고 했습니다. 그 이유는 주께서 저에게 분노로 내게 채우셨기 때문이라고 했습니다(렘 15:18).

여러분, 누가 예레미야를 분노로 채우셨습니까? 여호와 하나님이십니다. 왜 분노로 채우셨습니까? 하나님의 분노를 온 이스라엘 백성에게 외치게 하기 위함이었습니다.

이것을 "하나님의 거룩한 분노"라고 합니다. 예수님도 유대인으로 거룩한 분노를 가지셨습니다. 예루살렘 성전을 더럽혔던, 하나님을 속이며 장사하는 이들의 상을 뒤엎으셨습니다(요 2:12-25).

바울도 갈라디아서 1장 9절에 보면 베드로를 향하여 거룩한 분노를 표출했습니다. "만일 누구든지 너희의 받은 것 외에 다른 복음을 전하면 저주를 받을지어다"라고 말했습니다.

여러분, 이 자리에 왜 오셨습니까? 하나님이 여러분의 마음을 분노로 채우셔서 오시지 않았습니까? 여러분, 왜 분노하십니까? 문재인 대통령 때문에, 법무부 장관 조국 때문에, 주사파 때문에, 전교조와 민노총 때문에, 지극히 비정상적인 사람을 정상이라고 우기기 때문에, 불법을 행하는 자들의 횡포 때문에 오시지 않으셨습니까?

여러분, 당연히 정상적인 사람은 분노를 느껴야 하지 않나요? 누구는 평안하게 미소 지으며 이웃에게 전도만 하고 싶지 않아서 여기에 왔나요? 주사파 때문에 나라가 위태로우니까 왔잖아요.

누가 성숙한 교인입니까? 이 시대에 분노할 줄 아는 사람입니다. 분노를 하지 않는 자는 정상적인 기독교인이 아닙니다. 미성숙한 자이거나 우둔하여 속는 자입니다. 아니면 비겁한 자입니다.

누가 성숙한 교인입니까? 국가의 위기에 분노하는 자입니다.

### Q2-3. 거룩한 분노를 가진 자여 침묵하지 말라

나라의 위기를 깨달은 기독교인은 분노만하면 안 됩니다. 당연히 하나님의 나라를 침범했던 불렛셋을 용감하게 무찔렀던 구약의 이스라엘의 본 회퍼이나 다윗처럼, 북한에 동조하는 종북좌파들을 무찔러야 합니다.

따라서 목사는 강단에서 복음만 전하면 안 됩니다. 종북좌파의 왜곡된 국가관에 대항하기 위하여 그들 정부의 잘못을 지적하고 이승만 대통령의 대한민국 건국이념도 가르쳐야 합니다.

만약 교회가 현재 이념 논쟁에서 바른 선택을 제시하지 않는다면, 즉 한국이 이념적으로 공산화되는 것을 막지 않고 그대로 방관한다면 그것은 적그리스도적 사고의 발상입니다. 국가와 하나님 나라에 대한 엄청난 죄악입니다.

독일 나치 시절 독일교회는 국가가 전체주의로 잘못 가고 있었는데도 그것을 막지 못했던 것은 삼위일체론에 근거한 새로운 정치신학이 정립되지 않았기 때문입니다. 그러나 이제 하나님께서 부족한 종을 통하여 새로운 정치신학을 정리하게 하셨습니다. 그리고 많은 분들에게 이를 전파하고 있습니다. 따라서 이제는 교회가 더 이상 반복하여 악에게 당해서는 안 됩니다.

이를 배우고도 교회내의 좌파나 정부 권력이 무서워 침묵한다면 이 또한 하나님 앞에 회개해야 합니다. 바울은 어떤 경우라도 교인들이나, 혹은 정부 권력과 하나님 사이에서 갈등이 있었을 때 그는 하나님을 기쁘게 했습니다. 그것이 그가 '그리스도의 종'이라는 것을 증명하는 방법이었습니다.

> 이제 내가 사람들에게 좋게 하랴, 하나님께 좋게 하랴, 사람들에게 기쁨을 구하랴, 내가 지금까지 사람의 기쁨을 구하는 것이었다면 그리스도의 종이 아니니라. (갈 1:10)

이제 목회자들은 자신들이 그리스도의 종인지, 사람이나 정권의 권세 잡은 자들의 종인지를 확인할 때입니다. 물론 이 글을 읽는 평신도들도 자신들이 섬기는 교회의 목회자들이 그리스도의 종인지, 사람이나 정권의 권세 잡은 자들의 종인지를 확인할 때입니다.

그리고 목회자와 평신도 모두 함께 대한민국을 북한 공산주의로부터 지키기 위해 분연히 일어나야 합니다. 그렇지 않으면 대한민국은 물론 한국교회도 없어지게 됩니다.

독일 교회가 나치에 대항치 못했던 것은
삼위일체론에 근거한 정치신학이 정립되지 않았기 때문이지만
이제 그것을 안 이상 다시 당할 수는 없습니다.

### Q3. 목사가 정치발언하면 손해 본다고 그래도 해야 합니다

앞에서 저자는 보수 교회 목사들이 국가의 정치에 나서지 않는 이유를 설명했습니다. 전통적으로 정치하는 목사는 타락한 것처럼 여기기 때문입니다. 오직 기도와 말씀만 전념하는 목사를 거룩한 목사로 여겼기 때문입니다.

저자는 왜 이런 개념이 틀렸는지를 쉐마교육학적 입장에서 성경적으로 자세히 설명했습니다. 이것이 '삼위일체론에 근거한 정치신학'입니다. 이제 독자들은 정치신학에 대한 진리를 알았으니 잠잠하면 안 됩니다. 앞장서서 목소리를 높여야 합니다.

왜 한국교회의 공동체인 대한민국이 망해 갑니까? 가장 큰 원인은 하나님에게 인정받는 대부분 보수 목사들은 정치를 기피하고, 그렇지 못한, 비판 받는 목사들이나 진보 목사들이 떼를 지어 패거리 정치를 하기 때문입니다. 그러니 어떻게 세상이 정의롭게 바뀔 수 있겠습니까! 세상이 더 암울해질 뿐입니다.

기억하십시오. 어느 공동체이든 그 공동체의 미래 결정권은 그에 속한 정치인의 손에 달려 있습니다. 선한 법과 악한 법도 정치인이 만듭니다. 현재 쓰나미처럼 몰려오는 대한민국의 위기도 목사들이 정치에 무관심한 사이에 종북좌파의 프로파간다에 국민들이 속았기 때문입니다. 그래서 국민들은 종북좌파 정치인들을 선택한 겁니다. 그들이 수많은 악법들을 만들고 있습니다.

이제 정치신학에 대한 글을 마무리합니다. 이 글을 읽는 분들에게 결단을 촉구합니다. 강단에서 용감하게 정치발언을 하십시오. 그렇게 해서 여러분들의 조국 대한민국과 여러분의 교회를 살려내세요. 그리고 굳세게 지키세요.

물론 목사가 국가 정치에 끼어들면 현 정권에 밉보여 불이익을 당할 수 있습니다. 기도하고 말씀만 전할 때보다 집중면에서 머리가 산만해질 수 있습니다. 물질적 및 시간적으로 손해를 볼 수도 있습니다. 또한 교회 내에서 반대파가 늘어날 수 있습니다. 교회성장에 방해가 될 수도 있습니다.

그렇다고 국가의 위기에도 잠잠하다면 너무나 비겁하고 이기적입니다. 누구는 그것을 몰라서 정치발언을 합니까? 주의 종들은 오직 주님의 유익에게만 전념해야 합니다. 문제는 개인이 얼마나, 그리고 참된 정치에 참여하느냐 인데, 그 수위 조절은 하나님에게 기도하면서 본인이 결정해야 할 겁니다.

진정한 목사는 그리스도와 함께 고난도 함께 받아야 합니다. 바울의 말씀으로 마치겠습니다.

자녀이면 또한 후사, 곧 하나님의 후사요 그리스도와 함께 한 후사니, 우리가 그와 함께 영광을 받기 위하여 고난도 함께 받아야 될 것이니라. (롬 8:17)

## Q4. A박사의 결언과 현용수의 답변

### A박사의 결언

"교수님께 받은 쉐마의 가르침과 은혜는 결코 잊지 않겠습니다."

### 현용수의 답변

A박사님의 좋은 질문 덕분에 많은 우파와 좌파 분들이 도움을 받을 것 같습니다. 문제들을 제기해 주신 A박사님에게도 감사합니다. 이런 문제들을 제기하지 않았다면 이런 글들이 나오지 않았을 테니까요. 연합하여 선을 이루게 하신 주님께 감사와 영광을 드립니다.

성경적인 국가관이나 민족관도 복음이 아니기 때문에
구약의 유대인 쉐마교육에서 찾아야 합니다.
구약의 신본주의 국가인 이스라엘이 모델입니다.

## 7. 정치 참여 방법:
### 시국 한탄만하는 대형교회 L목사, 이렇게 실천하세요

현용수

⟨https://blog.naver.com/shemaiqeq/221651588121, 2019년 9월 18일⟩

TV에서 감동적인 설교를 들었습니다(2017.10.22. 아침 9시). L 목사님의 '(삼손의) 머리털이 다시 자라다'였습니다. 그분의 설교는 늘 가식이 아닌 마음으로 하는 진정성이 느껴집니다.

내용은 삼손이 드릴라에게 속아 머리털이 밀려 힘이 없어져 불레셋 사람들에게 두 눈이 빼이고 맷돌을 돌리는 극한의 절망 속에서도 하나님의 희망은 있었다는 겁니다. 현재 한국은 이처럼 최악의 절망에 있다는 겁니다. 대체로 두 가지 절망을 들었습니다. 1. 북핵 위기, 2. 드라마 내용을 설명하며 '성적 타락'이 극에 달했다는 겁니다.

그런데 L 목사님 자신이 더 한탄스러워 하는 것은 사람 많이 모은 대형교회 목사인데도 아무 것도 할 수 없다는 현실이기 때문이랍니다. 그러면서 "현재 사람 많이 모은 것이 무슨 소용이 있습니까?"라고 한탄했습니다.

그래서 저는 대형교회 목사님들과 교인들이 절망적인 한국의 현실에서 할 수 있는 방법을, 즉 절망을 희망으로 바꿀 수 있는 방법을 유대인을 모델로 가르쳐주려고 합니다.

유대인은 애국, 애족심이 투철합니다. 그들은 이렇게 할 겁니다(출처: 저자의 40권의 책, 특히 '고난의 역사를 기억하라' 시리즈 전5권 참조). ⟨이것은 그분을 공격하려는 것이 아니고 그분이 몰랐던 부분을 유대인 교육 전문가로서 알려주기 위함

임을 양해 바랍니다.〉

설교에서 L 목사님은 하나님이 두 눈이 빠진 삼손이 절망에 처했을 때 사무엘을 준비하셨다고만 했지, 그 전에 삼손이 절망 가운데도 하나님께 기도하며 블레셋을 멸망시키기 위해 하나님께 마지막 힘을 달라고 기도하여 그 힘으로 큰 집을 무너뜨려 "삼손이 죽을 때에 죽인 자가 살았을 때에 죽인 자보다 더욱 많았다"는 부분(삿 16:28~31)은 말하지 않았습니다.

삼손은 유대인입니다. 그는 절망 가운데 한탄만 하고 잠잠했나요? 아닙니다. 원수를 갚기 위해 1) 기도하고, 2) 행동했습니다. 집을 버티고 있는 두 기둥을 잡고 있는 힘을 다해 무너뜨리려고 노력했습니다. 그때 하나님께서 함께 하셔서 승리하게 하셨습니다. 즉 유대인은 절망 속에서 한탄만 하지 않고 상황을 역전시키기 위해 1) 기도하고, 2) 행동한다는 사실에 주목해야 합니다.

에스더도 유대민족이 위기에 처했을 때 하나님께 1) 기도하고, 2) 행동했습니다(에 4:13~16). 우리도 절망을 희망으로 바꾸기 위해 1) 기도하고, 2) 행동할 때 하나님이 함께 하십니다.

따라서 L 목사님도 한국의 절망에서 하나님께 막연히 기도만 하자고 하지 말고 삼손처럼 문제를 해결하기 위해 다음과 같은 행동을 실천하면 하나님께서 함께 하셔서 대부분 북핵 문제와 성적 타락 문제들이 근원적으로 해결 될 겁니다.

1. 이승만은 역적이고 자유 대한민국은 태어나지 말았어야 한다고 주장하며 대한민국의 국익을 해치는 친북 인사들, 특히 정치인들의 정체를 교인들에게 밝히고 그들에게 속지 말라고 설교하십시오[이동호(전

전대협 연대사업국장) 강의 동영상 및 황장엽 선생 강의 동영상 참조]. 그리고 다음 선거 때 그 정치인들에게 표를 주지 말라고 설교하십시오.

물론 전 교인이 나라를 살리기 위한 집회에도 참석하라고 권면하세요. 하나님을 두려워하는 사람은 사람을 두려워하지 않습니다. 이것이 보수를 키우고 북핵을 막는 한 방법입니다.

2. 히틀러 같은 독재자에게 시달리는 처참한 북한의 인권에 대하여 끊임없이 설교하십시오. 지도자를 잘못 만나 300만 이상이 굶어죽은 동포들, 먹고 살기 위해 탈북한 탈북자들, 특히 시골 중국 남자에 팔려가 짐승보다 못한 성노예 취급을 당하는 북한 여성들의 모습을 폭로하십시오(출처: 이만갑 + 모란봉 클럽). 유대인은 동족 한 사람이 타국에서 고난을 당하면 전 세계 유대인이 그 고통에 참여하며 아파합니다. 그리고 다른 드라마보다 북한의 실상을 알리는 이만갑이나 모란봉 클럽 같은 프로를 많이 시청하십시오. 이것도 보수를 키우고 북핵을 막는 길입니다.

3. 진보 교육가들이 '양성평등'을 '성평등'이란 용어로 교묘히 바꾸어 유치원 때부터 성은 개인이 누려야 할 권리라고 가르치며, 어려서부터 성을 마음대로 누려도 되고, 동성애나 다른 성들도 찬성하는 법안이 왜 잘못되었는지 설교하고, 그 법을 저지하도록 하세요(출처: 김지연 약사 강의나 울산대 이정훈 교수 동영상 참조).

4. 또한 학생인권조례법안을 저지하세요. 학생의 인권을 앞세워 교사의 교권을 박탈하는 학생들의 미래를 망치는 악법입니다. 그리고 대한민국의 역사를 왜곡하는 한국 근현대사의 잘못을 지적하고 자랑스러

운 대한민국의 바른 국가관을 가르치십시오(저자의 '*박근혜 위기 유대인이라면 어떻게 극복할까*'. 이호 목사 동영상 다수 참조).

### 저지하는 방법

1) 그런 법안을 찾아 전 교인이 반대서명을 하세요.

2) 그 법안을 만든 국회의원들에게 항의하십시오. 그리고 그 지역 국회의원을 불러 이런 법안이 올라오면 꼭 저지해야 다음 선거에서 표를 주겠다고 확답을 받으세요.

3) 진보적인 법안이 상정되면 언론에 반대하는 칼럼을 쓰거나 교인들에게 쓰게 하십시오. 그리고 그런 글이 올라오면 수많은 찬성 댓글을 달거나 찬성편에 클릭하세요. 그리고 많은 사람이 보도록 퍼 나르세요.

부득불 저의 예를 들겠습니다. 저는 더불어민주당 박경미 의원 등 14인이 인성교육의 핵심 가치에서 '孝'를 빼자는 인성교육진흥법 개정안을 발의했을 때 조선일보에 "인성교육에서 '孝'를 빼면 뭐가 남는가"란 칼럼을 썼습니다(2017.8.11.). 그 결과 이미 이 법안을 반대했던 효와 연관된 성산효대학원대학교 및 유림 단체들이 힘을 합하여 그 법안이 상정되지 않게 했습니다.

5. 방송(KBS, MBC, SBS 및 일부 종편 등)을 장악하려는 진보 세력에 대항하십시오. 진보들이 방송을 장악하기 때문에 그런 진보적인 야한 드라마가 방송에 나오는 겁니다. 그리고 보수에 관한 주제들은 제한합니다. 현재 이승만 박사에 관한 자랑스러운 팩트 자체는 공영방송에서 찾아보기 힘듭니다.

6. 현재 이를 위해 일부 애국 시민들이 1인 시위를 비롯한 온갖 힘든 일을 다 하고 있습니다. 보수 언론인들도 매우 힘듭니다. 거의 작업을 혼자 합니다. 해외선교사들만 도와주지 말고 그들도 도와주십시오.

7. 아스팔트 집회는 물론 광화문 집회 등 우파의 집회에 적극적으로 참석하십시오. 본인뿐만 아니라 교인들과 함께 참석하십시오.

이것이 근본적으로 '북핵 위기'와 '성적 타락'을 막는 길입니다. 이런 일은 어른들만 할 것이 아니고 자녀들과 함께 해야 합니다. 쉐마교육을 받은 많은 목사님들은 자녀들과 함께 이런 일에 동참하고 있습니다. 왜냐하면 그분들은 쉐마교육을 받았기 때문입니다.

대형교회가 욕을 먹는 것은 교회성장에만 힘을 쓰고 나라의 위기를 막는 이런 일은 하지 않기 때문입니다. 남, 여전도회들도 이런 일에 동참하면 안 될까요? 우리가 이런 일을 할 때 미국도 힘을 내어 대한민국을 도울 수 있고 힘을 받습니다. 한국에 반미주의자들만 득세하면 어떻게 미국이 도울 수 있겠습니까?

### 결론입니다.

영국이 동성애 법이 합법화 되었을 때 동성애자들은 2%밖에 안 되었고, 기독교인은 80%였습니다. 그런데 80%의 기독교인이 잠잠해서 영국 교회는 현재 거의 죽었습니다. 과거 독일의 아돌프 히틀러가 통치했던 나치의 독재정부 시절, 독일 보수 기독교인들도 대항하지 않고 잠잠했었습니다. 그 결과 독일과 그 주변국들에게 상상을 초월한 재앙을 맞게 했습니다.

보수 기독교인들이 이제 정치에 참여하여 잘못된 이데오르기의 공격에 앉아서 죽는 일은 피해야 합니다. 대한민국이 공산화 되면 교회는 없습니다. 그리고 한국이 공산화되면 공산당은 소형교회 목사들보다 대형교회 목사들부터 먼저 죽일 겁니다. 고로 이때에 잠잠하다는 것은 죄악입니다.

저는 이렇게 권하고 싶습니다.

> "유대인을 모델로 한 쉐마교육을 공부하세요. 어른들만 공부할 것이 아니고 자녀들도 공부하게 하세요. 바른 정체성과 대한민국 국가관을 공부하게 하기 위함입니다."

현재 20-30세대는 거의 보수를 싫어합니다. 그들 세력은 날로 커지고 있습니다. 우리가 유대인처럼 바른 교육을 시키지 않았기 때문입니다. 쉐마교육은 가정과 교회와 나라를 살리는 사상과 논리가 있습니다(www.shemaiqeq.org 참조). 하나님께서 부족한 종에게 지혜를 주셨기 때문입니다.

지혜자는 고난을 미리 준비하여 피하고, 우둔한 자는 당한 후에 땅을 치며 후회합니다.

> 삼손은 유대인입니다.
> 그는 절망 가운데 한탄만 하고 잠잠했나요?
> 원수를 갚기 위해 기도하고 행동했습니다.
> 목사님도 행동하십시오.

# III.
# 좌파 손봉호 교수의 우파 교회 비판에 대한 현용수의 반론

〈저자 주: 손봉호 교수는 기독인 의사들 단체의 잡지, '누가들의 세계'(2020년 가을-겨울호, 통권 209호)에 '기독교가 이념갈등을 해소하려면'이란 글을 3쪽 분량으로 실었습니다. 몇 몇 의사들이 저에게 평가를 의뢰했습니다. 저자는 이 글에 부당성을 발견하고 다음과 같은 반론을 제기합니다. 출처: https://blog.naver.com/shemaiqeq/222180552799, 2020년 12월 21일.〉

### 손봉호 교수의 주장1

손 교수님은 현재 한국은 우파와 좌파의 이념 갈등이 1945년 해방 직후의 좌우 대립 같다고 우려했습니다. 그 갈등 해소 방법으로 한국의 대표 고등종교인 교회가 중재와 화합의 역할을 하라고 했습니다. 서로 싸

손봉호 교수는 좌파적 시각에서 우파 교회를 비판했다. 저자는 그의 편향된 시작을 바로 잡기 위해 우파적 시각에서 진실을 밝힐 수 밖에 없었다. 사진은 손 교수(좌)와 저자(우)의 모습

우지 말고 화합해야 큰 재앙을 막을 수 있다는 겁니다(pp. 7-8).

### 현용수의 반론1

저는 손 교수님이 현재 좌와 우가 깊은 갈등 국면에 있다고 지적한 점은 공감합니다. 그러나 갈등 해소 방법은 완전히 다릅니다.

현재 한국의 좌우 대결의 양상은 해방 직후와 동일하기 때문에 그 당시 어떻게 그 갈등을 멈추고 평화를 찾았는지를 알면 최선의 방법이 나옵니다. 그리고 그 방법을 현재도 실천하면 대한민국에 자유와 평화가 올 수 있습니다. 이것이 역사를 연구하는 이유입니다. 즉 당시 역사의 교훈에서 그 방법을 찾아야 한다는 겁니다. 이것이 문제 해결의 본질입니다.

그 방법은 미국식 자유민주주의와 시장경제를 선택했던 이승만 전 대통령과 그분을 따랐던 전 국민들이 좌파를 몰아내기 위하여 죽기 아

니면 살기로 맞서 싸웠던 겁니다. 북한의 좌파 공산주의(사회주의, 이하 공산주의로 표기함) 수령 김일성이 침략했던 6.25 전쟁을 겪은 후 두 가지 교훈을 얻었습니다. 〈물론 남한은 미국의 도움으로 북한의 남침을 이겨냈습니다.〉

"자유는 공짜가 아니다."
"자유란 나무는 피를 먹고 자란다."

이것은 무엇을 뜻합니까? 공산주의 이념을 가진 자들과는 싸움 없이 공짜로 얻을 수 없다는 겁니다. 당시 공산주의 좌파와 싸우지 않았다면 대한민국이란 나라는 공산화되어 지구촌에서 사라졌을 겁니다.

그랬다면 남한 국민은 북조선 인민들처럼 자유가 없는, 짐승보다 더 처절한 삶을 살게 되었을 겁니다. 물론 손봉호 교수님도 예외가 아니겠지요. 그리고 교회, 즉 하나님의 나라는 한반도 어디에도 찾아볼 수 없었을 겁니다.

현재도 교회와 우파 국민들이 좌파 정권과 대항하여 싸우지 않는다면 이런 비극의 역사는 되풀이 될 겁니다. 저는 이것은 역사의 경고이기도 하지만 하나님의 경고라고 생각합니다.

공산주의자들과의 싸움은 한쪽이 손을 들어야 끝이 납니다. 중간은 없습니다. 독일은 동독이 서독에게 손을 들었기 때문에 끝이 났고, 베트남은 월남이 월맹에 손을 들었기 때문에 끝이 났습니다.

중재나 타협이 된다면 왜 남북한이 70년 동안 통일을 이루지 못했겠습니까? 70년 동안의 경험을 통해 얻은 것은 중재나 타협을 하면 손해만 보다는 겁니다. 군사력을 키워 튼튼한 안보를 가지는 것이 답입니다.

따라서 교회가 이념의 중재자가 되어야한다는 주장은 좋은 말처럼 들리지만 허구입니다. 속으면 안 됩니다.

사진은 손봉호 교수의 글을 게재한 기독인 의사들 단체의 잡지, '누가들의 세계'(우)와 그의 글 내용(하)

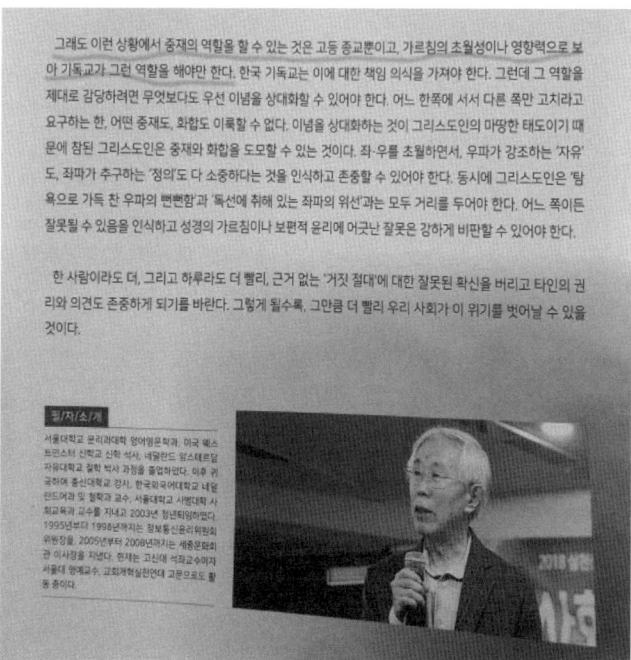

제2장 이스라엘을 모델로 한 기독교인의 국가관과 정치관

### 손봉호 교수의 주장2

손 교수님은 좌우 이념 갈등을 고등종교인 교회가 나서서 화해시킬 생각은 하지 않고, 우파 한쪽을 부추기어 악순환을 부채질하고 있다며 교회를 비난했습니다(p. 8).

### 현용수의 반론2

왜 교회는 좌우의 이념 갈등에서 우파 쪽에 서야 하는지 압니까? 그것은 좌파 공산주의가 들어간 나라마다 교회의 신자들이 모두 잔혹하게 학살을 당했던 역사적인 사실들을 너무나 잘 기억하기 때문입니다.

멀리 구 소련을 보지 않더라도 가까운 북한을 보면 삼척동자도 알 수 있습니다. 이것이 기독교인이 하나님의 나라를 지키기 위해 순교의 각오로 좌파와 싸워야 할 이유입니다.

마치 구약의 이스라엘 백성들이 불렛셋의 침공을 받았을 때 순교의 각오로 싸웠던 것처럼 말입니다.

**알고 갑시다**

## 까치만도 못한 사람들에 대한 단상
〈한국에 미군이 없다면….〉

김태산 사장

(전 체코 주재 북한무역회사 사장, 2021년 4월 15일,
http://nkd.or.kr/community/free/view/46684/)

어제는 머리대신 '호박'을 달고 다니는 인간을 보았다. 다름 아니라 지인의 초대를 받아 나간 자리에서 자연히 정세이야기가 오갔다. 그런데 나이도 지숙한 한 인간이 유달리 미국과 트럼프 대통령을 욕했다.

이유를 물으니 미군주둔비용을 엄청 뜯어가려 했다는 거다. 그래서 "미군 없으면 북한군만큼 군대를 늘여야 하는데 국방비가 몇 곱이나 늘어난다는 생각은 안 해봤냐?"고 하니까 입을 다문다.

그래서 "당신네 경제력이 세계10위권이라고 자랑하는데 그것이 누구 덕인지나 아는가?"하고 물으니 자기네가 피땀 흘려 일한 결과라고 답을 한다. 그래서 재차 "그것이 미국의 덕이라는 것을 정말 모릅니까?"하고 물으니 대답이 가관이다. "미국이 우리대신 무슨 일을 해주었나요?"다.

지인들이 끼어들어 대화는 중단 되었지만 나는 마지막 말을 해주었다.

"은혜를 웬수로 갚으려는 당신들은 망하는 게 정답입니다."

나는 한국에 와서 국민들 중에 자기들을 피와 목숨을 바쳐 지켜준 미국을 미워하는 자들이 적지 않음을 보고 놀랐다.

이런 자들은....
첫째, 미국이 아니면 한국이라는 나라 자체가 없었다는 걸 모른다. 미국이 아니면 분명히 한국은 지금의 북한 같은 나라로 됐을 것이다.

둘째, 미국이 아니면 분명 6.25 전쟁에서 패하고 북한의 노예로 됐다는 것을 모른다. 지금도 미군 수만 명의 목숨 값으로 자기들이 배부르게 먹고 잘살고 있음을 모르면 인간도 아니다.

셋째, 미국이 아니었으면 6.25 전쟁 후에 수십 만 명은 굶어 죽었을 것임을 모른다. 미국이 준 지원의 혜택을 모르면 역시 인간이 아니다.

넷째, 미국 덕분에 한국의 경제가 빨리 성장했음을 모른다. 한국은 전쟁 위험이 가장 많은 나라다. 미군이 있기에 한국은 경제 건설에 더 많은 투자를 했고 외국기업들도 마음 놓고 투자했다는 걸 모르면 문맹자다.

다섯째, 지금도 미군이 없으면 대한민국이 당장 망한다는 걸 모른다. 나는 장담한다. 한국의 군사장비가 아무리 우수해도 미군 없이 전쟁하면 북한을 절대 이길 수 없다. 많은 인간들의 뇌가 썩었기 때문이다. 결국 한국인들은 미군이 버티고 있기에 마음 놓고 돈을 벌어 부자가 되었고 또 미군이 지키고 있기에 그 재산이 안전함을 모르고 살아간다.

마지막으로 일부 뇌가 썩은 한국인들은 미군만 나가면 자신들은 하루아침에 부모를 잃은 어린 고아 신세가 된다는 것을 모른다. 물론 좌파들은 자기는 북한에 충성 했으니까 걱정 없다고 착각하겠지만 공산정권이 서면 제일 먼저 척결 대상이 좌파란 것을 모른다.

자유민주주의사회에서도 반정부 역적질을 한 좌파들은 공산 독재에 절대로 순응할 수 없기에 토사구팽 시킨다는 걸 이제라도 알아두라.

내가 북한에 돌아 갈 수만 있다면 북한에 제일 큰 교회를 세우고 기도 제목을 "남조선에서 미군을 철수시켜서 북조선에 주둔케 하옵소서 ….".라고 정하고 모든 성도가 매일 그렇게 기도하도록 할 것이다.

어떤 사람들은 나를 미국에 미친 사대주의자라고 욕할 수도 있다. 그러나 나는 대국들의 틈이 박힌 북한의 백성들이 잘 먹고 편안하게 잘 살 수만 있다면 그것이 옳다고 본다.

그리고 나는 나의 생각을 사대주의라고 보지 않는다. 양국간의 지위가 평등한 조건으로 미국이라는 친구를 가질 뿐이다. 즉 굴욕적인 사대주의와 – 평등한 동맹은 근본적으로 다르다.

대한민국을 지켜주고 도와준 미국의 은혜를 웬수로 갚으려는 자들은 그 대가가 얼마나 참혹한가를 꼭 경험해 보아야 한다.

### 손봉호 교수의 주장3

손 교수님은 "이념이란 종교적인 확신으로 변질된 정치적 관점이기 때문에 그 자체로 매우 위험하다."면서 두 가지 이념, 즉 공산주의와 나치즘이 수많은 생명을 앗아갔다고 했습니다. 따라서 교회가 이념화하면 무서운 재앙을 맞이할 수 있다고 경고했습니다. 이것은 2019년 이후 광화문의 태극기 집회를 주도한 보수 교회를 비판한 겁니다(p. 8).

### 현용수의 반론3

손 교수님의 주장을 세 가지 면에서 반론을 제기하겠습니다.

**첫째,** 손 교수님은 공산주의와 나치즘 이념과 교회의 신앙(이념(?))을 혼동하고 있습니다. 전자는 전체주의 독재가 목적이지만, 후자는 영혼을 구원하여 하나님 나라를 확장하는 것이 목적입니다.

전자는 반대파를 반동으로 몰아 피 뿌리는 살육으로 인해 수많은 생명을 앗아갔지만, 후자는 자유, 정의, 평등 및 나눔 등으로 수많은 생명을 살렸습니다. 그 역사의 현장에 손 교수님도 계셨습니다.

전자의 예는 과거 소련 및 동구라파 나라들, 월남, 캄보디아, 중국 및 북한이고, 후자의 예는 서유럽, 영국 및 미국입니다. 이것은 2000년의 교회 역사가 증명합니다(단 가톨릭이 아닌 복음주의 교회 역사를 뜻함).

**둘째,** 손 교수님은 "이념이란 종교적인 확신으로 변질된 정치적 관점이기 때문에 그 자체로 매우 위험하다."고 했습니다. 저는 세계사적으로 그 대표적인 사례가 북한 정권이라고 생각합니다. 왜냐하면 북한 인민들은 김일성 주체사상이라는 이념에 근거하여 김일성, 김정일, 김정은

3부자를 신(神)처럼 추종하는 정치집단이기 때문입니다. 나치의 히틀러의 나치정권보다 더 악독한 정치집단입니다.

한국에서 그 북한 정권을 가장 싫어하는 세력이 누구라고 생각합니까? 종북좌파 문재인 정권입니까? 손 교수님입니까? 아닙니다. 바로 청와대 아스팔트 교회(?) 출신들과 광화문 태극기 세력입니다. 그런데 그들에게 "교회가 이념화하면 무서운 재앙을 맞이할 수 있다는 경고"를 준 것은, 그야말로 순진한 국민들을 현혹시키는 언어도단입니다.

2019년부터 2021년 현재 보수 기독교인들이 주도하는 광화문 태극기 세력들은 포악한 북한의 전체주의를 배격하기 위하여, 즉 하나님의 나라를 지키기 위하여 순교를 각오하고 집회에 참석해왔기 때문입니다.

이것은 무엇을 뜻합니까? 한국의 복음주의 기독교인은 북한의 전체주의 이념에 결코 빠질 수 없다는 것을 증명하고 있습니다. 현재의 한국의 기독교인은 나치즘 시대의 기독교인과 다르게 똑똑합니다.

셋째, 또한 손 교수님은 "이념이란 종교적인 확신으로 변질된 정치적 관점이기 때문에 그 자체로 매우 위험하다."면서 두 가지 이념, 즉 공산주의와 나치즘이 수많은 생명을 앗아갔다고 했습니다. 저는 위험한 두 가지 이념(공산주의와 나치즘) 앞에 김일성 주체사상(공산주의 사상 포함)을 먼저 꼭 넣어야 한다고 생각합니다. 그런데 왜 이것을 뺐는지 궁금합니다.

따라서 손 교수님도 북한의 이념화된 정치집단의 위험성을 안다면 이런 글을 쓰지 말고 오히려 광화문 태극기 집회자들 편에 서야 합니다.

### 손봉호 교수의 주장4

손 교수님은 교회가 과거 군사정부 시대에는 반정부 운동을 하지 않았는데, 왜 현재는 정치집단으로 변질되어 반정부 운동을 하느냐고 비판했습니다(p. 8).

### 현용수의 반론4

손 교수님은 과거 군사정부 시대에는 왜 교회가 반정부 운동을 하지 않았는지 압니까? 두 가지 이유가 있었습니다.

<u>첫째,</u> 박정희 전 대통령의 혁명공약 제1호가 반공을 국시(國是)의 제일(第一)로 삼았기 때문이었습니다. 이것은 대한민국에서 공산주의자들을 몰아내고 미국식 자유민주주의와 시장경제를 그대로 보장한다는 의미였습니다.

이것은 정부가 교회를 핍박하지 않겠다는, 즉 교인들의 신앙의 자유를 보장한다는 뜻이었습니다. 때문에 교회가 안보면에서 안전하니 반정부 운동을 할 이유가 없었습니다.

<u>둘째,</u> 당시 왜 교회가 반정부 운동을 하지 않았는지 두 번째 이유를 알려면 그 당시 학생들과 재야인사들이 반정부 운동을 했던 가장 큰 원인을 알아야 합니다. 그것은 굴욕적인 한일협상 거부가 시발점이었습니다.

그렇다면 왜 군사정권이 한일협상을 했을까요? 그 이유를 알면 왜 교회가 반정부 운동을 하지 않았는지를 알 수 있습니다. 일본이 예뻐서 한 것이 아닙니다. 좌파에서 주장하는 대로 군사정부가 토착왜구라서 한 것은 더욱 아닙니다.

당시 박정희는 아프리카 케냐보다 더 가난했던 한국의 경제를 발전시키는 것이 소원이었습니다. 교회도 너무 가난했기에 이것을 잘 이해했습니다.

그런데 국가 재정이 바닥났습니다. 좌파들이 그렇게 미워하는 미국 원조로 근근이 연명하고 있었던 시절이었습니다. 그 당시 미국이나 독일도 한국이 너무 가난하여 한국에 차관을 허락하지 않았습니다.

유일하게 정정당당하게 자금을 요청할 곳은 일본의 대일청구권자금 뿐이었습니다. 누가 도와 줄 때의 돈의 가치는 상황에 따라 다릅니다. 잘 살 때 100만원을 도와주는 것과 절대 절명의 시기에 100만원을 도와주는 것은 천지 차이입니다. 전자는 별 것이 아닐지라도 후자는 생명줄입니다. 당시 한국은 후자 처지였습니다.

오죽 다급했으면 당시 한일협상 당사자였던 김종필 전 총리는 "내가 제2의 이완용이란 역적 소리를 듣겠다"고 하면서 일본과 협상을 했겠습니까. 그의 오늘날 역사적 평가는 애국자 반열에 들어갑니다.

박정희는 대일청구권자금으로 포항제철을 건설하며 다른 경제의 인프라를 구축한 결과 오늘과 같은 풍요를 가져 올 수 있었습니다.

손 교수님이 현재 이런 풍요를 누리는 것도 박정희 대통령의 그런 노력의 대가가 아닌지요! 역시 박정희는 앞날을 내다보았던 위대한 대통령이었습니다. 이것은 좌파였던 김대중 전 대통령도 인정했습니다.

손 교수님은 애들도 아니고, 그 시대를 살았으면서 이런 글을 쓰는 이유가 무엇인지 매우 궁금합니다. 만약 그 당시 학생들이 박정희 대통령의 뜻을 알고 데모를 자제했더라면, 한국은 더 큰 희생을 막고 더 빠른 시기에 선진화가 되었을 겁니다.

당시 경부 고속도로 공사 현장에 드러누워 군사정권에 대항해 반정부 데모를 했던 학생들과 재야인사들은 역사 앞에 부끄러운 줄 알고 회개를 해야 합니다.

김동길 교수님은 당시 반정부 데모를 한 죄로 감옥살이까지 했습니다. 그러나 그 분은 후에 박정희가 옳았다고 하면서 자신의 잘못을 회개했습니다. 좌파였던 김문수 전 경기도 지사도 그랬습니다. 그리고 그는 우파로 전향했습니다.

손 교수님도 회개를 했나요? 아니 그 당시 무엇을 했나요? 당시 제자들과 함께 반정부운동을 하다가 감옥살이라도 했나요? 무서워서 잠잠했나요.

물론 군사정부는 경제는 자유경제였으나 정치는 독재를 했습니다. 따라서 정부가 데모 진압 과정에 무리한 진압으로 희생이 발생했다는 것은 우파도 인정합니다. 그러나 그 원인 제공은 당시 철이 없었던 데모꾼들이 했다고도 생각할 수 있습니다. 다시 말하면 박정희의 독재는 경제성장을 위한 불가피한 선택으로 받아들일 수밖에 없습니다.

(참고로 싱가포르의 초대 수상 리콴유는 자국의 경제 성장을 위해 박정희보다 더 강한 독재를 했습니다. 그래도 모든 국민들이 그를 영웅시하고 있습니다.)

따라서 먼 역사적 시각에서 보면 대한민국의 건국 대통령 이승만 박사나 박정희 대통령의 공이 80-90%였다면 과(過)는 10-20%밖에 되지 않습니다. 역사 평가는 좌파처럼 한쪽 눈으로 보아서는 안 됩니다.

손 교수님이 누리는 풍요도
이승만과 박정희의 수고가 아닌지요!
손 교수님은 그 시대를 살았으면서
이런 글을 쓰는 이유가 무엇인지요.

### 손봉호 교수의 주장5

손 교수님은 성경을 하나님의 말씀으로 믿는 그리스도인은 이념의 추종자가 될 수가 없다고 했습니다. 그리고 이념의 추종자들은 우상숭배자들이라고 비판했습니다(p. 9).

### 현용수의 반론5

한국의 그리스도인들은 자유민주주의라는 이념을 추종하는 것이 아니라, 하나님 나라를 지키기 위해, 즉 절대적인 하나님을 섬기기 위해 자유민주주의라는 이념을 선택한 것이었습니다. 추종과 선택은 다릅니다.

그리스도인에게 자유민주주의라는 이념은 하나님을 섬기기 위한 도구(tool)이지 목적이 아닙니다. 숭배의 대상은 더욱 아닙니다. 이런 면에서 이념과 신앙도 구분해야 합니다.

앞에서 설명했지만 공산주의라는 이념을 거부한 목적도 하나님 나라를 지키기 위함이었습니다. 더 넓게는 자유 대한민국을 지키기 위함이었습니다. 2019년부터 2020년까지 이어진 광화문 대형집회에 기독교인들뿐만 아니라 비기독교인들도 엄청나게 많이 참여한 이유는 그들 모두 남한의 공산화를 막기 위함이었습니다.

**알고 갑시다**

## 문재인은 왜 공산주의자인가

〈월간조선, *문재인은 공산주의자인가?* 2016년 11월호〉

〈저자 주: 2016년 대선 후보로 나왔던 문재인 후보를 공안 검사출신 고영주 변호사는 그가 공산주의자라고 했다. 이에 문 후보는 고 변호사를 명예훼손죄로 고소했다. 이에 고 변호사는 문 후보가 공산주의자라는 것을 입증하기 위하여 공산주의 전략전술연구의 1인자인 양동안(한국학 중앙연구원 명예교수) 씨의 의견서를 재판부에 제출했다. 다음은 그 의견서의 내용이다. 참고로 고영주 변호사는 이후 무죄 판결을 받았다(2018.08.23일).〉

**\* 양동안 한국학중앙연구원 명예교수가 재판부에 낸 공산주의 의견서**

공산주의 전략전술연구의 1인자인 양동안(한국학 중앙연구원 명예교수) 씨는 재판부에 낸 의견서에서, 공산당이 불법화한 나라에서 관찰되는 공산주의자의 언동상(言動上) 특징 11가지를 문재인 씨에 적용한 결과, "문 씨의 반공사상을 객관적으로 입증할 강력한 증거들이 제시되지 않는 한, 문재인 씨는 자각하고 있는지의 여부와 상관없이 공산주의를 신봉하는 자임이 확실하다고 판단하지 않을 수 없다"고 주장했다.

공산주의 활동이 불법화한 나라에선 '나는 공산주의자'라고 밝힐 수 없으므로 행동을 기준으로 판별해야 한다는 것이다. 양 교수가 만든 공산주의자 여부를 가리는 열한 가지 분석 기준은 이렇다.

1. 공산국가의 주장과 정책에 동조한다.
2. 공산주의자들을 존경한다.
3. 공산주의 체제에 대하여 호감·동경의 태도를 취한다.
4. 과거 공산주의자들의 활동을 찬양한다.
5. 공산주의 단체나 용공성향 단체들을 옹호한다.
6. 용공세력과 지속적으로 협조한다.
7. 공산국가가 하는 것은 나쁜 것도 좋은 것으로 찬양한다.
8. 반공에 대하여 부정적 태도를 취한다.
9. 공산주의자들이 주장하는 인식을 수용한다.
10. 자국(自國)의 안보와 정당성 강화에 이로운 조치는 반대하고 약화를 초래할 조치를 주장한다.
11. 민주주의자임을 자처하나 자유민주주의를 옹호하지 않는다.

양 교수는 '11개 중 3~4개만 일치해도 공산주의자로 의심 받아 마땅하며, 6~7개가 일치하면 공산주의자일 가능성이 높고, 8개 이상 일치하면 그 자신의 인정 여부(與否)와 관계없이 공산주의자가 틀림없다'는 것이다. 그는 문재인 씨의 언동을 이 기준에 따라 분석했다.

1항 관련: "북한이 대한민국을 공산화하기 위하여 주장하고 있는 국가보안법 폐지, 연방제 통일방안, 미북 평화협정 체결, 국정원 해체 등을 명시적으로 지지했고, 주한미군 철수와 한미동맹 해체에는 불분명하게 동조했다."

여기서 양 교수가 지적한 '미북 평화협정 체결'을 문 씨가 주장한 것이 맞다면 이는 명백한 북한정권에 대한 동조인데 정전(停戰)협정을 평화협정으로 전환해야 한다는 주장은 검색되지만 '미북 평화협정 체결'을 명시적으로 주장한 자료는 발견할 수 없었다.

2항 관련: 양 교수는 문재인 씨가 신영복 같은 공산주의자를 존경한다는 점을 지적했다. 문 씨는 신영복 씨의 빈소를 찾은 자리에서 "선생님의 '더불어' 정신, 공존과 연대(連帶)의 정신을 늘 간직하면서 실천하겠다"고 말했다.

3항 관련: 양 교수는 문재인 씨가 자서전에서 리영희로부터 가장 큰 영향을 받았다고 고백하고 월남전에서의 미국의 패배 및 월남의 공산화에 대하여는 희열을 느꼈다면서 중국의 문화대혁명에 대해서는 부정적 견해를 말하지 않은 점을 지적했다.

4항 관련: 양 교수는 문재인 씨가, 일제(日帝)시대의 공산주의자이고, 북한정권에 참여하여 노동상을 지낸 김원봉에 대하여 "광복 70주년을 맞아 선생에게 마음속으로나마 최고급의 독립유공자 훈장을 달아 드리고 싶다"는 글을 올린 점을 예시했다.

5항 관련: 문재인 씨가 청와대에서 근무할 때 이적(利敵)단체 한총련의 합법화를 지지하고 좌경성향이 강한 전교조에 대하여 항상 옹호적인 입장을 취하는 점을 지적했다.

6항 관련: 문재인 씨가 '북한식 사회주의를 추구'하는 위헌 정당으로 규정되어 헌법재판소가 해산시킨 통합진보당 및 그 전신(前身)인 민노당과 지속적으로 협조하고 해산 결정을 비판한 점을 예시했다.

7항 관련: "문 씨는 북한의 인권탄압이나 중국의 인권탄압에 대해서는 침묵해 왔다. 그러면서 대한민국의 국가보안법을 인권탄압법이라 주장하며 폐기를 촉구해 왔다. 북한의 집권자들과 중국 공산당의 독재에 대해서는 침묵하면서 대한민국의 민주적 집권자의 통치에 대해서는 '독재'라고 비판한다. 김일성·모택동 독재는 비판 않고 이승만·박정희 독재는 극도로 부정적 태도를 취한다."

8항 관련: "문 씨는 반공에 대한 부정적 입장으로 인해 대한민국 반공의 상징인 이승만 대통령 묘소 참배도 거부한다. 반공적 법률인 국가보안법과 반공적 기관인 국가정보원의 폐지를 주장한다."

9항 관련: 공산주의자들이 반대하는 한국군의 이라크 파병 반대, 좌익의 입장을 수용한 한미 FTA 재협상 주장, 좌익이 비판하는 신자유주의에 대한 극도의 비판 등.

10항 관련: 북한의 미사일 공격에 대처하기 위한 미사일방어체제(MD) 가입 반대, 한일군사정보교류협정 체결 반대, 제주도 해군기지 이전 검토 용의, NLL 양보 지지, 북한 주적(主敵) 표기 삭제 지지, 대한민국의 정당성을 부정하는 역사 교과서 수정 반대 등.

11항 관련: "정치적 절차적 민주주의만이 아닌 경제적 양극화 해소 및 복지 확충까지 함께 하는 실질적 민주주의가 필요하다"는 문재인 씨의 용어는 사회주의자들이 흔히 쓰는 것이다. '실질적 민주주의'는 사회주의자들이 자기들이 추구하는 민주주의를 지칭하는 데 사용하는 용어다.

11개 항을 추출할 때는 문재인 씨를 상정(想定)하고 그에게 맞추려고 한 것이 결코 아니다. 객관적 기준을 설정해 보자는 취지에서 한 것이다. 그것을 설정한 후 11개 항에 맞는 문재인 씨의 언동을 추적해 가면서 제 풀에 놀랐다.
비(非)공산국가에서 활동하는 공산주의자의 언동상 특징 11개 항이 모두 다 발견된 것이다. 놀라운 일이다.

이러한 점에 비추어 볼 때 위에서 서술한 근거들이 허위임이 입증되거나, 문 씨의 반공사상을 객관적으로 입증할 강력한 증거들이 제시되지 않는 한 문재인 씨는 자각(自覺)하고 있는지 여부와 상관없이 공산주의를 신봉하는 자, 즉 공산주의자임이 확실하다고 판단하지 않을 수 없다.
양동안 교수의 분석을 요약하면, 문재인 씨는 일관된 행동으로 대한민국 편이 아니라 북한정권 편이라는 점을 스스로 증명하고 있다는 것이다.

### 손봉호 교수의 주장6

　손 교수님은 기독교가 좌우를 초월하여 우파가 강조하는 '자유'도 좌파가 추구하는 '정의'도 모두 서로 소중하게 존중해야 한다. "동시에 그리스도인은 '탐욕으로 가득 찬 우파의 뻔뻔함'과 '독선에 취해 있는 좌파의 위선'과는 모두 거리를 두어야 한다"고 했습니다(p. 9). 그래야 좌우 갈등을 해소할 수 있다는 겁니다.

### 현용수의 반론6

　우파의 가치는 '자유'로 좌파의 가치는 '정의'로 규정하는 것은 너무나 공정하지 못합니다. 그리고 '탐욕으로 가득 찬 우파의 뻔뻔함'과 '독선에 취해 있는 좌파의 위선'이란 정의도 동의할 수 없습니다.
　'자유'와 '정의'라는 두 가지 가치는 한 국가에서 자유민주주의가 실현될 때 국민들이 쟁취하는 수레바퀴의 두 바퀴와 같은 귀중한 선물입니다. 이 두 가지는 서로 보완 작용을 합니다. 왜냐하면 자유만 있으면 방종하기 쉽고, 정의만 있으면 사회가 차갑기 때문입니다. 좌파들이 마치 '정의'는 자신들의 독점물인 것처럼 선전 선동하는 것은 거짓입니다.
　좌파 공산주의 국가인 북한을 보세요. 평등을 외치나 평등하지 않고, 자유를 외치나 자유가 없고, 공정을 외치나 공정하지 않고, 정의를 외치나 정의가 없는 나라입니다. 문재인 대통령이 만들겠다는 '한 번도 가보지 않았던 나라'가 그런 나라인지 심히 두렵습니다.

　손 교수님에게 묻고 싶습니다. 문재인 좌파 정권이 들어선 후 '자유', '정의', '평등' 그리고 도덕과 윤리가 박근혜 정부나 이명박 정부 시대보다 더 발전했다고 생각합니까? 반대이지요.

우선 현 좌파 정부의 청와대 공직자들 비리 혐의가 이전 우파 정부보다 월등히 많다고 합니다. 성추문 '미투'(me too) 운동 때(2019-2020)도 주로 좌파인사들이 많이 관련되었지요. 안희정(충남 도지사), 박원순(서울시장), 오거든(부산시장), 고은(시인) 및 김기덕(영화감독) 등입니다.

손 교수님이 재직했던 서울대에 많은 범죄 혐의(딸의 입시 비리 포함)가 있는 조국 교수가 그대로 있습니다. 과연 진리와 정의의 상징처럼 홍보했던 서울대는 현재 공정하고 정의롭다고 생각합니까?

추미애 장관이 주도했던 '검찰개혁'으로 사법부가 더 공정하고 더 정의로워졌다고 생각합니까? 추 장관의 윤석열 검찰총장 찍어내기는 공정하다고 생각합니까? '탐욕으로 가득 찬 뻔뻔함'과 '독선에 취해 있는 좌파의 위선'은 모두 조국과 추미애와 그들을 보좌하며 따르는 좌파 무리에 해당되는 것이 아닌가요. 물론 상대적으로 우파보다 좌파가 더 그렇다는 겁니다.

왠지 압니까? 고위공직자 범죄 혐의의 회수도 우파 정부 때보다 좌파 정부에서 훨씬 더 많이 발견된 것은 세상이 다 아는 사실입니다. 그런데 국민들이 더 화가 나는 것은 범죄 혐의가 드러났을 때 좌파들이 취하는 적반하장의 태도 때문입니다.

대부분 우파는 잘못을 저지른 후 들키면 얼굴이 붉어지며 잘못을 고백합니다. 그리고 직장에 사표를 냅니다. 총리나 장관 청문회에서도 우파 후보자들은 그랬습니다. 양심이 살아있기 때문입니다. 그런데 대부분 좌파 인사들은 오히려 팩트를 보도한 언론을 공격합니다. 뻔뻔 그 자체입니다.

객관적 팩트를 제시하겠습니다. 2020년 12월 초 여론조사 결과에 따르면 추미애 장관과 윤석열 총장 사이의 갈등에 대해 '추 장관의 책임이

손 교수는 우파를 탐욕으로 가득 찬 뻔뻔한 집단으로 비유했다. 이것은 거짓이다. 팩트는 성추문 '미투' 운동 때 주로 좌파인사들이 많이 관련되었다. 사진은 당시 관련되었던 안희정(충남 도지사, 좌), 박원순(서울시장, 우), 오거든(부산시장, 중).

아래는 세계적인 뻔뻔함의 대명사 조국과 추미애 전 법무부 장관

더 크다'는 38%, '윤 총장의 책임이 더 크다'는 18%로 나타났습니다. '검찰 개혁'에 대해서는 55%가 '검찰 길들이기로 변질되었다', '권력기관 개혁에 맞게 진행되는 것 같다'는 응답은 28%였습니다. 추 장관의 윤 총장 직무배제 및 징계 조치에 대해서는 50%가 '잘못한 일'이라고 응답한 반면 '잘한 일'은 30%로 나타났습니다(중앙일보, 2020.12.03.).

전교조의 좌파 교육을 받은 좌파 청년들이 그렇게 많은데(대깨문이 40%), 그들조차도 좌파 정권이 하는 일은 공정치도 않고 정의도 사라졌다는 견해를 가지고 있다는 겁니다. 물론 '탐욕으로 가득 찬 뻔뻔함'과 '독선에 취해 있는 좌파의 위선'이라는 뜻도 있겠지요.


손 교수님, 아직도 간첩 신영복을 존경한다는 문재인 제19대 대통령이 취임 선서식에서 했던 "기회는 균등하고 과정은 공정하고 결과는 정의로울 것입니다."(2017.05.10)란 말을 믿나요?

교회의 도덕과 윤리는 그렇게 비하하면서 좌파의 윤리와 도덕을 그렇게 높게 평가하는 손봉호 교수님, 왜 그런지 설명 좀 해주실래요.

귀하는 어느 나라 국민이며 어느 종교를 믿나요? 왜 대한민국을 그렇게 비하하고, 교회를 허물려는 좌파와 어울려 교회를 비판합니까? 귀하가 몸담았던 교회의 대표기관 한기총(전직 회장 전광훈 목사)이 없어지니까 속이 시원합니까? 교회를 핍박하는 것은 곧 예수님을 핍박하는 것이란 것을 모릅니까?

2019년 청와대 아스팔트 교회에서 엄동설한에 수 천 명이 매일 노숙하며 하나님께 울부짖었던 형제자매님들에게 그렇게 돌을 던져도 되는 겁니까? 장로로서 참석은 못할망정 언론에 비판은 하지 말았어야지요.

마지막으로 묻습니다. 기독교의 우파 지도자 전광훈 목사가 주도했던 약 100만 명이 모였던 1999-2020년 태극기 집회들과 좌파 민노총이

손 교수는 좌파가 우파에 비해 '정의'를 추구한다는것을 장점으로 꼽았다. 이것은 거짓이다.
아직도 간첩 신영복을 존경한다는 문재인 대통령이 말했던 "기회는 균등하고 과정은 공정하고 결과는 정의로울 것입니다"란 말을 믿는가!

주도했던 대형 집회들 중 어느 쪽이 더 법을 잘 지켰던 평화시위라고 생각합니까? 기독교 장로라면 양심을 가지고 답변해 주기를 바랍니다.

 흔히 사람들은 고난의 역사를 잊은 민족에게 희망이 없다고 말합니다. 그런데 좌파는 일제 강점기의 고난의 역사만 부각시킵니다. 저는 아들들이 일제 강점기에 일본 총독부와 북한의 김일성 일가의 공산주의 정권 중 어디가 더 인권을 무시하고 잔인했느냐고 물으면 후자라고 답변합니다. 팩트니까요.

 이제부터 독자들이 한국인이라면 일제 강점기의 일본의 압제도 기억해야 하지만, 북한의 공산주의자들의 만행은 더욱 더 기억해야 합니다. 그리고 현재 대한민국의 자유와 정의 그리고 평화를 지키기 위하여 좌파 정권에 대항하여 홍콩 시민들처럼 더 강하게 싸워야 합니다.

 1945년 해방 직후 우파가 좌파와 싸워서 대한민국을 지켰던 것처럼 말입니다. 교회가 앞장서야합니다.

기억하십시오. 한국의 희망은 교회에 있습니다. 중국이나 일본은 하나님을 믿지 않아도 살 수 있지만, 한국은 하나님을 믿지 않으면 또 다시 중국이나 일본의 노예가 될 겁니다.

우둔한 자는 당해보고 깨닫지만 지혜로운 자는 미리 투쟁하여 재앙을 막습니다.

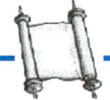

교회의 도덕과 윤리는 그렇게 비하하면서
타락한 좌파(박원순, 오거든, 안희정 등)는
높게 평가하는 이유가 뭔가요.

## IV. 유대인 전문가가 본 한일 갈등에 대한 견해

〈저자 주: 일본의 아베 총리 시절, 일본 정부는 한국에 2019년 7월 4월부터 수출규제를 했다. 당시 한일간의 외교 및 경제적 최대 위기를 맞이했다. 저자는 당시 '유대인 전문가가 본 한일 갈등에 대한 견해'라는 칼럼을 쓴 적이 있다. 독자들에게 도움을 주기 위해 그 글을 본서에 싣는다. 출처: https://blog.naver.com/dreamteller/221610564174, 2017년 8월〉

현재 한국은 안보는 물론 외교와 경제 모두가 최대의 위기에 있다. 다양한 의견들이 제시되고 있다. 저자는 유대인이라면 한일 갈등을 어떻게 풀까에 대하여 문답식으로 설명하겠다.

## Q1. 아베에 대하여 호감을 가져야 하는가

저자의 답은 '아니다'이다. 왜냐하면 박근혜 전 대통령 정권에서 위안부 문제를 마무리 할 때(2017) 아베는 위안부 할머니들에게 마지막으로 진심 어린 사과 편지를 전달해 달라고 요청했을 때 그것을 거절했기 때문이다. 그는 위안부 피해자를 인정하고 사죄한 '고노담화'(1993)와 일본의 식민 지배와 침략에 관해 공식적으로 사죄한 '무라야마 담화'(1995)를 뒤집었다.

그리고 그는 과거의 가해자임을 잊고 다시 전쟁할 수 있는 일본으로 만들기 위해 군비를 증강하고 헌법을 고치려하고 있다. 매우 위험한 인물이다.

## Q2. 한국은 아베의 한국 '백색 국가' 제외 결정에 대해 어떻게 해야 하는가

여야가 정치적으로 강하게 비판해야 한다. 아무리 한국 정부의 행동이 마음에 들지 않는다고 해도 한국에 경제 제재를 하는 것은 국제 사회의 질서 상 도저히 용납할 수 없는 일이다. 그런 면에서 자유한국당이 정부와 한 목소리를 낸 것은 매우 잘한 일이다.

## Q3. 그래도 왜 대한민국은 친일 정책으로 가야 하는가

망하지 않고 굶지 않기 위함이다. 한국의 국력은 일본의 1/3에 불과하다. 현대 젊은이들은 배고픈 비참함을 너무도 모른다. 박정희 전 대통령이 일본이 예뻐서 한일협정을 맺었겠는가? 지독한 가난을 극복하기 위함이었다. 그것도 모르고 당시 반일 감정만 앞세워 극렬히 데모만 했던 철부지들은 이제 반성해야 한다.

따라서 한국인은 일제 강점기의 고난의 역사를 기억하여 친일은 안 된다. 그러나 부국강병을 위해 반북(反北) + 용일(用日, 일본을 이용)은 해야 한다. 한미일 공조도 그런 면에서 강화해야 한다.

일본에 쫄지 않기 위해 죽창을 들고 온 민족이 일본을 이기기 위해 의병을 일으키자며 자존심을 강하게 세우면 속은 시원하겠지만 300만 명의 인민을 굶어 죽이는 북한을 닮아갈 수 있다. 문재인 정부는 그것이 소원인지 묻지 않을 수 없다.

## Q4. 문재인 대통령의 거북선 발언의 바른 비유는 무엇인가

얼마 전 문 대통령이 호남에서 이순신의 12척 배를 거론했다(중앙일보, 2019.07.12). 여기에서 문 대통령은 당시 무능했던 선조로, 고통을 당하는 기업가들은 고뇌에 찼던 이순신으로 비유해야 맞다. 그리고 조선반도가 쑥밭이 되어 초근목피로 연명했던 당시 백성들은 미래 한국 국민들의 실상으로 비유할 수 있다. 그야말로 재앙의 서곡이다.

## Q5. 한국은 이스라엘이나 중국에게 무엇을 배워야 하는가

1990년대 거의 같은 시기에 한국 지도자와 중국 지도자가 일본을 방문했다고 한다. 중국 지도자는 일본 지도자에게 아는 것이 없으니 잘 가르쳐 달라며 고개를 숙였고, 한국 지도자는 우리는 곧 일본을 따라잡을 수 있다고 큰 소리를 쳤다고 한다.

2018년 9월에 한국은 욱일기를 단 일본 군함 입항을 반대했으나 중국은 2019년 4월 욱일기를 단 일본 군함 입항을 허용했다. 그 이유는 중국은 상대를 충분히 이길 수 있는 힘을 기를 때까지는 고개는 숙이는 습성이 있기 때문이다. 누가 국익을 위해 더 슈르드한가? 한국은 중국의 무서운 속내를 바로 알고 그들에게 한 수 배워야 한다.

문재인 대통령이 중국을 방문했을 때 동행한 한국 기자들이 중국 가이드들에게 집단 폭행을 당한 것을 잊었는가? 왜 중국이나 북한에게는 얻어맞으면서도 말 한마디 못하고 그렇게 친절하면서 국내 나라를 살리는 애국을 외치는, 한국의 근대화 성공에 일평생 헌신했던 우파들에게는 그렇게 적폐라고 규정하며 원수처럼 여기는가?

현 정부가 흥청망청 사용하는 정부 돈의 근원이 그들의 피땀인 것을 정녕 모르는가? 현재 정권 실세들은 고 정주영 회장이 언급한 대로 일평생 데모만하고 건달처럼 지낸 이들이 얼마나 많은가? 염치를 알아야 할 것 아닌가?

물론 그들의 민주화를 위한 공헌도 인정하지만 민주화도 먹고 살만해야 가능한 것이 아닌가! 북한처럼 지독히 가난하면 어떻게 민주화가 가능한가! 그리고 그들 중 북한을 이롭게 했던 친북성향이 짙은 가짜 민주 투사들은 마땅히 민주화 공헌에서 제외해야 한다.

설사 그들이 한국의 민주화 성공을 이끈 주역들이라고 해도, 일단 한국이 민주화가 된 이상 그들의 임무는 끝난 것이다. 즉 그들의 전공인 반정부 투쟁과 데모는 쓸모가 없어진 것이다. 오직 독재국가 북한에만 그들의 전공이 필요한 것이다.

따라서 민주화 이후에는 한국의 산업화에 성공신화를 써왔던 산업의 역군들에게 대한민국의 정치와 경제를 계속 맡겨야 한다. 그들은 어떻게 해야 북한의 남침을 막을 수 있는 부국강병을 이룰 수 있는지에 대한 노하우가 쌓여있기 때문이다. 유대인이 독일에게 그토록 강하게 나간 것은 그들에게 힘이 있기 때문이다. 그리고 그들은 자신들의 힘이 약하면 세계 최강의 큰형님 미국을 움직이는 외교술이 있기 때문이다.

그런데 현재 문재인 정권은 미국은 물론 중국과 러시아에도 미움과 무시를 받아 외면당하고 있다. 반면 세계 최악의 독재자이며 종교 박해국이며 전체 인민의 노동력을 오직 자신의 영광을 위하여 착취하는 북한의 김정은과만 친하려 하고 있다. 진정으로 그는 한국이 공산화 되어 국민을 김정은 밑에서 신음하게 하는 것이 꿈인지 묻고 싶다.

## Q6. 한일관계의 뇌관이 된 대법원의 '징용 배상 판결'은 옳은 것인가

이스라엘(유대인)의 입장에서 보면 옳은 것이다. 그러나 한국인의 입장에서 보면 옳은 것 같지만 그 법적 근거가 처음부터 희박하게 만들어 놓았기 때문에 옳지 않다. 왜 그런가? 재판을 할 때 한일관계의 근원부터 살피고 판결을 했어야 했기 때문이다.

이 문제를 바로 보려면, 물론 1965년 청구권 협정이나 노무현 정권 때 정부에서 징용 피해자들에게 배상한 것 등을 참조하는 것도 중요하지만 더 깊게는 세계 제2차 대전의 두 주범국, 독일과 일본의 법적 처리 문제를 비교해 보아야 한다.

유럽연합군이 주도한 독일 뉘른베르크 국제군사재판과 미국이 주도한 도쿄재판의 차이는 너무 다르다. 당시 중국의 입장도 상식에 어긋났다. 저자는 지면상 그 차이를 파헤친 결과를 토대로 내린 결론 부분만 그대로 싣는다(현용수, *승리보다 패배를 더 기억하는 유대인*, 2015, 쉐마, pp. 306-310).

### 독자에게 유익한 저자의 저서 《승리보다 패배를 더 기억하는 유대인》 결론 부분 소개

본 논문의 연구를 위한 중심 질문은 "독일과 일본의 역사인식은 왜 서로 다른가?"이다. 자자는 이에 대한 답을 찾기 위해 제Ⅱ항에서는 유대인의 독일 전범처리 방법의 정당성에 대해, 제Ⅲ항에서는 중국의 일제 전범처리 방법의 부당성에 대해, 제Ⅳ항에서는 미국의 일제 전범처리 방법의 부당성에 대해 설명했다. 그리고 제Ⅴ항에서는 중국과 미국의 오류로 인한 일본의 잘못된 역사인식의 심각성에 대해 설명했다.

본 논문은 유대인의 나치 전범처리 방법을 중국과 미국의 일제 전범처리 방법과 비교 대조하면서, 유대인의 전범처리 방법이 중국과 미국의 방법에 비해 옳다는 것을 증명했다.

이제 결론을 맺기 위해 먼저 중국과 미국의 전범처리가 유대인의 전범처리와 무엇이 다른지, 그리고 중국인과 유대인의 국민성은 무엇이 다른지 요약해보자. 중국의 일제 전범에 대한 관용정책은 세 가지 면에서 유대인의 전범처리와 다르다.

첫째, 당시 중국 공산당 정권이 내세운 재판의 원칙은 "죄는 일본 군국주의에 있을 뿐 일본 인민에게는 없다"고 말하며, 죄를 지었던 일본 군국주의의 모든 전범은 끝까지 추적하여 단죄하지 않았다. 중국은 1964년까지 900명이 넘는 전범 대부분을 일본으로 돌려보냈다(조선일보, "中, 일제 戰犯까지 인도적 대우… 日은 이 정신 깨뜨려", 2014년 1월 18일). 이것은 "유대인은 독일 국민은 용서하고 사랑하되, 죄를 저질렀던 나치 전범들은 끝까지 찾아내어 정의의 심판대에 세운다."는 이스라엘의 원칙과 정반대의 입장이다.

둘째, '용서와 화해'라는 중국의 기조는 1972년 중·일 수교로 이어졌을 때, 당시 중국은 일본에 대한 배상 청구를 포기했다(조선일보, 2014년 1월 18일). 이것은 이스라엘이 "독일 정부와 기업체에게 끈질기게 70년 이상 사죄를 하게하고, 피해자에 대한 배상을 요구하여 80조원이란 배상금을 받아낸 것"(조선일보, 2013년 5월 30일)과 정 반대의 입장이다.

셋째, 이 외에도 전 세계 중국인은 2010년 전까지 거의 70여 년 동안 한국인이 정의구현을 위해 일본과 힘겹게 투쟁할 때에 협조하지 않고 침묵하는 방관자의 자세를 취했다. 힘이 없을 때에는 억울하지만 참다가 힘이 생기면 표현한다는 중국인의 국민성 때문이다. 이것도 항상 정의를 구현하려는 유대인의 국민성과 정반대의 입장이다.

또한 미국이 주도한 도쿄 전범재판의 오류는 수많은 일제 전범들을 제대로 사법처리하지 못했다는 것이다.

1) 전쟁의 최고 책임자인 천황을 비롯해 전쟁에 앞장섰던 수많은 일본의 정치인, 관료, 그리고 기업인들이 처벌받지 않았다.

2) 일본군 '위안부'의 강제동원, 생물·화학전 731부대 등 중요한 전쟁범죄들을 제대로 조사하지 않았다.

3) 만주사변 이후의 침략과 전쟁에 대해서만 책임을 물었을 뿐, 한국 등 주변 국가들에 대한 제국주의 침략 부분은 아예 재판의 대상이 되지 않았다(김성보, 2005년 5월 3일). 이에 더하여 미국은 일본에 피해배상의 책임을 묻기는커녕, 오히려 전후 복구를 위해 막대한 원조를 해주었다(연합뉴스, 아베 연설 모델은 58년 전 '신시대 언급' 외조부 기시 노부스케 미 하원 연설, 2015년 4월 26일). 이것은 이스라엘의 정의구현 방법과 너무나 다르다.

여기에서 우리는 본 논문의 중심주제인 "독일과 일본의 역사인식은 왜 서로 다른가?"에 대한 답을 찾을 수 있다. 독일인도 일본인처럼 극우파가 대단히 많았다. 대부분 A급 전범 자체들이 군사재판 법정에서 자신들의 죄를 인정하지 않은 자들이 많았다. 그리고 전후에 나치의 잘못을 뉘우치지 않고 나치 전범들을 찬양하고 따르는 집단이 대단히 많았고, 현재까지도 존재한다.

그런데도 독일의 역사인식이 전 후 70년 동안 일본과 다르게 형성하게 한 가장 중요한 원인은 무엇인가? 이스라엘의 전범처리와 중국과 미국의 전범처리가 근본적으로 달랐다는 점에서 찾을 수 있다. 유대인은 독일 나치 전범들을 끝까지 추적하여 정의의 심판대에 세워, 그 죄를 묻는 데 성공하여 정의를 구현하는 데 성공했지만, 중국과 미국은 일제 전범들을 정의의 심판대에 세워 그 죄를 묻는 데 대부분 실패하여 정의를 구현하지 못했기 때문이다.

그 결과 독일은 국제사회에 겸손한 긍정적인 반응을, 일본은 매우 오만한 부정적인 반응을 보이게 했다. 전후 70년 동안 독일은 유대인과 인접국들에게 진심으로 끝없는 사죄를 하면서 피해자들에게 합당한 배상을 하는데, 일본은 아시아인에게 오만함을 보이며 사죄와 피해자 배상에 매우 인색하다.

이스라엘과 유대인의 끈질긴 노력으로 독일의 나치 전범들은 포악한 죄인으로 낙인이 찍히어 독일뿐만 아니라 전 세계에 어디에서도 발을 붙일 수 없게 되었지만, 중국과 미국의 잘못된 전범처리로 일제 전범들은 후일 당당하게 일본 총리를 지내는 등 일본 정계의 지도자 역할을 하는 파렴치들을 양산하게 되었다. 그들 후손들 중 하나인 A급 전범 출신이며 전 총리인 기시 노부스케(岸信介)의 손자가 바로 오늘날 국제사회의 양심세력으로부터 집중 비판을 받는 아베 총리다.

일본은 역사인식에 대한 공정성을 잃고 자국 위주의 역사왜곡에 전념하고 있다. 그리고 전쟁을 미화한 왜곡된 역사교과서를 자라나는 2세들에게 가르치고 있다.

독일은 뉘른베르크 나치 전범 재판장을 기념관으로 만들어 독일 나치의 죄악을 고발한다. 그리고 그 참혹한 죄를 기억하여 반성하고 사죄하고 배상하여 다시는 그런 죄를 짓지 말아야 한다는 2세를 위한 회개와 반성을 위한 교육의 장소로 사용하고 있다. 그러나 일본은 도쿄재판장을 기념관으로 만들어 옛 조상들(전범들)의 위대한 업적과 영광을 기억하여 다시는 그런 패배를 맛보지 말아야 한다는 2세에게 일본 민족의 자존심을 높여주는 교육의 장소로 사용하고 있다.

뿐만 아니라 일본은 미국이 히로시마와 나가사키에 던진 원자폭탄의 피해자임을 지나치게 강조하여 자신들은 전쟁 피해자이고, 미국은 전쟁

범죄국으로 몰아가려는 속내를 보이고 있다.

자신들이 원폭 피해를 입게 된 원인, 즉 아시아의 많은 국가들을 불법으로 침략하고, 미국의 진주만을 불법 공격하여 수많은 인명을 살상하고 재산을 파괴한 사실은 잊거나 숨기고 있다. 그리고 자신들 때문에 겪었던 위안부 할머니들의 절규에는 법적 책임이 없다고 하며 눈을 감고 귀를 막으며 심지어는 경멸까지 하고 있다.

결론적으로 유럽에는 현재 정의가 구현되어 평화를 누리고 있지만, 아시아에서는 정의구현이 안 되어 국가들 간에 갈등관계가 계속되고 있다. 세월이 지날수록 피해국과 피해자들의 상처가 치유되어야 하는데, 상처가 점점 더 깊어지고 있다.

〈저자 주: 전체 논문을 보려면 저자의 고난의 역사교육 시리즈 제3권 '*승리보다 패배를 더 기억하는 유대인*', 중 '제4부 제2장' 유대인은 끝까지 악을 물리쳐 정의를 구현한다(독일과 일본의 역사인식이 다르게 형성된 원인 연구) ' 참조).

이상을 모두 참조하여 결론을 내리자면 일본에 대한 국제적으로 처음 단추가 잘못 꿰어진 것을 이제 미국이나 중국의 협조도 없이 한국만 나서서 일본에게 따지는 것은 버스가 지난 뒤 손을 흔드는 격이다. 그 결과 퀴퀴한 먼지만 맡게 된다.

## Q7. 대법원의 '징용 배상 판결' 어떻게 해결해야 하는가

2007년 노무현 정권에서 했던(조선일보, 2019.07.18), 정부에서 강제 징용 피해자들에게 보상해주는 방법을 취하는 길 외에 없다. 그리고 박근혜 전 대통령 시기에 맺었던 위안부 협정(2015)도 그대로 지켜야 한다.

물론 국간간의 외교이기 때문에 한국의 국격이 훼손당하지 않는 명분을 찾아야 할 것이다.

### Q8. 일본의 수출규제에 대한 문재인 정권의 책임은 없는가

물론 막중한 책임이 있다. 문재인 정부는 일본의 이런 움직임을 미리 예측하고 사전에 막았어야 했다. 유능한 지도자(통치자)는 안 되는 것도 되게 만드는 능력이 있어야 한다. 그래서 국민들이 죽창을 드는 일이 없도록 미리 예방을 했어야 했다.

그런데 현 정부 책임자들은 자신들이 얼마나 무능했는지 조차도 모르고 있다. 그리고 우매한 국민들에게 반일 감정을 부추기어 총선을 준비하고 있다. 이것은 마치 북한의 김정은이 자신들이 못사는 것은 미제 승냥이때문이라고 하며 반미를 부추기어 정권을 유지하는 것과 비슷하다. 따라서 문재인 정권은 이 모든 일들이 꼬이게 만든 책임을 져야할 것이다. 그냥 넘어가서는 안 된다.

### Q9. 일제 불매운동은 해야 하는가

한국 정부 관료는 불매운동을 하면 안 된다. 오히려 일제를 사도록 권장해야 한다. 그러면서 문재인 대통령 특사로 가기 적합한 언어의 기슬을 발휘해야 한다. 특히 조국 교수는 청와대에 있었을 때 그런 기술을 발휘해 일본 특사로 갈 준비를 했어야 했다. 그런데 자신의 분수도 모르고 죽창얘기를 했으니 딱하다.

그러나 시민단체들은 불매운동을 강하게 해야 한다. 왜 일본인들은 한국 자동차를 안 사는데 한국인들은 일제차를 많이 사는가? 국민 다수가 과거 일제에게 당했던 고난의 역사를 잊고 애국심이 결여되었기 때문이다.

### Q10. 위안부 소녀상은 일본의 요구대로 철거해야 하는가

아니다. 오히려 유대인이 대학살 박물관을 세계 도처에 지어 독일 나치의 잔혹상을 세계에 알리는 것처럼, 한국인도 미국을 비롯하여 전 세계에 위안부 소녀상을 세워 일제의 잔혹상을 알려야 한다.

유대인처럼 일본이 지은 과거의 죄는 용서는 하되 고난의 역사는 자손대대로 잊어서는 안 되기 때문이다. 일본을 미워해서가 아니라 제2의 2차 세계대전을 막기 위함이다.

그리고 일본인도 그것을 철거하려고 하지 말아야 한다. 왜냐하면 그들 자신들의 원죄는 자손대대로 기억하게 해야 한다. 그래야 그들 후손이 또 다른 역사의 오류를 막을 수 있기 때문이다.

이것은 온 인류의 보편적 정의와 평화의 가치를 유지하기 위함이다. 일본은 유대인과 독일에게 배우라! 그리고 끝까지 참회하며 피해국들에게 겸손하라!

### Q11. 사방이 적으로 둘러싸인 이스라엘의 생존법은 무엇인가

이스라엘은 인구 700만에 한국의 강원도만한 작은 국토를 가지고 있다. 주변은 13억의 이슬람권이 수천 년 동안 적이다. 뿐만 아니라 1948년 이스라엘이 독립하기 이전에는 유럽 거의 온 나라들이 유대인을 토끼몰이를 하듯 추적하여 핍박하고 죽였다. 한 마디로 서양에서 미국 이

외에 피해를 안 준 나라가 거의 없다. 죽창을 들려면 거대한 이집트에서 시작하여 중동의 모든 나라들, 소아시아 지역 나라들 그리고 유럽은 물론 러시아에까지 들어야 한다.

이스라엘은 그들을 어떻게 대하는가? 그들의 생존법은 무엇인가? 피해를 준 이들을 용서는 하지만 과거의 고난은 결코 잊지 않는다. 모든 나라와 대화하기 위하여 겉으로는 속 감정을 감추고 웃는다. 그러나 그들 마음속에는 적과 동맹이 명확하게 구분되어 있다. 그리고 그 원칙을 지키는데 매우 충실하다.

평화시에 흥청망청하지 않고 늘 미래에 닥칠 전쟁에 대비해 힘을 기른다. 전 세계 유대인 디아스포라들이 똘똘 뭉치어 조국 이스라엘에 모든 정보와 힘을 모아준다. 동맹국 미국에 확실한 신뢰를 주며 협력한다.

반면 문재인 정부는 누가 주적이고 누가 동맹인지도 모르는 멍청한 입장이다. 민족이 우선인지 대한민국 국가가 우선인지도 모르는 것 같다. 이를 어찌할꼬!

**알고 갑시다**

# 유대인과 공산주의의 경제관 차이

현용수

이스라엘에 가면 '키부츠'라는 곳이 있다. 공산주의 국가처럼 공동생산과 공동분배가 이루어지는 공동체들이다. 사도행전에도 교회 공동체에 개인의 모든 사유재산을 헌납하고 부를 나누는 공동체 생활을 한 기록이 있다(행 5:1-11). 얼핏 보기에 성경적 경제관과 공산주의 경제관은 비슷한 것처럼 보인다. 그러나 이것은 극히 일부다. 그리고 부를 나누는 방법도 다르다.

세계 어디를 가나 모든 유대인 공동체에는 부자나 가난한 자가 공존한다. 가난한 자는 누가 보살펴주는가? 정부가 아니라 부자의 의무다. 왜냐하면 하나님을 사랑하고 섬기는 방법이 하나님이 창조하신 인간을 사랑하고 섬기는 것이기 때문이다. 유대인이 이웃을 돕는 것을 '쩨다카'라고 한다. 이 외에 유대인에게는 구제용 십일조를 따로 낸다.

〈저자 주: 자세한 것은 저자의 저서 *자녀들아, 돈은 이렇게 벌고 이렇게 써라* 제4부 제5장 IV. 유대인이 돈을 사용하는 8가지 법칙 중 넷째 법칙: '불우한 이웃을 돕는 구제금을 내라' 참조〉

유대인은 나 혼자 잘 살면 그것이 불행이라고 가르친다. 주위의 모두가 잘 살아야 구제할 대상도 없어지고 빼앗아갈 도둑도 없기 때문이다.

때문에 유대인 공동체에는 거지가 있어서는 안 된다고 가르친다. 오죽하면 유대인이 돈을 버는 목적 중 하나가 구제에 있겠는가!

유대인 공동체가 나눔과 평등을 추구한다는 점에서는 공산주의와 비슷하다. 그러나 그 방법은 너무 다르다. 전자는 하나님의 사랑을 나누면 모두가 행복해진다고 믿지만 후자는 하나님을 거부하고 인간 스스로 유토피아를 만들 수 있다고 생각한다.

전자와 후자가 나눔과 평등을 만드는 가장 큰 방법의 차이가 있다. 전자는 부자들이 자율적으로 가난한 자를 구제하지만 후자는 정부가 나서서 부자의 재산을 강제로 빼앗아 가난한 자들에게 무상으로 나누어준다. 이것이 공산주의의 무상복지 제도다.

따라서 공산주의에 익숙한 인민들은 가진 자, 즉 지주나 재벌은 인민의 원수, 즉 적폐로 취급한다. 북한의 리선권이 남한의 삼성 부회장 이재용 등 재벌 총수들과 식사를 하면서 재벌들에게 "냉면이 목구멍으로 넘어갑니까?"(YTN, 2018년 10월 30일)라고 비아냥거린 이유가 여기에 있다. 마치 꾸어준 돈 안 갚는 것처럼 말이다. 현재 문재인 정권의 사법부가 이재용 부회장을 감옥에 가두었는데, 그들의 이념적 성향도 리선권과 비슷하다고 볼 수 있다.

무상배급을 받기 시작한 모든 인민들은 정부만 쳐다볼 수밖에 없는, 무비판 인간으로 전락한다. 공산주의 정권은 점차 전체주의로 변하여 지독한 독재로 전 인민을 노예화시킨다.

그 결과 평등을 외치나 불평등이 만연하고, 정의와 인권을 외치나 불의와 인권침해가 만연하고, 자유를 외치나 자유가 없고, 지상 낙원을 외치나 지상의 지옥이 된다. 거의 모든 인민들이 거지처럼 살아가고 있다.

하나님을 거부하고 인간 스스로 행복해질 수 있다는 그들의 논리는 거짓으로 들통났다. 70년 동안 공산주의 국가를 실험했던 구 소련이나 동구권의 붕괴로 증명되었다. 따라서 유대인의 경제관이 정답이다. 그것은 하나님이 가르쳐 주신 성경에 근거했기 때문이다.

# 제2부

## 다음 세대 좌파가 흥하는 원인과 해결방안

제1장 다음 세대 교회교육, 이스라엘을 모델로 한 대안 제시

제2장 300만을 굶겨 죽인 북한, 어떻게 아직도 생존하는가
 〈우파가 좌파를 이길 수 있는 방법 제시〉

제3장 글을 마치며

"정치를 외면한 가장 큰 대가는
아주 저질 인간들에게
지배를 당한다는 것이다."
- 플라톤 -

# 다음 세대 교회교육
# 이스라엘을 모델로 한 대안 제시
⟨2020. 4.15 총선 결과를 분석하며⟩

I. 우파가 직시해야 할 세 가지 근본 문제의 본질
II. 좌파 교인을 우파로 돌리는 근본 대안
III. 이스라엘을 모델로 했더니 저출산 문제도 극복했다
   ⟨유대인의 저출산 극복 연구와 교회 임상 결과 발표⟩

## I. 우파가 직시해야 할 세 가지 근본 문제의 본질

### 1. 4.15 총선이 보여준 근본 문제의 본질
   <왜 부도덕한 좌파의 수가 늘었나>

* 정원식 전 국무총리의 멱살을 잡고 끌고 다녔던
  한총련 학생들의 후예가 무섭다.

노태우 정부 시절 국무총리로 재직했던 보수 원로 정원식 전 총리가 있었다. 그는 전교조를 불법 단체라고 천명하며 우파 강경노선을 견지했었다. 1991년 6월 한국외대에서 강의를 마치고 나오다가 "전교조 탄압 주범 정원식을 몰아내자" 등의 구호와 함께 한총련 학생들이 그의 멱살을 붙잡고 계란과 밀가루를 계속 뒤집어씌우며 운동장을 끌고 다니며 조롱했다(서울신문, 2020.04.13).

어른들은 그 뉴스를 접하면서 분노했다.

"저런, 저런 못된 X들이 있나!"를 외쳤다. 그러나 수많은 학생들은 그 모습에 통쾌하게 웃으며 물개 박수를 쳐댔다.

전자는 염치와 도덕 그리고 정의를 아는 보수우파이고, 후자는 거의가 주사파, 즉 목적을 위해서는 수단과 방법을 가리지 않는, 즉 거짓과 폭력도 선이라고 가르치는 뻔뻔한 공산주의 좌파 무리였다.

30년이 지난 2020년 4.15총선이 끝났다. 지역구에서 민주당이 163곳, 통합당이 84곳으로 진보와 좌파가 보수우파보다 2배나 많게 이겼다. 대부분 좌파 당선자들은 정원식 전 총리에게 패륜행위를 했던 1980-1990년대 한총련 운동권 출신들이다.

그들은 이제 국가 보안법 폐기도 가능하다고 한다(여비례당 대표 우희종, 조선일보, 2020.04.17.). 10명만 더하면 개헌도 가능하다고 한다.

문제의 본질은 대한민국의 정통성과 선한 가치를 지키려는 보수우파가 대패하고, 목적을 위해서는 수단과 방법을 가리지 않는 그리고 대한민국의 정통성을 인정하지 않는 종북성향의 좌파들이 대거 국회로 진출했다는데 있다. (물론 다 그렇다는 것은 아니다)

이것은 무엇을 뜻하나? 북한식 통일로 가는 고속도로가 뚫렸다는 것이다. 문재인 대통령이 말했던 '한 번도 경험해보지 못한 나라'를 만드는 길, 그 고속도로다.

\* 누가 그들에게 표를 주었는가? 주로 젊은 진보 좌파들과 무개념 국민들이다.

 증거는 차고 넘친다. 서초동에서 조국(거짓, 뻔뻔 및 파렴치의 대명사) 사수를 외쳤던, 그리고 '섹드립과 욕설이 난무하는 코미디 연애 상담'에 출연했던 김남국 후보(개싸움운동본부 주역)가 당선되었다.

 서울시 전 시장 오세훈 후보는 관록과 토론에서는 이기고 투표에서 졌다. 상대는 정치 초년생 고민정(40세, 문재인 측근) 후보였다. 4선 중진 의원인 나경원도 무명의 이수진 후보에게 졌다.

 더 무서운 것은 우파에 기쁨과 희망을 주었던, 보수우파의 가치를 선두에서 외치며 광화문 집회에 참석했던 전희경, 김진태, 주광덕 및 심재철 의원 등은 모두 패배했다는 데 있다.

 나라와 지역 발전에 이바지 할 수 있는 검증된 후보들이 떨어지고 정상적인 사고로는 선택 할 수 없는, 혹은 보수우파 후보에 비하여 수준이 떨어진 인물들이 당선되었다는 것은 우리 편이면 "염치와 도덕 그리고 정의는 필요 없다." "나라를 위해 일한 경력도 필요 없다." "나라가 망하든 말든 정부가 주는 돈을 받아먹자."는 진보 좌파 국민들이 그만큼 늘었다는 증거다.

 〈저자 주: 일각에서는 여당은 부정선거로 야당에 압승했다고 주장한다. 그 증거들도 많다고 한다. 그러나 본서에서는 그 주제는 다루지 않는다.〉

 \* 이것은 이념의 토양이 그만큼 악(惡)해졌다는 것을 뜻한다.

 실제로 TV 토론을 보면 좌파 지도자들 중에 잘못을 했으면서도 양심의 가책을 전혀 느끼지 못하는 뻔뻔한 경우를 많이 본다(예: 유시민 이사장과 진중권 전 동양대 교수의 토론). 오히려 잘못을 지적하는 보수우파에게 잘못 좀 한 것이 무슨 대수냐고 따지는 후안무치한 좌파들도 많아졌다(예: 조국의 기소건에 대한 좌우 찬반 토론에서). 실로 적반하장이다.

그런데 더 심각한 것은 거짓말쟁이 조국을 그렇게 많이 감쌌던 유시민 이사장을 지지하는 이들이 너무 많다는 것이다. 이것은 인성교육학적인 입장에서 국민의 질이 그만큼 낮아졌다는 것을 증명한다. 동방예의지국이었던 대한민국이 어쩌다 이렇게 되었는가!

이것은 정원식 전 총리 같은 양심 있는 보수우파가 설 땅이 많이 줄었다는 것을 뜻한다. 보수우파가 다수였던 시대는 더 이상 기대하기 힘들 것이다. 이것은 인성이나 이념의 토양이 그만큼 악(惡)해졌다는 것을 뜻한다. 앞으로 기하급수적으로 더 악해질 것이다.

대한민국을 손수 일군 노인들은 가고 전교조로부터 교육 받은 젊은 세대들이 올라오기 때문이다. 이대로 가다간 정말 돌이킬 수 없는 상황이 되어 버린다.

어쩌다 진보 좌파가 자기들끼리 법을 어기며 하고 싶은 것을 다 해먹어도 조국처럼 존경받는 나라가 되었는가!

문재인 대통령이 취임사에서 말했던 '기회는 평등하게, 과정은 공정하게, 결과는 정의로울 것'이라는 선진국의 보편적 원칙이 처참하게 무너진 나라 대한민국이 두려워진다.

사람이 지치는 것은 아무리 올바른 선과 정의를 얘기해도 상대가 듣지 않는데 있다. 오히려 상대가 그를 비웃으며 조롱하면 더 미치도록 괴롭다.

아! 대한민국이여, 어쩌다 선을 행하고 정의를 부르짖는 사람들이 더 미치도록 괴로운 시대가 왔는가!

\* 구약의 악한 왕들은 율법은 어겼지만 이적행위는 하지 않았다.
그런데 현 정권은….

구약의 선지자들도 이스라엘의 위기를 보면서 그처럼 미치도록 울었던 적이 많았다. 그래도 당시 남유다 왕이나 고위층들은 남유다를 바벨론에 갖다 바치려는 이적행위는 하지 않았다. 단지 율법을 어기고 육적 및 영적으로 타락했을 뿐이다. 그것이 하나님이 유대민족 전체를 처절하게 심판하셨던 이유였다.

그러나 문제인 정부는 대통령부터 나라를 북한에 통째로 바치려는 간첩질을 하고 있다. 교회를 핍박하고 있다. 조국은 불구속 수사를 하면서 전광훈 목사는 구속 수사를 하고 있다. 남유다의 고위층들보다 천만 번 더 악한 것이다. 그런데 국민들 50-70%가 현 정부를 지지한다. 이러고도 하나님의 심판을 피하려하는 것은 염치가 없는 것 아닌가!

많은 이들이 앞으로 한국은 베네수엘라처럼 될 것을 염려한다. 그래도 거기에는 경제는 망해도 자유는 있지 않는가! 북한이 남한을 점령한다면 자유는 물론 박탈 당하고 구 월남이나 캄보디아처럼 인구의 1/5 이상이 떼죽음을 당할 것이다. 교인이 많아 더 많은 처형을 당할 것이다. 그야말로 킬링필드가 될 것이다. 물론 당연히 교회도 없어진다.

> 문제는 염치, 도덕, 정의를 아는 보수우파가 대패하고,
> 목적을 위해서 거짓과 폭력도 선이라는
> 공산주의 좌파들이 대거 이겼다는 데 있다.

## 2. 젊은 세대 이념 문제의 본질
### <왜 자녀를 중대형교회에 보내면 좌파가 되는가>

앞에서 좌파가 30년 동안 늘었기 때문에 보수우파가 선거에서 졌다고 했다. 이번에는 누가 젊은이들을 진보 좌파로 왜, 어떻게 만들었는가? 그리고 그 해결방안에 대해 논해보자.

자녀들이 성장하며 교육의 영향을 받는 곳은 대략 네 곳이다. 1) 가정, 2) 학교, 3) 학원 그리고 4) 교회다.

한국은 학부모들이 자녀교육을 보통 학교와 학원에 의지한다. 학교에서는 주로 전교조 교사들에 의해 자녀들이 좌파로 양육되는 경우가 많다고 한다. 남한의 이승만 박사는 나쁜 사람이고 북한의 김일성이 정통성이 있다고 가르친다고 한다. 학원의 강사들도 종북좌파가 많다고 한다.

가정의 부모는 일류대학을 입학시키기 위해 IQ위주의 교육 이외에 이념교육을 거의 시키지 않는다고 한다. 아예 가정교육 자체가 무너진 가정이 많다고 한다.

### 중대형교회는 어떠한가

자녀들이 중대형교회에서 접하는 교회학교의 젊은 목사들은 대부분 좌파라고 한다. 박근혜 대통령 탄핵 당시, 전체 교역자가 100명이 넘는 모 대형교회 교역사실에서는 대법원의 탄핵결정문을 생방송으로 지켜보며 교역자 90% 이상이 기립박수를 치며 환호했다고 한다.

그들 대부분은 과거 30년 동안 전교조 교사들 밑에서 교육을 받으며 자신도 모르게 좌파 이념에 물들었기 때문이다. 모 대형교회 부목사들

역시 80%가 좌파라고 한다. 교구 목사가 교인들에게 진보 성향의 CBS 방송만을 추천하는 지경이다.

그러니 우파 부모들도 자녀들을 이런 교회에 보내면 자녀들이 점차 좌파로 키워질 수밖에 없다. 따라서 2019년 8월에 쉐마인성교육을 받았던 모 대형교회 김성목 집사는 교육을 받은 후 소감문에 이렇게 썼다.

"가장 큰 충격은 보수우파의 뿌리인 교회가 오히려 진보 아이들을 키워내는 역기능적인 역할을 했다는 점입니다."

이것은 교회교육부에 사기를 당한 것이다. 우파 평신도 부모들은 자신의 자녀들을 좌파로 만든 교회에 그 책임을 물어야 할 것이다.

교회교육부는 교인 자녀들을 20년 이상 교육을 책임지는 교육기관이다. 그곳에서는 마땅히 복음과 함께 이승만 박사가 건국한 자랑스러운 대한민국의 국가관 및 한국인의 인성교육도 가르쳐야하지 않겠는가!

설사 자녀들이 학교에서 좌파교육을 받았다고 하더라도, 교회에서는 부모나 원로 목사 혹은 담임목사의 소원대로 우파로 만들어야 하지 않겠는가! 교회까지 자녀들을 좌파로 만들면 어떻게 하나!

특히 인성교육학적인 입장에서 중대형교회교육부의 문제점은 두 가지다.

1) 한국 민족의 인생의 의미를 찾는 전통적인 수직문화 대신에 재미있는 수평문화 중심으로 교회 프로그램을 만든다. 따라서 부모와 자녀 사이에 수직문화의 세대차이를 나게 한다.

2) 부모가 가진 보수우파 이념 대신에 좌파 이념을 주입하여 이념의

세대차이를 나게 한다. 때문에 부모와 자녀간의 소통이 힘들다. 조부모와는 더 힘들다. 〈물론 모든 중대형교회교육부가 다 그렇다는 것은 아니다〉

**이것은 교회교육부에 사기를 당한 것이다.
우파 평신도들은 자신의 자녀들을 좌파로 만든 교회에
책임을 물어야 한다.**

## 왜 소형교회는 상대적으로 이런 문제들이 적은가

그렇다면 왜 소형교회는 상대적으로 이런 문제들이 적은가? 소형교회들은 재정 문제로 젊은 부목사를 둘 수 없다. 따라서 보암직한 현란한 수평문화 전문가가 거의 없다. 물론 먹음직한 간식도 풍부하지가 않다.

그리고 많은 소형교회의 교육부는 목사 사모가 맡는 경우가 많다. 따라서 상대적으로 자녀들이 수평문화나 좌파 이념에 물들 염려가 적다.

물론 중대형교회의 장점이 없다는 것이 아니다. 소형교회에 비해 상대적으로 메시지가 좋거나, 혹은 성령의 역사가 많이 나타나는 경우가 많다. 따라서 자녀가 없는 어른들은 이런 교회를 다녀도 된다.

그러나 저자가 왜 이 글을 쓰는지를 알아야 한다. 왜 이번 4.15총선에서 다음 세대 자녀들이 좌파 후보를 많이 찍었는지에 답하는 것이다.

〈아래 제목들은 제2부 제2장 Ⅲ. '대안 및 적용: '왜 인성교육 + 쉐마교육'이 대안인가" 참조〉

– 유대인 자녀들은 왜 부모가 선정한 후보에게 투표하나?

- 한인 모범 교회 소개
- 왜 한국에는 대형교회보다 쉐마를 실천하는 교회에 희망이 있는가?

## 3. 복음과 이념 혼동의 본질

### A. 실제로 복음주의 교회에 좌파가 있는가
〈좌파가 복음을 믿으면 우파가 되는가〉

저자는 2020년 4.15 총선 후에 '이번 선거가 보여준 문제의 본질'에 관한 글을 썼다. 첫째, "왜 좌파에게 표를 주는 국민이 급격히 늘었나" 둘째, "왜 자녀를 중대형교회에 보내면 좌파가 되는가?"를 썼다.

이번에는 "기독교인인데 어떻게 좌파가 될 수 있나?"에 대하여 설명해보자. 많은 이들은 진정한 기독교인이라면 좌파가 될 수 없다고 단언한다. 그런데 현실은 그렇지 않다. 한국기독교사회문제연구원(원장 김영주 목사) 설문 조사에 의하면 성경의 무오성을 강조하는 등 보수적인 신앙을 갖고 있지만 정치 성향은 진보적인 좌파 교인이 전체 교인 4명 중 1명 이상(28.5%)이라는 조사 결과가 나왔다. 신앙과 정치 성향 모두 보수적이라고 응답한 교인은 불과 34.5%다. 참고로 신앙·정치 진보 교인은 19.4%, 신앙 진보·정치 보수 성향은 17.6%였다(국민일보, *신앙 성향은 보수적, 정치는 진보인 성도 28.5%*, 2021년 4월 16일).

이런 통계는 매우 충격적이다. 실제 저자가 겪은 몇 가지 사례를 소개해 보자.

### 사례1

저자는 1996년에 발간한 유대인 교육서 'IQ는 아버지 EQ는 어머니 몫이다'란 책이 베스트셀러가 되면서 전 세계를 돌아다니며 유대인 자녀교육 강의와 부흥회를 인도한 적이 있다.

한 번은 한국의 강원도 어느 지방에서 진보교단에 속한 교회에서 집회 섭외가 왔다. 그 지방에서 가장 큰 교회였다. 그리고 담임목사는 그 교회가 속한 교단의 총회장이었다. 저자는 원래 담임 목사님이 쉐마교육을 받지 않았으면 가지 않는다는 원칙을 정했었다. 그런데 쉐마교육을 받은 그 교회 부교역자가 워낙 강하게 추천을 해서 허락을 했다.

서울에서 시외버스를 타고 그 교회가 있는 도시에서 내렸다. 그리고 담임 목사님과 집회 전에 저녁식사를 하러 갔다. 그런데 식사를 1인분만 시켰다. 알고 보니 그 목사님은 일주일에 3일을 금식하는 데, 특히 그 날은 집회 첫날이라 금식을 한다고 했다. 기도도 매일에 3시간 이상을 하고 철야기도도 많이 한다고 했다. 보기 드문 경건한 분이었다.

저자는 '한가정삼세대교육부흥회'란 표어로 집회를 인도한다. 그래서 삼세대를 함께 모아놓고 유대인의 자녀교육에 관한 강의를 시작했다. 첫 시간 강의가 끝난 후 통성기도회를 인도했다. 기도회도 뜨거웠다. 방언 소리도 여기저기서 크게 들렸다.

이틀이 지나자 저자에게 몇 몇 교인들의 요청이 들어왔다. 강의 내용은 좋은데 좌파 비판 때문에 불편하다는 것이었다. 알고 보니 그 교회에는 그 도시에서 좌파 정치인들과 전교조 교사들이 가장 많이 모이는 교회였다.

너무나 큰 충격이었다. 좌파 교회는 하나님의 말씀 중심과 성령 사역과거리가 먼 줄로만 알았기 때문이었다. 그런데 이 교회를 통하여 그것은 상대적으로 그렇다는 말이지 모두가 그렇지는 않다는 것을 알게 해주었다.

### 사례2

한국에서 가장 복음화율이 높은 곳은 호남 지역(30-40%, 2015년 기준)이다. 가장 낮은 곳은 대구와 울산이다(5%대).

실제로 집회를 다녀보면 여수, 순천, 목포, 광주 및 전주 등 거의 모든 도시에 복음적인 기독교인들이 많이 있다. 개인적으로 목사들을 만나보면 경건하고 훌륭한 분들도 많다.

"기독교인이 많으면 우파가 많다"는 가설이 맞으려면 호남이 대구보다 7-8배는 많아야 한다. 그런데 왜 반대인가?

왜 호남에서 좌파 대통령과 좌파 국회의원들에게 몰표를 주는가? 노무현 대통령이나 문재인 대통령에게 97%라는 몰표를 몰아주었다. 복음화율이 그렇게 높은데 어떻게 반 성경적인 '성평등차별금지법'이나 '학생인권조례법' 같은 악법을 만드는 국회의원들에게 그런 몰표를 줄 수 있는가?

답은 미국 4대째 의료선교사 연대의대 인요한 교수의 말에서 찾을 수 있다. 자신은 전라도 순천 토박이여서 어려서부터 이승만과 박정희 대통령은 나쁜 사람으로 알고 있었다고 했다. 그런데 나중에 그분들이 얼마나 훌륭한지를 알게 되었다고 했다. 북한에 가서도 두 대통령을 많이 칭찬했다고 한다.

이것은 무엇을 뜻하나? 인요한 교수는 기독교인이지만 어려서부터 잘못된 정보에 속았던 것이다. 그런데 나중에 그것이 잘못된 것인 줄 알고, 즉 속은 줄 알고 바로 잡았다는 것이다.

### 사례3

사례는 더 있다. 저자는 전 세계 목사님들과 교수님들을 상대로 '쉐마목회자클리닉'을 20여년 인도해왔다(2019년 기준). 그 중에는 물론 호남 목사님들도 많이 참석했다.

저자는 한 학기분의 내용을 4일 동안 온종일 집중 강의를 한다. 이틀이 지나면 그들 중 일부가 저자에게 찾아와 교수님의 강의 내용은 좋은데 좌파 비판은 거북하다고 말한다. 그런데 4일을 모두 마친 후에는 대부분 말이 바뀐다. 자신들이 좌파의 거짓된 정보에 속고 살았다고 고백한다.

저자는 그들에게 제가 가르친 대한민국 국가관을 교회 교인들에게 가르치면 어떻겠느냐고 했다. 그들은 아직은 때가 이르다고 말한다. 어떤 이들은 머리로는 이해가 되는데 가슴까지 내려오려면 시간이 걸릴 것 같다고 말한다. 과거에 경상도 사람들에게 너무나 많은 핍박을 받았기 때문이라고 한다.

### 사례4

가정의 사례도 있다. 경상도에 기도를 많이 하는 어느 강경한 보수우파 목사님이 있다. 그런데 그의 똑똑한 아들은 구원의 확신은 뚜렷한데, 분명 이념적으로는 강경한 좌파였다. 그러니 두 부자 지간에 갈등이 심했다. 아버지가 교회에서 설교 시간에 너무 답답하여 이렇게 말했다고 한다.

"종교가 다른 사람과는 한 집에서 함께 살 수 있어도 이념이 다른 사람과는 살 수 없다."

여러분의 가정은 어떠한지 돌아보시라. 그런데 그 아들이 '쉐마지도 자클리닉'에 참석한 후 완전히 우파로 돌아섰다. 그리고 현재는 저자의 책을 근거로 20대 좌파 청년들에게 우파의 논리를 가르치는 우파 전도사가 되었다.

이러한 예들은 "어떻게 기독교인이 좌파가 될 수 있나?"에 대한 명확한 답을 준다. 기독교인이 되기 이전에 이미 외부의 영향을 받아 좌파가 되어 있었다는 것이다. 혹은 기독교인이 된 이후에 외부의 좌파교육으로 인하여 좌파가 되었다는 것이다.

이것은 무엇을 뜻하나? 그 좌파들도 예수님을 믿으면 구원을 받을 수 있다는 것이다. 그렇다고 이념도 바뀌는 것이 아니라는 것을 뜻한다. 이것은 예수님을 믿고 구원받는 것과 좌파가 되는 것은 다르다는 것을 뜻한다. 그리고 예수님을 믿는 사람도 얼마든지 좌파에 속을 수 있다는 것을 뜻한다.

물론 어떤 이들은 기도할 때 자신이 좌파의 잘못을 깨닫고 우파로 전향했다고도 하고, 성경공부를 통해서 우파로 전향했다고도 한다. 장신대 K 교수는 한국에 있었을 때는 좌파였는데, 미국에 유학을 가서 바울신학을 연구하면서 우파로 전향했다고 한다. 또한 비기독교인이었던 좌파는 예수님을 믿으면서 우파로 전향했다고도 한다. 그 말에 전적으로 동의한다. 그러나 모두가 그렇다는 것은 아니라는 것이다.

〈참고: 동성애자들도 예수님을 믿으면 구원을 받을 수 있다. 그러나 자신의 행위가 잘못되었다는 것을 깨닫게 하기 위해서는 하나님의 율법을 가르쳐야 한다.)

"책으로 공산주의를 배우면 공산주의자가 되고, 몸으로
공산주의를 배우면 반공주의자가 된다."

구 소련의 스탈린 딸의 말이다. 그러나 몸으로 배울 때가 되면 너무 늦다. 그 전에 경험자의 말을 듣고 반공주의자가 되어야 지혜로운 자다.

(저자 주: 참고로 2017년 제19대 대통령 선거에서 호남을 포함한 전국 기독교인들이 가장 많이 투표한 후보는 누구일까? 우파(21.5%)가 아닌 좌파 문재인(39.3%)에게 거의 두 배를 몰아주었다. KBS 등 공중파 3사가 대선 당일 전국 개신교 신자 690명을 포함해 3615명을 대상으로 실시한 출구조사 결과, 39.3%의 개신교인들이 문재인 후보를 선택했다고 한다. 이어 안철수 후보(중도 25.9%)와 홍준표 후보(우파 21.5%) 순으로 나타났다 (데일리 굿 뉴스, 종교별 가장 많은 선택받은 후보? 개신교는, 2017년 5월 11일). 이것은 기독교인에게 우파냐 좌파냐에 대한 선호도는 복음과 상관관계가 없다는 것을 뜻한다.)

 알고 갑시다

## 한국의 적화 현상, 어디까지 왔나

현용수

〈대한민국 25단계의 적화 단계 중 24단계 완성/진행 중이며, 마지막 한 단계만 남아있다. https://blog.daum.net/haeyoon1954/10620〉

1. 미군철수 (와해 단계)
2. 국정원 폐지 (완성)
3. 국가 보안법 폐지 (완성)
4. 동성애 합법화 (추진 중)
5. 우익 단체 사살 (추진 중)
6. 기독교 분열 (거의 완성)
7. 언론 접수 (완성)
8. 노조 접수 (완성)
9. 사법부 접수 (완성)
10. 행정부 접수 (완성)
11. 연방정부 수립 – (완성 단계로 감)
    – 지방선거에 헌법 개정
12. 우익인사 수감 (완성)

13. 원전 파괴 (에너지 종속 국가)

14. 좌우이념 대립 갈등 심화 (완성)

15. 역사 왜곡 (완성)

16. 국회 장악 (완성)

17. 시민단체 장악 (완성)

18. 국가경제 파탄 (완성 단계)

19. 사회 시스템을 자본주의에서 공산국가 계획 경제로 (완성 단계로)

20. 군 병력 감축 (완성)

21. 군 장성 잡아두기 (완성)

22. 경찰 공권 약화 (완성)

23. 인민 노동자 농민사회 (완성)

24. 공산 혁명정부 (완성)

25. 딱하나 남은 것은 미군 철수

멀지 않아 사회가 혼란하다고 군과 경찰을 동원하여 국민을 통제할 것이다. 국민들은 저항 한번 못하고 꼼짝없이 자연스럽게 국가가 전복될 것이다.

## B. 복음주의 기독교인 중에 좌파가 많은 이유

기독교와 공산주의는 원수지간이다. 도저히 화합이 안 되고 화합해서도 안 된다. 전자는 하나님을 섬기는 형이상학이고, 후자는 형이하학(유물론)이기 때문이다. 더구나 북한은 공산주의만 있는 것이 아니라 김일성, 김정일, 김정은을 하나님으로 추앙하며 섬긴다. 그런데 어떻게 화합할 수 있겠는가! 그런데 왜 기독교인들 중에 김일성 주체사상을 추종하는 공산주의자들이 그렇게 많은가?

그런데 왜 호남지역에서 선출된 국회의원이나 도지사 및 교육감들은 거의 좌편향되었는가? 왜 그들 대부분은 1919년 상해 임시정부를 건국일로 주장하는가? 대한민국을 건국한 이승만을 통일을 방해한 반역자로 몰면서 1948년 8월 15일 건국절을 거부하는가?

### 몇 가지로 답변해 보자.

첫째, 앞에서 일부 설명한 대로 좌파의 허구 논리에 속았기 때문이다. 기독교인들도 북한의 거짓선전선동에 속을 수도 있을 것이다. 이에 대한 증거로는 호남지역 목사들이 저자의 대한민국 국가관에 대한 강의를 들으면, 약 90%는 자신들이 누구에게 속았다고 고백한다.

그리고 건국의 대통령 이승만 박사를 존경하게 된다. 이것은 그들이 공산주의자들이었기 때문에 북한의 노선을 좋아하는 것이 아니고, 그럴듯한 고려연방제나 햇볕정책 같은 북한의 가짜 논리에 속고 있다는 것을 증명한다.

둘째, 구원론에 필수인 복음을 제대로 이해하지 못했을 수도 있다. 이것은 구원의 확신 정도에 따라, 즉 구원의 확신이 약할수록 더 좌편향될 수 있다는 것을 추정할 수 있다. 그리고 성경에 나타난 하나님의 뜻을 왜곡해서 가르쳐 그럴 수도 있을 것이다(예: 자유주의 신학자들의 반성경적인 학설들).

특히 구원을 위한 복음만 가르치고 유대인의 쉐마교육을 가르치지 않을 경우 좌편향될 가능성이 더 높다. 왜냐하면, 쉐마교육을 가르치면 자신의 국가관에 대한 정체성이 확실해지기 때문이다. 한국인 기독교인도 유대인의 쉐마교육을 받으면 구약의 모세나 다니엘, 느헤미야, 예레미야 및 에스라 등이 이스라엘이라는 나라를 자랑스러워했던 애족 애국자였던 것처럼, 대한민국을 자랑스러워하는 애국자가 될 수 있을 것이다.

셋째, 또한 현재 더불어민주당을 지지하는 대부분 젊은이들은 뚜렷한 이념 없이 더불어 민주당이 하는 겉모습들(예: 웃통 벗고 치맥 마시는 장면이나 문재인 대통령이 다리를 오가면 김정은을 포옹하고 있는 장면 등)이 멋있어보였기 때문이라고 볼 수도 있다.

그들이 이러한 이벤트 쇼를 좋아하는 이유는 1) 그들이 수평문화에 물들어 이런 외면적인 쇼를 좋아하고, 2) 가정에서 논리로 자녀를 설득하려 하지 않고 권위주의의 힘으로 눌러 복종케 하려 했던 과거 권위주의 아버지들에게 상처를 받은 젊은이들이 많기 때문일 것이다. 그들은 부모에 대한 반작용으로 탈권위가 멋있게 보이는 진보 좌파에게 갔을 수도 있다. 그리고 3) 보수우파 정당인 자유한국당의 서로 싸우는 모습들이 너무 지겹기 때문일 수도 있다.

넷째, 마지막으로 가장 큰 이유는 좌파 전교조 교사들이 30년 동안 어린 학생들에게 이승만은 통일을 방해했던 독재자이며 역적, 김일성이 만든 조선민주주의인민공화국은 한민족의 정통성을 가진 국가라는, 즉 그들이 종북좌파 교육을 시킨 결과 그들이 성장하여 투표권을 얻었기 때문일 것이다.

**알고 갑시다**

## 좌파를 우파로 돌린 두 성공 사례

### 첫째 사례

서울 고신측 박현준 목사(드림교회)는 투철한 개혁주의 신학을 가지고 외아들(박광영 형제)에게 철저하게 복음과 성경을 가르쳤다. 물론 가정예배도 매우 철저하게 드렸다. 그런데 그 아들이 서울의 명문 연세대에 들어가 1년 동안 좌파 교수의 강의를 들은 후 완전히 부모와 정 반대의 길을 고집했다. 노무현 대통령이 좋아 스스로 민노당에 입당하여 민노당 회원이 되어 후원금까지 냈었다. 그러니 가정에서 아버지와 사사건건 부딪칠 수밖에 없었다.

그런데 그는 어떻게 우파가 되었는가? 저자가 운영하는 쉐마지도자클리닉에서 인성교육과 쉐마교육을 받은 후 완전히 우파로 돌아섰다. 그는 저자의 유대인을 모델로 한 교육의 논리에 설득을 당했다.
그는 대학을 졸업한 후 ROTC장교가 되었다. 그가 중대장 시절에는 소대원 장병들에게 저자의 인성교육 노하우 책을 교재로 인성교육을 가르쳐 많은 효과를 얻었다고 한다. 현재는 신학공부를 마치고 목사가 되어 아버지 밑에서 전적으로 쉐마목회를 하는 쉐마전도사가 되었다. (*쉐마교육을 아십니까*, 2015, pp. 207-208 참조)

### 둘째 사례

부산 조수동 목사(동상제일교회) 부부는 3남매를 어려서부터 가정예배를 철저히 드리고 성경공부도 철저하게 시켰다. 자신의 자녀들은 어디를 가나 신앙과 대한민국에 대한 국가관이 흔들리지 않을 것이라 확신했었다.

그런데 3자녀들이 모두 미국 명문대를 진학하여 미국교육을 받은 결과 완전히 달라졌다. 신앙이 흔들리고 그렇게 순종을 잘하던 자녀들이 화를 내며 반항하기 시작했다. 그리고 미국 학생들 앞에서 대한민국 국민임을 부끄럽게 여기고 한국의 전통을 창피하게 생각했었다.

그런데 저자의 강의를 들은 후 완전히 우파로 돌아섰다. 부모에게 효도하고 미국 대학에서 자랑스러운 대한민국과 한국의 전통을 미국 학생들에게 알리는 애국자와 쉐마전도사가 되었다.

무엇이 그들을 그렇게 변화시켰는가? 쉐마교육에는 상대를 설득할 수 있는 논리가 있기 때문이다.

좌파에 비해 보수우파가 가진 가장 큰 약점은 보수우파에게 필요한 사상을 형성할만한 논리가 매우 빈약하다는 것이다. 논리가 없는데 어떻게 상대방을 설득할 수 있겠는가?

저자는 하나님의 은혜로 이 논리를 정리하는데 일평생을 바쳤다. 그 결과 본서를 포함 40여권의 저서를 펴냈다. 이 논리들이 보수우파에게 도움이 된다면 부족한 저를 택하시고 지혜를 주신 주님에게만 감사와 찬송과 영광을 돌린다.

## II. 좌파 교인을 우파로 돌리는 근본 대안

〈저자 주: 본 근본 대안은 이스라엘의 유대인 교육을 모델로 하고 있다. 그 이유에 대해서는 이미 제1장 4. Q2. '왜 국가관과 정치는 구약의 이스라엘을 모델로 해야 하나?'에서 충분히 설명했기 때문에 다시 재론하지 않는다.〉

### 1. 기독교인이 더 강한 애국심을 가져야 하는 이유

A. 문제제기:
  왜 보수 기독교인은 진보 기독교인보다 애국심이 약한가

앞에서는 주로 기독교인의 국가관과 정치신학에 대해 설명했다. 이제 기독교인의 애국심에 대해 설명해보자. 자신이 거주하는 국가에 대한 애국심은 국가관과 정치신학에 꼭 필요한 주제다. 그리고 개인의 정체성 형성에 가장 중요한 수직문화의 요소들 중 하나다(나, 가족, 민족의 뿌리 및 국가 공동체 사랑 등).

따라서 먼저 좌파 교인을 우파로 돌리는 근본 대안을 제시하기 위해서는 기독교인의 애국심에 대해 살펴보아야 한다. 기독교인은 대체적으로 비기독교인보다 애국심이 약하다.

이렇게 말하면 진보 좌파 기독교인들은 무슨 소리냐, 우리는 애국심이 강하다고 말할 것이다. 특히 종북좌파는 더 강하다고 말할 것이다. 맞는 말이다. 진보 기독교인은 보수 기독교인보다 애국심이 대체적으로 훨씬 더 강하다. 문제는 다수의 보수 기독교인들의 애국심이 약하다는 것이다.

따라서 본론으로 들어가기 전에 애국심에도 '진짜 애국심'과 '가짜 애국심'이 있다는 것을 알아야 한다. 전자는 대한민국을 건국했던 이승만 대통령을 존경하는 사람들의 애국심이고, 후자는 북한의 김일성을 추종하는 사람들의 애국심이다.

따라서 우리는 먼저 진짜 애국자와 가짜 애국자를 분별해야 한다. 가짜 애국자는 대부분 진보측 교회에 더 많다. 여기에서는 보수 기독교인이 대한민국을 사랑하는 애국심에 관하여 논한다.

〈저자 주: 자세한 것은 본서 제1부 제1장 II. A박사의 문제제기1에 대한 반론: '진짜 애국과 가짜 애국 분별법' 참조.〉

저자는 다수의 보수 기독교인들의 애국심이 약한 원인이 무엇인지를 밝히고, 기존의 교회교육에 무엇이 잘못되었는지를 설명하고자 한다.

그리고 이를 바로 잡을 수 있는 대안을 제시하고자 한다. 그래야 좌파 교인을 우파로 돌릴 수 있다.

복음주의 교육을 받은 보수 기독교인은 주로 자신의 신앙 성장과 교회 성장 그리고 이웃전도와 세계선교에 주력하고 있다. 전 세계에 하나님 나라를 확장하라는 수평선교, 즉 예수님의 지상명령(마 28:19)을 실천하기 위함이다. 특히 기독교 단체 수련회에서 성령을 강하게 받은 젊은이들은 대한민국은 어떻게 되든 상관없이 세계에 흩어져 선교하기 위하여 나가는 경우가 많다. 신학교 교수나 목사들이 그렇게 가르치기 때문이다.

목회자들은 교인들의 신앙 성장을 위해 열심히 기도하며 설교를 준비한다. 또한 교인들과 신앙 상담 및 심방하기에 바쁘다. 이에 더하여 전도와 세계선교까지 해야 한다. 이에 몰두하면 다른 사역에 소홀할 수밖에 없다.

즉 유대인처럼 자신의 가정에서 자녀들에게 자손 대대로 신앙을 전수하라는 수직선교, 즉 구약의 지상명령 쉐마(창 18:19; 신 6:4-9)에 약하다. 뿐만 아니라 상대적으로 자신의 뿌리인 조국 대한민국에 대한 애국심이 진보 기독교인이나 비기독교인들보다 약할 수밖에 없다.

그 결과 목사들은 설교를 할 때 나라의 불의한 정치에도 입을 닫고 사는 경우가 많다. 어떤 이들은 나라 걱정보다 세계선교에 더 열심이다. 이것은 그들의 애국심이 상대적으로 더 결여되는 원인이 된다. 따라서 국가의 안보에 큰 위기가 닥쳐도 관심이 없거나 모른 체하는 경향이 많다.

이 문제를 어떻게 해결해야 하나? 그 방법은 기독교인에게 애국심을 불러일으키는 교육을 어려서부터 의무적으로 시켜야 한다. 그 이유를 성경을 근거로 설명해 보자. 그래야 다음 세대 교회교육의 목표와 교육 내용을 바르게 설정할 수 있기 때문이다.

한 마디로 성경은 보수 기독교인이 국가에 대한 애국심을 다른 진보 기독교인들이나 비기독교인들보다 더 많이 가져야 한다고 가르치고 있다. 구약의 이스라엘 백성, 유대인을 예로 들어 설명해보자.

〈저자 주: '보수 기독교인'과 '진보 기독교인'에 대해서는 제1장 I. 4. A. 3) '신학적인 측면에서 보수와 진보의 정의' 참조〉

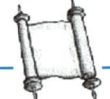

어떤 목사들은
현재 나라 걱정보다 세계선교에 더 열중한다.
그 이유는?

## B. 유대인은 예루살렘의 평안을 위하여 기도한다

유대인의 조국은 가나안에 위치한 이스라엘이다. 그들의 역사는 이스라엘에 거주했을 때와 이스라엘의 밖, 즉 타국에 거주했을 때로 구분할 수 있다. 그들은 바벨론에서 노예 생활도 했고 여러 나라에 흩어져 유랑생활도 오랫동안 해왔다.

그런데도 유대인의 애국심은 어떻게 그렇게 강했고, 상황이 바뀔 적마다 그들은 애국심을 어떻게 적용했는지 네 가지 사례들을 들어 설명해보자.

### 첫째 사례: 유대인이 이스라엘 본토에 거주했을 경우

왜 유대인은 애국심이 특심한가? 하나님이 믿음의 조상 아브라함의 자손들, 즉 야곱(이스라엘)을 창조하시고(사 43:1-6) 이스라엘을 건국하셨기 때문이다. 그래서 하나님은 그들에게 예루살렘을 위하여 평안을 구하라고 명령하셨다.

하나님은 유대인이 이스라엘에 거주했을 때에는 "예루살렘을 위하여 평안을 구하라. 예루살렘을 사랑하는 자는 형통하리로다"(시 122:6)고 말씀하셨다. 하나님이 허락하셨던 이스라엘의 영토를 통일했던 애국자 다윗의 시다. 예루살렘은 하나님 임재의 처소인 여호와의 집(v.1, 성전)이 있고, 이스라엘의 중심지인 거룩한 도성이다.

따라서 유대인의 국가관은 예루살렘이 평안해야 온 이스라엘이 평안하고, 나라가 평안해야 자신과 자신의 가정이 평안하다는 것을 누구보다 잘 알고 있다. 만약 하나님의 성전이 있는 예루살렘이 평안하지 않다면 온 이스라엘이 망한다는 것이다. 물론 자신과 자신의 가정도 망하는 것이다.

이런 국가관을 가졌던 다윗은 예루살렘에 하나님의 평안이 충만하기를 위해 늘 기도했다. 특별히 구약의 신앙이 좋은 유대인들에게 애국심이 충만한 이유가 여기에 있다. 다윗이나 에스라, 예레미야 및 느헤미야 등이다.

### 둘째 사례: 타국의 노예 경우1 – 바벨론에서 조국 이스라엘을 위해 기도했다

유대인은 이스라엘의 본토를 바벨론에 빼앗기고 바벨론에 포로로 잡혀가 70년 동안 노예 생활을 했다. 유대인은 바벨론 포로 시대에 조국을 위하여 어떻게 기도했는가? 이스라엘을 사모하며 조국의 평안과 번영을 위하여 기도했다. 다니엘은 예루살렘을 향해 창문을 열고, 거룩한 성전을 향하여 하루에 세 번 기도하였다(단 6:10).

오늘날도 전 세계에 흩어진 유대인은 조국 이스라엘의 평안과 번영을 위하여 기도한다. 물론 예수님과 바울도 그랬다(눅 13:33-35; 롬 9:1-3). 이것은 무엇을 뜻하나? 첫째, 유대인의 애국심이 특심하다는 것을 보여준다. 둘째, 유대인의 애국심은 조국에 거주할 때나, 타국에 거주할 때나 시간과 공간의 차이에 구애를 받지 않고 동일하게 강하다는 것을 뜻한다.

### 셋째 사례: 타국의 노예 경우2 – 바벨론의 평안을 위하여 기도했다

유대인이 타국에 거주할 때 조국 이스라엘만을 위하여 기도했는가? 아니다. 자신들이 거주하는 국가를 위해서도 기도했다.

그 성경적인 근거는 예레미야서에서 찾을 수 있다. 하나님께서는 유대인이 바벨론의 노예로 살고 있을 때 일단 그들이 거주하는 국가에서 번성하고 쇠잔하지 않게 하라고 명령하셨다(렘 29:4-7).

> 너희는 집을 짓고 거기 거하며 전원을 만들고 그 열매를 먹
> 으라. 아내를 취하여 자녀를 생산하며 너희 아들로 아내를
> 취하며, 너희 딸로 남편을 맞아 그들로 자녀를 생산케 하여
> 너희로 거기서 번성하고 쇠잔하지 않게 하라. (렘 29:5-6)

이것은 유대인이 조국에 거주할 때와 동일하게 남과 여가 결혼하여 자녀를 많이 생산하고 생업에 충실하라는 것을 뜻한다. 그런데 하나님은 이보다 더한 충격적인 명령을 하셨다. 그 당시 그들이 거주했던 바벨론은 원수의 나라였다. 그 나라 군인들이 유대인 신앙의 중심이었던 예루살렘 성전을 불태우고, 성전에 있던 기구들을 탈취하고, 자기들을 그곳까지 포로로 끌고 왔었다.

그런데도 하나님은 그 나라의 평안을 위하여 기도하라고 하셨다.

> 너희는 내가 사로잡혀 가게 한 그 성읍의 평안하기를 힘쓰
> 고 위하여 여호와께 기도하라. 이는 그 성이 평안함으로 너
> 희도 평안할 것임이니라. (렘 29:7)

이것은 무엇을 뜻하나? 유대인의 국가관에는 자신들이 타국에 거주하더라도 그 국가의 평안을 위해서도 관심을 가지고 힘쓰고 기도해야 한다는 것이다. 왜냐하면 그 나라가 평안함으로 유대인도 평안할 것임이기 때문이다(렘 29:7).

생각해보라. 만약 유대인이 바벨론에 거주했을 때에 그곳에 전쟁이 발발하여 모든 유대인 청년들이 전투에 투입되었다면 얼마나 많은 희생자들이 발생했겠는가! 또한 전쟁을 수행하는 동안 나머지 동포들은 얼

마나 많은 고통을 견디어내야 했겠는가!

따라서 그들은 자신들이 노예 생활을 하면서도 그곳에 전쟁이 나지 않도록 평안에 힘쓰고 기도해야만 했다. 이것은 그들이 결정한 것이 아니라 하나님의 명령이었다.

또한 유대인은 자신들이 거주하는 국가에 관심을 가지고 기도해야한다는 것은 그 나라의 정치에도 관심을 가지고 참여해야 한다는 것을 뜻한다.

따라서 현재도 유대인은 자신들이 거주하는 나라의 정치에 관심을 가지고 적극적으로 참여하고 있다. 자기 민족에게 불리한 법을 만들지 못하게 하기 위함이다. 〈물론 유대인은 자신들이 거주하는 나라의 다른 모든 분야에도 참여해야 한다.〉

물론 유대 민족이 거주하는 나라에서 그들에게 공직에 봉사할 기회를 준다면, 원수의 나라라고 하더라도 그 나라의 번영을 위해서도 성실히 봉사했다. 애굽의 요셉이나 바벨론의 다니엘 그리고 페르시아의 모르드개 등이 그 좋은 예다. 그러나 자신의 하나님을 섬기는 일은 결코 그 나라의 권력에 굴복하지 않았다. 뿐만 아니라 자신에게 준 기회를 자기 민족을 지키고 보호하는 일에 적극적으로 사용했다.

너희는 바벨론 성읍이 평안하기를 힘쓰고 위하여 여호와께 기도하라. 이유는? (렘 29:7)

## 넷째 사례: 유대인이 스스로 선택한 타국에 살았을 경우

여기에서 우리는 유대인이 자신의 선택의 여지가 없이 외부의 힘에 의하여 강제로 타국에 거주했을 경우와 자신들이 스스로 선택한 타국에 거주하는 경우를 분리할 필요가 있다. 전자의 예로는 애굽의 바로에 노예생활을 했을 경우와 바벨론의 노예 생활을 했을 경우를 들 수 있다. 후자의 예는 미국에 거주하는 유대인의 경우다.

유대인은 전자의 경우에는 그곳의 평안을 위해 기도했지만 동시에 그곳에서 해방되어 자유를 찾기 위하여 하나님께 기도했다. 그러나 후자의 경우에는 자신의 조국 이스라엘에 대한 애국심뿐만 아니라 자신이 거주하는 미국에 대한 애국심도 가지고 있다. 따라서 그들은 미국을 사랑하며 미국의 평안과 번영을 위하여 적극적으로 힘쓰고 기도한다. 또한 정치에도 적극적으로 참여한다.

앞에서 서술한 네 가지 유대인의 예는 기독교인이 가져야 할 애국심의 좋은 모델이 된다. 그리고 이것은 기독교인의 국가관과 정치관을 정립하는 데 대단히 중요한 단서를 제공한다.

왜냐하면 기독교인은 자신의 신앙 성장과 전도 및 선교에만 관심을 가질 것이 아니라, 자기가 거주하는 국가를 위한 애국심을 가지고 국가를 위하여 힘쓰고 기도해야 할 의무가 있다는 점을 성경에서 가르쳐주기 때문이다.

결론적으로 한국인 기독교인은 비기독교인들보다 자신의 조국 대한민국이 평안하기를 위해 더욱 힘쓰고 위하여 하나님께 기도해야 할 의무가 있다. 그 이유는 대한민국이 평안해야 자신들도 평안할 수 있기 때문이다(렘 29:7).

저자의 경우에는 한국계 미국 동포다. 때문에 저자의 조국 대한민국에 대한 애국심뿐만 아니라 미국에 대한 애국심도 함께 가져야 할 의무가 있다. 이것은 전 세계에 흩어진 한국인 디아스포라 동포들에게 동일하게 적용할 수 있는 좋은 모델이 된다.

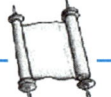

앞에 서술한 네 가지 유대인의 예는
기독교인이 가져야 할 애국심의 좋은 모델이 된다.

## C. 적용1: 일제 강점기에 조선의 기독교인은 일제의 평안과 번영을 위해 기도해야 했나

이와 관련하여 이런 질문을 할 수 있다. 한국 민족이 일제의 강점기에 압제를 받아 고통을 당하고 있었을 때 조선의 기독교인은 일제의 통치를 위하여 기도했어야 했는가?

어떤 목사는 유대인이 원수의 나라인 바벨론을 위하여 기도했던 것처럼 우리 조상들도 당시에 일본의 평안과 번영을 위하여 기도했어야 했다고 설교했다. 이것이 예수님의 사랑을 전하는 기독교인이 해야 할 바른 자세라는 것이다.

그러면 때가 차면 하나님께서 조선을 해방시켜주셨을 것이라는 것이다. 다시 말하면 우리가 원수(일본)를 사랑했어야 했다고 말한 것이다.

저자는 이 주장에 반대한다. 그는 '평안'과 '평안과 번영'을 혼돈한 것이다. 물론 평안을 위해서는 기도를 했어야 했지만, 일제의 번영을 위해서는 기도하면 안 되었다. 오히려 망하기를 위해서 기도했어야 했다. 성경적인 이유는 무엇인가?

저자는 앞에서 예수님께서 말씀하셨던 원수를 사랑하라는 계명이 개인과 개인 사이에는 적용되지만, 국가와 국가 사이에는 적용되지 않는다고 설명한 바 있다(제2장 II. 3. '예수님이 말씀하신 '용서'와 '화해'는 국가 사이에도 적용 되나' 참조).

따라서 바벨론의 유대인이나 일제 시대의 조선이나 압제자들로부터 해방을 맞는 방법은 두 가지가 있었다. 압제하는 국가가 망하거나, 아니면 바벨론의 고레스 왕처럼 유대인을 해방시켜 주는 방법이었다. 하나님께서 애굽의 바로 왕을 10가지 재앙으로 항복하게 하셔서 유대인을 강제로 해방시키셨던 예는 전자의 경우다.

그러나 두 경우 모두 유대인들은 하나님께 자신들이 당했던 고통을 눈물로 호소했다(출 2:23-25)는 점을 간과해서는 안 된다.

> 여러 해 후에 애굽 왕은 죽었고 이스라엘 자손은 고역으로 인하여 탄식하며 부르짖으니 그 고역으로 인하여 부르짖는 소리가 하나님께 상달한지라. 하나님이 그 고통 소리를 들으시고 아브라함과 이삭과 야곱에게 세운 그 언약을 기억하사, 이스라엘 자손을 권념하셨더라. (출 2:23-25)

이것은 무엇을 뜻하나? 압제자의 번영을 위하여 기도한 것이 아니고, 그들의 악함을 고발한 것이다. 유대인들이 얼마나 고통을 당했으면 바벨론에서 해방을 맞이했을 때 꿈을 꾸는 것과 같다고 기뻐했겠는가!(시 126:1-6).

따라서 억압을 당하는 이들의 입장에서 자신들이 더 큰 희생을 막기 위하여 자신들이 거주하는 압제자의 나라의 평안을 위하여 기도해야하는 것은 맞지만, 원수인 압제자들의 번영을 위하여 기도해야 한다는 것은 논리에 맞지 않다. 일단 하나님도 악인의 번성과 번영을 싫어하신다.

우리는 이것을 기억해야 한다. 하나님의 백성이 이방에게 모욕을 당하는 것은, 곧 하나님이 모욕을 당하는 것이다. 다윗이 골리앗을 무찌를 때도 할례 받지 못한 블레셋 사람들로부터 여호와의 이름이 모욕을 당하지 않게 하기 위함이었다(삼상 17:26-47).

당시 조선인이 당했던 고통은 하나님이 조선인 기독교인이 하나님에게 지은 죄에 대한 심판 때문이 아니고, 조선 정부가 힘이 없어서 부당하게 억울하게 일본의 압제를 당한 것이었다. 이것은 하나님께서 모욕을 당하신 것이다.

일제가 조선인들의 인권을 탄압했을 때에도 조선의 기독교인들은 일제가 망하기를 위하여 기도했어야 했을 텐데, 하물며 당시 일제는 조선의 기독교인들에게 여호와 하나님 대신에 자신들이 믿는 귀신을 믿도록, 즉 신사참배(우상숭배)를 강요했기 때문에 더 빨리 망하도록 기도했어야 했다.

결국 하나님께서는 당시 조선의 기독교인들의 기도를 들으시고 강대국인 미국의 힘으로 일본을 망하게 하셨다. 따라서 한국은 일본의 압제에서 해방되었다. 그 이후 한국교회는 급성장을 거듭했다.

여기에서 생각해볼 주제가 있다. 일제 강점기에 조선 총독부에 속했던 조선인 공무원들은 대부분 일제를 위해 열심히 일했을 것이다. 그렇다고 자주 독립을 찾은 대한민국에서 그들을 모두 친일파로 죄인 취급을 해야 하는가? 아니다. 옥석을 가려야 한다.

자신의 공직을 통하여 조선인의 인권을 보호하고 하나님을 섬기는 신앙의 자유를 도왔다면 다니엘이나 에스더 및 모르드개처럼 칭찬을 받아야 할 것이다. 그들까지도 토착왜구라고 비난하면 안 된다. 그러나 일제가 조선인들에게 준 공직의 권세로 우월감을 가지고 동족인 조선인을 깔보고 일부러 나서서 잔인하게 억압했거나 기독교인을 핍박했다면 친일파로 비판을 받아야 마땅할 것이다.

또한 이광수 선생이나 최남선 선생처럼 처음에는 애국애족자였지만 생존을 위해 어쩔 수 없이 일제에 굴복하여 그들에게 협력한 이들은 죄를 묻더라도 정상을 참작해야 한다고 생각한다. 36년이란 긴 일제의 압제 기간 동안 자신의 지조를 굽히지 않고 지키기란 누구에게나 쉽지 않았을 것이다.

따라서 누구든지 남을 정죄하고 돌을 던지려면, 1) 그가 처했던 당시 상황을 고려하여 판단해야 하고, 2) 자신도 그 상황이었다면 어떻게 했을까를 생각해 보아야 할 것이다.

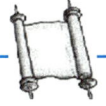

하나님의 백성이 이방에게 모욕을 당하는 것은,
곧 하나님이 모욕을 당하는 것이다.

## D. 적용2: 북한의 기독교인은 북한의 평안과 번영을 위하여 기도해야 하나

앞에서 기독교인은 유대인처럼 비기독교인들보다 더 애국심을 가져야 한다고 했다. 그리고 유대인은 하나님의 명령에 따라 적국(敵國)에 거할 때라도 그 나라의 평안을 위하여 힘쓰고 기도했다고 했다(렘 29:7). 이제 이 원리를 북한 기독교인에게 적용해보자.

북한 정부는 북한 주민 중에 기독교인들을 적발하면 그들을 인민의 원수로 대한다. 짐승에 가하는 고통보다 더 잔인한 고통을 주거나 인민들 앞에서 총살을 감행한다.

그러함에도 북한에 거주하는 기독교인은 북한의 평안을 위하여 기도해야 하는가? 물론이다. 왜냐하면 북한에 전쟁이 없어야 인민들도 희생을 줄이고 평안을 누릴 수 있기 때문이다.

그렇다면 북한의 기독교인들은 북한 정부의 독재자들인 김일성, 김정일 그리고 김정은 일가(一家)의 번영을 위해서도 기도해야 하는가? 이 경우는 아니다. 그 이유는 무엇인가?

여기에서 북한 인민들과 북한 정권의 독재자들을 구분해서 적용할 필요가 있다. 북한의 기독교인들 입장에서 전자는 동일한 인민이지만, 후자는 원수의 나라 지도자들이다. 따라서 그들은 세 김 부자들이 하루속히 망하도록 기도해야 한다.

## E. 적용3 및 결론: 남한의 기독교인은 북한의 평안과 번영을 위하여 기도해야 하나

한국의 기독교인들은 북한을 어떤 시각으로 보아야 옳은지도 알아보자. 그래야 잘못된 시각을 가지고 있는 남한 교회 내의 좌파 기독교인을 우파로 돌릴 수 있다.

여기에서도 북한 인민들과 북한 정권의 독재자들을 구분해서 적용해야 한다. 전자는 민족적인 입장에서 동일한 한국 민족이기에 사랑해야 하지만, 후자는 국가적인 면에서 북한은 대한민국의 적국이기 때문에 사랑을 베풀면 안 된다. 이것은 이적 행위에 속한다.

이것을 바벨론의 포로였던 유대인들과 바벨론 국가 그리고 북한의 인민들과 북한 정부를 비교하며 설명해보자.

바벨론의 고레스 왕은 유대인이 70년의 노예 생활을 한 이후에 그들을 해방시켜 이스라엘 본토로 보내주었다. 그러나 북한의 세 김 부자들은 북한의 기독교인들에게 영원히 종교의 자유를 금할 것이다. 그들은 남한까지도 붉은 공산당 군대를 보내어 적화통일을 노리고 있다. 그리고 교회를 송두리째 파멸시키기를 획책하고 있다.

이것은 무엇을 뜻하나? 동일한 원수의 나라의 인권탄압이라고 하더라도 바벨론은 유대인 개개인에게 여호와 하나님을 섬길 수 있는 종교의 자유를 허락했지만, 북한의 세 김 부자들은 이를 철저히 금하고 있다. 그들은 북한의 인민들이 자신들을 하나님처럼 받들며 예배하게 하는, 사탄의 무리들이다.

즉 전자는 하나님의 주권 속에서 하나님이 유대인을 죄에 대한 심판의 징계로 70년 동안 그 나라에 포로로 보내신 것이지만, 후자, 즉 세 김

부자들의 공포의 독재는 그들이 건재(健在) 하는 한 끝이 없을 것이다. 따라서 하루 속히 종식시켜야 한다. 그래야 북한의 인민들도 남한의 국민들처럼 자유를 누리고 하나님을 섬길 수 있을 것이다.

그런 면에서 기독교인들은 백성을 권력의 힘으로 독재를 행하는 나라와 공산주의 이념으로 독재를 행하는 나라를 구별해야 할 필요가 있다. 공산주의 이념은 하나님을 정면으로 대적하는 악(evil)의 무리다. 더구나 북한은 김일성주체사상이라는 하나님의 나라를 철저하게 파괴하는 최악의 사상을 가지고 있다.

이상 앞에서 보수 기독교인이 비기독교인보다 왜 더 강한 애국심을 가져야 하는지에 대한 이유에 대하여 이스라엘의 유대인을 모델로 설명했다. 그리고 세 가지 적용을 통하여 한국인 기독교인이 가져야 할 바른 애국심에 관해서도 살펴보았다.

결론적으로 신약시대 기독교인의 애국심이 약하게 된 이유는 이스라엘을 모델로 한 국가관과 정치신학을 배워본 적이 없기 때문이다. 따라서 기독교인이 자신의 조국에 거주하든, 혹은 타국에 거주하든 자신이 가져야 할 바른 애국심은 이스라엘의 유대인을 모델로 설명할 때 가능하다. 그리고 이런 논리는 교회 안의 잘못된 좌파의 생각들을 바로 잡아 우파로 돌릴 수 있다.

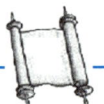

> 신약시대 기독교인의 애국심이 약하게 된 이유는
> 이스라엘을 모델로 한 국가관을 배워본 적이 없기 때문이다.

## 2. 이스라엘처럼 세 곳에서 국가관과 정치신학을 가르쳐라

I항 '우파가 직시해야 할 세 가지 근본 문제의 본질'에서 교회에는 좌파 교인이 많다고 했다. 그리고 왜 좌파가 그렇게 많은지를 설명했다. 그렇다면 그 좌파를 우파로 돌릴 수 있는 근본 대안은 무엇인가? 앞에서 단편적으로 언급한 것들을 모아 종합적인 대안을 제시해보자.

우선 좌파들을 우파로 돌릴 수 있는 논리가 필요하다. 그래서 저자는 성경에 근거한 구약의 이스라엘을 모델로 대한민국의 국가관과 이념 및 정치신학의 논리(이론)를 정리했다. 왜 기독교인의 애국심이 비기독교인 보다 더 많아야 하는지도 설명했다. 이것은 교인들에게 가르칠 교육의 콘텐츠다. 물론 이 콘텐츠에는 한 인간을 개념 있는 인간으로 만들기 위해서 한국인의 수직문화를 가르치는 교육도 포함되어야 한다.

〈저자 주: 큰 틀에서 대한민국의 국가관 속에는 대한민국의 '이념'도 포함되어 있다. 따라서 이후에는 대한민국의 '국가관과 이념 및 정치신학'을 대한민국의 '국가관과 정치신학'으로 표기한다.〉

〈저자 주: 물론 이승만 대통령이 건국한 대한민국의 정체성, 즉 국가관은 다른 학자들이 이미 논리적으로 많이 정리해 놓았다. 따라서 저자는 그 것도 일부 있지만 주로 기독교인을 위한 성경적인 국가관과 정치신학을 정리했다.〉

그렇다면 이제 그 콘텐츠를 누가(who) 어디에서(where) 가르쳐야 하나를 설명해보자. 저자는 주로 기독교인을 대상으로 이글을 쓰고 있다. 따라서 이 질문은 "자녀들과 교인들에게 대한민국의 국가관과 정치신학을 어디에서 누가 가르쳐야 하는가?"로 바꿀 수 있다. 이에 대한 모델은 물론 구약의 이스라엘이다.

왜냐하면 성자 하나님이신 예수님을 믿고 구원 받은 기독교인은 아브라함의 자손이 되기 때문이다(갈 3:6-9). 따라서 기독교인은 영적으로 아브라함의 자손들이기 때문에 유대인을 모델로 삼아야 한다. 유대인의 모델은 성부 하나님이 통치하셨던 구약의 이스라엘이다.

〈저자 주: 더 자세한 것은 저자의 저서, 부모여 자녀를 제자 삼아라 시리즈 제1권 '교회교육의 실패, 왜 유대인 교육이 답인가' 참조〉

유대인의 교육의 장(場)은 1) 가정 성전과 2) 공동체 성전인 회당이 있다. 그들은 그 두 곳에서 이스라엘의 정체성, 즉 국가관과 정치신학을 가르친다. 가정에서는 부모가 교사이고, 회당에서는 랍비가 교사다. 따라서 기독교인도 가정과 교회에서 대한민국의 정체성, 즉 국가관과 정치신학을 가르쳐야 한다.

물론 유대인에게는 또 다른 교육의 장(場)이 있다. 그것은 유대인 공동체가 세운 그들만의 학교, 즉 예시바(yeshiva)다.

따라서 기독교에도 교회 공동체가 세운 학교가 있다면 그곳에서도 그것을 가르쳐야 한다. 사실은 공립학교에서 학생들에게 마땅히 대한민국 국가관을 가르쳐야 한다. 그러나 한국의 공립학교는 학생들에게 종북좌파가 주장하는 왜곡된 국가관을 가르치는 경우가 많다고 한다.

따라서 그들의 잘못된 이념교육을 막기 위해서는 유대인처럼 1) 가정 성전과 2) 교회 그리고 3) 교회 공동체가 세운 대안학교에서 대한민국 국가관과 정치신학을 더 많이 그리고 더 철저하게 가르쳐야 한다.

**유대인처럼 기독교인도 가정 성전, 교회, 기독교 대안학교에서 국가관과 정치신학을 가르쳐야 한다.**

## 3. 교회학교의 커리큘럼을 이스라엘 모델로 바꿔라

### A 이스라엘 회당의 커리큘럼

앞에서 기독교인의 국가관과 정치신학의 콘텐츠는 이스라엘을 모델로 한 유대인의 것을 본받아야 한다고 했다. 그리고 가르치는 교육의 장소도 유대인처럼 1) 가정 성전 2) 교회 3) 기독교 대안학교라고 했다.

이제 교육의 내용을 결정하는 '교회학교의 커리큘럼'에 관하여 논해 보자. 이 주제는 하나님의 선민교육에 속한다. 학문적으로는 기독교교육학에 속한다.

저자는 교회학교의 기존 커리큘럼도 하나님의 선민교육학적인 입장에서 이스라엘 국가의 유대인 회당교육 커리큘럼을 모델로 다시 만들어야 한다고 생각한다. 앞에서도 언급했지만 이방인 기독교인도 영적으로는 아브라함의 자손(갈 3:6-9), 즉 영적 유대인이기 때문이다.

교회학교의 커리큘럼을 이스라엘을 모델로 바꾸려면 유대인 회당의 커리큘럼에 대하여 알아야 한다. 유대인 회당의 커리큘럼은 피교육자의 대상이 어떤 유대인이냐에 따라 그 내용이 초급용인지, 혹은 중급용 이상인지 다를 수 있다.

이스라엘에는 두 종류의 유대인이 있다. 첫째는 혈통적인 유대인이고, 둘째는 유대교로 개종한 이방인 출신 유대인이다. 구약시대 하나님의 선민은 아브라함과 이삭과 야곱의 후손이다. 그들이 조상 대대로 유대교를 믿는 혈통적인 유대인이다. 하나님이 그들을 위해 만든 국가가 이스라엘이다.

그런데 이스라엘에는 혈통적인 유대인 이외에 소수이긴 하지만 이방인이 유대교로 개종한 유대인들도 있다. 성경에는 나오미의 며느리 룻이 모압인이었지만 유대교로 개종한 유대인이다. 현재도 그런 유대인들이 많다. 미국에는 한인 여성들도 유대인 남자들과 결혼하기 위하여 유대교로 개종한 경우들이 종종 있다.

본서에서는 편의상 혈통적인 유대인이 아닌, 이방인이 유대교로 개종한 유대인을 예로 들어 회당교육을 설명하겠다. 회당의 새 신자반에서는 이방인이 유대교로 개종을 하겠다고 할 경우 큰 틀에서 두 가지 주제들을 중점적으로 가르친다. 매우 초보적인 내용부터 가르친다. 왜냐하면 그들을 기존의 혈통적인 유대인처럼 변화시켜야 하기 때문이다.

첫째, 유대인의 선민교육 주제들 중 유대인으로서 개인과 국가의 정체성에 관한 교육을 시킨다. 즉 토라에 근거한 유대인의 기원과 이스라엘이라는 국가의 기원에 관해 가르친다. 그리고 하나님이 유대인을 왜 택하셨고 이스라엘을 왜 건국하셨는지 그 목적에 관해 가르친다. 따라서 유대인은 회당의 새 신자반에서는 랍비가 이스라엘의 국가관, 민족관 그리고 정치관(정치신학)을 필수로 가르친다.

그 목적은 하나님이 세우신 이스라엘이라는 국가 공동체에 대한 애국심을 발달(고취)시키기 위함이다. 그래야 이스라엘이 자손 대대로 생존할 수 있기 때문이다. 따라서 유대인 개개인은 자신들의 모국인 이스라엘에 대한 투철한 애국심을 가지고 있다. 이런 투철한 애국심은 전 세계 디아스포라 유대인에게도 동일하게 유지된다.

둘째, 유대인의 선민교육 주제들 중 유대인으로서 하나님의 형상을 닮기 위한 삶에 관한 주제들이다. 토라의 613개의 율법들, 즉 성경의 내용과 이에 근거한 행동 지침들을 가르친다. 그 목적은 개인의 신앙 발달(혹은 성장)을 위함이다.

따라서 성경을 공부한 새 신자는 믿음이 더 자랄수록 성경의 가치관으로 더 무장한다. 그리고 생활 방식도 달라진다. 유대인이 순교를 각오로 하나님을 잘 섬기려는 강한 믿음을 소유하는 이유가 여기에 있다.

유대인 공동체에서는 이방인에게 이 두 가지 선민교육 주제들을 모두 시킨 후에 시험을 치르게 한다. 그리고 그 시험에 합격한 자에게는 개종을 허락한다. 물론 이 두 가지 선민교육은 새 신자 반에서만 가르치는 것이 아니라 가정과 회당에서 평생 동안 반복으로 가르친다. 그래야 기존의 혈통적인 유대인과 100% 동화될 수 있기 때문이다. 물론 혈통적인 유대인도 출생하면서부터 동일한 커리큘럼의 선민교육을 평생 반복하여 받아왔다.

요약하면 유대인 회당의 커리큘럼은 큰 틀에서 A. '개인의 신앙 발달(혹은 성장)에 관한 주제들' + B. '이스라엘(국가)에 대한 애국심 발달(성장)에 관한 주제들'로 구성되어 있다.

〈저자 주: 이후에는 편의상 전자를 'A교육' 후자를 'B교육'이라 칭한다.〉

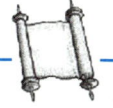

> 회당교육은 'A교육'과 'B교육'을 시키어
> '개인의 신앙 발달'과 '애국심 발달'을
> 동시에 얻는다.

## B. 이스라엘을 모델로 바뀐 교회학교 커리큘럼

교회학교 커리큘럼이 이스라엘을 모델로 바뀌면 어떻게 변할까? 신약교회, 편의상 대한민국에 속한 교회의 교회교육 커리큘럼을 예로 들어 설명해보자.

교회는 비기독교인에게 전도를 해야 한다. 그 결과 어떤 이가 성자 하나님이신 예수님을 믿고 구원을 받아 새 생명을 얻었다고 가정하자. 이것은 이방인이 유대교로 개종하여 새로 들어온 유대교인에 비유할 수 있다.

비기독교인이 구원을 얻은 후에도 아무렇게나 살아도 되는가? 아니다. 이전의 구습을 좇는 옛 사람을 벗어 버리고(엡 4:22), 하나님을 따라 의와 진리의 거룩함으로 지으심을 받은 새 사람이 되어야 한다(엡 4:24). 따라서 교회는 새 신자반에서 새로 입교한 교인을 상대로 교회교육을 시킨다.

교회는 기존의 새 신자반에서 주로 어떤 교육을 시켜왔는가? 교회학교의 주제들은 주로 기독교 교리(삼위일체론 포함), 즉 하나님은 누구이신지(성부 하나님), 예수님은 누구이신지(성자 하나님), 성령님은 누구이신지(성령 하나님), 그리고 예배, 기도, 전도 및 교회생활 규칙들 등이다.

물론 교회는 새 신자가 하나님의 나라에서 하나님의 통치를 받기 위해 성경을 근거로 십계명을 비롯한 하나님의 백성이 마땅히 지켜야 할 율법들, 즉 도덕과 윤리의 기준들을 가르친다. 이것은 성자 하나님이신 예수님을 믿기 이전의 세상 사람들의 행위와 다른 것들이다.

성경을 공부한 새 신자는 믿음이 더 자랄수록 성경의 가치관으로 더 무장한다. 이것이 새 신자가 거룩한 하나님의 형상을 닮아가는 과정이다. 이 주제들은 개인의 신앙 발달(혹은 성장, A교육)에 관한 주제들이다.

〈저자 주: 이 주제들은 교회학교(주일학교)에서도 동일하게 적용되고 있다. 그러나

여기에서는 편의상 기독교의 초보 교리를 가르치는 새 신자반을 예로 들어 설명한다.〉

그런데 이스라엘을 모델로 했을 때, 기존 교회의 새 신자반에서 가르치는 주제들만으로는 충분치 않다.

유대인 회당의 커리큘럼은 A. '개인의 신앙 발달(혹은 성장)에 관한 주제들' + B. '이스라엘(국가)에 대한 애국심 발달에 관한 주제들'로 구성되어 있는데, 신약교회의 커리큘럼에는 A교육에만 집중하고 B교육이 없다는 것이다. 따라서 이스라엘을 모델로 한 신약교회의 커리큘럼에는 B교육을 첨가해야 된다는 것이다.

예를 들어 대한민국에 속한 교회들은 모두, 유대인 회당에서 모든 유대인에게 이스라엘의 국가관과 민족관 그리고 정치관을 가르치는 것처럼, 교회에서 대한민국의 국가관과 민족관 그리고 정치관을 가르쳐야 한다. 그래서 유대인 개개인이 자신들의 조국 이스라엘에 대한 애국심이 투철한 것처럼, 한국인 개개인도 자신들의 조국 대한민국에 대한 애국심이 투철하도록 교육시켜야 한다.

이것은 교회교육의 성경적인 근본 원안(原案)이다. 그런 점에서 획기적인 발견이다. 이것은 교회사에서 대단히 중요한 교회교육의 새로운 패러다임 변화(paradigm shift)다.

〈저자 주: 물론 다른 나라에 속한 교회는 이 커리큘럼을 적용할 때 자기 나라의 국가관과 민족관 그리고 정치관을 가르쳐야 한다. 즉 성경의 원리는 이스라엘을 모델로 하지만 적용은 자신이 속한 국가에 맞게 하면 된다.〉

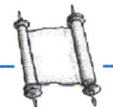

교회교육은 'A교육'만 있고 'B교육'이 없다.
고로 교인들은
'개인의 신앙 발달'은 있는데 '애국심 발달'은 거의 없다.

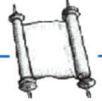

이스라엘을 모델로 한 교회학교 커리큘럼 변경은
교회사에 획기적인 패러다임 변화다.

**알고 갑시다**

## 미국 대학교수가 수강생 전원에게 F를 준 사연
〈공산사회주의는 왜 다 망하는가?〉

〈출처: https://cafe.daum.net/oj300/Pgwb/444?q=전%20학년이%20F학점을〉

미국 아이비리그에 속한 코넬 대학교에 나이든 경제학 교수가 재미있는 실험을 했다. 그는 단 한명에게도 F학점을 준 적이 없었다. 그런데 이번 학기에는 수강생 전원에게 F를 주는 믿지 못할 일이 일어났다. 그 전말은 이러했다.

학기 초 수업시간 중에 교수가 오바마 대통령이 주장한 무상복지 정책을 비판했는데, 학생들이 교수의 생각이 틀렸다며 따지고 들었다. 당시 오바마의 복지정책은 미국의 국민이라면 그 어느 누구도 가난하거나, 지나친 부자로 살아서는 안 되며, 평등한 사회에서는 누구나 다 평등한 부를 누릴 수 있어야 한다는 것이었다.

그러자 교수가 학생들에게 한 가지 제안을 했다. 누구의 주장이 옳은지를 알아보기 위해 시험 성적으로 실험하자는 것이었다. 시험을 치른 후에 수강생 전원의 평균 점수를 모든 수강생에게 똑같이 준다는 것이었다.

이 실험은 누구나 다 평등한 부를 누릴 수 있어야 한다는 복지정책의 타당성을 알아보기 위한 것이었다. 궁금하기도 한 수강생들은 이 실험에 모두 동의하였고 그 학기 수업은 예정대로 잘 진행되었다.

얼마 후 첫 번째 시험을 치렀다. 전체 학생들의 평균점이 B가 나와 학생들은 모두 첫 시험 점수로 B학점이 되었다. 공부를 열심히 한 학생들은 불평했지만 놀기만 했던 학생들은 손뼉을 치며 좋아했다.

얼마 후 두 번째 시험을 쳤다. 공부를 하지 않는 학생들은 계속 놀았고, 전에 열심히 하던 학생들은 "내가 열심히 공부 하더라도 공부를 하지 않는 다른 학생들과 평균을 내면 어차피 B학점 이상 받기는 틀렸어"라고 생각하며 시험공부를 그 전처럼 열심히 하지 않았다. 그 결과 전체 평균은 D가 되어 모든 학생의 점수는 D가 되었다.

3번째 마지막 고사에서는 전체 평균이 F로 나왔다. 그래서 약속에 따라 모든 학생들이 F 학점을 받게 되었다. 학기 마지막 시간에 교수가 실험 결과를 요약해서 정리하여 발표했다.

"여러분이 F학점을 받았듯 이런 종류의 무상복지 정책은 필연적으로 망하게 되어있습니다. 사람들은 보상이 크면 노력도 많이 하지만, 열심히 일하는 국민들의 결실을 정부가 빼앗아서 놀고먹는 사람들에게 나누어 준다면 누구든 열심히 일하고 싶지 않을 것입니다."

그 교수는 이 실험의 결과로 다음 5가지를 언급했다.

1) 부자들의 돈을 빼앗아 가난한 사람들을 절대로 부자가 되게 할 수는 없다.

2) 한 명이 공짜로 혜택을 누리면 다른 누군가는 반드시 그만큼 '보상 없이' 일해야 한다.

3) 한 명에게 무상 복지를 주려면 정부는 누군가로 부터는 반드시 강제적으로 부를 뺏어야 한다.

4) 부를 분배함으로서 부를 재창출 하는 것은 불가능하다.

5) 국민의 절반이 일하지 않아도 나머지가 먹여 살려줄 것이란 생각은 국가쇠망의 지름길이다.

## C. 기존 교회학교 커리큘럼과 이스라엘을 모델로 한 커리큘럼의 차이

이제 기존의 교회학교 커리큘럼에 이스라엘을 모델로 한 교회학교 커리큘럼(국가관과 민족관 그리고 정치관을 첨가한 것)은 어떤 차이가 있는지 설명해보자.

전자가 복음주의적인 입장에서 주로 성자 하나님이신 예수님과 신약 성경을 모델로 한 교회학교의 콘텐츠라면, 후자는 성부 하나님이 통치하시는 구약의 이스라엘을 모델로 한 국가관과 민족관 그리고 정치관이다.

전자가 복음에 근거한 개인의 신앙 발달에 관한 주제들이라면, 후자는 교회들이 속한 국가 공동체에 대한 애국심 발달에 관한 주제들이다.

따라서 교회학교의 커리큘럼은 복음주의 입장과 국가관과 정치신학적인 입장으로 나누어 구성해야 한다. 즉 A) 개인의 신앙 발달에 관한 커리큘럼과 B) 국가 공동체에 대한 애국심 발달에 관한 커리큘럼으로 구성해야 한다. 이것은 성경도 신약과 구약이 함께 있어야 온전한 성경인 것처럼, 교회교육도 신약의 구원을 위한 복음과 구약의 국가관(하나님의 형상을 닮는 쉐마교육의 일부)을 함께 조합해야 온전한 기독교교육이 된다.

전자(A)의 목적이 개인의 신앙성장과 교회성장을 위함이라면, 후자(B)의 목적은 자신의 조국과 민족에 대한 애국심과 애족심을 고취하기 위함이다. 전자(A)의 열매(결과)는 하나님 사랑과 이웃 전도 및 세계선교로 나타나고, 후자(B)의 열매는 국가의 안보를 지키고 번영을 가져오게 한다.

따라서 전자(A)를 잘 실천할 경우 개인의 신앙과 교회성장에 유익을 주지만, 후자(B)를 잘 실천하면 자신이 속한 국가의 안보와 번영에 유익을 준다.

반면 교회가 전자(A)를 실천하지 않을 경우 개인의 영혼만 망하지만,

후자(B)를 실천하지 않으면 국가에 속한 모든 교회뿐만 아니라 모든 국민들도 함께 망할 수 있다.

왜냐하면 전자(A)만 실천하면 개인의 신앙에는 유익할지라도 나라를 사랑하는 애국자는 되지 못하기 때문이다. 그러나 후자(B)도 함께 실천한다면 개인의 신앙도 좋아지고 애국자도 된다. 따라서 이스라엘의 유대인을 모델로 한 교회학교 커리큘럼이 정답이다.

결론적으로 기존의 교회학교 커리큘럼을 그대로 지속할 경우에는 개인의 신앙 발달에는 도움이 되지만, 애국심은 점차 없어진다. 그 결과 오늘날과 같은 대한민국의 위기를 맞이하게 된 것이다. 따라서 교회학교 커리큘럼도 이스라엘의 유대인처럼 두 가지 목적, 즉 '개인의 신앙 발달'(A) + '개인의 애국심 발달'(B)로 구성되어야 한다.

그리고 '개인의 애국심 발달'(B)을 위한 대한민국 교회교육의 필수 교재들 중 하나는 본서가 되어야 한다. 두 가지 이유가 있다. 1) 기독교교육학적으로 이 커리큘럼이 필요한 당위성과 목적을 신학적으로 자세히 설명한 최초의 원조 책이고, 2) 이스라엘을 모델로 한 국가관과 정치신학의 원조이기도 하기 때문이다. 물론 대한민국의 정체성 교육을 위해 이승만 전 대통령의 대한민국 건국에 관한 도서들도 마땅히 필수 교재가 되어야 한다.

〈저자 주: 본서에서 '개인의 애국심 발달'은 개인의 애국심과 애족심 발달'로 표기되는 것이 더 정확하다. 그러나 전자로 표기한 것은 간단하게 개인의 신앙 발달과 대조를 하기 위함이다('개인의 신앙 발달' vs '개인의 애국심 발달'). 또한 애국자는 자기 나라에 속한 국민들, 즉 민족도 사랑할 수밖에 없기 때문이다.〉

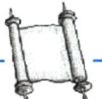

**왜 교회교육의 필수 교재들 중 하나는 본서인가?**

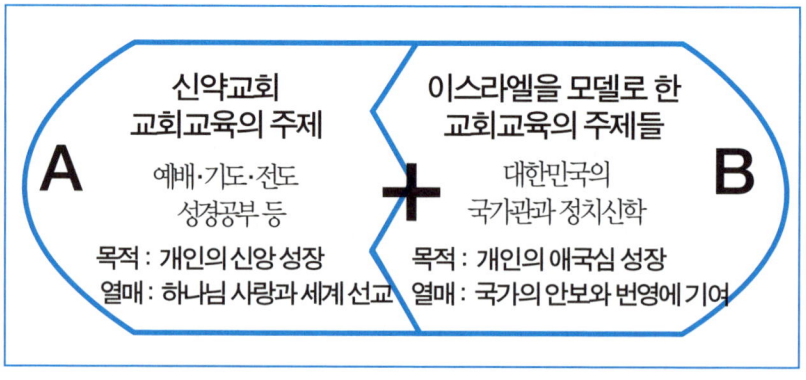

### - A와 B의 차이 -

- ☑ A가 주로 성자 하나님이신 예수님과 신약성경을 모델로 한 교회교육의 콘텐츠라면,
  B는 성부 하나님이 통치하시는 이스라엘을 모델로 한 국가관과 정치신학이다.
- ☑ A를 실천할 경우 개인의 신앙과 교회성장에 유익을 주지만,
  B를 실천하면 자신이 속한 국가의 안보와 번영에 유익을 준다.
- ☑ 반면 교회가 A를 실천하지 않을 경우 개인만 망하지만,
  B를 실천하지 않으면 국가에 속한 모든 교회와 모든 국민들도 함께 망해간다.
- ☑ 왜냐하면 A만 실천하면 개인의 신앙에는 유익할지라도 애국자는 되지 못하기 때문이다.
  그러나 B도 함께 실천한다면 개인의 신앙도 좋아지고 애국자도 된다.
  따라서 이스라엘을 모델로 한 교회학교 커리큘럼이 정답이다.
- ☑ 2000년의 교회 역사 동안 교회는 A만 실천하고 B를 몰랐기 때문에
  독일교회는 나치의 만행을 막지 못했다. 한국교회는 이 치욕을 반복하면 안 된다.

A를 못하면 개인만 망하지만,
B를 못하면 국가에 속한 모든 국민들도 함께 망한다.

### D. 구체적 적용: 회당교육과 교회교육 이전과 이후의 변화

유대인의 회당이나 기독교인의 교회라는 구원의 방주에는 세상의 온갖 사람들이 모두 들어온다. 한국교회를 예로 들자면 예수님을 영접하기 이전에는 북한 출신인 공산주의자(사회주의자), 종북좌파, 진보주의자, 보수우파, 각 종교인(불교, 유교, 무속인 등), 각종 범죄자들 그리고 일반 시민들 등이 있다.

그들 모두는 일단 예수님을 믿고 구원을 받았으면 군대의 신병훈련소에서 신병을 참 군인이 되도록 훈련을 시키는 것처럼, 교회에서 새 신자 교육을 시켜야 한다. 즉 '그리스도 예수의 좋은 군사'(딤후 2:3)를 만들어야 한다.

〈저자 주: 원칙적으로는 유대인의 회당과 신약시대 교회는 교회론적 입장에서 다른 점들이 많다. 그러나 구약성경을 가르친다는 점에서는 동일하기 때문에 함께 비교하는 것이다.〉

앞에서 유대교로 개종한 이방인 출신 유대인에 대한 회당교육과 새 신자에 대한 교회교육에 대해 거론했다. 이제 종합적으로 그리고 더 구체적으로 유대교로 개종한 이방인 출신에 대한 회당교육 이전과 이후의 변화와 새 신자에 대한 교회교육 이전과 이후의 변화를 비교해 보자. 그리고 그 변화에 따른 결론을 내려 보자.

### 1) 유대교로 개종한 이방인의 회당교육 이전과 이후의 변화

유대인은 이방인이 유대교로 개종을 하겠다고 하면 두 가지 교육을 시킨다고 했다. A. '개인의 신앙 발달(혹은 성장)에 관한 주제들' + B. '이스라엘(국가)에 대한 애국심 발달에 관한 주제들'이다. 이방인 출신 유대인이 A와 B교육을 받을 경우 이전과 이후의 사상과 생활 방식은 어떻게 변할까? 아래 표에서 그 변화를 살펴보자.

〈저자 주: 교회에서 A교육을 받았을 경우 문화적인 변화는 이방인 출신 유대인과 신약시대에 비기독교인이 기독교인이 된 경우와 다르다. 왜냐하면 전자의 경우에는 구약의 율법과 율례를 모두 따라야 하지만, 후자의 경우는 제사를 비롯한 일부는 따르지 않아도 되기 때문이다. 따라서 한국인 새 신자 기독교인의 문화적 변화는 본서에서 생략한다. 그러나 기독교인도 하나님의 선민으로서 상당 부분 교리에 어긋나지 않는 한 구약의 유대문화를 따라야 하는 것은 당연하다.〉

## 회당에서 A교육을 받은 자의 변화

| 구분 | 회당교육 이전 | 회당교육 이후 |
|---|---|---|
| 도덕과 윤리의 변화 | - 절도범<br>- 강간범<br>- 동성애자<br>- 무속인<br>- 술꾼<br>- 나태한 자 | 남의 것을 훔치지 않음<br>남의 여자를 탐하지 않음<br>치료를 받아 양성애자가 됨<br>귀신대신 오직 하나님만 믿음<br>술을 멀리함<br>부지런해짐 |
| 문화의 변화 | 모든 이방 족속들의 다양한 문화<br>〈영국인 독일인 케냐인 한국인 등〉 | 유대교로 개종한 이방인들은 자기 민족의 문화를 버리고 유대문화로 동화됨 |

## 회당에서 B교육을 받은 자의 변화

| 구분 | 회당교육 이전 | 회당교육 이후 |
|---|---|---|
| 국가관 민족관 정치관 의 변화 | - 반 이스라엘 주의자<br>- 공산주의자 〈사회주의자〉<br>- 진보주의자<br>- 무관심했던 정치 참여 | 이스라엘을 자랑스럽게 여기는 투철한 애국자<br>자유민주주의자<br>보수주의자<br>적극적인 정치 참여 등 |
| | 모든 이방 국가 출신들의 국가관/민족관<br>〈영국인 독일인 케냐인 한국인 등〉 | 유대교로 개종한 이방 국가 출신들은 자기 국가의 민족관/국가관을 포기하고 이스라엘의 애국자가 됨 |

## 2) 새 신자의 교회교육 이전과 이후의 변화

교회교육을 받은 새 신자의 사상과 생활 방식은 그 이전과 어떻게 달라져야 하나? 이제 새 신자의 교회교육 이전과 이후의 변화를 유대인을 모델로 하여 구체적으로 알아보자.

유대인은 개종하겠다고 하는 이방인에게 두 가지 교육을 시킨다고 했다. A. '개인의 신앙 발달(혹은 성장)에 관한 주제들' + B. '이스라엘(국가)에 대한 애국심 발달에 관한 주제들'이다.

이것을 교회교육에 적용해보자. 새 신자가 A와 B교육을 받을 경우 이전과 이후는 어떻게 변할까? 아래 표에서 그 변화를 살펴보자.

### 교회에서 A교육을 받은 자의 변화

| 구분 | 교회교육 이전 | 교회교육 이후 |
|---|---|---|
| 도덕과 윤리의 변화 | - 절도범<br>- 강간범<br>- 동성애자<br>- 무속인<br>- 술꾼<br>- 나태한 자 | 남의 것을 훔치지 않음<br>남의 여자를 탐하지 않음<br>치료를 받아 양성애자가 됨<br>귀신대신 오직 하나님만 믿음<br>술을 멀리함<br>부지런해짐 |

### 교회에서 B교육을 받은 자의 변화

| 구분 | 교회교육 이전 | 교회교육 이후 |
|---|---|---|
| 국가관 민족관 정치관 의 변화 · 한국인 의 예 | - 타국에서 한국에 귀화한 자 | 대한민국의 애국자가 됨 |
| | - 공산주의자 〈사회주의자〉 | 자유민주주의자 |
| | - 주사파 | 대한민국 국부 이승만을 존경하는자 |
| | - 촛불세력 | 태극기 세력 |
| | - 비애국자 | 대한민국을 자랑스럽게 여기는 투철한 애국자 |
| | - 진보주의자 | 보수주의자 |
| | - 무관심했던 정치 참여 | 적극적인 정치 참여 등 |

신약의 기독교인은 영적 유대인이기 때문에 현재 이스라엘을 사랑할 수는 있으나 그 나라에 애국자가 될 필요는 없다. 다만 그들의 커리큘럼을 따라 유대인이 이스라엘의 애국자가 되는 것처럼, 신약의 기독교인들도 모국에 애국자가 되어야 한다. 따라서 한국인 기독교인은 대한민국의 애국자가 되어야 한다.

지금까지 교회학교의 커리큘럼을 왜 이스라엘 모델로 바꾸어야 하는지, 그리고 바꿀 경우 어떤 유익을 얻을 수 있는지에 대하여 설명했다. 또한 적용편에서 유대교로 개종한 이방인의 회당교육 이전과 이후의 변화와 새 신자의 교회교육 이전과 이후의 변화를 자세히 살펴보았다.

결론적으로 이스라엘의 회당교육 커리큘럼을 한국교회가 본받게 되면 교회에서는 개인의 신앙 발달(A)과 함께 자신이 속한 대한민국에 대한 애국심 발달(B)도 매우 증대해질 수 있을 것이다. 이것이 하나님이 원하시는 교회교육의 성경적인 근본 원안(原案)이다.

### E. 교회학교 커리큘럼을 이스라엘 모델로 바꾼 결과: 이념 분열이 없어진다

저자는 한국교회는 이스라엘의 유대인 회당학교 커리큘럼을 본받아야 한다고 했다. 이것을 실천할 경우 교회에 새 신자가 들어오면 어떤 주제들을 가르쳐야 할까? 예외 없이 누구에게나 1) 개인 신앙 발달에 관한 주제를 가르쳐야 한다. 그리고 이에 더하여 본서에서 말하는 2) 대한민국 이념에 기초한 국가관과 성경에 기초한 정치신학을 가르쳐야 한다.

이런 교육을 받은 새 신자들은 어떻게 변할까? 새 신자가 잘못된 국가관과 정치신학을 가졌다면 좌파에서 우파 교인으로 돌아설 것이다. 또한 새 신자가 대한민국의 국가관과 정치신학에 대해 전혀 모를 경우에는 이런 교육을 통하여 확실한 우파 교인으로 바뀌게 될 것이다. 또한 나라 정치에 무관심했던 새 신자는 정치에도 많은 관심을 가질 것이다.

그래야 목사는 물론 교인들이 대한민국에 이념의 갈등이 발생했을 때 나는 '중도'라고 하거나 '예수파'라는 허무맹랑한 말을 하지 않을 것이다. 이것은 대한민국 전체 교회가 여호와 하나님을 믿는 신앙만 하나가 되는 길이 아니고, 전체 교회가 이념의 분열을 막고 서로 화합하는 길이다. 이것이 진정 대한민국이 복음으로 하나가 되는 길이다.

더 넓게는 교회의 영향이 더 커질수록 대한민국 전체 국민들의 국가관과 정치신학이 하나가 될 것이다. 이것만이 이념의 갈등을 통합할 수 있는 유일한 방법이다. 이런 점에서 이런 쉐마교육 사역 역시 교회가 예수님께서 말씀하신 빛과 소금의 역할(마 5:13-16)을 감당하는 것이다.

> 그래야 모든 목사와 교인은 더 이상
> 나는 '중도', 혹은 '예수파'라는
> 헛된 말을 하지 않을 것이다.

## F. 왜 한국의 초대교회에는 애국자가 많았는데 현재는 줄었는가

앞에서 교회가 이스라엘의 유대인 학교 커리큘럼을 도입하지 못할 경우 개인의 신앙 발달에는 도움을 주지만 국가에 대한 애국심 고취에는 별 도움을 주지 못한다고 했다. 그렇다면 이런 질문이 가능하다. 왜 한국의 초창기 교회(1919년 3.1운동 시대부터 1960년대까지)에는 애국심이 많은 기독교인들이 많았는가?

두 가지 이유를 들 수 있다. 당시 그들에게는 예수님을 믿기 이전부터 한국인의 충효(忠孝)를 강조하는 수직문화가 매우 강했기 때문이다. 그리고 왜정시대와 6.25 전쟁을 겪으며 국가의 위기를 많이 경험했기 때문이다.

따라서 기독교인 1-2세대들은 개인의 신앙 성장과 함께 애국자들도 많았다. 그들은 이스라엘의 유대인처럼 개인의 신앙 발달과 함께 대한민국의 안보와 번영에 지대한 공헌을 했다.

그러나 3-4세대를 지나면서 수평문화의 영향으로 한국인의 충효(忠孝)를 강조하는 수직문화가 많이 약해졌다. 그리고 평화의 시대가 오랫

동안 지속되며 국가의 고마움을 잊어버리고 국가의 위기를 별로 심각하게 느끼지를 못하게 되었다.

그런데 저자가 강조하는 것은, 왜 어려서부터 교회교육만 받았던 젊은 세대들은 일반 젊은이들보다 애국심이 더 약한가 하는 점이다. 그 이유는 교회에서 복음만 가르치고 유대인의 쉐마교육은 가르치지 않았기 때문이다.

그 결과 그들은 조국 대한민국에 대한 애국심보다는 다른 나라 사람들을 도와주는 세계선교에 더 관심이 많아지는 경향이 많다. 신앙심이 더 강하다는 젊은이들일수록 더 그렇다.

특히 목사들은 대한민국이 공산화가 이렇게 빨리 진행되는데도 강단에서는 정치 얘기는 금기라고 하면서 아직도 복음만 외치며 국가의 위기를 알리지 않는 경우가 허다하다. 그러니 더 이상 무슨 말을 하리요. 매우 안타까운 현실이다.

우리는 기억해야 한다. 2000년의 교회 역사 동안 교회는 전자만 강조하며 실천하고 후자를 몰랐기 때문에 독일 교회는 나치의 악독한 전체주의 만행을 막지 못했다. 이것은 기독교의 교회가 유대인의 쉐마교육을 몰랐던 것에 기인한다.

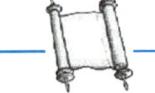

**두 가지 이유를 들 수 있다.**

## 4. 실패한 기존 교회학교 커리큘럼의 실화

교회학교는 그동안 국가 공동체에 관한 커리큘럼은 배제하고 개인의 신앙 발달에 관한 커리큘럼만 가르쳤다. 그 결과 교회학교 교육을 받은 사람들은 유대인과 같은 투철한 애국심이나 애족심이 부족하다.

신앙이 좋은 이들 중에는 모국인 대한민국보다 해외 아프리카의 케냐 원주민을 더 사랑하는 이들이 있다.

그런 면에서 저자의 경험으로는 해외에 파견된 대부분 선교사들이 가장 애국 애족심이 부족하다고 본다. 왜냐하면 그들의 소명은 대한민국의 안보나 번영보다는 오직 개인의 신앙과 관련된 복음을 현지 원주민에게 전파하는 데만 전념하기 때문이다. 그런데 그들보다 애국심이 더 부족한 이들이 있다. 그들의 자녀들이다.

왜냐하면 어른들은 한국을 떠나기 전에 대한민국의 역사와 전통문화 및 국가관에 관해 배우고 떠났지만, 그들의 자녀들은 외국에서 한 번도 그런 것들을 접하지 못했기 때문이다.

실제 사례를 소개해보자. 저자가 중국에 소재한 국제학교 초청으로 인성교육 강사로 간 적이 있었다. 그 학교 초중고 학생의 약 60% 이상이 선교사 가정의 자녀들이었다. 저자는 그들에게 대한민국의 정체성, 즉 한국의 수직문화를 강의했다. 물론 저자는 한복을 자랑스럽게 입고 강의를 했었다.

그런데 놀라웠던 것은 그들 모두가 한국에 관한 것들을 처음 들었다고 했다. 대한민국이 이렇게 자랑스러운 나라였는지 몰랐다고 했다. 그들은 대한민국을 건국하셨던 이승만 초대 대통령도 몰랐다. 3.1절, 6.25 전쟁, 광복절 및 애국가도 몰랐다. 물론 태극기에 대해서도 몰랐다. 경제성장을 이끌었던 박정희 대통령도 몰랐다.

그들은 중국의 국제학교에서 미국인은 미국인대로 아프리카 케냐인은 케냐인대로 중국인은 중국인대로 모두 자기 나라와 민족에 대한 자부심들이 있었는데, 자신들은 그런 것들이 없었다는 것이었다. 한없이 초라하게 느꼈다고 했다. 자존감이 약하여 열등감이 많았다고 했다. 대한민국의 국민으로서 마땅히 가져야 할 정체성을 가지지 못했기 때문이다.

그래서 밖에 나가면 중국인들에게 자신이 수치스럽게 보일 것 같아 일부러 중국인처럼 행동하기도 했다는 것이다.

그 이유는 부모나 학교에서 개인의 신앙에 관한 주제들과 학교 교과목들만 가르쳤을 뿐, 자신들의 조국에 대해서는 아무런 교육도 시키지 않았기 때문이었다. 더구나 그들이 거주하는 지역의 한인 교회에서도 전혀 조국에 관한 것들을 가르치지 않았기 때문이었다.

이런 문제는 중국에 거주하는 선교사 가정들뿐만 아니라 필리핀이나 남미 및 아프리카 선교사 가정들에게도 동일하게 나타나는 부작용들이다. 물론 이런 현상들은 대부분 해외 동포 자녀들에게도 나타난다. 너무나 안타까운 불편한 진실이다.

해결 방법은 하루빨리 가정과 교회학교 커리큘럼에 유대인처럼 '개인의 신앙 발달' + '개인의 애국심 발달'에 관한 주제들을 첨가해야 한다. 그래야 훌륭한 신앙인 속에서 훌륭한 애국자들이 많이 나올 수 있다. 이것이 교회도 살리고 국가도 살리는 길이다.

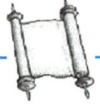

> 놀라웠던 것은 그들 모두가 한국에 관한 것들을 처음 들었다고 했다.

## 5. 대안의 요약 및 결론

### A. 대안의 요약

앞의 내용을 요약하면 다음과 같다.

첫째, 가정(가정 성전)에서 부모가 어려서부터 자녀들에게 개인의 신앙 발달에 관한 주제뿐만 아니라 대한민국의 우파 이념과 국가관 및 정치신학을 확실하게 가르쳐야 한다. 그래야 그들이 성장 후에도 확실한 우파가 될 수 있다.

둘째, 교회에서 목사가 새 신자들에게 가르쳤던 기존의 1) 개인의 신앙생활에 관한 주제들과 함께 2) 대한민국의 국가관과 정치신학을 가르쳐야 한다. 그래야 모든 교인들이 대한민국의 바른 정체성을 갖게 되고 대한민국의 안보와 번영에 관심을 가지게 된다. 즉 애국자가 된다.
한국의 대부분 부모들은 이 교육을 하지 못했기 때문에 좌파가 된 자녀들에게 의견 충돌로 시달리고 있다. 부모가 못했으면 교회 목사라도 바로 잡아주었어야 하는데, 대부분 그것을 바로 잡기는커녕 자신이 좌파가 되어있으니 어떻게 자녀들이 우파가 될 수 있겠는가?
이 두 가지를 가장 잘하는 민족이 어느 민족인가? 유대인이다. 그들은 하나님의 말씀을 읽을 때 자신의 개인적인 신앙과 삶의 영역뿐 아니라 국가의 안보와 번영의 영역까지 연결시킨다. 이것은 그들의 전통이다. 그 결과 이스라엘이 위기를 당하면 선지자들이 나서서 정부의 왕들과 방백들, 제사장들 그리고 온 백성에게 하나님의 말씀으로 도전했다 (느 9:34; 렘 32:32; 단 9:6).

> 이 성이 건설된 날부터 오늘까지 나의 노와 분을 격발하므로 내가 내 앞에서 그것을 옮기려 하노니 이는 이스라엘 자손과 유다 자손이 모든 악을 행하여 내 노를 격동하였음이라 그들과 그들의 왕들과 그 방백들과 그 제사장들과 그 선지자들과 유다 사람들과 예루살렘 거민들이 다 그러하였느니라. (렘 32:31-32)

따라서 유대인은 자손 대대로 이스라엘의 이념(정체성)과 신앙을 동시에 세대차이 없이 어려서부터 세뇌가 되도록 가르친다. 그 결과 이스라엘에는 국가의 다른 정책들에는 이견(異見)이 있을 지라도, 국가의 안보에는 이견이 있을 수 없다. 유대인의 쉐마교육이 가정과 교회에 필요한 이유다.

## B. 결론: 한국에 나타날 4가지 변화를 기대

이스라엘을 모델로 한 가정과 교회학교의 새 커리큘럼을 실천하면 어떤 결과를 가져올까?

첫째, 가정과 교회에서 우파 교육을 받은 자녀들은 확실한 대한민국의 우파 이념과 국가관 및 정치신학으로 무장될 것이다. 그렇게 되면 그들은 학교에서 좌파 교사들이 가르치는 북한의 주사파 사상이나 공산주의 교육에 속지를 않을 것이다.

오히려 그 학생들은 확실한 역사적 근거를 가지고 많은 학생들 앞에서 좌파 교사와 논리적으로 논쟁을 벌일 것이다. 그리고 좌파 교사들을 이길 수 있을 것이다. 왜냐하면 좌파는 대부분 거짓 증거를 제시하지만 우파는 진실된 증거를 제시하기 때문이다. 〈예: 좌파의 허황된 위대한 이승만 대통령의 업적 폄하와 왜곡된 6.25 전쟁의 북침설 등〉

그 학생들이야 말로 바울이 말한 '그리스도 예수의 좋은 군사'(딤후 2:3)들이 아니겠는가! 이것은 모든 학교에서 좌파 교사들을 축출할 수 있는 매우 좋은 전략이 될 것이다.

물론 이 일에 그 학생들의 부모들도 함께 동참을 한다면 얼마나 큰 파워가 나타나겠는가! 그렇게 된다면 종북좌파들은 대한민국에 더 이상 발붙일 곳이 없을 것이다.

둘째, 한국의 기독교인 인구는 약 1200만 명이라고 한다. 그 중 1000만 명만 우파 교인으로 만든다면 전체 국민의 1/5이 된다. 그들이 2명씩만 우파로 만든다면 전 국민의 3/5이 우파가 될 것이다.

그들 모두가 대한민국 총선이나 대선에서 공개적으로 우파를 지지하고 우파 선거 전략에 적극적으로 동참한다면, 그리고 다른 국민들보다 더 많이 투표에 참여한다면 우파 대통령도 선출되고 우파 국회의원들도 그만큼 많아질 것이다. 이것이 "동해물과 백두산이 마르고 닳도록/하느님이 보우하사 우리나라 만세"(애국가 1절)를 이루는 길이다.

이것이 하나님 아버지에게 충성하고 자신이 속한 국가에 충성하는 길이다. 진정한 기독교인은 유대인처럼(다윗, 느헤미야 예레미야 등) 그리고 예수님이나 바울처럼 애국 애족자가 되어야 한다.

셋째, 앞에서도 언급했듯이 교회뿐만 아니라 국가적으로도 이념 분열을 막을 수 있을 것이다. 드디어 온 국민이 화합을 이루어 대한민국의 안보가 튼튼해지고 번영의 시대를 구가할 것이다.

넷째, 유대인이 자신들의 국가관과 정치신학을 해외 디아스포라에게도 동일하게 가르치는 것처럼, 한국인도 대한민국의 국가관과 정치신학을 해외 동포들, 약 750만 명에게도 동일하게 가르쳐야 한다. 그 결과 대한민국에 있는 한국인뿐만 아니라 전 세계 코리언 디아스포라가 동일한 우파가 된다면 얼마나 큰 파워가 세계적으로 나타나겠는가!

결론이다. 2000년 교회 역사에 이스라엘을 모델로 한 이런 국가관과 정치신학의 논리가 개발되지 못했다. 그 결과 과거 독일 교회는 히틀러의 나치 좌파 전체주의를 막지 못하여 인류에게 엄청난 피해를 입혔다.

이제 한국교회는 이것을 명확하게 알았다. 따라서 한국교회는 종북좌파의 공격으로부터 대한민국과 교회의 몰락을 막아야 할 책임이 있다. 대한민국에 교회가 유일한 희망인 이유가 여기에 있다. 하나님께서 대한민국을 세우신 이유 또한 여기에 있다. 할렐루야!

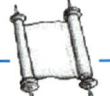

> 2000년간 교회는 전자만 실천하고 후자를 몰랐기 때문에
> 독일 교회는 나치 만행을 막지 못했다.
> 그런데 한국교회는 이 논리로 국가의 공산화를 막을 수 있다.

### * 쉐마교육을 받은 후의 변화

〈저자 주: 이 글은 호남에서 나고 자라 좌파교육을 받고 성장한 한 대학생이 쉐마교육을 받고 쓴 글이다. 참고가 될 것 같아 첨부한다.〉

## 청년의 때에
## 이런 귀한 말씀을 들을 수 있다는 사실이 기적이다
〈나는 전라도 학생이지만 이승만, 박정희 전 대통령을 존경한다〉

주봉규 대학생

전남대학교 영어영문과 재학
광주 늘푸른교회 청년부

"쉐마교육을 받아야 결혼할 자격이 있다"는 말을 듣고 왔다.

"결혼은 인생에 있어서 가장 중요하다."

교회에서 목사님을 통해 가장 많이 들었던 말씀 중 하나다. 그리고 쉐마교육에 다녀오신 여러 집사님들과 사모님께서 최근 청년들에게 하셨던 말씀은 "쉐마교육을 받아야 결혼할 자격이 있다"였다. 누구나 결혼을 하고 싶기에, 우리 청년들은 교회에서 함께 이 쉐마교육을 3박 4일 동안 들으러 오게 되었다.

**첫 시간부터 내 가슴을 찢고 나의 의식들이 깨지는 소리가 들렸다. 눈물의 샘이 터지고 깊은 회개가 올라왔다.**

2019년 1월 21일 시작된 첫 시간부터 현용수 박사님의 한 말씀 한 말씀이 내 가슴을 찢기 시작했다. 내가 가지고 있던, 나의 이성 속에 자리 잡았던 의식과 인식들이 깨지는 소리가 들렸다.

아, 내가 얼마나 불효자였던가, 얼마나 가정의 중요성과 부모의 권위와 역할을 모르고 있었던가, 얼마나 내 삶 속에 놓치고 있던 부분들이 많았던가, 얼마나 나의 부모님을 공경하지 못했는가. 셀 수가 없었다.

눈물의 샘이 터졌다. 머리가 아닌 가슴으로부터 깊은 회개가 올라왔다. 그와 동시에 또한 감사가 솟구쳐 올랐다. 청년의 때에 이런 귀한 말씀을 들을 수 있다는 사실이 기적 같았다. 아니 기적이었다.

**이곳을 추천해 주신 담임 목사님께 감사한다.**

하나님이 직접 디자인하신 가정이라는 아름다운 모델을 꾸리고 세우기 전에, 주님의 인도하심 가운데 이곳에 오게 되었음을 믿어 의심치 않는다.

현용수 박사님과의 이 만남은 내 삶속에 가장 중요한 만남들 중 하나다. 무엇보다 이러한 가르침을 받을 수 있도록 늘 지도해주시고 이끌어 주신 담임 목사님 사모님께 감사드리고, 이 귀한 목자와 교회를 만나게 하신 하나님께 진정으로 감사드린다.

### 쉐마교육을 남에게 뭐라고 설명하겠느냐고 물어본다면….

쉐마교육을 남에게 뭐라고 설명하겠느냐고 물어본다면 나는 이렇게 답할 것이다.

### "쉐마교육은 마지막 시대의 생존의 비결이다."

이 땅에 가정이 무너지자 수많은 아이들이 타락하고 죄악의 길로 들어섰다. 교육이 무너졌고 대한민국의 현재와 미래의 희망들도 침몰해 가고 있다.

### 대환란 때, 교회 예배가 사라지는 그때를 준비하기 위해 쉐마가 필요하다.

교회는 "마라나타 주 예수여 오시옵소서!"라고 외치며 주님의 재림을 준비하라고 하지만, 정작 교회 안에 있는 가정들은 깨지고 부서지고 천국이 아닌 지옥으로 변했다.

마음에 강한 다짐을 하게 된다. 이제 우리는 이 쉐마교육을 통해 무너진 가정을 회복시켜야 한다. 구약의 지상명령을 실천하기 위해 가정식탁예배로 말씀을 전수하며 예수님의 초림을 예비했던 유대인들처럼, 이제 이 대한민국 교회들은 구약의 지상명령을 실천하여 가정을 거룩하게 세워야 한다.

그리고 대환란 때, 교회에서 예배가 사라지는 그때에, 가정식탁예배로 살아남아 끝까지 구원을 잃지 말아야 할 것이다. 따라서 신약시대의 구약의 지상명령은 주님의 재림을 준비하기 위한 명령이다.

### 나는 오늘 이 땅을 비출 빛을 발견했다.

언더우드 선교사님이 조선 땅에 도착하여 이렇게 기도했다.

"주여, 지금은 아무것도 보이지 않습니다. 보이는 것은 고집스럽게 얼룩진 어둠뿐입니다."

현재 대한민국을 볼 때 나의 심정도 이와 같다. 어둠만이 가득한 이 땅, 그러나 나는 오늘 이 땅을 비출 빛을 발견했다. 쉐마교육을 통해 하나님 나라의 가정이 세워지고 권위의 회복과 말씀전수, 부모의 역할이 진리 안에서 올바로 확립될 때, 대한민국을 세운 이승만 대통령의 건국 이념인 기독교 입국론이 회복될 것이다. 그리고 이 땅에서 우리는 주님의 재림을 맞이하게 될 줄로 믿는다.

### 나는 전라도 학생이지만 이승만, 박정희 전 대통령들을 존경한다.

나는 전라도 학생이지만 대한민국을 건국하신 이승만 박사님과 경제대국을 이룬 박정희 전 대통령을 존경한다. 그분들의 피와 땀과 눈물과 헌신과 희생이 아니었다면 우리는 북한의 김일성, 김정일, 김정은의 억압 속에서 얼마나 많은 인권이 유린되었겠는가! 어떻게 하나님의 교회가 살아남을 수 있겠는가! 고로 나는 두 분 대통령을 존경하고 사랑한다.

### 종북좌파 세력들이 나라를 파괴하는데, 왜 교회 청년 보수우파들은 잠잠한가

현용수 박사님의 강의를 들으며 안타까운 생각이 들었다. 저 종북좌파 세력들은 어떻게든 이 대한민국의 헌법과 질서를 파괴하기 위해 끊임없이 칼을 갈며 우는 사자와 같이 달려드는데, 왜 우리 청년 보수우파들은 이리도 순한 양처럼 관망만 하는가!

그동안 받아왔던 교회교육이 잘못되었음을 깨달았다. 기독교인은 무조건 착하기만 하면 안 된다. 예수님처럼 비둘기처럼 순결해야 하지만 진리를 지키기 위해서는 뱀처럼 지혜(슈르드)로워야 한다. 즉 유대인처럼 진리와 나라를 사수하기 위해서는 뱀처럼 슈르드하고 독수리 같은 그리스도의 좋은 군사가 되어야 한다.

더 이상 물러설 곳이 없다. 현용수 박사님의 유대인의 4차원 영재교육과 고난의 역사교육 강의는 내 안에 숨어 있었던, 주님의 형상인 독수리 용사의 기질을 깨워주셨다. 박사님의 말씀처럼 청년인 우리부터 이제 자랑스런 대한민국을 지키기 위해 싸움닭이 돼야 한다. 거룩한 분노로 일어서야 한다.

하나님 나라의 거룩한 쉐마교육의 가치들을 이 땅에 온전히 풀어놓기 위하여 우리는 그 누구보다 열심히 달려가야 하리라. 세상을 향해 포효하시는 유다의 사자 예수 그리스도, 그분의 용맹함과 용기가 이 땅이 회복되길 원하는 주의 자녀들에게 쏟아지고 부어지기를 소망한다. 두려워하지 말아야 한다.

나는 결단한다. 이 청년의 때에 진리 안에서 올바른 자녀의 모습으로 살아가리라. 그리하여 훗날 가정 안에서 자녀를 교육할 때 올바른 자녀의 모습이 어떠한 것인지 나의 삶으로 보여주리라.

이 무너진 세대 가운데 내가 먼저 주님의 독수리가 되어 독수리 새끼들을 키울 수 있는 남편이자 아비이자 하나님 나라의 좋은 군사로 일어서리라 굳게 다짐한다.

## 이애란의 정치권 체험기
## 정신 못 차린 우파, 4.15 총선 패망의 원인

〈저자 주: 이 글은 탈북 여성 이애란 박사가 겪은 우파 정치권의 실상을 고발한 글이다. 우파 정치권을 이해하는데 도움이 될 것이다. 출처: GMW연합, 문재인보다 나쁜 것은 보수 우익이었다, 2017년 5월 10일〉

### 솔직히 저는 문재인보다 우파 보수당 사람들에게 더 분노합니다.

부족하지만 한 말씀 올리겠습니다. 이 전쟁(4.15 총선)에서 진 것은 문재인 세력이 잘해서도 아니고 문재인 세력이 더 나빠서도 아닙니다. 철저하게 보수 우익 세력의 잘못이고 비겁함이고 무능함이고 대책 없이 욕심 많은 뻔뻔함과 이해타산만 앞세워 외친 탓이었습니다.

며칠이지만 우파 보수당에 합류해 선거를 도우면서 기절할 뻔했고 엄청 싸웠습니다. 목에 깁스하고 짜증만 내면서 대변인실이라는 데가 칼 퇴근에 휴일은 아예 출근도 하지 않고 무엇을 해야 할 지도 모르는 거대하기만 하고, 느려터진 배부른 돼지들만 모인 곳에서 저는 질 것이라고 예측했습니다.

노력하지도 않으면서 근거 없는 자신감은 어디서 나오는지… 솔직히 저는 문재인보다 자유한국당 사람들에게 더 분노합니다. 그래서 선거 끝나고 이기더라도 자유당 당사에 똥물을 퍼다 쏟아부으려고 했습니다.

박근혜 대통령 탄핵도 냉정하게 따지면 우파 보수당 국회의원들 잘못이지 적들이 더 잘해서 일어난 일은 아닙니다. 애매한 백성들이 수개월 동안 풍찬 노숙했지만 힘없는 사람들이 아무리 뛰어다녀봐야 무슨 효과가 있겠습니까. 정치를 담당한 정치인들과 공무원들은 무사안일주의로 그러고 있는데 대한민국의 미래가 있겠습니까.

주인 없는 나라에 주린 배가 아니라 기름진 배때기를 채우려고 혈안이 된 자들이 배가 부른지 고픈지 감각조차 잃어버린 욕심에 국민만 욕보고 있는 거죠.

전교조 탓할 필요 없습니다. 전교조가 나쁜데 왜 목숨 걸고 막지 못합니까. 전교조 교육이 잘못되면 집에서라도 애들에게 가르쳐야 하는데 계속 전교조 탓만 하면서 자기 살을 깎아먹고 있지 않습니까.

### 전교조 교사를 키운 대학 교수들은 잘못이 없습니까

조국인지 뭔지 하는 교수는 때마다 나와서 젊은이들을 선동하는데 그 자는 교수직도 계속 유지하고 더욱 인기가 올라가는 데 우익에서는 왜 조국 같은 교수가 한명도 안 나오고 조금 예민한 말을 하면 대학에서 쫓겨나는데 누구도 도와서 나서준 적 없지 않습니까.

비겁함과 비굴함은 우익 지도층의 습관처럼 되어 있고 그렇게 당하는 하나하나의 경험들이 우익 진영을 쪼그라들게 하고 스스로 괴멸시켜 온 것은 아닌지요?

거대 정당이면 무엇이나 용서받는 무원칙 무소신이 더 무섭고 더 절망적입니다. 현재의 상황에서 낭만적으로 흔드는 태극기 부대는 하나의 사람들의 집단일 뿐이지 혁명이나 혁신을 기대할 만한 세력은 아니지요. 숫자가 적어도 가치관 철학 애국심 용기와 소신 철학 배짱이 있는 사람들의 융합체여야 하는데 그것이 과연 갖추어져 있었던가요.

그런 것을 치열하게 깨닫기에는 대한민국은 그동안 너무도 풍요롭고 너무도 평화로운 나라였습니다. 좌파의 막가파 싸움꾼들과 대적하기엔 너무도 소심하고 너무도 낭만적이며 너무 이해타산에 밝아서 기회주의적입니다. 대한민국의 자유의 가치가 위협받고 시장경제와 진정한 민주주의가 위협받는 이유이자 미래가 어두운 이유입니다

이제 자유 우익세력은 뼈를 깎는 자기성찰과 자기혁신을 해야 합니다. 자유민주주의와 시장경제 체제가 요구하는 정직 성실 배려 공동체 정신과 독립정신을 함양하고 가장 중요하게는 이승만의 건국이념과 정신 그리고 박정희 대통령의 개척정신과 도전정신을 발판으로 새롭게 일어나야한다고 생각합니다.

이애란 올림

# III. 이스라엘을 모델로 했더니 저출산 문제도 극복했다

<유대인의 저출산 극복 연구와 교회 임상 결과 발표>

〈저자 주: 진보 좌파 정권이 들어선 후 거의 모든 영역에서 악 영향의 결과들이 나타나고 있다. 저출산 문제는 그야말로 위기다. 다음은 저자가 2021년 5월 14일 미래목회포럼(대표 오정호 목사, 새로남교회) 주최 "저출산에 대한 기독교적 대책은?"이란 주제에서 발표한 논문이다. 매우 중요하다고 생각되어 여기에 싣는다.〉

## 초록 (Abstract)

한국 통계청이 발표한 2020년 출산율은 0.84명이다. 0.98명으로 집계된 지난 2018년 '출산율 1명'이 무너진 이후, 2년 만에 '출산율 0.9명'도 무너졌다. 반면 65세 이상 고령 인구 비율(11.2%→16.6%)은 크게 늘었다. 대통령 직속 저출산 고령사회 위원회에 따르면 정부는 2021년 저출산·고령화에 대응하기 위해 약 80조원의 예산을 투자한다. 그런데도 왜 출산율이 세계 최저인가? 정부나 학자들이 주로 지엽적인 대책들을 내놓기 때문이다.

반면 이스라엘의 정통파 유대인은 어떻게 세계 최고의 8.0 이라는 높은 출산율을 유지하는가? 그것은 정부나 회당에서 지엽적인 대책들보다는 근본 본질적인 문제를 해결하고 있기 때문이다. 가장 중요한 본질적인 문제는 하나님이 인간을 창조하신 목적과 인간의 삶의 목적이 무엇인지, 왜 인간은 결혼을 해야 하고, 결혼을 하면 왜 자녀를 많이 낳아야 하는지를 가르치기 때문이다. 즉 성경적인 쉐마교육을 실천하기 때문이다.

따라서 필자는 유대인의 쉐마교육 전문가로서 이스라엘의 유대인 경우를 예로 들면서 근원적 본질 문제가 무엇인지를 설명한다. 즉 '유대인의 고출산율 8명의 본질: 생육, 번성, 충만하라', 한국인의 '저출산의 본질1: 낙태법 폐지와 동성애 차별금지법의 공통점과 차이점' 그리고 '저출산의 본질2: 성교육의 문제점과 바른 대안'을 설명한다.

또한 한국에서 쉐마교육을 받고 저출산 위기를 극복한 성공적인 임상 결과들을 보고한다. 사례 1: '출산율 0.84에서 3.5명으로 4년만에 급증한 동상제일교회', 사례 2: '5남매를 키웠던 김치남 목사 쉐마 실천기' 그리고 사례 3: '쉐마교육을 실천한 교회는 왜 미래에 희망이 보이나' 등이다. 그리고 필자는 여성가족부와 교회에게 "저출산 대책을 유대인의 쉐마교육에서 답을 찾아라"고 하며 6가지 제언을 제시한다.

키워드: 저출산, 쉐마교육, 구약의 지상명령, 이스라엘의 유대인, 낙태, 동성애

## 차 례

1. 문제제기, 세계 최저 출산율 0.84
2. 유대인의 고출산율 8명의 본질: 생육, 번성, 충만하라
3. 저출산의 본질1: 낙태법 폐지와 동성애차별금지법의 공통점과 차이점
4. 저출산의 본질2: 성교육의 문제점과 바른 대안
5. 저출산 위기 극복, 쉐마교육 임상 결과 발표
   사례 1: 출산율 0.84에서 3.5명으로 4년만에 급증한 동상제일교회
      - 태산 같은 고민, 해결 방안은 무엇인가
   사례 2: 5남매를 키웠던 김치남 목사 쉐마 실천기
   사례 3: 쉐마교육을 실천한 교회는 왜 미래에 희망이 보이나
6. 제언 및 결론: 여성가족부와 교회의 저출산 대책,
   유대인의 쉐마교육에서 답을 찾아라
      A. 정부에 제언
      B. 교회에 제언 및 결론

## 1. 문제제기, 세계 최저 출산율 0.84

　2021년 4월 23일 한국 통계청의 '2020년 인구 동향 조사 출생·사망통계 잠정 결과'에 의하면 합계 출산율은 0.84명이다. 합계 출산율은 15~49세 여성 한 명이 낳을 것으로 예상되는 출생아수다. 0.98명으로 집계된 지난 2018년 '합계 출산율 1명'이 무너진 이후, 2년 만에 '출산율 0.9명'도 무너졌다. 특히 분기별로 보면 작년 1분기 0.91명, 2분기 0.85명, 3분기 0.84명으로 감소해온 분기별 합계 출산율은 4분기 0.75명으로 역대 최저치를 고쳐썼다(조선일보, *작년 4분기 합계출산율 0.7명대 추락, 역대 최저*, 2021년 2월 24일).

　유엔 인구기금(UNFPA)이 2021년 4월 14일(현지 시각) 발간한 2021년 세계 인구 현황 보고서 '내 몸은 나의 것(My Body Is My Own)'에 따르면 한국의 합계 출산율은 지난해와 같은 1.1명으로 198개국 중 198위였다. 출산율이 떨어지며 인구 성장 속도도 둔화됐다. 2015~2020년 한국의 연평균 인구 성장률은 0.2%로 세계 인구성장률(1.1%)을 크게 밑돌았다(조선일보, *한국 출산율 2년 연속 세계 꼴찌… 어린이 비율도 최하위*, 2021년 4월 14일).

　반면 65세 이상 고령 인구 비율(11.2%→16.6%)은 크게 늘었다. 65세 이상 고령 인구 비율(16.6%)은 2019년 아동(0~17세)을 추월한 데 이어, 이번엔 청소년(9~24세-16.4%) 인구 비중마저 넘겼다(한국일보, *국내 인구 감소세 계속…경기·세종·제주만 늘어*, 2021년 4월 7일).

　대통령 직속 저출산 고령사회 위원회에 따르면 정부는 2021년 저출산·고령화에 대응하기 위해 약 80조원의 예산을 투자한다. 이는 전년 대비 약 10조원이 증가한 규모다. 중앙부처 사업 중 저출산 관련 예산만 46조

7000억원에 이르다. 2006년부터 2020년까지 15년간 정부는 저출산을 해결하기 위해 225조3000억원 가량을 투입해 왔다(조선일보, 2021년 4월 14일).

그런데도 왜 출산율이 세계 최저인가? 많은 학자들이 그 원인을 분석하고 다양한 대책들을 제시했다. "청년 일자리를 많이 만들어야 한다." "무료 보육시설을 확충하고 출산 휴가를 주어야 한다." "아기 한 명 출산당 보조비를 늘려야 한다." "주택 청약에 우선권을 주어야 한다." 등이다.

물론 이런 대책들도 필요할 것이다. 그러나 필자는 이런 것들은 지엽적인 것들이라고 본다. 근본 본질적인 문제를 해결하지 않으면 저출산율은 계속 지속될 것이라고 본다.

1960년대 이전에는 6.25 전쟁 이후 그토록 가난했었는데도 부모들이 자녀들을 많이 생산했다. 삶의 목적이 가문을 번창과 번영이라는 유교적 삶의 명분이 강했기 때문이다. 그리고 유대인은 애굽에서 전 세계에서 최 하위 계층인 노예생활을 400년 동안 하면서도 애굽의 바로가 겁을 먹을 정도로 자녀를 많이 생산했었다(출 1장 참조).

따라서 필자는 저출산 문제 해결을 지엽적인 문제들보다는 본질적인 문제를 다루어야 한다고 본다. 가장 중요한 본질적인 근본 문제는 하나님이 인간을 창조하신 목적과 인간의 삶의 목적이 무엇인지, 왜 인간은 결혼을 해야 하고, 결혼을 하면 왜 자녀를 많이 낳아야 하는지를 가르쳐야 한다.

두 번째 본질적인 문제는 잘못된 진보 성향의 성교육이다. 이것이 청소년들에게 첫 번째 본질 문제를 왜곡시키고 있다.

그리고 세 번째 본질적인 문제는 정부의 방침이나 국회의원 및 사법부가 법을 만들거나 개정을 할 때 가정을 파괴하는 쪽으로 한다는 것이다. 국회는 인구 증가를 방해하는 법을 많이 만들고 있다. 뿐만 아니라 헌법재판소도 인구 증가를 방해하는 쪽으로 법을 개정하고 있다. 실제 한 가지 사례를 보자.

헌법재판소가 2019년 4월 11일 임신 초기의 낙태에 대한 형사 처벌은 여성의 자기 결정권을 과도하게 침해한다는 판단을 내렸다(낙태법 헌법불합치 결정). 경제협력개발기구(OECD) 36개 회원국 가운데 한국을 포함해 뉴질랜드·폴란드·칠레·이스라엘만 낙태를 형법상 불법으로 규정했으나, 우리나라에서 66년 만에 변화가 생긴 것이다(조선일보, *韓 낙태죄 66년만에 역사 속으로…美 빼고 세계는 낙태죄 폐지 추세*, 2019년 4월 14일).

이를 계기로 낙태법 폐지와 유지에 관한 논쟁이 뜨겁다. 필자는 낙태법을 유지해야 한다고 본다. 그 이유를 유대인의 쉐마교육 전문가로서 이스라엘의 경우를 예로 들면서 근원적 본질 문제가 무엇인지를 설명해보자. 물론 앞에서 언급한 다른 본질적인 문제들도 이스라엘의 유대인을 모델로 함께 설명해보자. 그리고 저출산을 극복할 수 있는 성경적인 대안을 제시해보자.

## 2. 유대인의 고출산율 8명의 본질: 생육, 번성, 충만하라

### A. 정통파 유대인은 왜 산아제한을 안 하나

유대인은 불과 70여 년 전에 나치에게 600만 명이 학살을 당했다. 전체 유대인 인구의 약 67%가 죽었다(https://ko.wikipedia.org/wiki/홀로코스트#유태인). 그런데 현재는 전 세계에 약 1500만 명 정도로 증가했다.

그 이유는 무엇인가? 정통파 유대인은 산아제한(피임)을 하지 않기 때문이다. 왜 피임을 하지 않는가? "생육하고 번성하여 땅에 충만하라"(창 1:28)는 하나님의 명령을 지켜 행하기 위함이다. 이 명령은 유대인이 지켜야 할, 하나님이 주신 613개 계명 중 제1계명이다.

따라서 현재 이스라엘 보건복지부에 따르면 정통파 유대인 부부는 평균 8명의 아이를 낳는다(한국은 0.84명). OECD 출산율 5년 연속 1위다 (연합뉴스, 어린이 줄지 않는 이스라엘… '출산은 제1 의무', 2016년 5월 5일).

〈필자 주: 이스라엘 통계에 의하면 정통파 유대인 여성의 평균 출산율(fertility rates)은 2016년 8명이었으나 2018년에는 7.1이다(일반 유대인은 3.1명) (https://en.idi.org.il/articles/25385). 반면 한국의 통계는 2017년에 0.98, 2020년에는 0.84다〉

랍비인 라젤 예후다(37) 씨는 "출산은 미래를 위해 나무를 심는 것과 같다"고 말했다. 이 말은 출산이 없으면 미래에 나무가 없는 벌거숭이산

〈사진: 랍비인 라젤 예후다(37) 씨 부부가 12자녀와 행복해 하고 있다.〉

이 된다는, 즉 희망이 없다는 뜻이다.

17살에 3살 연상의 아내와 결혼한 그는 12남매의 아버지이자 이미 손주 3명을 둔 할아버지다. 아내는 임신 상태로 올 연말 13번째 출산을 앞두고 있다(연합뉴스, 2016년 5월 5일).

"출산은 미래를 위해 나무를 심는 것과 같다"
- 랍비 라젤 예후다 -

## B. 구약의 지상명령을 실천하는 유대인의 사명
〈유대인과 한국인의 출산율에 차이가 나는 근본 이유〉

필자는 문제제기에서 저출산을 극복하기 위해서는 지엽적인 대책보다 본질적인 대책을 제시해야 한다고 주장했다. 왜 유대인과 한국인의 출산율에 큰 차이가 나는가? 본질적인 차이는 인생의 목적과 결혼의 목적이 다르기 때문이다.

한국인은 결혼의 목적을 보통 '개인의 행복'을 위함이라고 말한다. 그러나 유대인은 하나님이 무엇을 원하시는지 그것을 이루는 것, 즉 구약의 지상명령적 측면에서 '개인의 행복'이 아니라 '경건한 자녀'(원어로 "하나님의 씨"라는 뜻)의 생산(말 2:15)과 '말씀 맡은 자'(롬 3:2)로서의 양육이다.

구약의 지상명령은 하나님이 유대인의 조상 아브라함에게 주신 지상명령이다. 가정에서 하나님의 말씀을 자녀들에게 가르쳐 자손대대로 전수하고 의와 공도를 지켜 행하라는 명령이다(창 18:19; 신 6:4-9).

> 내가 아브라함을 선택한 것은 그가 자식들과 자손을 잘 가르쳐서, 나에게 순종하게 하고, 옳고[의] 바른 일[공도]을 하도록 가르치라는 뜻에서 한 것이다. 그의 자손이 아브라함에게 배운 대로 하면 나는 아브라함에게 약속한 대로 다 이루어 주겠다. (창 18:19, 표준새번역)
>
> 〈이 말씀이 왜 구약의 지상명령인지는 필자의 저서 '구약의 지상명령 쉐마'(전3권), 쉐마, 2009 참조 바람〉

하나님이 아브라함에게 이 지상명령을 주신 목적은 하나님이 그에게 주신 언약, 즉 온 인류의 구원자로 오실 메시아 예수님을 준비하기 위함이다(창 12:1-3, 22:17-18). 이 지상명령이 확장된 것이 모세가 하나님으로부터 받은 쉐마교육(신 6:4-9)이다.

따라서 구약성경의 유대인의 역사에는 요나서 같이 특수한 경우를 제외하고는 이방 선교가 없다. 아브라함은 일평생 몇 명 목회했는가? 언약의 아들 이삭 한 명이다. 이삭은 일평생 몇 명 목회했는가? 야곱 한 명이다. 야곱은 일평생 몇 명 목회했는가? 12명이다. 아브라함이 세계적인 인물이 된 것은 몇 만 명을 목회해서가 아니라 한 명 목회에 성공했기 때문이다.

만약 유대인이 가정에서 구약의 지상명령을 실천하지 못했다면 자손 대대로 하나님의 말씀이 전수될 수 없었을 것이고, 그렇게 되면 유대인을 통하여 예수님께서 오실 수 없었을 것이다(요 4:22). 따라서 유대인이 가정에서 자녀들에게 하나님의 말씀을 전수하는 것은 해도 되고 안 해도 되는 것이 아니라 반드시 해야 할 지상명령이다. 이것이 그들의 가장 큰 생존의 비밀이다.

구약의 지상명령은 신약의 지상명령과 대칭을 이룬다. 신약의 지상명령은 예수님이 오신 이후 전 세계에 복음을 전파하라는 명령(마 28:29; 막 16:15)이다. 전자가 수직선교라면 후자는 수평선교다. 전자가 가정사역이라면 후자는 공동체 교회 사역이다.

신약의 교회는 후자에만 너무 편중하여 2000년 동안 살아남은 교회가 없다. 예루살렘 교회와 소아시아 지역의 초대교회가 모두 죽었다. 유럽교회도 죽었고 미국교회는 죽어져가고 있는 중이다. 한국교회는 이제 죽기 시작했다. 각 세대마다 교회들이 다른 민족에게 복음을 전하는 수평적 세계선교에는 성공했는데, 자손대대로 신앙을 전수하는 수직선교에는 실패했다. 〈자세한 것은 필자의 저서 '잃어버린 구약의 지상명령 쉐마', 전3권 2009, 쉐마, 참조〉

구약의 지상명령을 수행하기 위한 첫 번째 사명이 무엇인가? 남자와 여자가 결혼을 하여 가정을 가져야 한다. 그리고 자녀를 많이 생산해야 한다. 유대인의 율법(창 1:28, 유대인의 613개 율법들 중 제1계명)에 따르면, 새 생명을 갖는 것은 축복이자 첫 번째 의무다. 유대인 여성들(라헬이나 한나 등)이 그토록 자녀 갖기를 소원하는 이유가 여기에 있다(창 30:1-6; 삼상 1:11). 따라서 결혼 제도는 인류를 번성시키기 위한 하나님의 계획을 달성하는 방편이다.

**먼저 네 자녀를 말씀의 제자 삼아라**

## C. 왜 하나님은 인류의 번성을 그토록 소원하시나

하나님은 왜 하나님의 백성, 즉 인류가 번성하기를 소원하시고 번성하라고 명령하셨는가? 이 질문에 대한 답을 얻기 위해서는 다음의 근원적인 질문에 대한 답을 해야 한다. "하나님이 인간을 창조하신 목적은 무엇인가?" 그 답은 "하나님께서는 인간으로부터 영광을 받으시고 찬양 받으시기 위함"이다(민 14:21; 시 41:13, 시 72:19, 사 42:8, 43:21; 계 5:13). 이것은 웨스트민스터 대요리 문답 1번과 동일하다(http://www.gskchurch.com/pca/westminster_larger_catechism_Kor.pdf).

하나님께서는 소수로부터 영광과 찬송 받으시기를 원하시는가? 아니면 다수로부터 영광과 찬송을 받으시기를 원하시는가? 다수로부터다. 어떻게 다수를 만들 수 있는가? 구약시대에는 남과 여가 결혼하여 자녀를 많이 생산하는 것이다.

하나님의 나라를 확장하는 데는 두 가지 방법이 있다. 1) 하나님의 백성이 가정에서 자녀를 많이 생산하는 방법과 2) 하나님의 백성이 비기독교인에게 복음을 전하는 방법이다.

그런데 구약시대에는 이방전도가 없었기 때문에 천국을 확장시키기 위해서는 자녀를 많이 낳는 길 밖에는 없었다. 물론 신약시대에는 두 가지 방법이 모두 가능하다.

<small>(더 자세한 것은 필자의 저서 '신앙명가 이렇게 세워라' (쉐마, 2011), 제1권 제1장 II. 1. '가정의 기원: 하나님은 왜 가정을 창조하셨는가'와 '유대인의 성교육' (쉐마, 2021)을 참조)</small>

천국을 확장하는 두 가지 방법은?

## D. 바울이 말한 교회 지도자의 자격은 왜 유대인의 쉐마인가

유대인의 탈무드에는 "하나님의 은혜는 아내를 가진 자에게만 내린다"고 되어 있다. 그 이유는 독신자는 인간의 반 사람의 몫이기 때문이다(Tokayer, 탈무드 5: 탈무드의 잠언집, 2009, p. 223). 또한 탈무드에 보면 "모든 교사는 아내를 얻지 않으면 안 되며, 모든 랍비는 결혼한 사람이어야만 된다"라는 말이 있다(Tokayer, 탈무드 1: 탈무드의 지혜, 2007, p. 321). 이것은 아내가 없는 사람은 완전한 인간이 될 수 없다는 사상에서 유래한 것이다.

이런 교사의 조건은 신약시대 바울의 교훈에도 그대로 나타나있다. 감독, 장로 및 집사가 될 수 있는 조건들은 일단 아내를 가져야 한다는 것이다(딤전 3:2-5, 12; 딛 1:6). "한 아내의 남편이 되며, 자녀와 자기 집을 잘 다스리는 자"(딤전 3:4, 12), 즉 '건강한 가정을 가진 자'다. 특히 여기에서 구체적으로 강조할 것들이 있다.

1) '한 아내'(one wife)의 남편이어야 한다.
2) 자녀를 갖고 있어야 한다.
3) "불순종하는 일이 없는 믿는 자녀를 둔 자"(딛 1:6)여야 한다.
    특히 교회는 이 부분에 주목해야 한다.

이것은 부모가 자녀를 많이 낳는 것도 중요하지만, 그들을 어떻게 키웠느냐도 중요하다는 것이다. "불순종하는 일이 없는 믿는 자녀를 둔 자"는 교회 지도자가 될 수 있지만, 그렇지 못할 경우에는 안 된다는 뜻이다. 즉 자녀를 부모에게 순종하는 효자로 만들어야 지도자 자격이 있다는 것이다(현용수, 자녀의 효도교육 이렇게 시켜라, 제2권, 2009, pp. 151-152).

바울이 교회 지도자가 되기 위해 제시한 이 조건은 구약의 지상명령 쉐마(창 18:19; 신 6:4-9)의 입장에서 보지 않으면 지나치기 쉬운 대목이다. 한 마디로 교회의 지도자가 되려면 부모가 가정에서 유대인처럼 쉐마교육을 잘 실천하고 선한 열매를 맺어야 한다는 것이다.

선한 열매란 무엇인가? 먼저 자신의 자녀에게 하나님의 말씀을 가르쳐 '말씀의 제자'(말씀 맡는 자, 롬 3:2)를 삼으라는 것이다. 그런 열매가 있는 자에 한해서 남에게 전도를 하여 그들을 '말씀의 제자'를 삼을 수 있다는 것이다. 즉 가정에서 자녀를 말씀의 제자로 삼지 못한 자는 교회 목회자의 자격이 없다는 것이다. 대단히 중요한 대목이다.

이 조건들은 구약시대나 신약시대나 동일하게 적용된다. 따라서 목사나 장로들부터 우선 유대인 랍비들처럼 자녀를 많이 생산해야 한다. 그리고 자녀들에게 하나님의 말씀을 가르쳐 말씀의 제자를 삼아야 한다. 그래야 성경적인 삶이 무엇인지 교인들과 비기독교인들에게 본을 보일 수 있는 것이다.

필자의 강의를 들었던 많은 목사들이 자녀를 많이 낳지 않았던 것과 가정에 소홀했던 것을 후회하는 이유도 여기에 있다.

요약하면 바울이 제시하는 교회 지도자 자격의 조건은 이렇다. "너희가 교회 지도자가 되고 싶으냐? 그러면 가정에서 쉐마교육을 실천하여 자녀를 많이 낳을 뿐만 아니라, 그 자녀들에게 말씀을 가르쳐 말씀의 제자를 삼아라. 그러면 교회에서도 지도자가 될 자격이 있다."

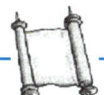

> 쉐마교육을 가정에서 실천한 이라야
> 교회 지도자 자격이 있다.

## 3. 저출산의 본질1:
### 낙태법 폐지와 동성애차별금지법의 공통점과 차이점

#### A. 왜 낙태법 폐지와 동성애차별금지법은 함께 다루어야 하는가

낙태법 폐지와 동성애차별금지법의 공통점은 무엇인가? 다음 두 가지 질문에 답하면서 찾아보자.

1) 하나님은 왜 동성애자를 그토록 저주하시는가(레 20:13)? 자녀를 생산하지 못하기 때문이다. 기타 성적 타락에 관한 죄나 의학적으로 에이즈에 걸리기 쉽기 때문이란 것은 부차적인 이유다.

2) 하나님은 왜 낙태법 폐지를 그토록 저주하시는가? 자녀를 생산하지 못하기 때문이다. 따라서 동성애차별금지법과 낙태법 폐지는 하나님의 생명(인간) 증가 소원을 막는다는 점에서 공통점이 있다. 따라서 함께 다루어야 한다. 이 두 가지는 하나님의 구약의 지상명령을 어기는 적그리스도적인 행위다.

이것은 무엇을 뜻하는가? 하나님은 하나님의 백성이 줄어드는 것에 대하여 그만큼 분노하신다는 것이다. 이것은 하나님의 생명사랑 정신이다. 생명이 줄면 천국도 그만큼 줄기 때문에 하나님은 두 가지를 도저히 용납하실 수 없다.

하나님의 입장에서는 한 생명이 천하보다 귀하다(눅 9:25)는 것을 기억해야 한다. 인간의 생명을 얼마나 귀하게 여기셨는가? 하나님은 독생자 예수님을 십자가에 못을 박기까지 인간의 생명을 사랑하셨다(요 19:23).

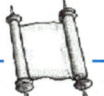

> 낙태법 폐지와 동성애차별금지법은
> 자녀 생산을 막는 악법이다.

### B. 왜 낙태법 폐지는 동성애차별금지법보다 죄가 더 중한가

왜 낙태법 폐지는 동성애차별금지법보다 죄가 더 중한가? 동성애차별금지법은 성적 타락에 관한 죄(레 20:13)를 범하게 하는 것이지만, 낙태법 폐지는 살인죄를 범하기 때문이다. 태아도 하나님의 형상을 닮은 생명이다. 그것을 죽이면 제6계명 살인죄(출 20:13)를 범하는 것이다. 낙태를 하는데 부모 결정권을 제한해야 할 이유다.

뿐만 아니라 낙태법을 폐지할 경우에는 이에 따른 부작용도 많이 따른다. 우선 어린이부터 어른까지 생명경시 풍조가 만연하게 될 것이다. 짐승도 새끼를 귀하게 여기어 낙태를 하지 않는데 인간이 낙태를 하면 되겠는가!

또한 이것은 무책임하게 성적 쾌락을 부축일 확률이 높다. 따라서 육을 자극하는 수평문화가 더욱 기승을 부릴 것이다. 이것은 나라를 아예 망국으로 이끄는 견인차 역할을 할 것이다.

## C. 유럽은 낙태를 불법에서 합법으로 바꾸었는데 이스라엘은 아직도 불법인가

독일, 화란, 프랑스, 영국 등은 루터나 칼빈이 외쳤던 종교개혁의 발원지였다. 모든 생활의 기준은 신구약 66권의 성경으로 돌아가자고 주장했다(오직 성경, 오직 믿음, 오직 은혜). 구 프린스턴 학파가 매우 보수신학을 가졌던 근거는 여기에 있다.

그런데 이런 보수 신학들이 세월이 지나면서 자유주의 신학으로 바뀌게 되었다. 신학의 세대 차이를 허락하는 오류를 범했다. 마침내 유럽과 미국에서는 많은 교단에서 낙태도 허락하고 동성애 목사를 배출하게 되었다.

그런데 이스라엘은 어떻게 아직도 낙태를 불법으로 규정하고 있는가? 그 이유는 정통파 유대인은 아브라함 때부터 현재까지 4000년 동안 성경에 기초한 신학과 생활방식에 세대 차이를 허락하고 있지 않기 때문이다.

그렇다면 이런 질문을 할 수 있다. 왜 기독교는 보수 신학에 세대 차이를 허락했는데, 유대인은 허락하지 않았는가? 기독교에는 2000년 동안 유대인을 모델로 한 성경적인 쉐마교육이 없었고, 유대인에게는 그것이 있었을 뿐만 아니라, 매 세대마다 가정에서 그것을 실천하는데 성공했기 때문이다. 따라서 교회는 이제라도 연속적인 생존을 위해 쉐마교육을 도입해야 한다.

## 4. 저출산의 본질2: 성교육의 문제점과 바른 대안

### A. 현재 성교육, 무엇이 문제인가

"우리 만난 지 100일인데 잘까?"
"사용한 피임법을 서로 나누어보자"
12가지 콘돔 사용법!

새로 개정하려는 중학생 교과서에 있는 내용이다(SNS. 2019.03.23). 한국은 현재 자신의 정체성인 수직문화, 즉 동방예의지국의 중요한 가치인 여성의 순결과 정숙에 반대로 가고 있다.

유치원생들에게까지 한 인간으로서 성을 즐길 권리를 가르친다. 한마디로 어려서부터 성을 마음껏 즐기되, 임신만 하지 말고 성병에만 걸리지 말라는 것이다.

성욕을 자극하는 모든 것들을 숨기어도 그 본능을 자제하기 힘든 어린 나이에 자극적인 언어와 야한 그림과 동영상까지 보여주니 이 세대가 얼마나 빨리 더 깊게 타락하겠는가! 어떻게 성결함을 지탱할 수 있겠는가! 청소년의 순결이나 여성의 정숙교육이 빠진 성교육 교재가 제대로 된 교재인가?

이런 진보 성향 성교육을 받은 여성들은 성적 타락뿐만 아니라 결혼을 할 생각도 별로 하지 않는다. 설사 결혼을 했다고 하더라도 "우리는 '아기 자판기(기계)'가 아니다"고 하면서 아기를 낳지 않으려고 한다(중앙일보, 2017년 1월 9일).

여성가족부는 2021년 4월 21일 '2020년 청소년종합실태조사'에서 '결혼은 반드시 해야 한다'는 39.1%만 동의해 2017년 조사(51%) 대비 11.9% 급감했다고 밝혔다. 반면 '결혼을 하더라도 반드시 아이를 가질 필요는 없다'는 의견도 60.3%로 3년 사이 14.2% 급증했다(파이낸셜뉴스, 2021년 4월 21일).

요약하면 잘못된 진보 성교육은 자녀를 타락하게 하고 결혼과 출산을 기피하게 한다. 저출산의 근본 원인이다. 따라서 바른 성교육이 안되면 개인은 물론 가정과 사회 그리고 국가의 미래가 없어진다. 그런데 진보 정부는 말은 출산을 장려한다고 하면서 정책은 반대로 가니 온 국민이 일어나 이를 막아야 한다.

> 잘못된 진보 성교육은 자녀를 타락하게 하고
> 결혼 기피와 저출산의 원인이다.

### B. 성교육, 바른 대안은 무엇인가

잘못된 성교육, 어떻게 바로 잡을 수 있는가? 유대인처럼 성경에 기초한 1) 바른 결혼의 목적과 2) 성결한 삶을 설득력 있는 논리로 가르쳐야 한다.

결혼의 목적은 유대인처럼 많은 자녀 생산을 위함으로 해야 한다. 이것은 인생의 삶의 목적과 관련된 것이다. 그리고 성결교육을 시켜야 한다. 앞에서 설명한대로 이것이 하나님이 원하시는 성경적인 삶이다.

성결교육은 왜 청소년들은 혼전 순결을 지켜야 하는가? 왜 여성의 자궁은 성소인가? 왜 남자와 여자는 어려서부터 스킨십을 금지해야 하는가? 왜 여성은 정숙해야 하는가? 왜 여성은 긴 치마를 입어야 하는가? 왜 남자는 여성의 임신에 책임을 져야 하는가? 책임을 진다는 의미는 무엇인가? 등에 대하여 가르쳐야 한다. 〈필자 주: 자세한 것은 필자의 저서 '유대인의 성교육'(쉐마, 2021) 참조).

물론 부득이 한 경우를 대비해 피임법도 가르쳐야 한다. 그러나 그것은 전체 성교육 중 10% 미만이면 족하다.

참고로 유대인에게도 피임을 권장할 때가 있다. 1) 흉년이 들었을 경우, 2) 민족적인 위기를 당했을 경우(렘 16:2-4), 그리고 3) 전염병이 퍼지고 있을 경우다. 예수님도 민족적인 위기를 당했을 경우 임신하지 말 것을 당부하셨다(마 24:19; 눅 21:23, 자세한 것은 필자의 저서 '유대인의 성교육'(쉐마, 2021), 제4장 II. 3. '바울의 독신주의는 설득력이 있는가' 참조).

이런 교육을 자녀들에게 시키면 그들이 변하고 선한 열매를 맺는가? 물론이다. 필자로부터 쉐마교육을 받고 실천한 이들은 유대인들처럼 결혼 기피자들은 기쁨으로 결혼을 하고, 자녀 출산 기피자들은 기쁨으로 자녀를 낳고, 낙태 희망자들은 임신한 자녀를 기쁨으로 낳게 된다. 쉐마교육을 실천하는 교회는 매년 영아들이 기하급수적으로 증가하여 교회가 급성장하고 있다. 보통 한 교회 출산율이 3명 이상이다(이어지는 '저출산 위기 극복, 쉐마교육 임상 결과 발표' 참조. 혹은 쉐마교육연구원 홈페이지 www.shemaiqeq.org 참조).

"대한민국의 희망은 기독교에 있고, 기독교의 희망은 쉐마교육에 있는 이유다." 역사적으로 쉐마교육을 실천하지 않았던 교회는 생존에 실패했다는 것을 기억해야 한다.

결론적으로 가정은 생명나무 공동체다. 뿌리에서부터 줄기의 나뭇잎까지 강하게 붙어 있어야 건강한 나무가 된다. 그리고 모든 개개의 생명나무들이 무성하게 자라야 가정과 교회와 민족을 살릴 수 있다.

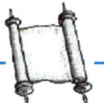

> 보수 유대인의 성교육처럼 한국도
> 1) 성경적인 결혼의 목적과 2) 성결한 삶을 가르쳐야 한다.

## 5. 저출산 위기 극복, 쉐마교육 임상 결과 발표

### 사례 1: 출산율 0.84에서 3.5명으로 4년만에 급증한 동상제일교회

좋은 교육의 이론은 선한 열매가 나타나야 한다. 열매 없는 이론은 허구, 혹은 사기일 수 있다. 유대인의 쉐마교육의 열매는 실제로 4000년 동안 유대인의 역사가 증명한다. 그렇다면 한국에도 유대인의 쉐마교육을 실천했던 교회들에게 선한 열매들이 나타나고 있는가?

물론 출산율이 급증한 사례들이 많이 나타나고 있다. 그 사례를 소개해보자. 부산 동상제일교회(담임 조수동 목사)에서 전교인이 "생육하고 번성하라. 땅을 정복하라"(창 1:28)는 하나님의 명령을 실천했더니 정통파 유대인처럼 처녀총각들이 앞 다투어 결혼을 하고, 젊은 부부들은 앞을 다투어 아기를 생산하기 시작한 것이다.

정통파 유대인 여성의 평균 출산율은 8명이다. 이에 반해 한국은 0.84로 세계 꼴찌다(2020년 조사). 이 교회는 불과 4년 만에 출산율이 3.5명으로 급증했다. 쉐마교육을 받은 가임기에 있는 부부들이 기쁜 마음으로 자녀들을 가지기 시작한 것이다. 보통 한 가정 당 3-4명의 자녀를 가지는 것은 물론, 교회 한 부목사는 6명의 자녀를 가졌다.

동상제일교회는 교인이 약 220명 정도다. 그런데 거의 전 교인이 담임 목사님의 설득으로 필자의 쉐마지도자클리닉에 참석하여 강의를 들었다. 제1학기 인성교육의 문제점과 해결방안(4일 동안), 제2학기 쉐마교육(4일 동안)을 이수했다. 인성교육은 한국인의 한국인다운 정체성을 형성하는 수직문화 이론을 가르친다.

쉐마교육은 기본적으로 성경에 기초한 하나님의 선민교육의 원리와 방법, 즉 교육신학이다. 구약의 선민 유대인을 모델로 설명한다. 주제들은 구약의 지상명령 쉐마(선민교육의 목적), 왜 가정은 성전인가(가정신학), 아버지 교육(신학), 경제신학, 어머니 교육(신학), 성교육(성신학), 효도교육(효신학), 고난의 역사교육(신학) 등이다. 이 교육을 받은 후 온 교회가 힘을 합쳐 쉐마교육을 계속 실천했다.

왜 이런 교육이 필요한가? 교인들을 설득하기 위함이다. 현대 교인들은 자신들이 설득을 당하지 않으면 따라오지를 않는다. 설득을 하려면 논리가 필요하다. 그래서 필자는 하나님이 주신 지혜로 40여권의 책에 유대인을 모델로 한 다양한 논리들을 담았다.

필자의 교육을 받은 교인들에게 행복한 고민이 생겼다. 그 교회에 다니는 이재현 집사(37세)의 예를 들어보자.

그는 쉐마교육을 받기 이전에는 자녀가 둘이었다. 그런데 부부가 쉐마지도자클리닉 프로그램, 즉 제1차 학기 인성교육과 제2차 학기 쉐마교육 강의를 들은 후 마음이 변했다. 강의에 설득을 당한 것이다.

더 이상 아기를 낳지 않겠다고 완강히 버티던 아내가 더 낳겠다고 했다. 그녀가 아기 생산을 거부했던 이유는 둘이면 충분하다고 생각했기 때문이었다. 그리고 신체적으로 자연분만이 안 되어 제왕절개 수술을 할 수밖에 없었기 때문이었다.

아내의 마음이 바뀌자 이재현 집사도 묶은 것(?)을 풀었다. 그리고 아기를 생산하기 시작했다. 몇 년 전 셋째를 낳더니 며칠 전 또 넷째를 낳았다(2020.09.05.). 맏이가 6살 사내, 둘째도 5살 사내, 셋째는 3살 여자 그리고 이번에 태어난 넷째가 갓난 아기 아들이다. 이 씨네 어른들은 물론 교회 목사님 부부와 온 교인들이 축하를 해주었다.

### 태산 같은 고민, 해결 방안은 무엇인가

두 부부에는 태산 같은 걱정이 있었다. 둘이서 맞벌이 부부인데, 어떻게 갓난 아기를 키운단 말인가! 줄줄이 부모의 손길이 필요한 어린 아기들이기 때문이다. 물론 낮에는 3살 이상의 자녀들은 교회 유치원에 보내고 있다.

방법은 있다. 정통파 유대인 여성들은 보통 자녀가 10명 정도인데 그들은 어떻게 그 많은 자녀들을 키우는가?

필자는 이재현 집사에게 유대인의 예를 들며 이렇게 조언했다. 일단

〈사진: 쉐마교육을 받고 4자녀를 출산한 이재현 집사 가정. 또한 효자가 되어 이가네 가문을 일으킬 유망한 아들로 아버지의 사랑을 독차지하고 있다.〉

간난 아기에게는 분유보다 모유가 좋으니 모유도 먹일 겸 아내가 재택근무를 하도록 권했다. 이 방법은 유대인 어머니들이 자주 사용하는 방법이다. 그래서 직장도 재택근무가 가능한 직종을 택한다.

그리고 이 집사에게 온 가족을 모아놓고 맏이 아들 교육을 잘 시키라고 했다. 먼저 장손에게 이 가(李家)네 정체성 교육부터 시키라고 했다. 따라서 이가네 족보부터 가르쳐야 한다. 너는 이가네 족보에 따르면 초대 조상 ㅇㅇㅇ의 몇 대손이며 아버지의 뒤를 이을 우리 집 장손이다. 대단히 중요한 특권과 책임을 가지고 태어났다.

만약 아버지가 유사시에 없으면 네가 아버지 대신 동생들을 모두 맡아 키워야 한다. 따라서 너는 동생들을 잘 돌보아야 한다. 그리고 엄마 심부름도 잘해야 한다. 우리 여섯 식구가 모두 힘을 합치지 않으면 살아나가기 힘들다. 엄마가 돈을 벌지 않으면 우리 여섯 식구가 어떻게 살아갈 수 있겠느냐.

저자는 정통파 유대인 가정을 20년 이상 드나들며 지켜보았다. 옛날 한국의 가정과 닮은 것을 너무나 많이 보았다. 옛날 한국처럼 맏이 아들이나 맏딸이 동생들을 보살피며 키우는 것을 자주 보아왔다. 이것은 하나님은 인간이 자녀를 많이 생산해도 키울 수 있는 방법을 모두 준비해 두셨다는 것을 뜻한다.

### 사례 2: 5남매를 키웠던 김치남 목사 쉐마 실천기

앞의 사례에서는 쉐마교육을 4년 동안 실천했기에 자녀들이 거의 유아들이다. 이제 15년 전에 쉐마교육을 받았던 캐나다 토론토의 김치남 목사 가정의 예를 들어보자.

김 목사는 쉐마교육을 받기 전에 2남매를 가졌으나 그 후 3자녀를 더 낳아 5남매를 키웠다. 큰 딸이 당시 중2였다. 〈자세한 것은 '쉐마교육을 아십니까?' pp. 190-192. 혹은 www.shemaiqeq.org 참조〉

쉐마를 실천하면 자녀들이 얼마나 변하나? 그의 아내는 쉐마교육을 받았던 남편의 성화로 유대인처럼 주일(안식일) 가정식탁예배를 매주 토요일 저녁에 드리기 시작했다. 남편은 말씀 준비만 하면 되지만 아내의 일은 갑자기 너무나 많아졌다.

유대인이 매주 금요일 오전에 온 집안 대청소를 하는 것처럼, 그녀는 매주 토요일 아침부터 온 집안 대청소를 해야 했다. 어린 다섯 자녀들에게 한국인 절기에 맞는 한복을 찾아 입혀야 했다. 주일 절기에 온 가족

〈사진: 캐나다 김치남 목사 부부가 5자녀들과 한복을 입고 주일가정식탁예배를 드리며 포도주(쥬스)를 분잔하는 모습. 분잔할 때는 기독교의 정체성을 살리기 위해 복음, 즉 예수님의 보혈을 설명한다. 하나님께 드리는 예배에는 한국인의 정체성을 지키기 위해 온 가족이 곱고 깔끔한 한복을 차려입는다. 자세한 것은 저자의 저서 '*한국형 주일가정식탁예배 예식서*'(2013)와 *고난을 기억하는 유대인의 절기교육의 파워*(2018) 참조〉

이 먹어야 할 푸짐한 음식을 준비해야 했다. 식탁을 예배의식에 맞게 유대인처럼 깔끔하게 준비해야 했다.

더구나 그녀는 개척교회 사모이기 때문에 가정식탁예배가 끝나면 주일 예배가 끝난 후 온 교회 식구들이 먹을 음식을 준비해야 했다.

한 달쯤 이렇게 하다가 아내가 너무 힘들어 더 이상 하기 힘들다며 토요일 아침부터 침대에 누어버렸다. 남편은 물론 자녀들까지 주일 가정식탁예배를 너무 좋아했는데 너무나 난처해졌다. 사실 가정식탁예배를 시작하면 어른들보다 자녀들이 더 좋아한다.

그런데 뜻밖의 일이 벌어졌다. 누워 있는 엄마에게 맏딸(당시 중 2)이 찾아갔다. 그녀는 엄마에게 이렇게 제안했다.

"엄마, 우리가 모든 일을 다 할 테니까 엄마는 밥만 해요."

그녀는 동생들을 불러모아놓고 이렇게 지시했다. 엄마 혼자 너무 힘들어하니 이제 우리가 모든 일을 해야 한다. 리빙룸은 ○○가, 주방은 ○○가, 화장실은 ○○가 청소해라. 나는 음식을 준비하겠다. 그리고 식사 후 설거지는 ○○, ○○가 해라. 동생들 씻기는 것과 한복 입히는 것도 첫째와 둘째가 맡아서 했다. 물론 남편도 함께 도와주었다.

자녀들이 처음에는 부담을 가지고 집안일을 했었지만 시간이 지나며 즐거운 놀이처럼 흥얼거리며 참여했다. 매주 토요일 오전은 대청소의 날로 정해졌다. 그 후 그 가정은 어려운 환경이 온다고 해도 항상 환한 웃음꽃이 피기 시작했다. 가정의 웃음꽃은 천국의 기쁨을 지상에서 맛보는 행복의 극치다.

그 가정은 주일가정식탁예배를 약 15년 이상 계속하고 있다. 물론 그 동안 자녀들을 모두 성공적으로 잘 키웠다. 가정교육에 성공한 것이다. 이런 변화가 전 세계의 한인 사회에서 일어나고 있다. 약 3000가정 이상이 주일가정식탁예배를 드리고 있다.

### 쉐마교육을 시키면 어떤 유익을 얻게 되나?

첫째, 온 가족 공동체의 특별한 단결력이 강화된다.

둘째, 자녀들이 자기 가문의 중요성과 자부심을 갖기 시작한다. 그리고 가문의 번영과 영광을 위해 공헌하고 싶어 한다.

셋째, 맏이가 자신이 가져야 할 특권과 책임이 무엇인지를 깨닫고 일찍 철이 든다. 수직문화를 선호하고 수평문화는 멀리한다. 물론 다른 자녀들도 함께 철이 든다.

넷째, 맏이뿐만 아니라 그 밑의 자녀들도 집안일을 서로 기쁨으로 돕기 시작한다.

다섯째, 형제간의 우애가 돈독해진다.

여섯째, 가문이 대를 이어 신앙이 전수되고 번성한다.

일곱째, 아비가 성문에서 수치를 당하지 않는다(시 127:3-5). 이것이 최고의 노후대책이다.

## 사례 3: 쉐마교육을 실천한 교회는 왜 미래에 희망이 보이나

쉐마교육을 약 15년 전에 받았던 서울의 드림교회 박현준 목사(교인수 약 700명)는 아예 교인들에게 "자녀를 4명 이상 낳지 않겠다고 하면 주례를 서주지 않겠다고 선포했다. 쉐마교육을 받은 그의 아들(박광영)은 군대에 입대하기 전에 어린 나이에 결혼을 했다. 현재 30대 초반인데 자녀가 5명이다(*쉐마교육을 아십니까?* pp. 186-187, 207-208).

쉐마교육을 20년 전에 초창기 제1기생으로 받았던 부산 은항교회(이한의 목사)는 그 당시 800여명이었던 교인수가 3000명으로 성장했다. 물론 다른 요인들도 있으나 대부분 자녀들이 많아졌기 때문이다(*쉐마교육을 아십니까?* pp. 175-178).

부산 동상제일교회는 쉐마교육을 시작한지 4년이 되었다. 2020년 9월 현재 유아부만 29명이다. 금년에 태어나거나 태어난 아기들만 거의 10명 정도다. 3-4세대만 지나면 교인수가 수천 명으로 늘어날 것이다.

왜냐하면 기하급수적으로 교인수가 불어날 것이기 때문이다. 그리고 건강한 가정들로 구성된 교회이기 때문에 유대인의 회당처럼 질적인 면에서 매우 강해 질 것이다. 쉐마교육의 파워다. 이 모든 선한 열매에 성삼위 하나님에게만 영광과 감사와 찬송을 올려드린다.

대신 대부분 대형교회들은 한국 교회사 130년만에 부실한 가정목회와 빈약한 출산율 때문에 서서히 역사의 뒤안길로 사라질 것이다. 사도행전의 초대교회들이 사라졌던 것처럼…

왜냐하면 신약교회는 2000년 동안 이웃전도와 세계선교, 즉 수평적으로 복음을 전하는 신약의 지상명령(마 28:19)에만 매진하고 가정에서 수직적으로 부모가 자녀를 제자 삼는 구약의 지상명령(창 18:19; 신 6:4-9)을 몰랐기 때문이다.

자녀를 많이 생산하여 교회가 성장하는 것을 훌러신학교의 맥가브런 교회성장학 교수는 '생리학적 교회성장'(biological church growth)(McGavran, 1980)이라고 했다. 유대인이 독일 나치에 6백만 명이 학살을 당했는데도 70-80년이 지난 현재 그 이전의 인구를 회복한 이유는 자녀를 많이 낳았기 때문이다. 그 결과 유대인의 회당도 되살아났다.

현재 한국에는 길거리나 교회에서 뛰놀던 아이들의 웃음소리가 점점 사라져가고 있다. 하지만 쉐마교육을 실천하는 교회 성도들은 매년 새롭게 태어나는 아이들을 보며 행복한 고민에 빠져있다. 그리고 그 고민의 해결 방법도 찾았다. 하나님께서도 얼마나 기뻐하시겠는가!

**자녀 생산으로 인한 교회 성장은
'생리학적 교회성장'이다.
- 맥가브런 -**

## 6. 제언 및 결론: 여성가족부와 교회의 저출산 대책 쉐마교육에서 답을 찾아라

교육은 그 열매로 그 교육의 이론이 선한지 악한지를 구별할 수 있다. 현재 한국의 공교육의 열매는 온갖 사회병리현상(청소년 범죄 및 성적 타락 등)의 근원이 되고 있다. 잘못된 교육 이론들 때문이다. 가정과 여성교육도 마찬가지다.

한국의 여성가족부는 천문학적인 돈을 투자하고도 출산율은 매년 세계 꼴찌다. 그 이유는 무엇인가. 저출산 문제는 정부에서 돈만 많이 투자한다고 해결 되는 것이 아니라, 국민들의 가정과 자녀에 대한 잘못된 가치관을 바꾸어야 한다는 것을 모르기 때문이다. 전자는 지엽적인 것이고, 후자는 본질적인 것이다.

반면 유대인의 출산율은 어떻게 세계 최고인가? 답은 "생육하고 번성하여 땅에 충만하라"(창 1:28)는 하나님의 명령을 실천했더니 그런 결과가 나온 것이다. 즉 성경대로 살면 된다는, 본질에 충실했던 결과다. 물론 이스라엘 정부의 협조와 바른 성교육도 큰 도움이 되었을 것이다.

앞에서 필자는 쉐마지도자클리닉에서 한국교회 지도자들에게 왜 기독교인은 생육, 번성, 충만해야 하는지 그 이유를 구약의 지상명령, 즉 쉐마교육학적 측면에서 설명했다고 했다. 그리고 그 교육의 열매가 많이 나타나고 있다고 보고했다. 이제 한국교회도 "성경으로 돌아가라"는 개혁주의의 참 뜻이 무엇인지를 깨달아야 한다.

그럴지라도 이스라엘처럼 한국도 국가 정부가 인구 증가를 위해 협조하고 공교육에서 자녀들에게 바른 성교육을 시켜야 한다. 그래야 더 큰 열매를 거둘 수 있다. 따라서 저출산율 극복을 위한 대한민국 정부와 한국교회에 몇 가지 제안을 제시한다.

### A. 정부에 제언

#### 첫째, 정부는 가정을 해치는 악법을 제거하라

정부와 국회 및 사법부는 보수 교회가 요구하는 낙태법 반대, 동성애차별금지법 반대, 혹은 양성을 반대하는 젠더교육 반대에 귀를 기울여야 한다.

#### 둘째, 정부는 청소년들에게 바른 성교육을 시켜라

성의 자기 결정권이라는 명분하에 쾌락 위주의 성교육을 금하고, 성의 목적을 가정을 살리는 자녀생산을 첫 번째 목적으로 하는, 건전한 성교육을 해야 한다. 그리고 남여의 순결교육과 특히 여성의 정숙교육의 중요성도 가르쳐야 한다.

#### 셋째, 정부는 진보 페미니스트를 가정과 여성 관련 공무원 채용에서 제외시켜라

정부는 여성가족부 장관과 그 분야에서 근무하는 공무원들을 임명할 때 가정을 해체하려는 일부 진보 페미니스트들을 제외시켜야 한다. 대신 건강한 가정을 가진, 그리고 자녀들을 많이 낳은 경험이 있는 어머니들을 선발 기준에 넣어야 한다. 본인들이 모범을 보이지 않으면서 어떻게 국민들에게 자녀를 많이 낳으라고 설득할 수 있겠는가!

국회 청문회(2019년)에서 야당 의원이 모 여성 장관에게 "합법적인 결혼을 했느냐?"고 물었더니 "그것은 성차별 법규에 위배되니 답변하지 않겠다"고 했다. 그렇다면 그의 사생활이 의심스럽지 않은가? 정부에 이런 장관들과 국회의원들이 많은데 어떻게 출산율이 높아지겠는가!

### 넷째, 정부는 교회를 탄압하지 말고 적극 도우라

본 논문에서 보았듯이 한국의 유일한 희망은 교회에 있다. 한국 목회자들은 건강한 가정을 세우는데 최선을 다하고 있다. 교회에 노인대학을 만들어 노인들에게 식사를 대접해 주고 여생을 거의 책임진다. 자살도 막아준다. 이혼도 막아준다. 부부싸움을 하는 교인이 있으면 밤 1시에도 심방을 가서 말려준다.

누가 이런 일을 대신 하겠는가? 문재인 대통령이 하겠는가? 아니면 여성가족부 장관이나 박지원 국정원장이 하겠는가? 불교의 승려나 천주교 신부들이 하겠는가? 건강한 대한민국을 만드는데 교회는 돈으로 환산할 수 없는 엄청난 공헌을 하는 것이다. 그것도 자발적으로 해준다. 그런데 정부는 왜 코로나 19를 핑계로 교회를 불평등한 논리로 탄압하는가? 즉시 중지하고 도우라!

### 다섯째, 정부와 여성가족부는 저출산 대책을 쉐마교육에서 찾아라

가장 중요한 것은 정부와 여성가족부가 저출산 대책을 성경을 근거로 유대인을 모델로 한 쉐마교육에서 찾아야 한다는 것이다. 그러면 앞의 4가지 제언도 모두 성취하는 것이다.

정부는 2006년부터 2020년까지 15년간 저출산을 해결하기 위해 225조3000억원 가량을 투입했는데도 결과는 더 악화되었다(조선일보, 2021년 4월 14일). 다른 대안이 없다는 것을 뜻한다. 그러면 이제 뚜렷한 열매가 계속 나타나는 쉐마교육에 관심을 가져야 하지 않겠나! 더 많은 국민들에게 알리고 장려해야 하지 않겠나!

동상제일교회와 같은 공동체가 모든 지역에 10곳씩만 생겨도 사회 전체 분위기는 완전히 바뀌게 될 것이다. 동네에 소문이 나기 때문이다.

## B. 교회에 제언 및 결론:
### 교회만이라도 쉐마교육을 실천하여 저출산을 극복하라

이스라엘에도 비종교인들 중에는 진보 성교육을 주장하는 이들이 많다. 그런데도 전체 이스라엘의 평균 출산율이 높은 이유(일반 유대인의 출산율은 3.1)는 성경의 율법을 철저하게 지키려는 정통파 유대인 그룹이 단결하여 자녀를 많이 생산하기 때문이다.

따라서 한국도 정부가 쉐마교육을 장려하지 않는다면 교회만이라도 쉐마교육을 장려하고 실천해야 한다. 현재 기독교 인구가 약 1000만명인데 쉐마교육을 장려하여 각 가정마다 자녀를 많이 생산한다면 머지않아 2000만명은 될 것이다. 그러면 전 국민이 5000만명에서 6000만명으로 늘어날 것이다.

아브라함 한 사람의 후손들이 이스라엘이라는 신본주의 국가를 이루었는데, 한국의 1000만명 기독교인이 힘을 합친다면 얼마나 빨리 신본주의 국가를 이룰 수 있겠는가!

왜냐하면 쉐마교육을 실천하면 자녀만 많이 낳는 것이 아니라 자손대대로 신앙도 전수될 수 있기 때문이다. 그리고 자녀 생산은 세월이 지날수록 기하급수적으로 늘어난다는 것을 기억해야 한다.

뿐만 아니라 몇 백 년 후에는 기독교 인구만 5000만명이 되어 대한민국이 명실상부한 신본주의 국가가 될 수 있을 것이다. 이것은 민족적이나 국가적으로도 실제로 하나님이 선택하셨던 구약시대의 이스라엘 민족처럼 한국인도 마지막 시대에 제2의 이스라엘 민족이 될 수 있다는 것을 뜻한다.

〈필자 주: 이 주제에 대한 자세한 정보는 한국인과 유대인의 유사점 107가지에 대해 서술한 필자의 저서 '*제2의 이스라엘 민족 한국인*'(2020)을 참조 바람〉

따라서 한국교회가 쉐마교육을 실천한다면 하나님이 아브라함에게 복을 주어 그의 후손이 "하늘의 별과 같고 바닷가의 모래와 같게 하리니 네 씨가 그 대적의 문을 얻으리라"(창 22:17)고 하셨던 말씀이 한국민족에게도 반드시 성취될 수 있을 것이라고 확신한다.

이것은 하나님의 고출산 대책이 유대인의 생존의 비밀이 된 것처럼 한국교회에도 생존의 비밀이 될 것이다. 더구나 이웃전도가 힘든 때에 교인들이 자녀라도 많이 낳아 하나님 나라를 확장시켜야 할 것이 아닌가!

결론적으로 유대인을 모델로 한 쉐마교육은 가정에서 자녀들에게 신앙전수+인성교육+가문의 번영+국가의 번영을 한꺼번에 이루게 하는 교육이다. 더구나 주일 가정식탁예배에서 아버지가 자녀들에게 하브루타로 성경을 가르치니 영재교육도 겸하는 것이다.

〈저자주 유대인의 영재교육에 관한 것은 '*하브루타, 왜 아버지가 나서야 하는가*'와 '*하브루타, 4차원 영재교육의 비밀*' 참고〉

하루빨리 이 쉐마교육을 통해 한국 교회와 대한민국이 변화되어 전국 방방곳곳에서 아이들의 웃음소리가 퍼져나가길 소망해본다. 이것이 성취된다면 4000년 동안 생존하며 세계를 정복해 왔던 유대인처럼, 한인 기독교인도 그렇게 될 것이다. 그리고 주님의 재림을 준비하는 마지막 주자의 자랑스러운 한민족이 될 것이다.

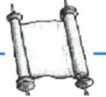

정부는 15년간 저출산 해결에 225조3천억원을 투입했는데도
결과는 더 악화되었다.
이제 쉐마교육에 투자할 때가 아닌가!

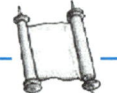

쉐마교육은
<신앙전수+인성교육+가문의 번영+국가의 번영+영재교육>을
한꺼번에 이룬다.

## 참고자료 (References)

### 일반 자료

연합뉴스, *어린이 줄지 않는 이스라엘… '출산은 제1 의무'*, 2016년 5월 5일.

성경. (2001). 개역개정, 대한성경공회.

성경. (2015). 표준새번역, 대한성경공회.

중앙일보, *우리는 '아기 자판기'가 아니다*. 2017년 1월 9일.

조선일보, *韓 낙태죄 66년 만에 역사 속으로…美 빼고 세계는 낙태죄 폐지 추세*, 2019년 4월 14일.

____, *작년 4분기 합계출산율 0.7명대 추락, 역대 최저*. 2021년 2월 24일.

파이낸셜뉴스, *청소년 '결혼·출산 기피' 무섭게 확산…정부도 뾰족한 해법이 없다*, 2021년 4월 21일.

현용수, (2009). *자녀의 효도교육 이렇게 시켜라*. 제1권. 서울: 쉐마.

____, (2009). *자녀의 효도교육 이렇게 시켜라*. 제2권. 서울: 쉐마.

____, (2009). *자녀의 효도교육 이렇게 시켜라*. 제3권. 서울: 쉐마.

____, (2009). *잃어버린 구약의 지상명령 쉐마*. 제1권. 서울: 쉐마.

____, (2009). *잃어버린 구약의 지상명령 쉐마*. 제2권. 서울: 쉐마.

____, (2009). *잃어버린 구약의 지상명령 쉐마*. 제3권. 서울: 쉐마.

____, (2011). *신앙명가 이렇게 세워라*, 전2권. 서울: 쉐마.

____, (2013). *한국형 주일가정식탁예배 예식서*. 서울: 쉐마.

____, (2016). *쉐마교육을 아십니까?* 서울: 쉐마.

____, (2018). *고난을 기억하는 유대인의 절기교육의 파워*. 서울: 쉐마.

_____, (2020). *제2의 이스라엘 민족 한국인*. 서울: 쉐마.

_____, (2021). *유대인의 성교육*. 서울: 쉐마.

_____, (2021). *하브루타, 왜 아버지가 나서야 하는가*. 서울: 쉐마.

_____, (2021). *하브루타, 4차원 영재교육의 비밀*. 서울: 쉐마.

Tokayer, (2016). *탈무드 5: 탈무드의 잠언집*. 서울: 쉐마.

_____, (2017). *탈무드 1: 탈무드의 지혜*. 서울: 쉐마.


### 영문자료, 인터넷과 SNS 자료

McGavran, Donald, (1980). *Understanding Church Growth*. Grand Rapid, MI: Zondervan.

성교육의 문제점, SNS. 2019.03.23.

쉐마교육연구원 홈페이지 www.shemaiqeq.org 참조.

*웨스트민스터 대요리 문답*. http://www.gskchurch.com/pca/westminster_larger_catechism_Kor.pdf

*2018 Statistical Report on Ultra-Orthodox Society in Israel*. https://en.idi.org.il/articles/25385

*The fertility among Jewish women in Israel*, https://en.idi.org.il/articles/25385

*Wikipedia 백과, 홀로코스트*. https://ko.wikipedia.org/wiki/홀로코스트#유태인

# 300만을 굶겨 죽인 북한
# 어떻게 아직도 생존하는가
⟨우파가 좌파를 이길 수 있는 방법 제시⟩

⟨저자 주: 정체성에는 두 가지, 즉 1) 한국인의 정체성, 혹은 한국 민족과 2) 국가의 정체성이 있다. 한국 국민들과 북한 인민들은 모두 한국 민족적인 면에서는 동일한 한국인의 정체성이 있지만, 국가의 정체성이 다르기 때문에 적대국이 된 것이다. 여기서는 국가의 정체성에 관한 것만 논한다.⟩

저자는 '현용수의 인성교육 노하우' 제1권에서 "왜 한국은 인성교육을 할 수 없는가?"라는 주제에서 이런 글을 썼다.

논리가 약하면 사상이 견고히 무장될 수 없다. 강하고 크고 조직적인 논리가 있어야 사상이 강해진다. 한국은 인성교육에 대한 심증은 있으나 논리가 없고, 논리가 있다고 해도 빈약하다. 그러니 인성교육의 내용이나 방법은 더욱 모를 수밖에 없다. (*현용수의 인성교육 노하우, 제1권*, pp. 43-44)

손자병법에 '지피지기 백전불태'(知彼知己 百戰不殆)란 말이 있다. "적을 알고 나를 알면 백 번 싸워도 위태롭지 않다."는 뜻이다. 따라서 북한을 이기려면 먼저 그들을 알고 우리를 알아야 한다.

따라서 저자는 먼저 독자들에게 북한 교육의 내용과 학습 방법 그리고 사명과 열정을 알린다. 그 후 우리는 그들에 비해 무엇이 부족한지를 교육학적으로 비교하고 분석한다. 그리고 큰 틀에서 1) 한국 우파는 우파의 이념교육을 어떻게 논리적으로 체계화하고, 2) 그것을 어떻게 국민들에게 가르치고, 3) 어떻게 사명과 열정을 가지게 하고, 4) 어떻게 개인과 가정과 교회에 적용할 지에 대한 대안을 제시하고자 한다.

## I. 종북좌파의 우파 공격 전략을 배워라

### 1. 300만을 죽인 북한이 아직도 생존하는 이유
<북한이 가진 강력한 세 가지 교육의 무기>

대한민국을 사랑하는 애국자 여러분이 다 함께 고민해 볼 질문이 있다.

Q1. 북한 정부는 고난의 행군 시대(1990년대)에 300만 명 이상의 주민을 굶어 죽게 했다. 그런데도 북한 체제가 생존할 수 있었던 이유는 무엇인가? 반면 인구 5000만 명 이상의 국가들 중 세계 역사에서 가장 짧은 기

간에 가장 부강한 나라로 만들었던 한국의 거대했던 영웅적인 보수우파는 왜 점점 쇠약해지고 있는가?

많은 이들은 북한이 아직까지 생존하는 이유에 대해 이렇게 설명한다.

1) 김일성, 김정일 및 김정은 3대 세습의 포악한 독재 정치,
2) 유아기부터 시작하는 3대 김 부자 우상화 교육, 그리고
3) 외부의 자유세계의 바람이 북한 내부에 유입되는 것을 철저하게 차단했기 때문이라고 한다. 물론 일부 맞는 답이다.

Q2. 그렇다면 왜 남한에는 포악한 독재자도 없고, 3대 김부자 우상화 교육도 없고, 자유로운 세계에서 살았는데도 북한보다 더 지독한 자생적 김일성 주체사상을 가진 주사파, 즉 공산주의자들이 많은가? 그들 중에는 해외 유학까지 다녀온 엘리트들이 많다고 한다.

이 질문은 대단히 중요하다. 주사파들이 북한의 처참한 인권유린과 경제적 파탄을 보면서도 김일성 주체사상을 버리지 못하기 때문이다. 그 답은 그들이 가지고 있는 탁월한 세 가지 교육의 무기에서 찾을 수 있다.

### 첫째, 주사파에게는 정체성 교육의 내용이 있다

주사파에게는 비록 허구이긴 하지만 두 가지, 1) 공산주의 사상과 2) 김일성을 우상화 할 수 있는 체계적인 탄탄한 논리, 즉 김일성 주체사상이라는 교육의 콘텐츠를 가지고 있다. 그들의 콘텐츠는 그 자체가 진리라는 것이 아니고, 교육학적인 입장에서 그들 나름대로 논리가 있다는 것이다.

김문수 전 경기도 도지사는 김일성 주체사상에 대해 이렇게 말했다.

> 주체사상은 강력한 힘이 있습니다. 첫째, 체계적입니다. 둘째, 성경보다 쉽습니다. 셋째, 살아있는 권력 김정은을 움직이는 사상이요 이론일 뿐만 아니라, 조선민주주의인민공화국이라는 국가 권력입니다. (김문수 칼럼, http://blog.daum.net/leesjh/15341551)

그런데 김일성 주체사상 속에는 한국인(조선인)은 한국인다운 한국인이 되어야 한다는, 즉 한국인의 정체성을 강조하는 내용도 포함되어 있다. 한국인은 모든 문화 영역에서 외국인과 다른, 한국인의 전통적인 수직문화가 주체가 되어야 한다는 것이다.

따라서 북한 인민들은 한국인의 전통적인 수직문화를 자랑스럽게 여긴다. 인성교육학적인 입장에서 이것은 그들의 자긍심을 높여주는 원동력이 된다.

그들은 모든 명절(국가 명절 포함)에 여성들은 고운 한복을 자랑스럽게 입는다. 그리고 외래어보다는 한국어를 남한보다 훨씬 더 많이 보존하며 사용하고 있다. 예: 아이스크림 —〉얼음보숭이, 노크 —〉손기척, 골키퍼 —〉문지기, 라면 —〉꼬부랑국수 등등.

뿐만 아니라 세계에서 가장 악독한 김일성이 건국한 북한인데도 불구하고 자기의 조국을 세계에서 가장 위대하게 여긴다. 남한의 많은 젊은이들이 위대한 대한민국의 건국 대통령 이승만을 격하시키는 것과 얼마나 다른가.

따라서 북한 인민들은 남한 국민들보다 한국인의 정체성을 더 많이 가지고 있다. 그 결과 북한 인민들은 남한 국민들보다 더 큰 자긍심을 가지고 산다. 인민 300만을 죽인 북한이 아직도 생존하는 이유다.

이것은 무엇을 뜻하는가? 저자는 남한 국민들에게 외래어를 사용하지 말라는 것이 아니다. 먼저 자신들의 모국어를 귀하게 여기면서, 외국어를 사용하라는 것이다. 즉 모든 면에서 한국인의 정체성을 잃지 않기 위하여 우리의 것들을 귀중하게 여기고 지키며, 세계 경쟁력을 키우기 위하여 외국 것도 받아드려야 한다는 원칙을 강조하는 것이다.

### 둘째, 주사파에게는 정체성 교육의 탁월한 방법과 전파 전략이 있다

또한 그 논리를 가르치는 교육의 방법과 전파 전략이 매우 조직적(체계적, systematic)이고 단계적이다. 유대인과 같은 토론과 함께 끊임없는 강도 높은 자아비판과 호상비판(기독교의 회개)을 시킨다. 그리고 공산주의 사상과 김일성 주체사상의 내용을 암기하며 그런 교육 방법을 반복한다. (참고: 칼 마르크스가 원래 유대인이다.)

뿐만 아니라 공산주의와 김일성 주체사상을 전파하는 전략, 즉 선전선동에 매우 뛰어나다. 거짓도 참으로 둔갑시켜 백성들을 세뇌시키는 재주가 있다(예: 6.25 전쟁 북침설 등). 잘못을 저지르고도 잡아떼는 데 능하다(천안함 폭침을 한미 자작극이라며 책임 회피). 화인 받은 양심을 가졌다. 뱀처럼 간교(슈르드)하다.

### 셋째, 주사파에게는 정체성 교육의 투철한 사명과 강한 열정이 있다

주사파는 공산주의 혁명의 전사로 자처하는 투철한 사명과 강한 열정이 있다. 조직을 강화하기 위한 단결을 잘 한다. 모든 개인적인 사리

사욕과 인간의 인정(人情)을 몰수하고 혁명의 목적 달성을 위해 수단과 방법을 가리지 않고 목숨을 바쳐 혁명을 완수하라고 독려한다.

참고로 앞의 내용들의 출처로 김문수 전 경기도 도지사가 대학생 시절 운동권에서 혁명을 꿈꿀 때, 회합 전에 암송했던 '자유주의 배격 11훈' 중 몇 가지를 소개한다. 11훈은 남로당과 빨치산 대원, 남한 혁명조직원들이 사상 강화의 방법으로 모택동의 '자유주의배격11훈'을 당 생활의 기준과 지침으로 삼았다고 한다. 공산주의자들은 미국이나 남한 국민 같은 자유주의자들을 적으로 간주한다(상게서).

### 〈자유주의 배격 11훈 서문〉

"우리는 사상투쟁을 적극적으로 주장한다. 그것은 당과 혁명 단체의 단결을 가져오게 하며, 싸움의 무기를 더욱 날카롭게 하기 때문이다. 자유주의와의 사상투쟁을 거부하게 되면, 무원칙한 화평을 가져오게 되고, 그 결과 썩어 빠진 작풍이 생겨서, 혁명 단체의 어떤 개인은 정치적으로 부패하기 시작한다."

제3훈. 일에 대하여 관심이 없고, 다만 벽에 걸린 사진을 대하듯이, 남을 책하지 않고 말하지 않음이 명석한 보신술이라면서, 엎드려 침묵함이 곧 자유주의 표현의 세 번째 유형이다.

제7훈. 군중에 대하여 선전하지 않고 선동하지 않으며, 연설하지 않고 조사하지 않으며, 묻지도 않고, 그 고통까지도 관심을 가지지 않으며, 무조건 지지하여, 당원임에도 불구하고 당원의 의무를 망각한 한 사람의 백성처럼 되는대로 지냄은 자유주의 표현의 일곱 번째 유형이다.

제10훈. 자존심만 높아서 혁명의 공이 가장 많은 것 같이 노선을 거스르며, 큰일은 할 능력이 없고, 작은 일은 하기 싫어하며, 학습에 노력하지 않고 태만함은 자유주의 표현의 열 번째 유형이다.

### 〈주사파 교육의 실례〉

남한의 주사파 출신들의 증언에 의하면 남한에서도 북한과 유사한 교육을 시킨다고 한다. 주사파 대학생 동아리에서 공산주의와 김일성 주체사상 학습 방법이 그것이다.

처음 신입생 후배들 중 똑똑한 학생을 고른다. 그리고 그에게 한국의 자본주의의 부작용을 비판한다. 지주 및 기업체 사장 등 부자들이 노동자 농민을 착취한다는 것이다. 그리고 이에 대한 동의를 얻는다.

이것을 극복할 수 있는 방법이 이 책이라고 말한다. 모든 국민이 평등하게 잘 살 수 있게 하는 방법이라고 말한다. 그리고 첫 번째 입문편 책을 빌려준다. 읽고 와서 토론하자고 한다. 두 번째 만남에서 그 책에 대한 토론에서 합격하면 더 심화된 책을 주며 그 책을 읽고 와서 토론하자고 한다.

그들은 이런 방법을 약 3년 동안 시킨다. 100% 김일성 주체사상에 심취한 공산주의자가 될 때까지 반복한다. 그들은 스스로 세상을 뒤엎는 강한 혁명전사라고 자부한다. 그리고 혈육보다도 더 강하고 끈끈한 동무애를 보여준다.

그 후 남한을 적화통일을 하기 위하여 공산주의 혁명을 할 수 있는 방법을 알려준다. 그리고 그 방법을 꾸준히 강도 높게 그리고 슈르드하게 실천하게 한다. 전 통진당원의 이석기와 같은 북한식 공산주의사들은 그렇게 만들어진 것이다. 철저한 공산주의 이념교육, 이것이 북한의 생존의 비밀이다.

## 2. 한국 보수우파는 주사파들이 가진 세 가지 교육의 무기가 없다

첫째, 한국의 우파는 국가 이념에 대한 논리적 콘텐츠가 북한에 비해 매우 부족하다. 체계적으로 정리된 것이 없다.

가르칠 논리가 없는데 어떻게 가르칠 수 있겠는가! 기껏해야 대한민국 국가관을 바로 잡기 위한 이승만 전 대통령에 관한 책들 정도다. 물론 이 책을 읽으면 북한에 살지 않고 남한에 사는 것을 감사하게 여길 것이다.

그러나 이보다 더 중요한 것이 있다. 한국인의 정체성이다. 이승만 대통령이 가졌던 자유민주주의라는 국가의 이념, 즉 반공주의 이전에 그리고 기독교인이 되기 이전에 그가 가졌던 독수리처럼 강한 성품을 형성했던 한국인 특유의 문화적 요소들은 무엇인가? 즉 그의 강한 한국인의 정체성은 무엇인가? 그것이 바로 보수우파의 정체성이다.

물론 이승만 대통령 이외에도 당시 큰 인물들이 많이 배출되었다. 그들의 문화적 배경, 즉 도산 안창호, 한경직 목사 및 정주영 현대 회장과 이병철 삼성 회장 등이 가졌던 한국인의 정체성은 무엇인가?

이것을 모른다면 자녀들을 이승만에 관한 책으로 좌파에서 우파로 돌이키게 할 수는 있을지언정 이승만 대통령이나 도산 안창호, 한경직 목사 및 정주영 회장과 이병철 삼성 회장 등과 같은 큰 인물을 키워 낼 수는 없을 것이다.

유대인은 유대인의 정체성이 있고, 독일인은 독일의 정체성이 있고, 일본인은 일본의 정체성이 있다. 그렇다면 한국인의 한국 정체성은 무엇인가? 각 민족마다 자신들의 정체성이 선명하고 강할수록 더 보수우파가 된다. 그리고 그 중에서 큰 인물이 나올 가능성이 높다.

문제는 한국의 정체성이 분명히 있기는 있었는데, 그것을 학문적으로 콕 집어 논리화 시킨 이론이 없다는 것이다. 논리화 된 이론, 즉 교육의 콘텐츠가 없는데, 어떻게 큰 인물을 키워낼 수 있는가? 일단 여러분들의 자녀들은 어떤 사상을 가졌고 어떤 행동을 하고 있는지 생각해 보라!

이것을 논리화 시킨 이론을 담은 책이 '유대인을 모델로 한 현용수의 인성교육 노하우'(전4권)이다. 저자의 박사학위 논문에 기초한 '수직문화와 수평문화' 이론이다. 제4권에 좌파를 우파로 변하게 할 수 있는 '한국인의 국가관'이라는 주제도 있다. 물론 하나님께서 주신 지혜로 저술한 것이다.

결론적으로 북한을 무너지지 않게 하는 교육의 콘텐츠가 '공산주의 + 김일성 주체사상'이라면 대한민국을 무너지지 않게 하는 교육의 콘텐츠는 '유대인을 모델로 한 현용수의 인성교육 노하우'다. 전자는 허구이지만 후자는 역사적 및 과학적으로 검증된 진리다.

둘째, 주사파에게는 정체성 교육의 탁월한 방법과 전파 전략이 있는데, 현대 보수우파에게는 그런 것들이 거의 없다.

대부분 보수는 자신의 생업에 필요한 것 이외에 인생의 의미를 찾는 수직문화의 가치들(철학적인 주제들), 즉 인생에 대하여, 이념에 대하여, 국가에 대하여 그리고 정치에 대하여 깊이 생각하는 것 자체를 싫어한다. 본인들의 정체성이 그러니 어떻게 남에게 전파하며 가르칠 수가 있겠는가?

셋째, 주사파에게는 정체성 교육의 투철한 사명과 강한 열정이 있는데, 현대 보수우파에게는 그런 것들이 거의 없다.

우파의 이념을 다른 이들에게는 물론, 가정에서 자녀들에게 조차도 가르치려는 사명이나 열정이 거의 없는 편이다.

수평문화에 물들어 자녀들을 일류학교를 보내려고 하거나 먹방을 찾아다니고 유행 따라 춤을 추며 트롯 배우기에만 열중하는 것 같다. 따라서 논리적인 면에서 뿐만 아니라 정신상태면에서도 우파는 좌파에 비해 이념적으로 질과 양에서 상대가 안 된다. 그러니 어떻게 우파가 혁명 전사를 자처하는 좌파를 이길 수 있겠는가?

주사파가 가진 이 세 가지 교육의 무기가 없는 우파, 어떻게 좌파와 싸울 수가 있겠는가! 이제 적도 알고 우리도 알았으니 더 늦기 전에 이 세 가지 교육의 무기를 서둘러 준비해야 하지 않겠는가!

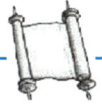

**세 가지 교육의 무기가 없는 우파,
어떻게 좌파와 싸울 수가 있겠는가!**

**알고 갑시다**

## 좌파에 속는 한국 국민

〈저자 주: 이 글은 서울대 트루스포럼에서 기획한 전 전대협 연대사업국장 이동호 교수의 강연 내용, '좌파의 불편한 진실'을 옮긴 글입니다. https://blog.daum.net/haeyoon1954/10620, 2018.08.09.〉

안녕하세요. 반갑습니다. 이동호라고 합니다. 제 오늘 강연의 제목은 '좌파의 불편한 진실'입니다. 저는 연세대학교 재학 시절, 학생 운동에 몸을 담았습니다.

당시 연세대학교의 학생운동과 총학생회를 지도하는 비밀 지하조직이 있었습니다. 저희는 이 조직을 가리켜 Secret, 비밀 학생회라고 불렀는데요. 제가 중앙위원으로 있었고, 그때 제 지도를 받던 후배가 지금 더불어민주당 원내대표로 있는 우상호입니다. 이후 저는 전대협 연대사업국장을 맡았습니다.

당시 전대협 연대사업국장은 서총련에서 대행했기에, 저는 서총련 사업국장과 전대협 연대사업국장을 겸임했습니다. 그때 전대협 1기 의장이 지금 더불어민주당 국회의원인 이인영이고, 2기는 오영신입니다.
그리고 여러분에게도 익숙한 이름이겠지만, 제가 전대협 3기 의장 교육 훈련에 들어가서 교육한 친구가 바로 임종석입니다.
이 배후조직 가운데 제일 큰 조직이 반미 청년회였습니다. 이 반미 청년회의 의장이 조혁이라는 고려대학교 친구였고, 그 밑에서 조직 책임을 맡고 있던 친구가 얼마 전 더불어민주당 대통령후보 경선에 출마했던 충남도지사 안희정입니다.

《주사파들의 역사 인식》

저는 조통그룹이라는 조직에서 활동했습니다. 임수경 씨를 북한으로 참가시킨 단체입니다. 학생운동 시절, 저는 '대한민국은 태어나지 말았어야할 나라'라고 생각했습니다. 제가 공부한 바에 따르면 박정희 대통령은 일본 이름을 가진 일본군 장교 출신이었습니다. 그걸 대학에 들어와서 처음 알았어요.

이승만이란 사람은 평생 동포의 후원금으로 생활한 사람이라고 가르치더군요. 저는 정말 그런 줄 알았고… 게다가 '대한민국은 미국의 식민지'라고 말했어요. 저는 정말 그렇게 믿었습니다.

그런데 이후 한국 현대사도 다시 봐야 했고, 철학도 다시 봐야 했습니다. 그때 박정희를 다시 봤어요. 이승만도 다시 보고… 이승만을 다시 접하고서 흐르는 눈물을 감출 수가 없었습니다.

이런 척박한 나라에 하늘이 이런 위인을 준비했구나. 이 분 덕분에 아무 것도 모르는 조선 백성들이 자유민주주의를 받아들이고 실천할 수 있었구나. 그 다음에는 박정희로 갔죠.

아니, 민중을 수탈한다는 나라에서, 점점 더 부익부 빈익빈이 된다는 나라에서, 대한민국의 중산층은 계속 커져갔어요. 내가 배운 책에 따르면 분명히 이 나라는 망해야 되는데… 국민들의 삶은 날로 풍요로워졌어요.

과거 필리핀이나 라틴아메리카 가운데 대한민국처럼 발전한 나라는 단 하나도 없었어요. 중국에서는 등소평이 대한민국의 발전 방식을 따라 하기 시작했어요. 베트남 또한 대한민국의 개발 방식을 따르고 있어요. 말레이시아의 마하티르 또한 박정희식 경제 개발 모델을 따르죠.
민중의 수탈자로 알고 있었던 박정희가, 수탈자이기는커녕, 5천 년간 그 지독한 가난에 허덕이던 나라를 완전히 새로운 나라로 만들었더라고요. 그분 영전 앞에 머리를 숙이지 않을 수 없었어요.

"내가 틀렸습니다. 당신이 옳았고, 나는 바보였습니다."

이것이 바로 그 동안 제가 살아왔던 이야기입니다.

최근 이야기를 잠깐 해볼게요. 제가 얼굴을 아는 많은 친구들이 이번 '촛불시위'에서 광화문 광장을 장악하고 난리가 났더군요. 이거는 체제 전복 활동입니다. 이 체제 전복 운동을 주도하는 핵심세력은 80~90년대에 훈련된 사람들입니다.
저희가 많이 키워서 보냈습니다. 주체사상과 북한의 혁명 역량으로 그 사람들을 무장시켰어요. 바로 저희가 했던 일입니다. 언론계는 물론이고, 법조계도 많아요. 민변 아시잖아요. 문화계에도 엄청나게 많습니다. 그들이 지금 각 분야에서 이 사회를 좌편향으로, 투쟁 일변으로 몰아가고 있습니다.

2016년도에는 최순실 사건이 터졌어요. 한번 생각해 보세요. 그 사람 이름도 최서원으로 바꿨더라고요. 그런데 왜 최순실이라고 부르나요? 최순실이라고 불러야 멍청해 보이잖아요. 뭔가 촌스러워 보이고, 무지한 여자라는 느낌이 들고…

그런데 최서원 씨는 외국에 유학도 다녀왔더라고요. 압구정동에서 학원을 해서 성공하기도 하고. 그런데 완전히 아무 것도 모르는 일자무식의 여자로 몰아갔잖아요. 그리고 k-sports 재단의 정동춘이라는 사람은 최서원 씨가 다니던 안마시술소의 원장이었다고 모든 언론이 난리였죠.

나중에 얘기 들어보니까 멀쩡하게 서울대 나온 사람이더라고요. 서울대에서 체육학을 전공해 박사학위 까지 받은 서울대 체육학 박사였어요. 그리고 헌법재판소를 협박하기 시작했어요. 헌법재판소가 그 협박에 굴복했고, 결국 대통령은 아직 자신의 죄가 뭔지도 모르는 채 탄핵을 당해서 감옥에 가 있어요. 본인은 부인하고 있잖아요. 그러면 확정되기 전까지는 무죄 추정 아닌가요?

이렇게 그들은 전략 전술을 따르고 있다는 겁니다. 자유민주주의 체제는 쉽게 선전, 선동에 넘어갑니다. 80년대 학생운동은 70년대와는 또 다릅니다. 70년대에는 공산주의 운동인 맑스주의와 레닌주의가 주축이었지만, 80년대 중반에 학생운동에 스며든 것은 다름 아닌 북한의 주체사상 이었습니다.

주사파가 어떻게 생겨났는지 이야기해 보겠습니다. 84년도 학생운동 당시, 서울대 김영환 그룹이 학생운동 내부 주도권 다툼에서 밀렸습니다.

이후 이들은 단죄사상 연구라는 조직을 만들어서 단파 라디오로 북한 방송을 청취하기 시작합니다. 통일혁명당의 하부세력에 있던 사람이 누구인지 아시나요?

한명숙과 그의 남편입니다. 한명숙이 바로 통일혁명당의 하부 조직원이었습니다. 서울대 경제학과 출신으로 통일혁명당의 기독교책 이었던 박성준이라는 사람이 한명숙을 끌어들였습니다.

한명숙이 부패 혐의로 감옥에 들어갈 때 국회의원들이 한 오, 육십 명 떴을 걸요. 왜 그랬을까요? 남한 주사파의 원조니까요. 울고불고 난리가 났죠.

## 3. 왜 불교나 천주교 및 개신교에도 김일성 주체사상을 가진 공산주의자들이 많은가

한 가지 더 고민해야 할 것이 있다. 우리는 이런 질문을 할 수 있을 것이다. "왜 불교나 천주교 및 개신교에도 김일성 주체사상을 가진 공산주의자들이 많은가?"

여러 가지 이유가 있겠지만 저자는 먼저 논리의 대결에서 밀리기 때문이라고 생각한다. 논리는 상대적이다. 개인과 종교에 따라 논리가 강한 사람이 있는가 하면 상대적으로 약한 사람이 있다.

이것은 무슨 뜻인가? 자신이 믿는 종교에 대한 논리가 북한의 공산주의나 김일성 주체사상의 논리보다 조직적이고 합리적이지 못하면, 공산주의와 김일성 주체사상에 밀릴 수도 있다는 것이다.

아니면, 설사 콘텐츠의 논리가 강하다고 할지라도 북한 공산주의자들이 가르치는 조직적인 단계별 학습 방법만큼 종교의 콘텐츠에 대한 교육을 조직적이고 투철하게 받지 못했기 때문일 것이다.

예를 들어 성경이라는 기독교의 콘텐츠를 얼마나 조직적이고 합리적인 논리로 가르치느냐에 따라 공산주의의 유혹을 극복할 수도 있고, 극복하지 못할 수도 있을 것이다. 많은 기독교인들이 이단에 빠지는 이유도 기독교가 이단에 비해 교육의 내용이나 교육의 방법이 조직적이나 단계적으로 취약하기 때문일 것이다.

## 4. 요약 및 결론

앞에서 "북한은 어떻게 아직까지 생존이 가능한가"〈그들이 가진 세 가지 무기〉에 대하여 그리고 "한국 보수우파는 주사파들이 가진 세 가지 무기가 없다"에 대하여 설명했다. 이제 결론을 맺기 위해 다시 한 번 서론의 질문을 상기해보자.

북한 정부는 고난의 행군 시대(1990년대)에 300만 명 이상의 주민을 굶어 죽게 했다. 그런데도 북한 체제가 생존할 수 있었던 이유는 무엇인가? 반면 왜 인구 5000만 명 이상의 국가들 중 세계 역사에서 가장 짧은 기간에 가장 부강한 나라로 만들었던 한국의 거대했던 영웅적인 보수우파는 점점 쇠약해지고 있는가?

이 질문에 대한 답을 요약하면 이렇다.

유대인은 유대인다운 유대인, 즉 유대인의 정체성을 가지게 하는 그들만의 교육 콘텐츠가 있고, 교육의 방법과 열정이 있다. 때문에 4000년 동안 생존해 왔다. 물론 중국인이나 일본인도 자기 민족의 정체성을 가르칠만한 교육의 콘텐츠와 교육의 방법 그리고 열정이 있다.

북조선도 비록 허구이지만 북조선인다운 북조선인을 만들기 위한 그들만의 교육의 콘텐츠와 교육의 방법 그리고 열정이 있다. 때문에 70년 동안 생존해 왔다.

그런데 남한만이 자유 대한민국 국민다운 국민으로 만들 수 있는 우리만의 정체성을 가지게 할 만한 교육의 콘텐츠도 없거니와 교육의 방법 그리고 열정도 없다. 얼마나 한심한가!

따라서 저자는 저자의 박사학위 논문을 기초로 자유 대한민국의 국민다운 국민으로 만들 수 있는 우리만의 교육 콘텐츠와 교육 방법을 개발했다. 그리고 교육의 열정을 갖게 할 만한 논리도 탄탄하다.

그 본보기는 유대인 교육을 모델로 삼았다. 그리고 이 교육을 실천해 본 결과 도처에서 선한 열매를 맺고 있다. 무너진 교육에 한탄만 하지 말고 앞으로 저자가 정립한 보수우파의 논리를 공부하며 가정과 교회와 나라를 살려보자.

## * 한국인의 정체성, 얼마나 약한가1 : 고2 학생의 사례

〈수평문화에 물든 나의 참담한 자화상, 원인과 대안을 찾은 기쁨〉

서요한 학생 (17세, 고2, 홈스쿨 학생)

저는 제 자신을 한국 사람이라고 의식하며 살아갔던 때가 단 한 때도 없었습니다. 우연히, 불현듯 머릿속을 스치거나, 외국에 나가 언어의 장벽에 부딪칠 때(그것도 손에 꼽을 만큼) 가졌던 것 이외는 그런 생각 자체를 일절 한 적이 없었습니다.

저는 서양 음식이 저의 체질에 맞다고 생각했으며, 한국의 전통 음식을 거부했고 맛이 없다고 했습니다. 서양의 고전 음악은 고급스럽다고 생각했고, 한국 전통 음악은 촌스럽다고 여겼습니다. 한국의 문화재, 가옥, 언어, 의복, 사상에 이르기까지 저는 한국인으로서의 자부심은 어쩌다 뉴스에서 세계 순위권이나 스포츠 분야의 우수성을 강조할 때만 잠깐 부풀어 올랐다 사라지는, 그런 전형적인 서양 우월주의적 수평문화적 청소년이었습니다.

왜냐하면 저는 어린 시절 한옥에서 살지도 않았고, 집안에서 한복을 입어보지도 않았고, 국악을 별로 들어보지도 못했고, 애국심을 불러일으켜주는 근현대사 교육을 제대로 배운 적이 없기 때문입니다. 그 대신 저는 가정과 교회 그리고 학교에서 서양식 교육을 받고, 서양식 문화만을 접했기 때문입니다.

저는 감사하게 일찍 하나님과의 인격적 만남을 경험하고 자신의 정체성을 그 안에서 찾았으나, 그것은 조금도 제 안의 민족적인 정체성과 결합되지 못했었고, 저는 '그리스도인'으로서 그리스도를 위해 살아갈 것은 확고히 했으나, '한국인'으로서 어떻게 살아갈 것인가는 안중에도 없었습니다.

저는 올해로 8년째 홈스쿨을 하고 있습니다. 그러나 "목회자 가정이라는 점과 가정교육이라는 점이 저를 세속문화에서 분리하여 말씀으로 인도하는 길이 되었다"라고 말할 수는 없습니다. 그 이유는 제가 미디어를 끊지 못하였기에, 오히려 그 영상문화들이 저를 강력한 수평문화 중독에 빠지게 했기 때문입니다.

### 그렇기에 저의 문제점은 두 가지였습니다.

첫째는 제 자신의 문화를 부정(否定)하게 만든 민족적 정체성의 결여가 저로 하여금 "무엇을 할 것이냐?"라는 질문에만 집중하게 해, 그 앞의 '누구로서'에 대한 부분을 놓치게 만들었고, 그로 인해 늘 불안감에서 벗어나지 못했습니다.

둘째는 습관화된 수평문화의 요소들이 모든 일에 실패하게 만드는 요인이 되어, 늘 무기력하고 자신감이 없게 만들었습니다. 그렇게 육적 정체성 부재와 수평문화 중독의 문제점을 안고 씨름하던 저에게, 현용수 교수님은 수직문화에 근거한 인성교육을 통해 '민족의식'이라는 낯선 개념과 함께 나의 잠자던 정체성에 대한 감정을 일깨워 주셨고, 저는 그것이 그 두 가지 문제를 해결하는 key가 될 것이라는 확신이 들었습니다.

한 집에서 수년간 보호받듯 살아온 저 같은 청소년도 수평문화와 정체성 부분의 문제를 가지고 지속적으로 씨름했어야 했다면, 이 시대 다른 또래 아이들이 "얼마나 많은 문제를 품고 있을까?"하는 생각이 들었습니다. 그리고 그들을 돌이켜 가정과 민족을 돌아보게 만들려면 현용수 교수님의 인성교육 이론만이 한국 민족의 공동체적 자아를 회복시키는 대안임을 깨달았습니다.

현 교수님이 요즘 아이들이 자신의 조부모 이름도 모른다는 이야기에 저 자신을 되돌아보니 저 역시 외조부모님의 성함을 기억하지 못함을 알았고, 그때 눈물이 멈추지 않았습니다. 한국의 역사, 한국의 절기, 한국의 아픔에 조금도 관심을 기울이지 않았던 제가, 얼마나 조상들과 하나님 앞에 어리석고 부끄러운 삶을 살았는지 깨닫고 회개했습니다.

그리고 그토록 열망하던 세상의 역사를 바꾸는 인생이 되기 위해서는 나 자신의 역사, 나 자신의 뿌리를 먼저 알아야 한다는 것을 깨달았습니다.

이제 돌아가 먼저 외면적 정체성의 회복을 위하여 한복부터 갖춰 입으려고 합니다. 그리고 우리 민족의 고난의 역사와 위대한 조상들의 삶과 사상으로부터 배움을 얻고, 그 무엇보다 하나님 나라의 거룩한 선민, 그 민족의 사명을 감당할 자랑스러운 한 명의 한국 사람으로서 그 말씀을 전수하는 일에 제 자신을 쏟으려 합니다.

새 힘과 소망, 사명을 갖도록 도와주신 교수님께 감사드립니다.

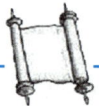

> 민족적 정체성의 결여가
> 저로 하여금 "무엇을 할 것이냐?"에만 집중하게 해,
> 그 앞의 '누구로서'에 대한 부분을 놓쳐서,
> 그로 인해 늘 불안감에서 벗어나지 못했습니다.

\* 한국인의 정체성, 얼마나 약한가2: 김은주 교사의 사례

〈유학생 때 겪었던 나의 부끄러운 과거, 원인을 알았다〉

김은주 교사(부산산업학교 교사)

경성대 교육학과(상담심리) 석사
부산대 학사
운화교회 청년부

### 해외에서 경험한 나의 부끄러운 열등감

운화교회 새 가족으로 등록했을 때 이현국 담임 목사님께서 현용수 교수님의 저서들을 추천해주셔서 몇 권의 책을 접할 기회가 있었다. 자

녀 신앙교육과 가정식탁예배에 대해 관심을 가지고 있었기 때문에 쉐마 3대캠프의 소식이 반갑게 느껴졌고 교육이 기대되었다.

대학생 때 교환 학생 프로그램에 참석하여 대한민국 국민으로서의 정체성이 흔들렸던 경험이 있었기에 현용수 교수님의 인성교육에 더 공감하게 되었다. 그리고 우리나라 교육이 나아가야 할 방향도 깨닫게 해 주었다.

몇 달 전 도널드 트럼프 미국 대통령이 월스트리트저널(WSJ)과의 인터뷰에서 시진핑(習近平) 중국 주석과의 정상회담을 언급하면서 "한국은 사실상 중국의 일부였다."라고 한 발언이 알려지며 한중 역사 왜곡에 대해 한국인들이 크게 분노한 사건이 있었다(2017. 4. 12.).

한국인들은 트럼프 미국 대통령이 한국 역사에 대해 무지한 것을 비판하였으나 나의 경험상 비단 트럼프 미국 대통령 뿐 아니라 세계사를 전공하는 해외 교수들조차 한국에 대한 왜곡된 역사를 믿고 있기 때문에 아마도 수많은 세계인들이 한국은 중국의 일부였다는 생각을 하고 있다고 해도 과언이 아닐 것이다.

15년 전 교환학생 시절 미국 아이비리그(Ivy league)의 10명이 넘는 대학생들과 우리나라 서울대 외 5개 대학 학생 5명, 그 외 소수 아시아 대학 학생들이 모여 미국 교수님들이 강의하는 몇 개의 과목을 함께 수강했었다.

## "한국은 중국에서 떨어져 나온 나라"라는 미국 교수의 말에 무지했던 나의 국사관

중국 역사 전공이신 미국 교수님이 중국의 세계화에 관해 강의하는 수업에서 "한국은 중국에서 떨어져 나온 나라"라고 말씀하셔서 한국 학생들이 "한국은 고조선에서부터 시작되었고, 단군의 자손"이라고 반론을 제시하였다.

그러자 교수님께서 웃으시며 그것은 너희 나라 신화이자 만들어낸 이야기가 아니냐고 하시며 전 세계 어느 서점이든 들어가서 세계역사 책을 펼쳐 본다면 나의 말이 옳다는 것을 알 수 있을 것이라고 말씀하셨다.

순간 자기 나라 역사도 제대로 모르는 무지한 학생이 된 것 같아 부끄러웠고, 평소 학교 교육과정에서 해외에서 우리나라 역사를 보는 시각이 다르다는 것에 대해 교육을 받았다면 미리 준비 할 수 있었을 것이라는 아쉬움과 한국인들이 영어로 집필한 한국사 서적의 부재로 해외 유학생들이 이런 부끄러운 일을 당해야 하는지 원망스럽기도 했다. 내가 한국에 돌아가면 모든 국사책이나 논문 등의 내용을 정리하여 미국 교수님께 알려서 왜곡된 한국사를 바로 잡으리라 결심했다.

그러나 수업이 진행 되는 과정에서 미국 학생들은 자신의 나라의 정치, 경제, 사회, 문화에 관한 이야기를 하면 한국 학생들도 거의 알고 있는 내용이기 때문에 질 높은 수업이 진행되었다.

반면 한국의 정치, 경제, 사회, 문화에 대해서는 미국 학생들은 잘 모르겠다는 피드백을 받게 되었다. 각 나라에서 학교의 교과과정은 나라마다 다르게 운영되고 우리나라 세계사에는 미국에 대한 내용이 많은 반면, 미국에서는 대한민국에 대한 내용의 비중이 작다는 것을 느꼈다.

한국에 관해서는 '대한민국'하면 떠오르는 것이 개발도상국이며 선진국의 대열에 올랐다고 배워왔지만 현실은 그렇지 않다는 것을 깨달았다.

**미국 학생들의 38선, 남북전쟁, 통일에 관한 질문에 대답 못했던 한국 학생들의 부끄러움**

그리고 미국 학생들이 남한과 북한의 관계, 38선, 전쟁, 통일 등에 관해 질문을 했을 때 어떻게 대답해야 할지 고민이 되었고 남한과 북한이 같은 민족인데 왜 전쟁을 하는지, 또 같은 민족이라면 통일을 찬성하는 사람과 반대하는 사람은 왜 그런지 등의 피드백을 듣게 되자 대한민국 국민으로서 정체성이 흔들리고 왠지 모르게 자존감까지 낮아지기 시작했다.

또한 강의 시간에 미국 학생들이 교수님과 끊임없이 대화를 주고받으며 마치 자신이 교수라도 된 것처럼 토론을 하는 수업 자세는 한국에서는 잘 볼 수 없는 광경이라 토론 수업에 익숙하지 않은 한국 학생들은 수업에 주도적으로 참여하지도 못하고 구경을 하는 입장이 되었다.

한국 학교나 대학에서 학생이 교수님, 또는 교사의 말을 끊임없이 질문하며 따지는 듯이 토론을 한다면 예의 없는 학생으로 낙인 되거나 잘난체하는 학생으로 인식되어 미움을 받게 되는데 과하게 느낄 정도의 적극적인 토론 수업이 자연스럽다는 것에 문화 충격을 경험하게 되었다.

### 한국계 미국인 학생이 교수에게 "나는 한국인이 아니다"라고 말하는 모습에서 한국을 부끄러워 한다는 것을 느꼈다

특히 강의 중에 교수님께서 수강 학생 전체를 대상으로 "너희들은 미국에서 태어난 것이 매우 행운이다."라는 말씀을 하셨다. 이 강의실에 미국 학생 외에도 한국 학생과 아시아 학생들이 있는데 예의에 어긋나는 말이라고 생각했다. 하지만 교수님 말처럼 미국 학생들은 행운아인 것 같은 느낌이 들기도 했다.

미국 학생 중 한국말로 대화도 가능했던 한국계 미국인(Korean American) 학생이 교수님께 한국인으로 오해 받았을 때 인상을 찌푸리며 "나는 한국인이 아니다."라고 말하는 모습에서 한국을 부끄러워 한다는 것을 느꼈다. 나도 모르게 마음속으로 한국과 미국의 우열을 생각해보았다.

마지막으로 수강한 모든 과목을 에세이(essay)로 시험을 치고 학점을 받는 과정에서도 영어로 시험을 쳐야 하는 한국 학생의 입장에서 자국이 아닌 나라에서도 모국어로 시험을 치는 특권을 받는 미국 학생이 부럽기도 했다. 우리나라도 강대국이 되어서 해외 유학을 가면 한국어로 수업을 듣고 시험을 치게 되면 더 많은 영향력을 발휘할 수 있을 것이라는 안타까운 마음도 들었다.

〈저자 주: Q. 이 말은 맞는가?〉

현용수 교수님께서 인성교육 강의 시간에 해외에서 한국 청년들은 대한민국을 부끄러워하고 한국의 한복을 비롯한 다른 전통문화를 잘 알지도 못하고 자랑하기는커녕 싫어하는, 나와 비슷한 사람들이 많다고 하셨는데, 깊이 공감했다. 대한민국을 부끄러워하는 다음 세대에게 대한민국의 미래는 없다는 깨달음을 얻었다.

## 젊은이들이 조국을 '헬 조선'이라고 비아냥거리는 이유를 알았다
〈현 교수님의 인성교육 원리에서 대안을 찾았다〉

이런 나에게 현용수 교수님의 인성교육 강의는 그 원인이 무엇인지를 정확하게 진단해 주었고, 이에 대한 대안으로 유대인을 모델로 한 한국인의 바른 인성교육 교육 철학의 원리를 구체적으로 심어주었다.

그동안 한국 교육이 IQ교육 위주였기 때문에 우리 일행이 일류대학은 들어갔으나 그들에게 평생 필요한 인성교육에 필요한 나의 조국 대한민국에 대한 바른 수직문화관이나 역사관 및 개인적인 철학관이 제대로 정립되어 있지 않았다는 것을 깨달았다. 즉 바른 정체성 결핍이 문제였다.

그 한 예를 소개하면, 대한민국의 정체성 교육을 위해 현 교수님으로부터 국가관과 민족관 강의를 들으면서 이승만 대통령의 위대함을 깨닫고 대한민국이 자랑스러워졌다. 그동안 학교에서 이승만을 역적으로 배웠으니 그가 세운 대한민국을 부끄러워하지 않았겠는가! 초중고 학교교육의 왜곡된 역사관을 발견했다. 그리고 젊은 세대들이 좌파의 무엇에 속고 있는지도 자세히 알게 되었다. 요즘 젊은이들이 왜 자신의 조국 대한민국을 '헬 조선'이라고 비아냥거리는지도 알게 되었다.

따라서 앞에 내가 경험했던 모든 문제들을 해결할 수 있는 방법은 다음 세대에 '나'는 누구인가에 대한 정체성을 세워주는 것이다. 나의 가문, 나의 조상 그리고 나의 조국 대한민국에 대한 정체성 말이다. 이를 위해 다음 세대에게 한국인의 수직문화를 교육하여 우리나라에 대한 정체성과 애국심을 갖게 해야 한다.

그 다음으로 유대인의 하브루타 교육처럼 논쟁을 통해 진리를 찾아가는 토론 수업을 학교 교육 과정에 체계적으로 도입하여 세계적으로 경쟁력을 가지게 해야 할 필요성이 있다. 이를 위해서는 교사의 가르침에 반론을 제시하거나 토론 수업 시 적극적인 태도로 참여하는 학생을 보는 낙인에 대한 인식의 제고가 반드시 필요하다.

끝으로 유대인들이 4000년 동안 역사와 전통을 지켜온 것에 반해 우리나라는 불과 몇 십 년 만에 인성교육이 급속도로 무너지고 있는 현실에 대한 심각성을 다시 한 번 자각했다. 가정 뿐 아니라 학교 현장에서도 교직생활 10년 동안 신경정신과 병원치료 및 약물을 복용하는 학생들이 늘어나는 것을 보았다. 그리고 학교에서는 교권 침해가 거의 매일 일어나고 있다고 해도 과언이 아니다.

평소에 '유리멘탈'이라 불리는 학생들의 정서적인 문제에 관한 고민의 해답을 가정교육을 최우선으로 하고 무엇보다 조상들의 가르침을 중요시하며 지혜 교육의 바탕 위에 지식을 심는 확고한 정체성을 심어주는 유대인의 교육 철학에서 그 답을 찾게 되었다.

### 앞으로 내가 해야 할 일들

결론적으로 우선 가정이 무너지면 국가가 무너진다. 우리나라의 역사와 전통을 자손대대로 유지하고 신앙명가를 세우기 위해 가정에서 쉐마자녀교육과 가정식탁예배를 공부하고 실천하여 유대인들처럼 가정이 세워져서 국가가 세워질 수 있도록 노력할 것이다.

다음으로 한국인의 정체성이 흔들리면 생명의 존엄성도 흔들린다. 학교에서 학생들을 상담 할 때 학생들이 우리나라 수직문화의 중요성을 알고 자신의 정체성을 확립하게 하여 시련이 찾아오더라도 자살 위기에서 벗어나 자신의 생명의 소중함을 깨닫도록 힘쓸 것이다.

또한 사람다운 사람을 만들어야 할 학교교육에서 인성교육을 빼면 무엇이 남는가? 학교 인성교육 담당자로서 인성교육 특강을 계획 할 때 수직문화를 포함한 충·효 교육 내용이 학생들에게 전달될 수 있도록 하며, 학생들이 나라에 대한 애국심과 어른에 대한 공경심을 습득할 수 있도록 할 것이다.

덧붙여 최초의 교사는 어머니이고 최초의 교실은 어머니 무릎이라는 말처럼 자녀가 태어나면서부터 죽음에 이르기까지 본연의 교사는 부모다. 부모의 말을 듣지 않는 아이들이 학교에서 교사의 말을 들을 리 없고, 부모에게 반항하는 아이들이 학교에서 교권침해를 하는 것은 어떻게 보면 당연한 것이 아닌가! 따라서 학부모 상담이나 가정통신문 등을 활용하여 학부모에게도 수직문화의 중요성을 알리고자 한다.

끝으로 실천하지 않는 지식은 무용지물이 된다. 현용수 교수님의 저서들을 교과서로 삼아 정체성 교육, 성결교육, 비전교육 등을 배우고 실천하여 쉐마교육이 작심삼일로 끝나는 것이 아니라 생활 속에 습관처럼 자리 잡을 수 있도록 노력할 것이다.

이 모든 것을 배우고 깨닫고 실천할 수 있도록 해주신 현용수 교수님께 깊이 감사드리며, 꼭 필요한 교육의 자리를 마련해주신 운화교회 담임 목사님과 목사님들께 감사의 말씀을 올린다.

> **II.**
> **쉐마교육의 이상적인 학습방법, 주사파에게 배워라**
> <한국 보수우파의 세 가지 교육의 무기는 무엇인가>

## 1. 주사파에게 배우라고 한 이유

　원래 공산주의는 유대인인 칼 마르크스의 이론에서 나왔다. 따라서 공산주의 학습법은 대부분 유대인의 학습법이다. 그런데도 저자가 유대인 학습법을 본받자고 하지 않고, 주사파의 학습법을 본받자고 한 이유가 있다.

　1) 앞에서 언급한대로 주사파 학습법에는 기본적으로 유대인의 학습

법과 기독교 학습법(회개, 즉 자아비판)이 가미된 학습법이기 때문이다.

2) 주사파 학습은 한국 정부와 미국 정부를 향해 적개심을 불태우게 한다. 따라서 그들의 교육을 알면 적을 아는 것이다. 그래야 한국 안보의 중요성을 깨달을 수 있다.

3) 남한 국민들에게 주사파가 한 명의 김일성 주체사상을 가진 공산주의자(사회주의자)를 만들기 위해 얼마나 철저한 교육의 과정을 거치는지를 알리기 위함이다.

4) 북한의 이런 교육은 매우 성공한 사례이기 때문이다. 따라서 보수우파도 보수우파의 이념교육을 성공적으로 하기 위해서는 그들의 교육을 본받을 필요가 있다. 우파가 그런 강한 학습 없이 안일하게 지내며 어떻게 좌파를 이길 수 있겠는가!

## 2. 교육학적 접근: 주사파처럼 콘텐츠를 개발하고 반복하여 가르치라

왜 남한의 김일성 주체사상을 가진 공산주의자들은 그렇게 이념이 강하고, 논리적인데 비하여 보수우파는 그들에게 논리적으로 밀리는가?
앞에서 거론한대로 한국 보수우파는 주사파들이 가진 세 가지 교육의 무기가 없기 때문이다. 따라서 남한 우파도 주사파처럼 다음 세 가지 교육의 무기를 갖추어야 한다.

첫째, 주사파에게는 공산주의와 김일성 주체사상이라는 콘텐츠가 있는 것처럼, 보수우파도 그런 콘텐츠가 필요하다. 이것은 저자가 저술한 인성교육과 쉐마교육에 관한 약 38권의 저서로 대신할 수 있다. 북한의 콘텐츠는 허구이기에 그 열매가 악하지만, 후자는 성경에 근거한 진리이기에 그 열매가 선하고 아름답다.

둘째, 이것을 가르치는 방법도 주사파처럼 매우 조직적이고 단계적이어야 한다. 유대인과 같은 탈무딕 토론과 함께 내용을 암기하며 그것을 반복해야 한다.

셋째, 이것을 가르치려는 사명과 열정도 주사파처럼 강해야 한다.

저자는 보수우파도 주사파처럼 교육해야 좋은 결과를 얻을 수 있다고 생각한다. 예를 들어보자. 처음 동료를 만나면 존 듀이의 미국식 현대교육과 가정해체를 비판한다. 그리고 현대 교육 현장의 악한 열매들을 소개한다. 이에 대한 동의를 얻는다. 이것을 극복할 수 있는 방법이 저자의 책이라고 말한다.

그리고 일주일 내에 인성교육 노하우 제1권을 읽고 와서 서로 토론하자고 한다. 두 번째 만남에서 그 책에 관한 토론에서 합격하면 더 심화된 제2권을 읽고 와서 토론하자고 한다. 매 권마다 제시된 주제를 중심으로 하는 것이 좋을 것이다. 그리고 그동안 모르고 잘못 가르쳤던 것들을 회개(자아비판 및 호상비판)하게 한다. 이런 교육은 1:1이나 그룹으로 할 수도 있을 것이다.

쉐마교육을 받은 분들도 한번 듣는 것에 그치는 것이 아니라, 이런 방법을 반복하여 100% 완전한 신본주의 사상가로 만들어야 한다. 그리고 유대인을 모델로 한 쉐마교육을 실천할 수 있는 방법을 알려주어야 한다. 그리고 실천하도록 해야 한다.

기억하라! 유대인의 교육은 반복이다. 반복은 습관을 낳고 습관은 경건한 자손을 만든다. 이런 교육과정을 거치면 분명 주사파 출신들을 이길 수 있는 탁월한 논리와 독수리 같은 강한 의지를 가진 보수우파가 될 것이다.

쉐마교육을 잘 실천하고 좋은 열매를 맺는 교회는 담임 목사들과 교인들이 저자의 책을 교과서로 철저하게 학습한 교회들이다.

그 예로 다음 교회들을 들 수 있다. 캐나다 토론토 예수촌교회(김치남 목사), 서울 박현준 목사(드림교회), 수지 열방교회(안병만 박사), 대구 좋은 가족교회(권창규 목사), 동탄지구촌교회(국진호 목사), 부산 우리품교회(노욱상 목사), 동산침례교회(조수동 목사) 등이다.

저자는 대한민국의 가정과 교회와 학교 및 국가를 살리기 위해서 현재뿐만 아니라, 통일 이후에도 유대인을 모델로 한 인성교육과 쉐마교육은 반드시 필요하다고 생각한다.

## 3. 전략적 접근: 주사파처럼 슈르드(shrewd)하라

〈저자 주: 다음은 이선비라는 필명(?)을 가진 분의 정치 칼럼을 옮긴 것이다. 그는 좌파가 어떤 방법으로 우파 국민과 학생들을 붉게 물들였는지, 그 전략(방법)들을 구체적으로 잘 언급했다. 우파는 그들의 슈르드한 전략을 알고 배울 필요가 있어서 여기에 소개한다. https://gall.dcinside.com/mgallery/board/view/?id=dngks&no=1000215〉

## 좌익들은 끊임없이 우리의 무의식을 지배하려 한다

사회의 좌경화 흐름은 하루아침에 이루어지지 않았다. 서서히 이루어짐으로써 거부 반응을 상실한 채 면역화 되어가는 시기가 다가왔다. 2000년 6월 15일 남북공동 선언문 발표 당시 김대중은 방북하여 이렇게 말했다고 한다.

> "이제 남한에 민족 평화통일의 씨앗을 뿌리고 있으니 20년 후엔 그 열매를 딸 수 있을 것이다."

그것은 결국 남한의 무의식적 좌경화가 진행되고 있다고 언급 한 것이다. 전 국민을 무의식적 좌경화로 전도할 좌경화 부대들은 약속이나 한 듯이 동물적 교감으로 다음과 같은 콘텐츠를 일사천리로 만들어 나갔다.

### 인간을 개조하려면 무의식을 지배하라

- 용어를 선점하라

정의, 배려, 공정, 평화, 진실, 분배, 화합, 상식, 나눔, 공존, 민주, 민족 등 수사, 부사, 명사, 형용사 가리지 않고 좋은 것은 죄다 선점하여 선동하였다. 지금까지 있었던 모든 좌파들의 행태들, 즉 광우병 사태, 한미 FTA사태 등, 모든 좌파 시민운동에서 이들은 위의 용어들을 선점하며 우파들을 꿀 먹은 벙어리로 만들었다.

- 분노를 자극하라

좌경화된 방송계의 드라마 작가들과 영화계의 시나리오 작가들은 사회의 거대한 부패 세력을 가상화하여 그들을 물리치며 생기는 분노를 생활화 한지는 이미 오래 되었다. 대표적인 예로 요즘 드라마 '피고인', '역적', 영화 '공조' 등 존재하지 않는 거대한 적을 만들어 부패에 저항하는 삶을 무의식속에 심어주고 있다.

### ● 엘리트의 확산을 저지하라

클래식한 엘리트 층은 사회 좌경화의 걸림돌이다. 그들이 멋지고 화려한 상식으로 국민들을 선도할 기회를 박탈하라. 좌파 PD들은 일본이나 유럽의 저급한 예능 프로를 상시화하여, 국민들의 휴식 시간과 교양을 빼앗아 버렸다.

### ● 배우지 못한 자들을 연예계에서 부각시켜라

언제부턴가 방송에서 예능이라는 미명하에 한글도 제대로 모르는 사람들이 등장하고 "무식한 게 죄냐?"며 떳떳하게 무식을 자랑해도 사람들은 그것이 사회의 트랜드인 양 착각하며 용인되고, 머리에 든 것 없는 애들이 설쳐대는 공간에서 올바른 가치를 가진 지식인이 설 자리가 사라져 버렸다.

### ● 막말을 재미삼아 하도록 선도하라

저급한 예능프로에서 막말이 넘쳐나고 어린이들이 따라서 욕을 일반화하고, 시간이 흐르면서 유행이라는 미명하에 아이들이 만들어낸 비속어를 어른들이 따라하게 만들어 아이들이 어른을 경멸하거나 우습게 보도록 만들었다.

● 역사를 재구성하라

좌파 정부 10년 동안 좌파들의 체제 전복 폭동을 민주화로 포장하여 끊임없이 위장하고 포장한 결과, 많은 국민들이 그것을 사실로 믿게 되는 처참한 결과를 낳았다.

● 좌파의 이념이 없는 자를 취업에서 배제하라

그 결과 보수우파의 가치를 가지고 태어난 사람들마저도 피해의식에 사로잡혀 침묵하는 비굴한 상황이 연출되고 있다.

● 좌편향을 사회의 상식으로 착각하게 만들어라

좌편향된 문화계와 언론인들에 의하여 대한민국의 모든 문화 콘텐츠는 수십 년간 공정을 상실한 채 좌편향된 상태로 지속되어 왔다. 이러한 사실들을 모른 채 국민들은 수십 년간 공중파, 케이블, 종편을 시청하고 영화를 관람하며 좌편향된 사고에 서서히 아주 조금씩 물들어 온 것이다.

그 결과 지금 중도라 말하는 사람들, 안철수를 찍겠다는 사람들, 차라리 투표를 포기하겠다는 사람들, 모두가 오랜 시간 좌편향된 사고가 뇌를 점령하고 있다는 사실을 스스로는 모르고 있다는 현실이 서글픈 우리들의 자화상이다.

**알고 갑시다**

## 민주노총이 종북세력인 이유

최종석 기자(조선일보, 2012년 6월 16일)

민주노총이 북한의 핵개발과 3대 세습을 사실상 정당화하는 내용의 '통일 교과서'를 2012년 5월 초 발간한 것으로 확인됐다. 민주노총이 통일 교과서를 낸 것은 처음으로 조합원들을 대상으로 한 학습 자료로 활용할 것으로 알려졌다.

본지가 입수한 '노동자, 통일을 부탁해'란 책에 따르면 "(북한은 1990년대 초반 사회주의 국가 몰락을 지켜본 뒤) 후계자는 그 이전 지도자의 뜻을 충실히 이행하고 실천해 가야 하는 사람이라는 확신을 가지게 되었다"고 했다.

이 책은 이어 "그것이 왜 '아들이어야 하느냐'는 문제"에 대해 "아들이어서가 아니라 가장 훌륭한 지도자를 후계자로 내세운 것"이라며 "그런 문제로만 후계를 바라보는 것이야말로 체제를 비난하는 사람들의 시각일 뿐"이라는 북한 주장을 그대로 인용했다. 이 책은 북한의 핵개발에 대해서도 '한반도 비핵화'를 위한 불가피한 선택이라는 취지로 기술했다.

이 책은 "(핵개발은) 북한이 미국의 군사적 위협과 고립 속에서 '전쟁에는 전쟁으로 맞서겠다'는 대응책을 들고 나온 것"이라고 평가하고, "북한이 핵을 보유한 과정 그리고 지금 북한이 주장하는 것이 한반도 비핵화라는 점에 주목할 필요가 있다"고 했다. 이 책은 저자의 직접적 주장과 함께 좌파 학자들의 말이나 중국 측 주장을 빌려 내용을 구성했다.

민주노총은 이 책을 전교조 등 산하 조직에 제작비 1만원을 받고 판매하고 있는 것으로 알려졌다. 이달부터 두 달 동안 산하 조직별로 통일학교를 열고 이 교과서로 교육도 한다고 한다.

# III.
# 대안, 왜 '인성교육+쉐마교육'이 정답인가

1. 유대인 자녀들은 왜 부모가 선정한 후보에게 투표하나
2. 한인 모범 교회 소개
3. 왜 한국에는 중대형교회보다 쉐마를 실천하는 교회에 희망이 있는가

## 1. 유대인 자녀들은 왜 부모가 선정한 후보에게 투표하나

유대인은 그들의 전통적인 수직문화와 이념에 아브라함부터 현대까지 4000년 동안 세대차이가 없다. 그 이유는 가장 중요한 교육의 장소가 가정이기 때문이다. 가정에서 부모들이 조상대대로 내려오는 수직문화, 즉 토라와 탈무드, 고난의 역사교육 및 전통을 줄기차게 가르쳐 왔기 때문이다.

회당에서도 조부모와 부모 및 자녀 3대가 함께 삼세대 통합예배를 드린다. 랍비의 설교를 3대가 함께 듣기 위함이다. 물론 학교도 공립학교를 보내는 것이 아니라 자신들이 세운 예시바를 다니게 한다.

그 학교는 주로 오전 내내 토라(성경)와 탈무드를 가르친다. 그리고 가정교육을 돕는 역할을 배운다. 따라서 그들은 자손대대로 수직문화와 이념에 세대차이가 없다. 따라서 선거철에는 자녀들이 조부모나 부모가 선정한 후보에게 몰표를 준다. 이것이 제대로 된 가정이나 국민이 아니겠는가!

유대인은 수 천 년 간 세계를 유랑하면서 깨달은 것이 있다. 자신들이 거주하는 지역의 정치에 매우 적극적으로 참여해야 살아남을 수 있다는 것을… 이것이 그들의 생존의 비밀 중 하나다. 철학자 플라톤은 이런 명언을 남겼다.

> "정치를 외면한 가장 큰 대가는 아주 저질스러운 인간들에게 지배를 당한다는 것이다."

목사가 설교 시간에 정치발언을 하면 안 된다고 주장하는 목사들이 새겨들어야 할 말이다. 현재 한국은 전 법무부장관 조국이나 추미애를 지지하는 저질 인간들에게 지배를 당하고 있다(2020). 보수 교회들이 정치를 외면한 대가다.

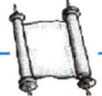

"정치를 외면한 가장 큰 대가는
아주 저질 인간들에게 지배를 당한다는 것이다."
- 플라톤 -

## 2. 한인 모범 교회 소개

한국에도 저자에게 유대인의 쉐마교육을 받은 목사들이 많다. 그들 중에 유대인의 방법을 그대로 실천하는 이들이 늘어나고 있다. 그들은 한국 교육의 부작용을 없애기 위해 교회가 아닌 가정 중심 교육을 실천한다.

아예 유대인처럼 주일에 주일학교를 폐쇄하고 교육부를 주중으로 옮긴 교회도 있다. 그리고 목사들은 교인들에게 공동체 교회사역보다는 자신의 가정 성전, 즉 가정사역에 더 충실하라고 가르친다.

물론 목사 본인도 저자처럼 쉐마교육을 받고 그동안 소홀했던 가정을 돌보게 되었다고 고백한다(www.shemaiqeq.org 많은 소감문 참조). 무조건 교회성장 일변도로 공동체 교회에만 충성하라고 강요(?)하는 다른 교회들과 얼마나 다른가!

꼭 알아야 할 것이 있다. 교회 공동체가 크다고 건강한 교회가 되는 것이 아니라, 건강한 가정들이 많아야 건강한 교회가 된다는 사실이다.

쉐마정치신학을 배우고 실천하는 교회들이 늘고 있다. 한 교회를 예로 들어보자. 그 교회는 교인수가 약 200명 정도인데, 삼세대통합예배를 드린다. 즉 주일에 담임목사의 설교를 조부모와 부모 및 자녀 3대가 함께 앉아 듣도록 하기 위함이다.

담임 목사는 교인들에게 매해마다 6.25 전쟁 기념 주일에는 평화롭던 남한을 침략했던 북한의 만행에 대해 설교한다. 그리고 구 소련을 모델로 한 공산주의자 김일성이 얼마나 악(惡)한지, 반면 미국을 모델로 한 자유민주주의자 이승만 대통령이 얼마나 훌륭한지에 대해 설교한다.

물론 그 교회 자녀들도 어른들과 함께 동일한 설교 내용을 듣는다. 따라서 그 교회 자녀들은 대한민국 국가관이나 이념에 세대차이가 없다. 학부모들은 자녀들을 공립학교에 보내지 않는다. 왜냐하면 대다수 공립학교에서 좌편향 교육을 시키기 때문이다.

그래서 교회에서 유대인 학교를 모델로 오전 내내 성경만 가르치는 쉐마대안학교를 만들었다. 그리고 그 학교는 각 가정의 성경적 가정교육을 돕도록 한다. 신앙과 이념에 세대차이를 막을 수 있게 하기 위함이다.

이렇게 자란 청년들은 지난번 선거에서 모두 담임 목사님이 지지하는 보수 후보를 찍었다. 물론 과거 좌파였던 청년들도 저자의 강의와 책을 읽고 우파로 바뀌었기 때문에 가능했다. 그리고 나라를 살리기 위해 쉐마교육을 받은 다른 몇 몇 교회 청년들과 함께 쉐마청년연대를 만들어 부모가 지지하는 우파 살리기 운동을 하고 있다.

그들은 이전 세대에서 고생했던 부모를 꼰대라고 부르지 않고 그분들에게 감사하며 효를 행한다. 그들은 이구동성으로 말한다.

"우리가 그동안 좌파 교육에 속았다!"

**알고 갑시다**

## 하나님은
## 왜 성경공부를 많이 한 아론보다
## 애굽 왕실교육을 받은 모세를 지도자로 택하셨나

Q 성경공부를 많이 하고 기도를 많이 하면 큰 인물이 나올 수 있는가? 왜 요즘 15년 이상 교회교육을 많이 받은 자녀들 중에 모세와 같은 이승만과 같은 큰 인물은 배출되지 않는가?

왜 하나님은 이스라엘을 출애굽할 지도자로 거룩한 선민교육, 즉 성경공부를 많이 했던 아론 대신에 애굽 바로의 왕자교육, 즉 사탄교육을 40년 동안 받았던 모세를 택하셨는가?

〈자세한 답은 저자의 저서 '유대인을 모델로 한 현용수의 인성교육 노하우' (제2권), pp. 195-199 참조〉

## 3. 왜 한국에는 중대형교회보다 쉐마를 실천하는 교회에 희망이 있는가

앞에서 언급한 작은 교회가 중대형교회보다 희망이 있는 이유가 있다. 중대형교회는 세월이 갈수록 한국인의 전통적인 수직문화 및 이념의 세대차이와 함께 신앙의 세대차이가 더 많이 날 수밖에 없다. 때문에 그런 교회는 장차 죽어져 없어질 것이다.

기독교 역사 2000년이 이것을 증명한다. 2000년의 교회사를 보면 초대교회나 유럽교회는 모두 죽어 관광지화 되었다. 그러나 유대인은 4000년 동안 자신의 정체성을 지키며 죽지 않고 살아남았다.

따라서 유대인의 쉐마교육을 실천하는 한국교회는 영원히 주님 오실 때까지 유대인처럼 살아남을 것이다.

일단 중대형교회 가정들은 출산율이 매우 낮은데 비하여 쉐마를 실천하는 그 교회는 불과 4년 사이에 자녀들이 36명이나 늘었다(2020년).

쉐마교육을 받았던 남자들이 묶은 것을 풀고(?) 아내들이 자녀를 더 원했기 때문이다. 200명 교회에 36명의 교인이 더 늘은 것이다. 제일 많이 낳은 가정이 6명이고 보통이 4명 이상이다. 앞으로 유대인처럼 기하급수적으로 교회성장이 될 것이다.

그리고 그 교회는 단순히 양적 성장에 그치는 것이 아니라, 그들의 자녀들은 유대인과 같이 쉐마교육을 철저하게 받아 독수리 같이 될 것이다. 쉐마를 실천하는 교회의 성도들은 아브라함이 평생 이삭 1명 목회에 목숨을 바쳤던 것처럼, 자기 자녀 양육에 목숨을 바칠 각오로 가정 사역에 열심이다.

저자는 쉐마교육을 받으러 오는 분들에게 이렇게 외친다.

"이왕이면 동일한 십일조를 내고 대를 이어 신앙명가를 만드는 쉐마를 실천하는 교회를 다녀야 하지 않나요?"

물론 그 교회는 세계선교도 열심히 하고 있다. 즉 그 교회는 두 가지, 구약의 지상명령과 함께 신약의 지상명령도 열심히 한다. 한국에는 이런 교회에 희망이 있다. 하나님께서 얼마나 기뻐하시겠는가!

따라서 중대형 교회는 자녀들에게 신앙전수와 좌파 척결을 위하여 세대차이를 없애는 유대인의 쉐마교육을 도입해야 한다. 이를 위해 목회자뿐만 아니라 평신도들도 눈을 부릅뜨고 개혁에 동참해야 한다. 그래야 자기 가정도 살고 교회와 나라를 구할 수 있다.

만약 다음 세대를 우파로 만들지 못한다면 나라와 교회에 희망이 없다. 우둔한 자는 망한 후에 깨닫고, 지혜로운 자는 그 이전에 쉐마를 실천한다.

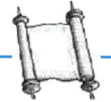

우둔한 자는 망한 후에 깨닫고,
지혜자는 그 이전에 쉐마를 실천한다.

**알고 갑시다**

## 우한폐렴으로 문 닫은 교회, 대안은 쉐마다

현용수
⟨https://blog.naver.com/shemaiqeq/221860111854, 2020년 3월 18⟩

우한폐렴(코로나19 바이러스)으로 인한 교회 폐쇄가 의외로 오래 갈지 모르겠다. 이것이 신학적으로 옳으냐 그르냐의 문제는 여러 학자들이 언급했기 때문에 다루지 않겠다. 어떻게 이로 인한 피해를 최소로 줄일 수 있겠느냐를 논하겠다.

저자는 교회 폐쇄의 여파가 의외로 클 것이라고 예상한다. 신앙심이 약한 신자들에게는 몇 주 주일을 빠지는 것을 대수롭지 않게 생각하게 할 수 있는 빌미를 주었다. 설사 신앙이 있다고 해도 기간이 길어질수록 그가 가진 신앙을 계속 유지하기가 쉽지 않을 것이다. 그리고 그만큼 헌금에도 영향을 미칠 것이다.

이 문제를 해결할 수 있는 가장 좋은 방법은 무엇일까? 유대인의 쉐마교육이다.

하나님은 인간에게 두 가지 성전을 주셨다. 1) 가정 성전과 2) 공동체 성전(현재의 교회에 해당)이다. 두 성전이 제대로 기능을 발휘하는 것이 신앙생활 유지에 매우 유익하다. 그런데 후자의 기능이 일시적으로 정지되었다.

유대인은 공동체 성전이 없었을 때에 신앙을 어떻게 지켰나? 그들은 원래 역사적으로 눈에 보이지 않는 하나님 외에 담임 목사가 없는 예배로 신앙생활을 시작했다는데 주목해야 한다. 이것은 신약의 교회가 오순절 다락방의 공동체 교회로 시작된 것과 대조된다.

에덴동산에서 아담과 하와의 예배가 그랬다. 그들이 타락한 이후에 믿음의 조상들인 아브라함과 이삭과 야곱의 가정예배가 그랬다. 가정에서 부모가 자녀들에게 예배를 드리며 말씀을 전수했다. 가정의 아버지가 담임목사의 역할을 한 것이다. 그들은 홈스쿨의 원조다. 따라서 유대인은 공동체의 담임 목사 없는 신앙생활에 매우 익숙하다.

구약시대에 공동체 교회의 출현은 아브라함 이후 650년이 지난 후 시내 광야에서 모세가 만든 성막이 효시였다. 성막의 구조를 보면 그곳에 제사장이 이스라엘 백성들에게 말씀을 가르칠 클래스룸이 없었다는 데 주목해야 한다. 주로 짐승을 잡아 희생 제사를 드리는 곳이었다.

그것이 그들의 예배였다. 그래서 바울은 신약시대의 기독교인들이 드릴 영적 예배는 자신의 몸을 거룩한 산제사로 드리는 것이라고 했다.

"그러므로 형제들아 내가 하나님의 모든 자비하심으로 너희를 권하노니 너희 몸을 하나님이 기뻐하시는 '거룩한 산 제사'로 드리라(you present your bodies a living sacrifice, holy, acceptable to God). 이는 너희의 드릴 영적 예배니라." (롬 12:1)

그러면 누가 어디에서 유대인에게 대를 이어 하나님의 말씀을 전수했겠는가? 가정 성전에서 아버지가 안식일 가정식탁예배 시간에 자녀들에게 말씀을 전수했다. 이것은 아브라함이 하나님으로부터 받은 구약의 지상명령에 근거한다(창 18:19, 후에 모세가 더 자세히 받았음, 신 6:4-9).

유대인은 4000년이 지난 오늘날도 이 구약의 지상명령을 각 가정마다 지키고 있다. 그들의 생존 비밀이다. 그들이 공동체 교회(회당)보다 가정 성전을 더 귀하게 여기는 신학적인 근거다.

따라서 유대인은 항상 가정 성전이 건강하기 때문에 어떠한 핍박 속에서도 신앙을 지키며 살아남는데 성공했다. 설사 그들이 목숨처럼 사랑하고 아꼈던 그들의 공동체 교회인 예루살렘 성전이 파괴되었을 때도 70년 동안 살아남았다. 물론 이에 대한 대안으로 회당제도를 만들었다.

그러나 랍비들은 그들의 공동체 회당이 건강하여 그들이 살아남은 것이 아니라 가정 성전이 건강했기에 공동체 회당도 아직까지 건강하게 살아남았다고 고백한다.

쉐마교육을 받은 쉐마동역자 여러분!

여러분은 이미 쉐마에 대한 모든 것을 배웠고, 미국에서 유대인의 안식일 가정식탁예배에 참관해 그 내용과 방법을 체험해보았습니다. 그 효능은 현재 개신교에서 드리는 가정예배보다 비교할 수 없을 만큼 탁월하다는 것을 발견했을 겁니다. 구약시대에 하나님께서 만드신 방법이기 때문입니다.

저는 유대인의 것을 그대로 모방하자고 하지 않았습니다. 한국인 기독교인이 사용하기에 부족한 두 가지를 첨가해야 했기 때문입니다.

첫째, 예수님의 복음(기독교인의 정체성)을 첨가하고, 둘째, 한국인의 문화(한국인의 정체성)를 더하여 한국인 기독교인에게 맞는 주일가정식탁예배 예식서를 만들었습니다. 그리고 여러분 대부분은 이 예식서에 따라 주일가정식탁예배를 드리고 있습니다. 그리고 그 효능과 열매는 이미 수천명의 가정에서 체험하고 있습니다(쉐마교육연구원 홈페이지 www.shemaiqeq.org 참조).

이것은 쉐마교육을 받은 분들의 자랑스러운 특권입니다.

며칠 전 쉐마교육목회를 하시는 목사님으로부터 기쁜 소식이 왔습니다. 교회를 폐쇄한 후 자신의 교회는 쉐마교육의 진가를 더욱 체험하고 있다는 겁니다.

기억하십시오. 공동체 교회가 살아야 가정이 사는 것이 아니라, 가정 성전이 살아야 공동체 교회가 사는 것입니다. 거꾸로 가면 일시적으로 교회가 성장하는 것처럼 보이지만 세월이 흐르면 가정이 파괴됩니다. 다음 세대에 소망이 없습니다.

이번 기회에 여러분의 자녀교육을 자신의 교회 교회학교에 맡겼던 습관을 끝내고 유대인처럼 여러분 스스로 자녀교육을 책임지는 결단을 하십시오.

즉 교회교육목사와 아들의 연결고리 대신에 아버지(제사장 혹은 교사)와 아들(교인 혹은 학생)의 연결고리로 전환하십시오. 이것이 다음 세대

문제에 대한 하나님의 확실한 답입니다.

　우한폐렴으로 인한 공동체 교회 폐쇄가 손실이라면 이 기회에 각 성도들마다 쉐마교육을 실천하여 가정 성전이 건강해진다면 이것은 하나님이 원하시는 의외의 최고의 선물이 될 겁니다.

　그래서 이번 기간에 가정 성전이 더 확실하게 자리 잡아 주님 오시는 그날까지 가정과 공동체 교회와 대한민국을 영원히 살릴 수 있기를 주님의 이름으로 기원합니다.

출처:
- 잃어버린 구약의 지상명령 쉐마 전3권(현용수, 쉐마, 2007)
- 신앙명가 이렇게 세워라 전2권(현용수, 쉐마, 2011)
- 한국형 주일 가정식탁예배 예식서 (현용수, 쉐마, 2013)
- 유대인 아버지의 4차원 영재교육 (현용수, 쉐마, 2015)
- 하브루타, 왜 아버지가 나서야 하는가 (현용수, 쉐마, 2021)
- 하브루타식 4차원 영재교육의 비밀 (현용수, 쉐마, 2021)

# 글을 마치며

# I. 대한민국에 진보 좌파의 수가 많아진 이유

한국은 보수우파와 진보 좌파의 전쟁 중이다. 보수우파가 주도하는 광화문 태극기 집회에 참석한 이들이 SNS에서 이구동성으로 이런 말을 했다.

"촛불집회에 참석한 이들은 초중고생들을 비롯해 젊은이들이 많은데, 보수우파 집회에는 늙은이들만 있는 것 같아 안타까웠습니다." (2016년 12월 4일 페이스북 보수 계정)

앞에서 그 이유에 대해서 간간히 설명했다. 글을 마감하면서 종합적으로 간단히 요약하면 다음과 같다.

첫째, 진보 좌파는 1980년대부터 대한민국의 민족관과 국가관을 북한의 김일성 주체사상에 근거하여 좌편향적으로 정립하였다. 그리고 그들이 학교에서 자라나는 다음 세대에 왜곡된 한국의 거짓 국가관을 조직적으로 철저하게 가르쳤다. 세월이 지날수록, 자라나는 세대들이 성인이 될수록 진보 좌파는 많아지고, 나이 든 보수우파들은 사망하는 수가 많으니 상대적으로 줄어들 수밖에 없었다.

둘째, 물론 과거 보수우파 정권들의 독재정치도 진보 좌파를 키워온 한 가지 원인이 될 수 있다. 독재에 피해를 당한 젊은이들 중 일부가 좌파의 주체사상의 유혹에 넘어간 것이다.

셋째, 상대적이지만 보수우파도 건국의 아버지 이승만 대통령에 근거한 대한민국의 바른 민족관과 국가관을 정립했을 것이다. 그러나 그것을 학교에서 다음 세대 학생에 전수하는 데 실패했다. 그러면 가정이나 교회에서라도 그것을 자녀들에게 가르쳤어야 했는데, 그렇지를 못했다.

아마도 1세대 부모들은 자녀들에게 그것을 가르치지 않아도 당연히 자신들과 동일한 국가관을 가질 것이라고 방심했을 것이다. 혹은 6.25 전쟁 이후에 생업에 너무 바빠서 그것까지는 생각하지 못했을 수도 있다.

넷째, 보수우파는 인성교육학적인 입장에서 왜 한국인에게 바른 민족관과 국가관이 필요한지, 그 이유를 논리적으로 설명할 수 있는 연구 논문이 너무 부족했기 때문이다. 그나마 그것만이라도 진보 좌파처럼 철저하게 다음 세대에 가르치는데 실패했기 때문이다.

다섯째, 교회에 좌파가 많은 이유 중 하나는 기독교인을 위한 바른 정치신학(政治神學)이 정리되어 있지 않았기 때문이다.

여섯째, 유대인처럼 부모가 가정에서 자녀들에게 한국인의 고난의 역사교육을 제대로 가르치지 못했다. 특히 조상들의 고난의 역사를 기억하는, 매우 중요한 절기 교육도 모두 폐기해 버렸다.

〈저자 주: 자세한 것은 저자의 고난의 역사교육 시리즈 제4권 '*고난을 기억하는 유대인의 절기교육의 파워*' 참조〉

이것은 유대인을 모델로 한 '인성교육과 쉐마교육'을 가정과 교회 그리고 학교에서 가르치지 못한 참혹한 결과다. 참으로 비통한 시대에 도달했다. 따라서 본서는 그 대안들을 제시했다. 그러나 넷째 항의 이론적 근거와 그 중요성은 많이 미진하다. 이어서 좀 더 자세히 설명하고자 한다.

## II. 인성교육학적인 입장에서 정체성에 족보와 국가관이 필요한 이유

### 1. 정체성과 수직문화 그리고 국가관의 관계

인성교육학적인 입장에서 "나는 누구인가?"라는 정체성을 확립하는 것은 한 인간의 인성을 형성하는데 대단히 중요하다(Pervin and John, Handbook of Personality, 1999, pp. 9-20). 먼저 자신의 정체성을 확립하기 위해서는 자신의 족보나 가정의 역사를 아는 것이 필요하다.

예수님은 영적으로는 하나님의 아들이셨지만, 육적인 족보는 아브라함과 다윗의 후손이었다(마 1장). 따라서 한국인 기독교인도 영적인 정체성은 하나님의 자녀이지만(롬 8:16-17), 육적인 정체성은 한국인들 중 누구의 후손인지를 아는 것이 필요하다(자세한 것은 저자의 저서 '현용수의 인성교육 노하우' 제2권 제2부, 제3장 Ⅲ. '왜 부모는 자녀에게 족보를 가르쳐야 하는가' 참조).

그리고 더 나아가 한 개인이 자신의 정체성을 잘 확립하기 위해서는 자신이 어느 민족에 속했는지를 알고 자기 민족을 사랑할 줄 아는 민족관과 어느 국가에 속했는지를 알고 자기 국가를 사랑할 줄 아는 국가관 역시 매우 중요하다. 이런 것들은 인성교육학적인 측면에서 한국인의 수직문화(Vertical Culture)에 속한 주제들이다(자세한 것은 저자의 저서 '현용수의 인성교육 노하우' 제1권 제2부 '인성교육의 본질과 원리: 수직문화와 수평문화' 참조).

그러면 한국인 기독교인에게 "복음만 있으면 되지, 왜 한국인의 수직문화가 필요한가?"라는 질문을 할 수가 있다. 이런 질문은 '복음'과 '수직문화의 목적을 잘 몰라서 하는 것일 것이다. '복음'의 목적은 구원론적인 입장에서 영혼을 구원하기 위함이고, '수직문화'의 목적은 인성교육학적인 입장에서 복음을 받아드릴 수 있는 마음의 토양을 옥토로 만들기 위함이다.

그래서 저자는 한국인 기독교인에게 "왜 한국인의 수직문화가 필요한가?"라는 질문에 답하기 위해 저자의 박사학위 논문으로 한국인의 수직문화가 종교성과 영적 만족감에 미치는 영향을 연구했다(Biola University, Talbot Graduate School of Theology, 1990). 그 연구에 의하면, 한국인들 중 수직문화가 강한 사람일수록 예수님을 믿어도 바울과 같은 '내재적 종교성'(Intrinsic Religious Orientation)이 확실히(Significantly) 더 높고, '영적 만족감'

(Spiritual Well-Being)도 확실히 더 높다는 사실이 과학적으로 증명되었다.

〈저자의 박사학위 논문을 번역한 '*문화와 종교교육*'(쉐마, 2006) 참조. 미국의 주류 신학교에서는 다음 세대(2세 교육) 강의를 위한 교과서로 사용됨〉

인성교육학적인 입장에서는, 수직문화와 정체성과의 상관관계가 확실히 더 높다는 것을 증명한 것이다. 그리고 자신의 정체성이 높은 사람이 내재적 종교성과 영적 만족감도 확실히 더 높다는 것을 증명한 것이다.

따라서 한국인에게 한국인의 수직문화를 가르치는 것은 대단히 중요하다. 그 이유는 한 인간이 복음을 받아들일 수 있는 종교성 토양을 옥토를 만들기 위함이고, 자신의 정체성을 굳게 세워주기 때문이다. 물론 자신의 정체성이 높아지면 자존감(self-esteem)도 높아진다.

한국에서는 많은 젊은 세대들이 부모나 어른들을 무시하고 자랑스러운 대한민국을 '헬 조선'이라고 비아냥거린다고 한다. 반면 유대인은 자신에게 혹은 국가에 아무리 혹독한 고난이 닥친다고 해도 '헬 이스라엘'이란 말을 전혀 하지 않는다.

왜 이렇게 다른가? 유대인은 자신들의 수직문화인 바른 민족관과 국가관을 가르쳤고, 한국인은 그러지 못했기 때문이다. 따라서 한국인이 다음 세대에 바른 민족관이나 국가관을 가르치지 못한다면 대한민국이 바로 설 수 없다는 것을 인식해야 한다.

물론 그렇지 못하면 교회도 없어질 것이다. 불행하게도 이미 그 결과가 현실이 되고 있다. 본서가 중요한 이유가 여기에 있다(자세한 것은 저자의 저서 '*현용수의 인성교육 노하우*' 제4권 제7부 '한국인의 민족관과 국가관' 참조).

## 2. 진정한 바른 국가관이란 어떤 것인가

진정한 바른 국가관이란 어떤 것인가? 흔히들 대한민국을 건국한 이승만 박사가 훌륭하고 그 역사가 성공적이었기 때문에 대한민국을 사랑하고 자랑스러워해야 한다고 말한다. 물론 틀린 말은 아니다.

하지만 더 진정한 바른 국가관을 가진 국민은 설사 만보를 양보해서 (사실은 아니지만) 좌파가 주장하는 대로 이승만 전 대통령이 나쁜 사람이어서 그가 건국한 대한민국은 애초에 건국되지 말았어야 했던 나라라고 인정하더라도 그 후손인 대한민국 국민은 현존하는 대한민국을 사랑하고 자랑스러워해야 한다는 것이다.

왜 그런가? 좋든 싫든 한국인은 북한으로 가지 않는 한 다른 선택의 여지가 없기 때문이다. 자신의 조국은 무조건 사랑하고 자랑스러워해야 한다.

유대인의 예를 들어 설명해보자. 이스라엘 역사에는 매우 부끄러운 역사들이 한국 이상으로 많다. 예를 들어 야곱의 첫째 아들 루우벤은 아버지와 살았던 빌하를 강간한 사건(창 35:22)이 있었는데도 후손들(유대인)은 루우벤 지파를 12지파의 하나로 존중한다. 자신들의 조상에서 제외하지를 않고, 그 조상의 다른 장점들을 부각시키려고 노력한다. 뿐만 아니라 자신들의 조상들이 400년 동안 애굽의 노예 출신이었다는 사실도 숨기지 않고 자녀들에게 가르친다.

이와 같이 대한민국 국민도 당연히 예외 없이 자신의 조국 대한민국이 아무리 부족하고 힘이 없더라도 사랑하고 자랑스러워해야 한다. 만약 조국을 부끄러운 나라라고 생각하면 할수록 자신의 자존감은 낮아질 것이고, 그렇게 되면 조금만 힘들면 '헬 조선'이라고 불평할 것이다.

이것은 본인의 정신 건강에도 치명적인 독소가 된다. 따라서 대한민국 국민이라면 마땅히 조국 대한민국을 사랑하고 자랑스러워해야 한다. 그리고 자녀들에게도 그렇게 가르쳐야 한다. 그리고 더 발전된 강대국으로 만들려고 노력해야 한다.

나의 조국 대한민국을 내가 사랑하고 자랑스러워하지 않는다면 누가 자랑스러워하겠는가? 더구나 대한민국은 건국의 아버지 이승만 박사나 그 이후의 역사들이 과보다 공이 90% 이상인, 세계가 부러워하는 기적 같은 자랑스러운 나라가 아닌가!

이것은 마치 자신의 아버지가 부끄럽다고 하여 아버지의 자식임을 부정하면 할수록 자신의 정체성을 부정하는 것이고, 그렇게 되면 자신의 자존감이 약해져서 매일 불평이나 해대는 비극적인 삶을 살 수밖에 없는 것과 같다.

자신은 아버지가 있음으로 자신의 존재가 있음을 인정하고 이것에 감사하며, 자신이 망가진 가문을 더 위대하게 만들려고 노력하는 것이 바른 후손이 가져야 할 바른 마음의 자세다. 이것이 바른 효자의 도리다.

개인이든 국가이든 자신의 뿌리를 속이지 말고 인정해야 한다. 그리고 그 기초에서 더 나은 가문이나 더 나은 국가를 만들려고 노력해야 한다. 결국 자신의 역사를 비아냥거리며 부정함은 자신을 비아냥거리며 부정하는 것임을 명심해야 한다.

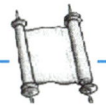

> 대한민국을 건국한 이승만 박사가 훌륭하고
> 그 역사가 성공적이었기 때문에
> 대한민국을 사랑하고 자랑스러워해야하는가? 아니다.

**알고 갑시다**

## 무상급식 혜택 받은 학생들, 왜 행복을 못 느끼나

현용수

박원순 시장이 '2021년까지 서울시 모든 초중고 친환경 무상급식'을 시행하겠다고 했다(2018.10.30.). 그 이유 중 하나가 학생들의 '평등권과 행복권'을 보장하기 위함이라고 했다. 그러면서 선별적 무상급식을 할 경우 가난한 학생들이 무상으로 밥을 얻어먹는다는 소리를 듣기 싫어 무상급식 신청을 하지 않을 수도 있다고 했다.

이것은 가난한 어린 학생들의 자존심에 상처를 주고 열등의식을 느끼게 함으로 인성교육에 부정적인 영향을 준다고 했다.

가난으로 인한 자존심의 상처와 열등의식은 모두 나쁜 것인가. 긍정적인 것도 있고 부정적인 것도 있지만, 긍정적인 것이 더 많다.

필자는 1960년대 초에 시골에서 농사를 짓던 과부 어머니를 따라 5자녀가 서울로 이사를 왔다. 부친과 큰 형님 두 분이 6.25전쟁 때 돌아가셨기 때문이다. 가난은 일상이 되었다. 중학교 1학년 때 점심시간만 되면 도시락이 없을 때가 많아 밖에 나가 있을 때가 많았다. 당시 내 짝궁은 이름 있는 부자집 아들이었다. 도시락에 소고기 장조림과 계란말이를 싸왔다. 그는 필자가 보지 못하게 책을 가리고 혼자 먹었다.

더구나 필자는 키도 남보다 작기 때문에 자존심에 많은 상처를 받으며 자랐다. 열등의식도 많았다. 필자는 밖에서 혼자 깊은 생각을 하게 된 가장 큰 동기는 평등하지 못한 가난이었다. 나는 누구인가. 왜 부자가 있고 가난한 사람이 있는가. 나는 앞으로 어떻게 무엇을 하면 살아야 하는가.

그것은 필자로 하여금 부자집 아들들보다 인생의 의미를 찾는 철학적인 사고(수직문화)를 더 하게 했다. 더 근면하고, 더 열심히 공부하는 계기가 되었다. 큰 애들한테 얻어맞지 않으려고 격투기 운동도 하게 되었다.

1975년에 미국에 맨손으로 이민을 가서도 시간당 2불짜리 페인팅 헬퍼의 노동도 즐거운 마음으로 했다. 기름진 햄버거를 충분히 먹을 수 있다는 것에 얼굴에는 항상 웃음이 떠나지를 않았다. 은근과 끈기가 어려서부터 다져져 있기 때문에 웬만한 고난은 고난으로 여기지를 않았다. 백인 보스의 심한 말에도 자존심에 상처를 받지 않았다. 정신세계에 면역력이 강해졌기 때문이다.

한국에서 공대를 나왔기 때문에 엔지니어 자격증 공부를 열심히 하여 2년 안에 4개의 자격증을 땄다. 백인들과 경쟁하여 이기기 위해서는 그들보다 나은 자격증이 필요했기 때문이다.

돈을 번 후 서부의 명문 신학대학원(Talbot)에서 박사학위도 2년 반만에 마치게 되었다. 그리고 유대인 공동체에서 20년 동안 유대인 자녀교육을 연구하여 'IQ는 아버지 EQ는 어머니 몫이다'란 책 등 40

여권의 저서를 저술했다. 현재는 전 세계를 다니며 강의하고 있다.

필자는 가끔 나 자신을 생각해 본다. 요즘에 태어나 무상급식을 먹고 공짜로 학교를 다니고 자존심에 상처 받았던 일이 없었다면 오늘의 내가 있을 수 있을까.

이런 사례가 필자에게만 해당되는가. 6.25전쟁 전후에 태어난 수많은 이들이 필자처럼 국내외적으로 성공했다. 그들이 오늘의 자랑스러운 대한민국을 만들었다. 하나님이 주시는 고난은 저주가 아니라, 또 다른 축복의 도구다. 필자가 고난을 주신 하나님에게 감사하는 이유다.

큰 인물은 고난 속에서 잉태된다. 필자는 젊은 부모들에게 이렇게 권한다. 자녀교육에 대해 전혀 아는 바가 없다면 일단 가난하게 키워라. 그러면 60점은 먹고 들어간다.

한국 청소년의 자살률은 세계 1위다. 왜 그들은 조금 힘들고 자존심이 조금만 상해도 자살하는가. 외부 충격에 대한 면역력이 없기 때문이다. 굶어보지 않고 정부의 무상급식만 먹었기 때문이다.

왜 청년들이 놀면서도 공장의 기술직 일을 회피하는가. 무상급식을 먹으면서 그 음식을 공급한 이들이 얼마나 많은 땀을 흘렸는지를 모르기 때문이다. 즉 각자 생존을 위해서 얼마나 고단한 삶을 살아야 하는지를 모르기 때문이다.

고난의 겨울은 인간을 철학자로 만든다. 독일의 시인 괴테의 시다.

"눈물과 함께 빵을 먹어본 적이 없는 자/고뇌의 밤들을 잠자리에 앉아 울며 지샌 적이 없는 자/그는 하늘의 힘을 알지 못한다."

필자는 확신한다. 정부에서 주는 보편적 무상급식으로 인해 장차 큰 인물로 클 수 있는 잠재력을 가진 학생들까지도 평범한 사람으로 만들 것이다. 요즘 똘똘한 젊은이는 많은데 큰 인물을 찾기 힘든 것이 그 증거다. 〈물론 필자도 극빈자에게만 주는 선별적 무상급식은 찬성한다.〉

무상급식을 하는 이유가 행복권을 보장하기 위함이라고 했는데, 왜 무상급식을 먹었던 학생들이 세계에서 가장 불행하다고 느끼는가. 왜 성공한 대한민국을 '헬 조선'이라고 하는가. 왜 지상 낙원이라고 떠들던, 무상급식과 무상교육의 원조 북한은 1990년대에 3백만명이나 굶어 죽였는가. 진보 좌파가 답해야 한다.

## III. 포스트모더니즘 시대, 보수 위기의 대안

보수우파에게 또 다른 위기가 있다. 20세기 후반부터 불어닥친 포스트모더니즘 시대에 보수우파의 정체성이 흔들리고 있다. 종교적으로는 어느 종교를 믿어도 그 안에 선이 있기 때문에 천국에 갈 수 있다는 종교다원주의도 그 산물이다. 이것은 구원은 '오직 예수'라는 복음주의의 근본을 흔드는 것이다.

교회에서 이념적으로 하나가 되지 않고 우파와 좌파가 섞여 있으면 세월이 흐를수록 우파는 점점 없어지고, 좌파가 득세하게 되는 것처럼, 신학도 마찬가지다. 보수신학이 진보신학과 타협하거나 용인하면 나중

유대 민족은 조상들의 수치의 역사에도 불구하고 이스라엘을 사랑하고 자랑스러워한다. 바른 국가관을 만들고 가르쳤기 때문이다. 따라서 그들은 아무리 힘들어도 '헬 이스라엘'이라고 하지 않는다. 사진은 이스라엘 군인들이 이스라엘 의회(Knesset) 앞에 있는 메노라 앞에서 결의를 다지는 모습, 메노라는 이스라엘을 상징한다. 〈출처: The Times of Israel, June 26, 2013〉

에는 보수신학은 없어지고 진보신학만 남게 된다. 그 결과 교회는 사라진다. 따라서 보수신학은 진보신학과의 타협이나 혼합을 막아야 한다.

역사적으로 유럽교회가 죽은 것도, 그리고 미국교회가 위기를 맞은 것도 이에 기인한다. 현재 한국의 사회에나 교회에서 보이는 보수의 위기가 대부분 여기에 기인한다.

〈저자 주: 다만 민주주의 나라에서 서로 이견 때문에 싸움을 피하기 위하여 상대방이 다른 주장을 가지고 있다는 것을 현실적으로 인정은 할 수 있다. 그러나 그것도 옳다고 용인은 하지는 말아야 한다.〉

그렇다면 보수는 어느 것이 왜 옳은지를 신학적 및 논리적으로 결정해야 한다. 그리고 정통파 유대인처럼 진보주의와 타협하지 않고 자기들 것을 지키려고 노력해야 한다. 보수신학의 순수성을 스스로 지켜야 한다.

때문에 저자는 본서에서 왜 보수(우파)가 옳은지를 인성교육학적 및 성경신학적(쉐마교육학적)인 입장에서 논증했다. 그리고 보수의 가치는 왜, 성경적이어야 하는지를 명확하게 설명했다.

이제 보수(우파)는 순진한 국민들에게 이것을 가르쳐야 한다. 그래야 진보 좌파들에게 속지 않을 것이다. 또한 진보 좌파도 이것을 알게 되면 자신들이 무엇에 속고 있는지를 알게 될 것이다. 더 이상 순진한 국민들을 현혹하지 못할 것이다.

그런 면에서 본서가 대한민국을 살리는 데 도움이 되었으면 감사하겠다. 부족한 종에게 지혜를 주신 성삼위 하나님에게만 감사와 찬송과 영광을 올려드린다.

## 부록 1

### 쉐마클리닉 참석자들의 증언

편집자 주_ 쉐마클리닉을 수료하신 분들의 간증문들이 대부분 탁월하나, 부득이 몇 분만을 고르게 되어 나머지 분들께 죄송한 마음을 전합니다. 쉐마교육연구원 홈페이지(www.shemaiqeq.org)에 더 많은 간증문이 실려 있으니 참고하시기 바랍니다.

반성문
- 김지자 박사 (서울교육대학 명예교수, 교육학)

현 박사가 발견한 구약의 지상명령은 신약교회 문제의 해결방안이다
- 김의원 박사 (전 총신대 총장, 구약학)

한국교육 문제점의 정확한 진단과 명쾌한 성경적 해법 제시
- 김진섭 박사 (백석대 대학원신학부총장, 구약학)

교육계의 답답했던 숙제들이 시원하게 풀렸다
- 정지웅 박사 (서울대 명예교수, 교육학)

하버드에서 배울 수 없는 것들을 배워
- 윤사무엘 박사 (미국 Geneva College 구약학 교수)

세계로교회에서 경험한 이승만 독립정신과 쉐마대한민국 스피릿
- 박영재 원장 (의사, 홀리웨이브선교회 총무이사)

남편의 기를 팍팍 죽였던 전형적인 IQ아내와 어머니였는데….
- 이정하 교수 (김해대학교 안경광학과)

구약의 지상명령 발견은 다윈의 진화론보다 더 탁월하다
- 윤용주 박사 (미국 Washington Reformed University 교수, 신약학)

한국교회 쇠락의 원인을 알고 대안을 찾았습니다
- 채규영 박사 (차의과학대학교 분당차병원 소아청소년과 교수)

무섭고 사나운 짐승처럼 변해가는 학생들에게 쉐마교육만이 대안
- 박경란 교사 (고양제일중학교)

부록 I : 쉐마지도자클리닉 참석자들의 증언　495

쉐마클리닉 참석자들의 증언

## 반성문

김지자 박사 (서울교육대 명예교수)

- 서울교육대학교 명예교수
- 동아일보 기자
- 국립 필리핀대학교 대학원 지역사회개발(Ph. D)
- 서울대학교 교육대학원 교육행정(M. Ed)
- 서울대학교 사범대학 교육학(B. A)

### 한국 교육 현장에 한계 느껴

나는 사범대학 출신으로 평생을 교육대학교에서 후배들 양성에 헌신했다. 그러나 교육에 대한 신념과 이론들을 펼쳐 보고자 안간힘을 써 보았지만, 실증적 대안이나 현실적인 증거가 희박했던 현실 속에서 막상 교육 현장의 가르침 이란 국내외 학자들의 이론들을 전수하는 수준에 머물러 있을 뿐, 교육의 진정한 역할이나 모습은 빛을 바래가고 있구나 하는 뉘우침과 우리 교육을 어떻게 본 괘도에 올려놓을 수 있을까 하는 과제를 안고 교단을 떠난 처지였다.

그런데 뜻밖에도 현용수 박사님의 책에서 그 대안들을 찾았다. 그리고 이번에는 책만 가지고는 적용상 확신과 방안이 확실치 못하다는 갈증과, 일반 교사 및 부모교육에 어떻게 이 교육을 접목할 수 있을까 하는 소명감에 그리고 그 확실한 방안을 찾아야 한다는 깊은 갈구에서 참여했다.

이번 강의 중 크게 깨달은 것이 많다. 그 중에서도 Pre-Evangelism의 시기로서 13세 이전의 인성교육이 얼마나 중요한 것이지를 뼛속 깊이 깨닫고, 그간의 교육에서 얼마나 많은 허송세월을 했던가 뉘우치게 된 것이다. 아울러 논리와 사상 철학과 역사의식 그리고 민족의식에 국가를 온전한 하나님의 백성으로 그리스도의 형상을 닮아가는 성화의 과정 등의 중요성도 확실히 깨닫게 되었다.

그 어느 곳에서도 이처럼 명료한 대안 배운 경험 없어

그러나 무엇보다도 감사한 것은 교육에서 내용 못지않게 그 내용 및 목적을 달성키 위한 방법 및 형식의 중요성을 유대교(유교, 가톨릭교의 의식을 포함)의 사랑과 구원을 율법이란 형식에 담아 구체적인 언어와 방식으로 가르쳐 '깊은 생각'과 '바른 행동'으로 나타나게 해야 함을 깨달은 것이다. 지금껏 그 어느 곳에서도 이처럼 명료한 대안을 배운 경험이 없다. 참으로 놀라운 가르침이셨다.

더구나 촛불시위 등으로 어지러운 국내 정세를 지켜보며 과연 "어찌할꼬, 어찌 할꼬."하면서 가슴을 쳐 왔는데, 이번 현 교수님의 간절하고도 단호한 외침을 들으며 참으로 저런 용기와 지혜를 주신 하나님께 감사드린다. 더 나아가서는 "나도 저리 외칠 수 있는 용기를 주옵소서!" 하며 뜨거운 기도를 올렸다.

고결함, 정직성과 도덕성 그리고 참 진리에 근거하지 않은 수평문화에 젖어 있는 한국 사회를, 건전한 그리스도의 국가로 바꾸어 가도록 남은여생 마지막 순간까지 불태우고픈 뜨거운 소망을 결단으로 표현한다.

쉐마클리닉 참석자들의 증언

## 현용수 박사가 발견한 구약의 지상명령은 신약교회 문제의 해결방안이다

김의원 박사 (전 총신대 총장, 구약학)

- 총신대학교 전 총장
- 복음주의신학회 회장 역임
- 미국 뉴욕대학교(Ph.D., 히브리어, 유대학)
- 미국 웨스트민스터 신대원(Th.M., 구약)
- 미국 웨스트민스터 신대원(M.Div.)
- 총신대학교 신대원(M.Div.)

필자는 지난 2014년 1월 20일-23일 충주에서 열렸던 15기 '쉐마목회자클리닉'을 통해 '한국형 주일가정식탁예배'를 접하게 되었다.

뉴욕대학교의 박사과정(전공: '히브리어와 유대학') 중 랍비 교수와 학생들을 통해 유대인들의 가정들을 여러 번 접한 바 있었다. 따라서 '쉐마목회자클리닉'에서 구약의 지상명령(창 18:19; 신 6:4-9)을 실천하기 위한 '한국형 주일가정식탁예배'를 보고 놀라왔다.

### 쉐마는 잃었던 복음의 또 하나의 본질이다

필자는 쉐마교육을 받으며 지난 세월의 교회가 잊었던 사실을 깨닫게 되었다. 교회는 땅끝에 이르도록 '수평적으로' 복음을 전하는 신약의 지상명령에는 성공하였지만, '가정'에서 자자손손에게 복음을 전하여야 할 구약의 지상명령, 쉐마(창 18:19; 신 6:4-9), 즉 '수직적 전도'의 사명을 망각하였었다.

초대교회의 주축이었던 유대 크리스천들은 말씀을 가족에게도 전수하면서 온 세상에 복음을 전하였다. 그런데 복음이 확장되면서 수많은 이방인들이 교회의 주축이 되면서 '가족공동체'의 개념이 잊혀져갔다.

그 결과 복음은 '수평적' 차원에서 소아시아에서 유럽으로, 유럽에서 미국을 거쳐 우리에게까지 왔다. 그러나 '수직적' 차원에서 말씀을 가족 내에서 제대로 전수시키지 못한 일로 지난 역사에서 보는 대로 유럽과 미국교회 뿐만 아니라 현금의 한국교회도 약화되어간다.

교회는 어디서나 서너 세대를 거치면서 약화되었다. 이 문제에 대한 명쾌한 답을 현용수 박사가 하나님이 아브라함에게 주신 구약의 지상명령(창 18:19)을 발견하면서 찾아내었다.

그의 노고는 치하를 받아야 한다. 유대인들은 가족을 중심하여 말씀을 수직적으로 전수하다보니 지난 2천 년간 민족 공동체를 유지할 수 있었다. 유대인의 '말씀전수' 방법인 쉐마는 프로그램이 아니라 잃었던 복음의 또 하나의 본질이자 한국교회 미래의 초석이다.

구약과 신약의 지상명령은 예수님의 명령에도 포함되어 있다

이제라도 한국교회는 복음을 수평적으로 사마리아와 땅끝까지 전하면서 동시에 수직적으로 가정공동체에서 아버지에서 아들로, 아들에서 손자들로 전수시키는 사역에 몰입해야 한다. 왜냐하면 이는 성경이 가르치는 본질이기 때문이다.

첫째, 쉐마의 3세대 원리는 구약성경이 가르치는 언약의 지침이기 때문이

다. 이스라엘이 모압에서 모세 언약을 갱신 할 때 '세대' 원리가 강조되었다. 언약은 시내산에 섰던 열조뿐 아니라 먼 미래의 후손들에게까지 적용된다.

모압 평원에서 언약을 갱신하면서 모세는 세대 원리에 따라 "오늘날 여기 살아 있는 우리"(신 5:2-3)와 "오늘날 우리와 함께 여기 있지 아니한 자"(신 29:14)까지 시내산에서 열조들이 언약을 맺을 때 함께 참여하였었다고 말한다.

이 구절은 언약의 세대 원리를 강조하여 그때 살았던 백성들만 지칭하지 않고 아직 태어나지 않은 자들, 곧 그들의 먼 후손들까지 포괄하고 있다.

둘째, 수직전도와 수평전도의 원리는 예수님의 '대위임 명령'에도 내재되었기 때문이다. 이 명령을 직접 들었던 자들은 주로 유대인들이었다. 주님은 수직적으로 가정 내에서 말씀을 전수하던 자들인 유대인들에게 시야를 넓혀서 사마리아와 땅끝까지 수평적 차원에서 복음을 열방에 전수할 것을 명하신 것이다.

## 현 박사가 개발한 '주일가정식탁예배'를 널리 보급시키자

이제라도 한국의 미래교회를 위해서 교회는 가족공동체를 중심하여 수직적으로 말씀이 전수되는 토양을 만들어야 한다. 새천년의 교회는 말씀이 전수되는 가정들을 중심하여 수고하고 지친 세상의 영혼들에게 영생의 샘물을 길어 올려 메마른 영혼의 사막에 흘러가게 해야 할 것이다.

이를 위해 현 박사가 개발한 '주일가정식탁예배'를 널리 보급시켜 유대인들이 안식일을 준비하면서 금요일 저녁식탁을 교육의 장으로 만들었던 것처럼, 우리도 토요일에 삼대가 어우러진 저녁 식탁을 중심하여 성경의 말씀과 가족의 전통을 전수해야 한다.

쉐마클리닉 참석자들의 증언

## 한국교육 문제점의 정확한 진단과 명쾌한 성경적 해법 제시

김진섭 박사 (백석대학교 대학원신학부총장, 구약학)

- 복음주의 구약학회 회장
- 미국 Dropsie 대학교 고대근동학(M.A., Ph.D.)
- 미국 Covenant 신학대학원 구약학(Th. M.)
- 고려신학대학원 목회학(M.Div.)
- 서울대학교 농화학과 졸업(B.A)

### 약 25,000명의 백석대학교의 인성교육 대안을 찾기 위해 참석(1차 학기)

이미 현용수 박사님과의 교분 속에서 '쉐마지도자클리닉'을 잘 알고 있었습니다. 제가 참석하게 된 동기는 특별히 약 25,000명의 학교법인 백석대학교의 인성교육을 위해 꼭 유익할 것 같아 결단하게 되었습니다.

### 강의의 이론과 실제적 결단의 조화에 대한 깊은 감동의 현장이었습니다

강의를 듣고 보니 특별히 하나님께서 어떻게 현용수 박사님을 철저히 준비시켰다는 것을 알게 되었습니다. 이 총체적이고 방대한, 그러면서도 철저하고 정확한 문제 진단과 명쾌한 성경적 해법을 제시하는지, 또한 기도의 용사로서 실제로 모든 수강자들을 무릎 꿇게 하고, 하나님 앞에 회개케 하고 결단하게 하는 모습들에서, 강의의 이론과 실제적 결단의 조화에 대한 깊은 감동의 현장이었습니다.

특별히 저는 신학대학원의 원장과 신학부총장의 책임과 함께, 한국 교계와 신학계에 대한 보다 구체적인 현장인 백석대학교와 기독신학대학원에 대한 시대적 책임 의식을 더욱 절감하면서 성령 하나님께서 지적하신, 그리고 회개하게 하신 문제들에 대한 구체적 실천을 위한 대안을 찾았고 그렇게 실천할 것입니다.

우선 나와 우리 가족 그리고 내게 주신 모든 활동 영역에서 인성교육과 쉐마를 전파할 것입니다.

첫째, 저는 한국인에게 하나님께서 일반 은총으로 심겨주신 수직문화의 모든 소중한 것들을 잘 정리하여(예: 한복, 한국음식, 한국인의 심성과 의식구조와 관련된 고전, 한국 역사와 하나님의 주권적 섭리, 예의범절 등) 우선 나와 우리 가족부터 그리고 내게 주신 모든 활동 영역에서 글과 강연과 설교와 시범으로 인성교육과 쉐마교육을 확산해 나갈 것입니다.

둘째, 애국 애족은 성령과 역사에 정확한 좌표로서 한국(자유민주주의와 자유 시장 경제를 드러내는)의 국가적 주권 확립… 계발과 직결되어 있기 때문에 특별히 미국을 우방으로, 이스라엘(유대인)을 하나님이 선택하신 민족으로, 세계복음화에 중심 기수로 사용하시려는 한국교회를 계속 회개… 각성하게 하고, 특별히 일본과 중국의 참된 그리스도인들과 함께,

'우리는 한 가족'이라는 신앙적 슬로건으로 세계 복음화에 공동적으로 진력하도록, 맡겨주신 역할 분담에 최선을 다할 것입니다.

셋째, 현용수 박사님의 사명과 가치에 대한 보다 더 깊은 존경과 신뢰를 갖고 계속 쉐마지도자클리닉과 또한 졸업생들이 다양하게 확산하여 구체적인 사역으로 진행하는 모든 사역을 적극 홍보, 지원하며, 세계 178개 국가의 750만 명 Korean Diaspora를 향한 쉐마교육운동 확산, 정착에도 최선을 다해 협력할 것입니다.

〈지면상 이하 생략합니다. 자세한 것은 홈페이지 참조하세요.〉

*쉐마클리닉 참석자들의 증언*

## 교육계의 답답했던 숙제들이 시원하게 풀렸다

정지웅 박사 (서울대 명예교수, 교육학)

- 서울대학교 농업생명대학 명예교수
- 국민필리핀대학교 대학원
  (Los Banos 지역사회개발 Ph.D)
- 서울대학교 대학원 교육학(M.A)
- 서울대학교 사범대학 교육행정(B.A)

나는 학부와 대학원에서 교육학을 전공했고, 박사과정에서 지역사회개발을 전공하여 41년간 서울대학교 학생들에게 지역사회개발과 사회교육에 관하여 가르쳤다. 종래 이스라엘 정착과 관련하여 키부츠와 모샤브 공동체에 대한 약간의 공부를 통해 유대인들의 교육방식이 독특한 점은 다소 알고 있었다.

그러나 이번 기회에 이토록 심층적으로 공부할 수 있게 되어 이러한 기회를 준 쉐마교육연구원에 크게 감사하면서, 앞으로 한국의 교회와 교회교육의 개선을 위한 몇 가지 생각과 결심을 다지게 되었다.

본 교회 담임 목사님의 권고로 아내와 함께 쉐마교육에 참석했을 때, 처음에는 그 교육이 그 교육이겠지 생각하며 별로 기대를 하지 않았었다. 그런데 막상 교육을 받고 나니 전혀 예상 외의 소득을 얻고 가슴이 뿌듯했다.

평생 한 번도 들어보지 못했던 내용들이 많았다. 교육현장에서 늘 답답했던 숙제들이 이번 기회에 시원하게 풀렸다. 이것이 앞으로 한국 교육의 대안이 되리라는 확신을 얻게 되었다. 몇 가지 개인적 생각과 결심을 제시해 본다.

유대인은 총 5775년의 히브리 족속… 유대민족의 역사에서 아브라함 이후 4200 여년간의 역사를 가지고 있다. 오늘날의 이스라엘 국가를 이루기까지 거의 1900년을 나라 없이 살면서, 20세기에는 약 20여 년간 600만 명의 대학살을 당하는 고난을 겪기도 했다.

이러한 긴 고난의 역사 속에서도 세계를 변화시킨 인물이 많이 나왔고 중동의 사막 지역에 작은 나라를 세우고 열강과 겨루는 부와 강국을 이룩한 그 열쇠가 무엇이었는지를 발견했다.

이스라엘 재건 역사의 기본의 하나는 신앙의 반석 위에 이룩한 가정교육이며, 이것이 곧 쉐마교육이라는 점이다. 그 신앙의 기초가 토라(모세오경), 특히 그 중에도 창세기 18장 19절(아브라함에게 준 지상명령)과 신명기 6장 4-9절(이스라엘 민족에게 준 지상명령)이었다. 이것이 곧 쉐마교육의 핵심이다.

언뜻 보기에 쉬운 것 같지만 변화가 심한 이 세상에서 천년을 두고 과연 계승해 나갈 수 있는지에 대해서는 누구도 장담할 수 없으리라 본다. 그런데 유대민족은 이를 4000년 동안 계승해 나가고 있다는 점에 대해 우리 한민족은 큰 교훈을 삼아야 할 것이다.

이러한 쉐마교육을 가능하게 한 핵심 주체가 자녀의 지적 발달에 큰 영향을 주는 아버지의 역할과, 이에 앞서 자녀의 감성 발달을 좌우하는 어머니의 자녀양육과 인성교육이라는 점이다.

또한 유대인은 가정을 성전으로 귀하게 여기어 안식일과 절기마다 가정예배를 중시하고, 산아제한을 하지 않고 자녀를 많이 출산하고 있다. 이들의 영성훈련과 인성교육에 큰 역점을 두어 효를 중시하는 가정교육을 실시하고 있다. 우리도 그러한 가정교육을 체계 있게 해야 할 것이다.

교회예배와 교회교육과 관련하여 3대 가족들이 함께 예배를 드리는 가족 중심 예배로 체제를 바꾸고 가족원들이 완전히 떨어져 활동하는 것은 지양해야 할 것이다. 교회는 지역사회 주민을 위한 평생교육을 제공하고 유대인의 가정교육 방식을 널리 알려 교훈을 삼게 할 필요가 있을 것이다.

한편 중등 학교교육에서는 주입식 교육과 남녀공학을 지양하고, 극기훈련, 고난의 역사교육 강조, 토론식 교육, 귀납적 사고, 창의성 개발 등을 강조하면서 한국인으로서의 긍지를 갖도록 하는데 역점을 두어야 할 것이다.

앞으로 쉐마교육을 통해 더 많은 사실들을 배우고 깨달아 한국은 물론 세계에서 교육의 바른 방향에 조금이나마 기여할 수 있게 되기를 기원한다.

쉐마클리닉 참석자들의 증언

## 하버드에서 배울 수 없는 것들을 배워

윤사무엘 박사 (미국 Geneva College 교수)

- 미국 Geneva College 구약학 교수
- Faith Theological Seminary & Christian College (Ph.D., 구약학)
- Harvard University (Th.M. 고대근동학 전공)
- 장로회 신학대학 신학대학원(M.Div. 과정)
- 연세대 및 연세대 대학원 신학과 (신학석사, 구약학 전공)
- 대구 경북고

### 처음 들어보는 독특한 용어들에 놀랐다(1, 2차 학기)

나는 신약학을 전공하고 싶어서 그 배경이 되는 구약학을 29년이나 연구했다. 계속 연구하며 평소 유대교 및 유대인들의 생활에 관심을 가져 이스라엘도 십여 차례 다녀오기도 하며, 보스턴과 뉴욕의 정통파 유대인들과 사귀기도 하며, 토요일이 되면 자주 동네에 있는 회당에 가서 예배에 참여하곤 했다.

이렇게 피상적인 연구에 늘 만족하지 못하고 있던 차에 10년 전 뉴저지에서 가진 어느 목회자 세미나에서 현용수 박사님의 강의를 듣게 되었다. 그때 구약시대에만 국한된 것으로만 알았던 쉐마의 골동품 신앙이 한인 기독교의 2세 교육에 실천되어야 하며 3대가 함께 모여 예배를 드려야 한다는 내용에 매우 공감했다. 그 후 기회 있을 때마다 현 박사님의 저서를 구입하여 읽고, 특강 및 강의를 다섯 차례나 듣게 되었다.

현 박사님이 창안한 처음 들어보는 독특한 용어들, 특히 구약의 지상명령(창 18:18-19, 아브라함에게 주신 하나님의 말씀)을 설명하시며, 어머니 신학, 아버지 신학, 효신학(Theology of HYO), 가정신학, 경제신학 및 고난의 역사신학이란 강의를 접하면서 생생한 체험이 담긴 예화와 함께 설득력 있는 논리적인 강의 내용에 충격을 받았다. 기독교 역사에서 어느 학자들도 발견치 못했던 분야들이다.

현 박사님의 IQ와 EQ를 겸한 강의가 너무나 좋았다. 또한 나 자신이 목회에 바쁘고 교수 생활에 힘썼지만 정작 중요한 신앙의 전수에 소홀히 한 점도 깊이 반성하게 되었다. 그리고 목회 현장에서든 교수 현장에서든 IQ 목회한 것을 크게 뉘우치고 EQ 목회와 교수를 위해 더욱 기도하고 성령 충만함을 받아야겠다고 다짐했다.

하나님께서 아브라함을 선민으로 택하시고 이삭에게 말씀과 신앙을 전수하게 하시어 족장 아브라함-〉이삭-〉야곱 등에게 쉐마교육이 이어지게 되었다. 평생 한 명만 목회했던 아브라함은 약속의 자녀 이삭을 믿음 가운데 키운 결과 모리아 산에서 이삭은 자신이 번제물로 묶여지고 아버지가 칼을 내리칠 때도 도망가지 않고 그대로 순종했다. 독자라도 아끼지 않고 제물로 바친 아브라함이나 자신을 산 제물로 바친 이삭이나, 모두 믿음의 조상이 된 것이다. 이들은 쉐마교육의 선구자였다.

나는 이런 흐름을 신학교에서 강의 중에 다시 회상하면서 마태복음 1장이 떠올랐다. 많은 사람들이 의미 없이 신약성경을 읽다가 1장의 족보를 만나면 '낳고'가 반복적으로 나오니 성경을 덮어버리거나 건너뛰는 일은 잘못이다. 우리가 조선 왕조의 왕들 이름(태정태세문단세⋯.)은 외웠어도, 예수님의 족보를 그냥 넘어가면 안 된다. 믿음의 족보를 외워야 한다.

14대씩 세 번 즉 42명의 족보는 이스라엘 역사의 요약이요 신앙의 뿌리이기 때문이다. 이번 쉐마클리닉을 통해 발견한 새로운 사실은 예수님의 족보에 나오는 '낳고'(begat, beget의 과거, '아버지를 통해 태어남'이란 뜻; 따라서 히브리어 표현은 사역[히필]형을 사용하여, '낳게 하고'[father]의 의미를 지님)라는 동사를 쉐마 교육의 관점에서 보니 아브라함은 이삭을 '낳고'란 육체의 아버지뿐만 아니라 영적인 아들로 성장시켰다는 말이다. '낳고'라는 한 동사 속에는 "쉐마를 전수하고, 말씀을 교육하여 전해주고, 장자 축복기도를 해주고, 하나님을 전심으로 사랑하라는 쉐마를 항상 교육하고 훈련했다"는 말로 바꿔 읽어 보니 은혜가 넘쳤다.

예수님의 족보가 초림의 예수님께서 태어나실 때까지 쉐마의 말씀이 전수가 되었다는 역사의 요약임을 재발견했다. 여기 족보에서 제일 마지막 구절은 "야곱은 마리아의 남편 요셉을 낳았으니 마리아에게서 그리스도라 칭하는 예수가 나시니라(마 1:16). 즉 요셉이 예수님을 '낳고'로 되어 있지 않고 그리스도라 칭하는 예수님은 마리아를 통해 태어나신(born, bear-bore-born 어머니를 통해 태어남) 것이다.

〈지면상 이하 생략합니다. 자세한 것은 홈페이지 참조하세요.〉

### 쉐마클리닉 참석자들의 증언

## 세계로교회에서 경험한 이승만 독립정신과 쉐마대한민국 스피릿

### 박영재 원장 (홀리웨이브선교회 총무이사)

- 수원 존스빌이비인후과 원장
- 중앙대 의대대학원 졸

#### 정부 핍박에서 승리한 세계로교회 손현보 목사님

2021년 1월 19일 부산 강서구청은 세계로교회(손현보 목사)에 대하여 11일 내렸던 시설 폐쇄명령을 8일 만에 철회했다. 한국교회사에 길이 남을 사건이다.

부산시와 구청에서는 세계로교회가 당국의 코로나19 방역수칙, 즉 비대면 예배를 위반하였다고 8번이나 경고를 했었다. 그러나 교회가 끝까지 방역지침은 철저히 지키는 조건으로 대면예배를 고집하자 시설폐쇄명령을 내렸었다.

손현보 목사님은 교회 문을 닫을 각오로 헌법에 보장된 종교의 자유,

즉 예배의 자유를 지키겠다며 부당한 지시에 굴하지 않았다. 이 사실은 자유우파와 기독교계에 큰 반향을 불러 일으켰다. 온 나라의 여론이 집중되자 놀란 당국은 결국 두 손을 들고 말았다.

당시 대형교회들과 기독교 지도자들은 서슬이 퍼런 당국의 부당한 지시에 숨소리조차 내지 못하고 고분고분 순종만 하던 터였다. 오히려 아첨까지 하는 상황이었기 때문에 그 교회의 위상은 더 높아졌다.

세계로교회가 세상에 선한 충격을 준 이유가 더 있었다. 2021년 1월 15일자 아시아뉴스 경제신문은 이웃 불교신자 주민들의 증언들을 토대로 그 교회의 미담들도 소개했다. 일년에 1000명 이상 무료 개안 수술, 이웃에게 무료 쌀 지원, 그리고 다문화가정 고향 방문 항공권 제공, 가족사진 무료 촬영, 청년들이 결혼할 때 무료 뷔페음식 제공 등이다. 세계로교회의 평상시 이웃사랑 실천은 이때에 더욱 빛을 발했다.

내가 세계로교회의 손현보 목사님과 이영례 사모님 그리고 윤창현 장로님과 가까이 교제할 수 있는 행운을 얻은 것은 하나님의 인도하심이라고 생각한다.

때마침 유대인 교육 전문가이신 현용수 박사가 2021년 2월 22일부터 4일간 주관하는 쉐마지도자클리닉(인성교육 편)이 세계로교회에서 열렸기 때문이었다.

### 손 목사님에게서 건국 대통령 이승만의 향기를 느꼈다

"한국교회는 마치 동물원의 코끼리처럼 세상 권력으로부터 비스켓을 받아먹으며 순응하고 길들여지고 있는 모습 같습니다."

손현보 목사님의 슬픈 표현이다. 손 목사님은 정부와의 싸움 과정에서 이 땅 크리스천들의 실상과 보수우파들의 민낯을 보았다고 하셨다.

　노무현 정부 때부터 민주당 운동권 세력의 실세들의 입에서는 한국 기독교 인구를 현재의 십분의 일로 줄여야 한다는 이야기를 해 왔다고 한다. 최근에도 부정선거 배후 주역으로 언급되는 한 인물의 입에서, 또 그와 같은 이야기를 크리스천 정계 인사를 통해 전해 들었다고 하셨다.

　문제는 그런 소리를 들어도 기독 정치인이나 이를 전해들은 교계 리더들의 마음에 거룩한 분노가 일어나지 않았다는 것에 손 목사님은 더 큰 충격을 받았다고 하셨다. 나는 그런 손 목사님에게서 건국 대통령 이승만의 향기를 느꼈다.

### 현 종북좌파 정권의 폭거 앞에 순둥이로 변한 한국교회

　되돌아보면 하나님은 이 땅에 모세와 같은 걸출한 지도자 이승만 건국 대통령을 예비하셨다. 또 다른 한편으로는 1907년 말씀과 기도로 평양 대 부흥을 주셨다. 당시 회개와 영적 대각성 운동을 통하여 민족적인 어두움을 뚫고 무지로부터 벗어나게 하셨다. 이제 대한민국 건국 72년 만에 국가적인 발전과 번영을 이룰 수 있었다. 놀랍게도 지금 대한민국은 제2위의 세계선교 기독교 강국이 되었다.

　그러나 지금 대한민국의 현실을 보면 박근혜 대통령 탄핵 이후 세워진 문재인 정권은 다시 반미와 중국 공산당 정권을 따른다. 친북한적인 주사파 운동권 좌파인사들로 행정부와 여권수뇌부를 꾸렸다. 노골적으로 공산사회주의를 향한 길을 걷고 있다. 역사의 시계를 거꾸로 돌려놓아 다시 건국 전 이념적 갈등의 시기로 돌아갔다. 우리 앞에 다시 6.25 때와 같은 총성 없는 이념 전쟁이 한창이다. 가정과 교회도 해체하고 대한민국의 정체성을 파괴하고 있다.

그런데 자유 대한민국을 세웠던 한국교회들이 그간의 부흥과 성장에 취하여 버린 탓인가. 불의에 대항했던 3.1 독립운동 시대 같은 교회의 야성이 없어졌다. 권력에 길들여진 충격적인 모습을 일시에 드러냈다.

한국교회는 권력에 순응하여 참고 견디라고 하며 국가의 지도자를 위하여 기도만 하고 있다. 사랑하고 용서하며 화평케 하는 것이 신약 복음의 정신이라고 가르친다. 현용수 박사는 이것이 왜 잘못된 것인지를 성경적으로 자세히 설명해 주었다.

그분은 대한민국의 국가관이나 민족관 그리고 정치관은 구약의 이스라엘을 모델로 해야 한다는 것이다. 따라서 하나님의 나라를 허무는 불의한 권력에는 이스라엘의 유대인이 블레셋과 맞서서 싸웠던 것처럼, 한국교회도 그리스도의 좋은 군사로서 악과 맞서서 싸워야 한다고 했다. 그래야 나라도 지키고 하나님의 백성들을 보호할 수 있다는 것이다.

그런데 한국교회는 그 전투력을 상실했다. 그동안 한국교회는 나라를 망치는 적그리스도적인 세력에게도 빌붙어 적응을 잘하는(?) 젊은 목회자들과 순둥이 성도들을 대량 양산하였다.

한국교회는 이스라엘을 모델로 한 국가관과 정치신학을 몰랐기 때문에 바른 성경적 국가관을 세우지 못했기 때문이었다. 그 결과 건국이념에 근거한 국가관, 즉 수직문화의 중대한 요소가 뿌리를 깊이 내리지 못했다. 따라서 한국교회는 오직 시대에 따라 변해가는 수평문화의 바다에서 표류하고 있는 것처럼 느껴진다.

한국교회는 하나님이 원하시는 신적 생명력이 강한 독수리의 통치 모드와는 거리가 먼, 참새의 생존모드에 들어가 있는 느낌이다.

한국교회에 쉐마교육이 복음과 합쳐질 때 나타날 놀라운 파워를 알다

2021년 2월 22일 월요일 쉐마인성교육 오전 세미나에서 현 박사님의 쉐마개척기 간증을 생생하게 들었다. 하나님의 열정을 받은 사명자의 삶의 태도에 대하여 큰 감명을 받았다.

현 박사님은 정통파 유대인 신학교 랍비에게 전화를 걸었을 때 세 번이나 거절당했었다. 그러나 그분은 하나님이 주신 쉐마교육 연구의 소명을 담보로 담대하게 그와 따져서 이방인 출입금지의 문을 뚫고 정통파 유대인 공동체에 진입할 수 있었다. 그분은 자신이 하는 일에 확신이 들면 물러나지 않는 독수리와 같이 싸울 줄 아시는 분이셨다.

나는 이승만 건국 대통령이 생각났다. 그분도 하나님으로부터 받은 사명을 담보로 미국교회와 여론 그리고 미국 대통령들과 당당히 싸울 줄 아셨던 자랑스러운 대한민국 대통령이었다. 오늘 날 현 박사님의 이 탁월한 쉐마교육도 그때의 돌파가 있었기에 가능했을 것이다.

현 박사님은 유대인의 쉐마정신이 한국 민족에게 이미 주어진 십자가의 복음과 합쳐질 때의 놀라운 파워를 알려주셨다. 우리 민족에게 맡기신 구약의 이스라엘과 같은 제사장 나라의 사명, 즉 '마지막 때 주님 다시 오시는 길을 평탄케 하고, 주의 백성들을 예비하는 사명'을 잘 감당할 수 있다는 것이었다. 그분은 광야의 세례 요한처럼 힘주어 외치고 또 외치셨다.

손현보 목사님과 교제를 한 후 현 박사님의 대한민국 국가관에 관한 강의를 들으니 더 감동적이었다. 현 박사님은 왜 하나님의 백성, 기독교인은 비기독교인보다 더 애국자가 되어야 하는지, 그 이유를 이스라엘을 모델로 한 국가관과 정치신학을 근거로 논증했다.

현 박사님은 좌파들이 우파를 공격하는 왜곡된 논리들을 하브루타식으로 하나씩 까부쉈다. 통쾌했다. 기독교인은 자신이 속한 국가의 정체성을 알기 위하여 대한민국의 국부이신 이승만 박사의 업적을 알아야 한다고 했다. 그리고 하나님이 한국을 너무 사랑하셔서 강하고 큰 그릇인 천재 이승만 박사를 준비하셨다고 하셨다.

쉐마인성교육 세미나를 마치고 집에 와서 삼일절 아침을 맞았다. 이승만 대통령이 1913년 3월 집필하신 '한국교회 핍박'을 다시 꺼내 읽었다. 그리고 이승만의 독립정신 스피릿으로 충만한 손현보 목사님과 현 박사님의 강의 내용을 접목하여 기록으로 남겨보고 싶은 생각이 들었다.

## 현대에는 이승만과 같은 큰 인물이 왜 안 나오나

나는 왜 현대에는 상대적이지만 이승만 박사 도산 안창호와 같은 큰 인물들이 나오지 않는지, 그 이유가 궁금했었다. 그 답을 현용수 박사님으로부터 들을 수 있었다. 온 국민이 다윗이나 바울처럼 강한 수직문화 교육을 받지 못하고 현대의 수평문화에 물들었기 때문이라고 했다. 때문에 복음을 받아드릴 대부분의 마음의 토양들이 옥토가 아닌, 자갈밭으로 변해 있다는 것이다. 이것이 현대에 전도가 잘되지 않는 가장 큰 이유라고 설명했다.

손현보 목사님이 보여준 통계가 충격적이다. 교회 안에 차세대 감소율을 표현한 그래프였다. 그 끝을 길게 연장해 보니 2030년대 후반기쯤이면 교회 안의 다음 세대가 사라지게 된다는 것이 팩트였다.

많은 이들이 수평문화에 물들게 된 원인은 무엇인가? 교회뿐 아니라 나라 전체가 산업화와 민주화의 과정에서 반세기를 넘도록 정신없이 앞만 보고 달려왔기 때문이다. 자녀들을 수평문화가 창궐하는 세상에 방치해 놓았다. 가정에서 수직문화의 뿌리를 단단히 키우지 못하고 학교 중심의 IQ교육에만 열중했던 결과다.

2017년 박근혜 대통령 탄핵 사태와 함께 좌파 정권이 들어섰다. 이어서 2020년 초 코로나 팬데믹에 진입하며 대면예배가 통제받게 되었다. 그 후 대한민국 교회와 성도들 안의 얕은 신앙의 뿌리가 여실히 드러났다.

거품이 사라지며 기독교 강국의 환상은 여지없이 깨어졌다. 세상은 더 이상 교회와 성도들을 존중하지 않는다. 언론은 마치 교회가 코로나 방역을 망치는 천덕꾸러기처럼 기사를 써댔다. 교회를 혐오의 대상으로 만들어 주류사회로부터 고립시켜 나갔다.

**그렇다! 우리에겐 '쉐마 대한민국'이 답이다.**

유대인은 어떻게 4000년 동안 어디를 가나 독수리의 강한 모드를 유지할 수 있었나? 그들의 정신에 구약의 토라(율법서)에 근거한 수직문화가 강했기 때문이었다. 그 중심에 유대인은 가정에서 부모가 자녀를 제자 삼는 쉐마교육이 있다.

현용수 박사님은 구약의 토라에서 하나님의 교육과 정치를 어떻게 해야 하는지에 관한 보석 같은 원리들을 캐내어 정립해주셨다. 놀랍게도 한국교회가 이렇게 된 원인을 찾게 되었다. 그리고 그 대안을 유대인의 쉐마교육에서 찾게 되었다.

이것은 무엇을 뜻하나? 우리도 4000년간 자손 대대로 구약성경을 전수하게 했던 유대인 가정의 구약의 지상명령 쉐마의 실천, 즉 '쉐마 이스라엘'(창 18:19; 신 6:4-9)에서 그 해답을 찾아야 한다는 것이다. 그렇다!

우리가 가야할 길은 명료해졌다. 우리에겐 '쉐마 대한민국'이 우리 민족이 살길이고 가야할 길이다.

한국교회가 가정과 교회에서 하나님의 율법 안에서의 자유와 책임을 바르게 가르치지 못했다. 부모가 중심이 되어 기도와 말씀으로 깊은 생각과 바른 행동의 삶으로 수직문화를 세워나가지 못했다.

오직 교회는 신앙의 중심이 되어 모든 성도들을 교회 안으로 끌어들여 전도와 선교를 통한 교회성장에만 매진하게 했다. 그 결과 자녀들에게 제대로 된 신앙이 전수되지 못했다. 부모와 자녀 사이에는 극심한 세대차이로 몸살을 앓고 있다.

## 한국교회가 코로나 정국을 맞게 하신 하나님의 뜻은

사실 나는 김준곤 목사님이 돌아가시기 1년 전에 CCC에서 주창한 111 기도운동에 관한 동영상을 통하여 마음이 감동되었다. 2019년 9월 2일부터 박성민 CCC 총재님의 허락을 받아 경기도 용인에서 함께 기도하는 지체님들과 매일 홀리웨이브 111기도문을 작성하여 SNS에 발송하기 시작했다. 이제 1년 6개월이 지났다. 오늘 삼일절 날 544회를 넘기고 있다.

처음 시작은 문재인 주사파 정권으로부터 공산화를 막고 나라를 지키기 위해 시작했다. 그런데 기도하면서 알게 된 것은 탄핵과 공산화 위기 그리고 코로나 팬데믹의 환경을 하나님이 허락하시는 이유가 있다는 것이었다. 〈조심스럽지만 이것은 제 주관적인 의견이다.〉

하나님은 한국교회가 병들게 한 포스트모더니즘을 따르는 자유주의, 혼합주의 그리고 인본주의, 즉 모든 우상의 길에서 벗어나 회개하고 돌이키라는 것이었다. 하나님의 거룩을 회복하고 자유우파 시민들을 결집

하라는 것이었다. 그리하여 거룩하고 정직한 대한민국 안에 성경적인 보수주의 정권을 창출되도록 기여하라는 것이었다. 이것이 필자가 주님으로부터 뜨거운 마음으로 받은 메시지다.

주사파 정권과 중국공산당 배후의 악한 계략을 꺾기 위해 보수 기독교인들이 단합하여 기도의 그물망을 계속 촘촘하게 짜나가라는 마음의 감동을 받았다. 백만 명이 한마음 한뜻으로 기도하게 되면 이 땅에서 마음껏 하나님을 예배하는 민족복음화가 이루어질 수 있을 것이다. 문제는 수적 양보다 개개인의 질이다.

이런 관점에서 영의 눈을 들어 바라보니 지금 국가의 위기는 바로 교회가 하나님의 길에서 떠나있기 때문에 초래된 결과임을 알게 하셨다. 주님께서 우리로 깨닫게 하시니 이제 새롭게 일어나는 성령님의 물결에 올라타도록 해야겠다.

남과 북, 한반도 땅에 주님께서 제2의 영적 대각성과 대추수를 준비하고 계신다는 믿음과 소망이 더욱 커진다. 지금 부산 경남의 세계로교회를 중심으로 일어나는 영적인 파장을 주목한다. 주 하나님의 선하고 아름다운 계획이 온전히 이루어지길 기도하고 있다.

### 쉐마교육으로 일당백 하는 독수리가 되어 복음통일을 이루자!

하나님의 이런 원대하신 뜻을 이루기 위해서는 어떤 교육이 필요한가? 현용수 박사님은 모세나 이승만과 같이 강하고 담대한 큰 그릇들을 많이 만들어야 한다고 역설했다. 따라서 교회에서는 소프트웨어인 복음만 가르칠 것이 아니라, 그 이전에 먼저 가정 안에서 강한 한국인의 수직문화가 형성되어야 한다고 주장했다. 그 방법을 알기 위해 하나님이 유대인에게 가르쳐 주셨던 쉐마교육의 노하우를 전수받아야 한다.

그래야 우리도 강하고 담대한 큰 그릇의 다음 세대들을 만들 수 있다. 그리고 그 안에 하나님을 아는 복음과 전문 지식을 담아서 유대인처럼 세상을 이기는 독수리 민족으로서 그리스도와 함께 힘 있게 설 수 있을 것이다.

복음도 믿지 않고 성령님의 파워도 없는 유대인도 그렇게 큰 인물들을 많이 배출하는데, 복음과 함께 성령님의 파워가 있는 우리는 더 잘할 수 있지 않겠는가!

한국인 기독교인들, 즉 수많은 독수리들이 자기 영역에서 삶으로 승리의 자리에 설 때에 대한민국이 다시 살아나고 마지막 때에 주어진 그 사명을 다하는 민족이 될 수 있게 될 것이다. 우리는 이제 이승만 대통령이 교육 개혁을 통해 젊은 세대를 가르치고 세웠던 것을 기억해야 한다.

그리고 대한민국의 건국이념에 근거한 국가 정체성을 가진 한국인 기독교인들이 유대인과 같은 쉐마 스피릿으로 무장할 때 일당백으로 승리하는, 이 시대의 다윗들을 모으고 세워나가야 한다. 그리하여 하나님이 우리 각자에게 주신 표현의 자유와 사상, 소유 및 신앙의 자유를 지켜내자. 뭉치고 싸워서 마침내 악을 몰아내어 자유 대한민국을 지켜내자!

오늘 삼일절 아침에 주님의 얼굴을 바라봅니다. 이제 다시 한국교회가 핍박 가운데 들어가 있사오나 부산 세계로교회 안에서 일어난 다윗의 거룩한 분노가 믿는 자들 한 사람 한 사람에게 새 물결을 일으키게 하소서.

"다시 독립정신, 이제부터는 쉐마 대한민국!"

그 거룩한 물결이 북상하여 수도권을 수복하게 하소서. 그 성령의 파도는 다시 북으로 북진하여 동방의 예루살렘 평양에서 김일성 우상을 깨트리시고 대신 이승만 광장을 조성케 하소서. 꿈에도 그리던 복음통일을 이룩하여 무너졌던 북한의 교회들을 일으켜 세우소서. 그리고 한국교회가 주님의 재림을 준비케 하소서!

주님! 이 민족에게 베푸신 크고 특별한 은혜에 감사와 찬양을 올려드립니다. 할렐루야 아멘!

쉐마클리닉 참석자들의 증언

## 한국교육 문제점의 정확한 진단과 명쾌한 성경적 해법 제시

이정하 박사 (김해대학교 안경광학과 교수)

- 김해대학교 안경광학과 교수
- 부경대 박사
- 부산대 미생물학 학사

### 외적 조건이 완벽한 우리 가정, 왜 늘 지옥일까

저는 어릴 때부터 공부만 하고 자라, 결혼하고 또 석사 공부하고, 아이를 낳고 또 박사 공부하며, 교수로서의 인생을 살아왔습니다. 공부 외에 다른 것을 잘하는 것은 인생의 가치를 크게 두지 않았습니다. 그랬기에 더욱 더 성경적 아내, 어머니, 딸과 며느리로서의 역할은 저에게 먼 나라 얘기였습니다. 그러나 어느 누구도 나의 잘못을 지적하는 사람이 없었을 뿐더러, 제 주위는 고생이 많다고 응원하며 칭찬 일색이었습니다.

저의 외가는 4대째 모태신앙을 이어 저에게 이르렀고, 신랑의 가정은 목사님이 10명 이상 배출된 신앙명가를 자랑하며, 장로님 권사님의 뼈대 있는 집안으로, 저희 부부는 신앙생활이라면 누구 못지않게 교회에서 열심히 몸 바쳐 충성했습니다. 그것이 정말 하늘의 상급을 쌓고, 우리 가정에 더 큰 축복을 가져다 줄 것으로 생각하였습니다. 또 자녀들에게는 늘 최고의 교육을 받게 했으며, 시댁과 친정에 최선을 다했다고 생각했습니다.

그런데 왜 우리 가정은 끝도 없는 부부싸움 속에 아이들이 풀이 죽은 모습으로 늘 불행했는지 몰랐습니다. 제가 그리던 이상적인 삶과 반대로 지옥 같은 어두움의 그림자들이 반복되고 있었습니다.

**남편의 기를 팍팍 죽이는 아내요, 자녀에게 밥 한 끼 해주지 않았던 엄마였습니다.**

그런데 쉐마를 만나고, 저는 저와 저희 가정의 실체를 바로 볼 수 있는 눈을 떴습니다. 저는 누구보다도 아무것도 모르는 멍청이였고, 제대로 된 신앙은 하나도 없었고, 욕심으로 가득 찬 샤머니즘적인 종교행위에 가속도를 붙여 늘 정죄하고, 원망하여 살아가고 있었다는 것을 깨달았습니다. 그리하여, 가정은 이미 파산 직전임을 알게 되었습니다.

남편의 기를 팍팍 죽이는 아내요, 불순종하는 아내요, 집안일에는 관심 없는 아내였고, 자녀들에게는 늘 바쁜 엄마요, 학원만 엄청 보내는 엄마요, 따뜻한 밥 한 끼 해주지 않았던 엄마였습니다. EQ는 전혀 찾아볼 수 없었고, IQ로 꽉 찬 아내요, 엄마였습니다.

현용수 박사님의 저서 '성경이 말하는 어머니 EQ교육'을 읽으며, 참 많이 가슴을 치며 눈물로 통회하고 자복했습니다. 제가 바로 모성을 잃은 여학생이 성장한 사회의 일원으로 생명이 자랄 수 없는 토양이었습니다. 생명을 낳고 키우는 기본 못자리가 타들어간다는 현대 여성들을 향한 일침은 현용수 박사님의 탁월한 혜안임을 깨닫고 놀라움을 금치 못합니다.

제 주위에는 저처럼 사는 친구들이 많습니다. 소위 엘리트라고 하는 여성들의 메마른 삶을 너무나 잘 알기에 '위기'라는 단어가 적절합니다. 사망으로 가는 길이라는 걸 말하면 알까요? 저도 책을 읽고, 하나님께서 희미하게 보여주시는 믿음의 증거들을 잡으려고 달려가다가 이제야 확신하니 말입니다.

저는 어머니의 자궁에서 나오는 모성애, 어머니의 가슴에서 나오는 젖과 꿀이 흐르는 가나안, 어머니의 눈에서 나오는 눈물이 하나도 없는 메마른 광야였다는 것을 알게 되었습니다. 아~, 이 어찌 통탄하지 않을 수 있겠습니까! 이 시대의 믿음의 어머니들이라 하지만, 잘못된 시대 상황과 IQ교육에 의해 깨닫지 못하며, 자식을 우상의 제물로 내어놓고 있지나 않은지요. 남편의 권위를 무너뜨리며, 가정의 선악과를 따 먹기를 반복하고 있지나 않은지요.

기독교 2000년의 역사를 다시 쓰는 현 박사님의 구약의 지상명령과 수평, 수직문화 이론은….

기독교 2000년의 역사를 다시 쓰는 현 박사님의 구약의 지상명령과 수평, 수직문화 이론은 이 시대의 무너진 가정과 자녀교육에 믿음의 역사를 이룰 것임을 확신합니다. 짧은 기독교 역사에 급성장을 이룬 한국교회에 뿐만 아니라, 전 세계에 이미 불어 닥쳤고, 현재 불어 닥치고 있으며, 앞으로도 불어 닥칠 수평문화의 거센 파도는 우리의 자녀와 그 자녀 세대까지도 충분히 휩쓸고도 남을 엄청난 파괴력을 가진 사탄의 도구입니다.

이 수평문화의 파도와 정면으로 맞서고 있는 현 박사님의 수직문화 전파는 Pre-Evangelism을 위한 복음적 토양교육의 핵심 대안입니다. 그리고 양적 성장을 위한 전도 4영리만 강조한 나머지 구원받은 후 거룩한 하나님의 백성으로 살아내기에 병약한 이 시대의 그리스도인들에게 구약의 지상명령인 쉐마는 Post-Evangelism에 필수 과제임을 확신합니다.

땅끝을 외치던 2000년의 기독교 역사에 현 박사님의 저서 '잃어버린 구약의 지상명령 쉐마'는 가정성전 안에서 다음 세대에 말씀을 전수하라는 수직선교의 탁월한 발견입니다. 이 책은 말세에 주님 오실 길을 예비하는, 그리고 주의 자녀들에게 믿음으로 환란과 고난을 이겨낼 힘을 준비하게 하시는 하나님의 큰 역사하심임을 짧은 식견으로 읽습니다.

더욱 놀라운 것은 효신학에서 보석 같은 빛을 발견합니다. 일제 식민 시대 이후 그나마 남아있던 마지막 예의지국의 자존심까지 짓밟힌 후, 사상도 논리도 없던 한국에 공산주의와 자본주의의 사상으로만 얼룩져 제대로 된 사상과 학문의 깊이를 찾을 길이 없었던 혼란의 시대를 겪고 있는 이때에 효신학을 논리적으로 정립함으로 가정과 학교와 나라의 질서를 바로 잡을 유일한 대안임을 확신합니다. 누구에게나 알리고 전파하여 지금이라도 시급히 도입해야 할 학문임을 확신합니다.

쉐마교육을 받고, 이제 이 믿음의 확실함을 가지고, 세상으로 나가기 전에 먼저 가정으로 돌아가야 함을 절실히 깨닫습니다. 가정에서 순종하는 아내, 희생하는 어머니, 효도하는 딸과 며느리로 살아보고 싶은 마음뿐입니다. 그래서 나 하나의 변화로 정말 어머니의 망가진 못자리가 회복됨으로 아버지의 권위가 회복되고 자녀들의 순종이 회복되어 우리

가정이 믿음의 천국이 될 것을 목도하고 싶습니다.

그리하여, 우리 가정이 무너져가는 하나님의 가정들에게 온전한 쉐마의 모델 터가 되길 소원해 봅니다. 또한, 가정에서 예배로 가정성전을 세워가며, 자녀들에게 말씀과 신앙을 전수하여 시대를 읽는 영적 지도자로 성장해 갈 기도합니다. 앞으로 성경말씀과 현용수 박사님의 쉐마와 인성에 관한 책들을 더 읽고 연구하여 내 안에도 현 박사님처럼 성경말씀에 기초한 쉐마인성을 전파할 수 있는 논리가 세워지길 기대해 봅니다.

쉐마클리닉 참석자들의 증언

## 구약의 지상명령 발견은 다윈의 진화론보다 더 탁월하다

윤용주 박사 (미국 Washington Reformed University 교수, 신약학)

- Washington Reformed University, International Student Director
- Trinity Evangelical Divinity School (Ph.D. 신약학)
- Covenant Theological Seminary (D. Min.)
- Dallas Theological Seminary (MA, Th.M.)
- 서울대, & Point Park University (BA)

### 시작부터가 다른 강의였다

내게는 시작부터가 다른 강의였다. 귀납적 질문으로 시작하는 강의는 나로 하여금 정신과 영혼을 흔들어 놓는 시작이었다. 그 질문 자체가 어렵거나 생소하거나 보통 사람이 전혀 생각해 보지 않은 특별한 것이 아니었기 때문에 더욱 충격이었다. 그와 같은 질문은 보통 목사나 교육학을 가르치거나 하는 사람들은 고민하는 질문들이었기 때문이다.

그런데 현 교수님은 질문을 질문으로 끝나지 않고, 떠오른 질문의 답과 해법을 찾기 위해 길고도 먼 외로운 외길을 걸어오면서 나그네가 광야의 길을 갈 때 자신의 갈증을 해결하기 위하여 오아시스를 헤매고 찾을 때까지 걷고 걸어가듯, 문제의 해답을 찾기 위해 고뇌의 외길을 외롭게 걸어온 것을 느낄 수 있었다.

그리하여 나그네가 찾은 생수를 맛보고 큰 기쁨을 얻듯, 현 교수님은 자신이 찾은 답, 즉 구약의 지상명령(창 18:19) 때문에 유대인들이 왜 위대한 민족이 되었는가를 깨닫고, 구체적, 체계적, 논리적으로 정리하여 '쉐마'의 내용을 불호령 같은 메시지로 쏟아 놓았다.

깊은 샘에서 생수를 길어 올리듯, 교수님의 입에서 쏟아지는 용어 하나 하나는 생소하면서도, 나에게는 도전이요, 충격이요, 채근이었다. 출애굽을 한 하나님의 백성들이 엘림에서 물샘 열둘과 종려나무 칠십 주를 만남과 같은 기쁨이 나에게 흐르는 것을 보면서, 그리고 나와 나의 자손과 사역의 앞날을 생각해보면서 나는 시종 강의에 몰입하고 있었다.

### 눈물을 흘리고, 한없는 부끄러움을 느끼며 영혼은 통곡함을 보았다

강의를 듣는 나의 가슴은 눈물을 흘리고, 정신은 한없는 부끄러움을 느끼며 영혼은 통곡함을 보았다. 그 어떤 교수가 유대인의 교육이 천재교육이라는 것을 모른단 말인가? 그 어떤 교역자가 유대인의 교육이 성공적인 교육이라는 것을 몰랐단 말인가?

나는 일찍이 들었고, 보았고 알았었다. 그러나 나는 같은 학자이면서도 유대인의 교육이 왜 그렇게도 위대한 교육이며, 그 교육을 받은 사람들이 어떻게 온 인류에 크게 공헌하게 되었는지를 역사 속에서 찾으려 하지 않았단 말인가?

왜 나는 유대인의 현장에 들어가서 그들의 생각과 삶과 생활과 문화에 대해서 총체적이며, 체계적으로 분석하며 뿌리를 해부하려 시도하지 않았단 말인가? 그 어떤 기독교학자가 왜 초대교회는 초대교회로서 흔적을 감추게 되었는지 물어보고 그 답을 성경적으로 연구하고 역사적으로 분석해 해답을 찾으려 노력했단 말인가?

한국교회가 성장이 멈춘 것을 알고 고백하면서도 왜 한국교회는 갑작스럽게 사양길에 들어서게 되었는가? 교회사적으로 문화적으로 성경적으로 누가 조명하여 보았단 말인가?

### 기독교 2천 역사를 새롭게 쓰는 획을 긋는 발견이다

본인은 지난 20년 동안 대학 강단과 신학교에서 강의해 왔다. 교육에 대한 뚜렷한 목적과 신념을 가지고 좀 더 보람되고 유익한 강사가 되기 위해서 노력하고 노력해 보았다. 더욱 전인적인 학생들을 배출하여 각자의 주어진 환경 속에서 하나님 나라를 확장해 나가기를 원하여 수고하였건만 이론은 있으나 검증된 자료나 구체적인 방향을 제시할 수가 없어 추상적인 지식만 전달할 뿐이었다.

그래서 나는 종종 자신과 확신을 잊어버릴 때가 많았었다. 그러나 금번 쉐마 인성교육을 통해서 가능성을 보게 되었다. 막혔던 귀가 열리고 닫혔던 눈과 마음이 열리는 것을 나는 느낄 수 있었다.

수직문화와 수평문화의 차이를 논리적으로 들으면서 바로 '이것이구나!'를 깨닫게 되었다. 수직문화 중심적인 삶과 생활과 교육을 통해 인간은 비로소 깊은 생각과 바른 행동의 열매를 맺게 됨을 깨닫게 되었다.

현 교수님의 인성교육과 구약의 지상명령의 발견은 찰스 다윈이 진화론의 체계를 세운 것보다 더 월등하고 탁월하며, 기독교 2천년의 역사를 새롭게 쓰는 획을 긋는 발견이라 믿으면서, 나는 금번에 배운 내용을 내 자신과 자녀들과 그리고 사역의 현장에 적용할 것을 생각하니 벌써부터 가슴이 두근거리기 시작한다.

쉐마클리닉 참석자들의 증언

## 한국교회 쇠락의 원인을 알고 대안을 찾았습니다

채규영 교수 (소아과 의사)

- 감리교신학교 목회신학대학원 졸(M.Div.)
- 차의과학대학교 분당차병원 소아청소년과 교수
- 중앙대학교 의대대학원 박사(Ph.D.)
- 서울대학교병원 소아신경학 전임의
- 스탠포드대학교 수면장애 클리닉 연수

현용수 목사님의 저서를 처음 접한 것은 약 2008년 미국에서 연수를 마치고 온 후로 기억됩니다. 당시 절친 박영재 선생의 권유로 '메시아닉 교회'라는 책을 접하고 처음으로 구약의 절기를 그대로 지키고 있는 민족이 있다는 사실을 알게 되었고, 그 책에 소개되어 있는 유월절 절기에 대해 깊은 관심을 가지게 되었습니다. 저는 성경적 절기에 대해 조금 더 깊게 알고 싶었지만 자료를 찾기가 쉽지 않았습니다. 그래서 도서관과 책방을 뒤지게 되었고 이 과정을 통해 현용수 박사님의 '잃어버린 구약의 지상명령 쉐마'(전3권)를 찾아 읽을 수 있었습니다.

그 책들을 통해 성경을 보는 시각의 차이가 크게 변했습니다. 그것은 구약과 신약이 구분이 된 것이 아니라는 점이었습니다. 그리고 신약에서 예수님과 그분의 제자들이 어떠한 맥락에서 말씀하셨는지가 차츰 분명히 다가오게 되었습니다. 이때 깨닫고, 또한 이번 강의를 듣고 기록한 내용은 다음과 같습니다.

### 히브리 성경(구약성경)에 대한 달라진 나의 이해

기독교인들이 일반적으로 이해하고 있는 구약성경(구약)은 창조 때의 이야기를 포함하여 노아의 홍수, 바벨탑 사건 등 인류 초기의 사건들이 들어 있고, 이후 아브라함을 통해 펼쳐진 이스라엘의 역사(모세 5경과 역사서)와 시와 예언서로 이루어진 하나님의 말씀이다.

한편 구약에는 복잡하고 어려운 제사 제도, 고대의 율법, 이스라엘에 대한 편애가 심해 가나안 민족들을 남김없이 멸절하라고 명령하시는 자비롭지 못한 하나님, 율법에 어긋난 경우 형벌을 가하시는 무섭고 두려운 하나님의 모습 들어 있어 오늘날의 신앙에는 뭔가 맞지 않는 오래된 책이라고 인식되기도 한다.

물론 구약을 신약성경에 대한 그림자로서 오실 예수님에 대한 예언이 들어 있는 하나님 말씀으로 고백하기는 하지만 그 안에 들어 있는 많은 율법들과 계명의 구체적 사안에 대해서는 예수님의 십자가 사역을 통해 기독교인들은 더 이상 지킬 필요가 없는 구습이며 이제는 단지 영적인 가르침으로써 적용해야 할 부분이라고 생각한다.

과연 율법은 복음이 선포됨으로 더 이상 유효하지 않는가? 오늘날 우리 기독교인(개신교인)들의 대부분은 스스로를 예수 그리스도의 은혜를 통해 '율법에서 해방'된 '자유한' 그리스도인이라고 생각하며 살고 있다. 그러나 구약과 신약, 성경 전체의 맥락을 곰곰이 살펴보면 '율법에서 자유 한 것'이 무엇을 의미하는지 생각해보지 않을 수 없다.

## 율법에서의 자유를 깨닫다

교통법규가 전혀 지켜지지 않는 나라들을 방문했던 경험들이 있을 것이다. 가장 처음 느끼는 것은 혼란과 극심한 무질서 그리고 안전을 보장할 수 없다는 점일 것이다. 제각기 알아서 가고 알아서 피해야 한다.

사사기의 마지막 구절은 "이스라엘에 왕이 없으므로 각기 자기의 소견에 옳은 대로 행하였다"는 것이다. 사사기 안의 여러 사건들에서 느끼는 혼란함과 당혹스러움의 원인을 가장 잘 표현한 말이다.

하나님께서 명령하신 삶의 중요한 원칙들이 지켜지지 않으면 하나님의 사사도, 하나님의 백성도 얼마든지 혼란스러운 허접한 삶을 살 수 있다. 율법의 원어는 토라(תורה)로 '가르침'이라는 뜻이다. 하나님께서는 토라를 마음을 다해 지킬 때에 이스라엘에게 복을 내리시고 친 백성이 되게 하시겠다고 누누이 약속하셨다.

그래서 많은 선지자들을 보내고 설득하셨고 직접 징계도 하시며 이스라엘 스스로의 행복을 위해 하나님의 토라 가운데 사는 거룩한 백성이 되길 원하셨다. 그러나 목이 곧은 이스라엘 백성들은 말을 듣지 않았고 결국에는 친히 아들을 세상에 보내셨다.

하나님 아버지는 율법을 지키라고 명했고 그 아들은 율법에서 우리를 해방시키었습니다(?)

이 말이 얼마나 말이 안 되는 말인지 금방 알 수 있지 않은가? 그러나 우리는 그렇게 배워왔고 가르침을 받은 대로 율법에서 해방된 사람들이라고 믿고 있다. 그러나 예수님은 우리에게 그런 말씀을 하신 적이 전혀 없다.

오히려 "너희는 어찌하여 너희의 전통으로 하나님의 계명을 범하느냐"고 물으시고, 율법도 지켜야 하고 근본정신도 잊어서는 안 된다고 하셨다. 예수께서는 "율법과 선지자는 요한의 때까지요, 그 후부터는 하나님 나라의 복음이 전파되어 사람마다 그리로 침입하느니라. 그러나 율법의 한 획이 떨어짐보다 천지가 없어짐이 쉬우리라"(눅 16:16-17)라는 말씀을 통해 '율법서와 선지서', 즉 구약의 말씀들은 요한의 때까지 선포되었으나 율법(토라)은 천지가 없어지기까지 변함없이 지속됨으로써 율법의 효력이 영구할 것이라고 하셨다.

### 사람이 의롭다 하심을 얻는 것은 율법의 행위에 있지 않고 믿음의 법이다

그렇다. 할례자도 또한 무할례자도 믿음으로 의롭다 하심을 얻는다. 그래서 더욱 율법을 굳게 세운다고 사도 바울은 말한다(롬 3:31). 이는 그리스도 예수 안에 있는 믿음만이 진실하게 율법을 지킬 수 있도록 인도하기 때문이다.

흔히 바울을 율법주의에 반대하여 은혜의 복음을 설파한 위대한 사도라고 평가하지만 사도행전에 기록된 그의 행적을 따라가 보면 그리 간단하지 않다. 다음은 사도 바울의 고백이다.

나는 유대인이며 예루살렘에서 자라 가말리엘의 문하에서 율법의 엄한 교훈을 받았으며(행 22:3), 바리새인이요, 또 바리새인의 아들이다(행 23:6). 나는 우리 조상들의 하나님을 섬기고 율법과 선지자들의 글에 기록된 것을 다 믿는다(행 24:14). 나는 유대인의 율법이나 성전이나 가이사에게 도무지 죄를 범하지 않았다(행 25:8). 형제들아 내가 이스라엘 백성이나 우리 조상의 관습을 배척한 일이 없다(행 28:17).

바울은 율법에 반대한 것이 아니라 위선적인 율법주의(legalism),
즉 문자적 형식주의에 반대한 것이다

초대교회 사도들이 조상과 자신들도 능히 메지 못하던 멍에를 제자들의 목에 둘 수 없다고 결정한 이유는 무엇인가?

예루살렘 교회 사도들은 조상과 자신들도 능히 메지 못하던 멍에를 제자들의 목에 둘 수 없다고 결정했는가? 사실이다. 그런데 능히 메지 못하던 그 멍에가 과연 율법인가? 그것은 오늘날 생각하는 구약의 율법이 아니다! 그 멍에는 바리새인들이 스스로 제정했던 무거운 짐, 즉 사람(장로)들이 만들었던 전통이다. 처음에는 하나님이 주신 율법을 더 철저하게 지키기 위해 선한 목적으로 각 율법에 온갖 조항들을 첨가해 만들었다. 그러나 세월이 지나면서 그들을 괴롭히는 멍에가 되었다.

따라서 예수님께서는 "무거운 짐을 묶어 사람의 어깨에 지우되 자기는 이것을 한 손가락으로도 움직이려 하지 아니하는" 그들을 향해 '외식하는 너희여'라고 말씀하신다. 율법을 본인들의 것으로 점유(占有)하고 이를 통해 완장을 찬 권력행사를 하였기 때문이다. 바리새인들의 율법 준수는 하나님 앞의 성화를 이루는 것이 아니라 하나님의 율법을 이용하여 천국에 이르는 길을 막고 더욱 악한 자로 만들었기 때문이다.

위의 결정을 목도한 야고보는 율법에 대해 자유를 주는 온전한 율법이라고 하였다(약 1:25).

> 자유하게 하는 온전한 율법을 들여다보고 있는 자는 듣고 잊어버리는 자가 아니요, 실행하는 자니 이 사람이 그 행하는 일에 복을 받으리라. (약 1:25)

그러므로 바울은 하나님의 율법에 복잡한 장로들의 전통을 더하여 무거운 멍에로 둔갑시킨 거짓 형제들의 다른 복음(율법을 지켜야 구원을 받는다)에 대해서는 그리스도 예수 안에 있는 자유와 복음의 진리를 지키기 위해 다시는 종의 멍에를 메지 말라고 하였다(갈 5:1).

### 그러면 논쟁하지 말고 이방인들에게 율법을 지키라고 명했어야 하지 않나

바울은 이방인 기독교인들에게 먼저 우상에서 손을 떼라고 권고하였다. '우상의 제물'과 '음행'과 '목매어 죽인 것'과 '피'를 멀리하는 것은, 곧 우상을 더 이상 섬기지 않는다는 최소한의 증표이다. 우상의 신전을 중심으로 모든 사회적 기능이 이루어지던 이방인 세계에서 일단은 나오는 것이다.

하나님께서 가장 싫어하시는 우상의 제물(우상 섬기기), 피(살인), 음행(음란한 성관계)을 피하는 그것이 이방인 성도로서 처음 시작해야 할 일이었기 때문이다. 그 이후 그들은 각자의 성에서 모세를 전하는 자들에게 하나님의 율법을 들을 수 있었다(행 15:21).

### 그렇다면 그리스도 예수 안에서 우리가 가진 자유는 무엇인가

그것은 내 지체 속에 있는 죄와 사망의 법으로부터 해방시키는 예수님 안에서 생명의 성령님의 법으로 사는 자유이다. 이는 율법을 떠나는 것이 아니라 오직 주님의 율법을 즐거워하며 그의 율법을 주야로 묵상하는 삶으로 인도한다.

다시금 말한다. 사도 바울은 예수님 안에서 성령님을 따라 행하는 우리에게 율법의 요구가 이루어진다고 하였다(롬 8:4).

> 육신을 좇지 않고 그 영을 좇아 행하는 우리에게 율법의 요
> 구를 이루어지게 하려 하심이니라. (롬 8:4)

이는 다른 사람들을 의식한 외식함이 아니요 그리스도 예수 안에서 가진 자유로서 행하는 것이니 이는 내 안에 내가 사는 것이 아니라 내 안에 그리스도께서 사시기 때문이다.

### 그러면 다시 율법주의자로 살라는 말인가

아니다. 그러나 신약성경의 저자들은(구약성경의 저자들이 아니라) 하나님의 모든 계명과 규례를 흠이 없이 행한 자들을 율법주의자로 부르지 않고 '경건한 하나님의 사람들'로 불렀다. 여기에는 유대인과 이방인의 차이가 없다.

세례 요한의 아버지와 어머니가 그러하였으며(눅 1:5-6), 예수님의 부모님이셨던 요셉과 마리아 역시 그 길을 걸었다. 스데반은 유대인들에게 "너희는 천사가 전한 율법을 받고도 지키지 않았다"라고 말하여 죽임을 당했다.

다메섹의 아나니아는 율법에 따라 사는 경건한 사람으로 모든 유대인들에게 칭찬을 듣는 예수님의 제자였다(행 22:12). 이방인이었던 가이샤라의 고넬료 또한 기도와 구제에 힘쓴 의인으로 경건한 삶을 살았다고 기록되었다.

이들이 과연 오늘날 말하는 율법주의자들인가? 요한계시록에서는 짐승과 그의 우상과 그의 이름의 수를 이기고 벗어난 자들이 유리 바닷가에 서서 찬양을 드리는 내용이 나온다. 그들은 하나님의 종 모세의 노

래와 어린양의 노래를 부른다(계 15:3). 이는 명확히 하나님의 율법과 주 예수께 대한 찬양이다.

예수님께서 말씀하신다: 하나님의 말씀(토라)을 듣고 행하는 이 사람들이 곧 내 어머니요 형제들이다(마 12:50, 눅 8:21). 나는 하나님의 계명이 영생이라는 것을 안다(눅 12:50). 내가 아버지의 계명을 지켜 그의 사랑 안에 거하는 것 같이 너희도 내 계명을 지키면 내 사랑 안에 거한다. 예수님은 진정한 율법 실천자이시다.

נֵר־לְרַגְלִי דְבָרֶךָ וְאוֹר לִנְתִיבָתִי

주의 말씀은 내 발에 등이요 내 길에 빛이니이다. (시편 119:105)

## 신학교에서 얻지 못한 것을 현 교수님의 책을 통해 얻는 기쁨에…

현용수 목사님의 책을 읽은 후 이와 같은 새로운 깨달음은 성경의 진리에 대한 목마름을 더해 젊은 시절부터 꿈꾸었던 신학공부를 하게 되었습니다. 그러나 그 과정 중에는 성경적 지식보다는 신학적인 다양한 내용을 접하느라 원래 바랬던 성경을 더 깊숙하게 알기는 쉽지 않았습니다.

오히려 신학대학원이 얼마나 좌파적 사고와 이론에 가득 차 있는지 확인하였던 어려운 시간들이었습니다. 그냥 학점만 빨리 채우고 졸업을 할 수도 있었지만 그러면 너무 아쉬울 것 같아 구약에서 제 전공인 의학과 관련 있는 부분에 대해 논문을 쓰고 나오기로 결심했습니다.

평소에 의문이 있었던 레위기 12장 1-5절의 내용을 가지고 '출산 신생아의 성별에 따른 산후 정결례 기간 차이에 대한 현대 의학적 이해와 고찰'이라는 소논문을 작성하였습니다. 그때 논문 작성 과정 가운데 크게 도움을 받았던 것이 현 박사님의 '성경 속 남과 여, 한 몸의 비밀'(유대인의 성교육)입니다.

현 박사님은 이 책을 통해 성(性)의 본래적 성경의 의미에 대해 시원하게 눈을 열게 해주었습니다. 그래서 쉐마교육연구원의 세미나를 직접 참석해 보고픈 생각이 많이 들었지만 바쁜 생활 가운데 그런 결심을 하기가 쉽지 않았습니다.

한편 2016년 이후 우리나라의 정세가 급변하면서 박근혜 대통령이 탄핵을 당해 옥에 영어(囹圄)의 몸이 되고 나라의 형편이 급속하게 어려워져 2019년부터 박영재 선생과 홀리웨이브 선교회를 만들어 우리나라를 위한 중보기도를 시작하게 되었습니다.

온라인 강좌도 열게 되었는데 안정용 선생님의 소개를 통해 현 박사님을 직접 뵙고 교제할 수 있는 기회를 가지게 되어 참으로 감격스러웠습니다. 광야의 어려움 중에도 샘물과 만나를 공급하시는 주님의 은혜를 누리게 된 것입니다. 더욱이 2021년도에는 감사하게도 세계로교회에서 열린 쉐마클리닉 '인성교육'편에 참여하게 되어 더 많은 부분들을 구체적으로 배우고 깨닫게 되었습니다.

### 강의를 통해 한국교회 쇠락의 원인을 알고 대안을 찾았습니다

강의를 통해 우리나라에 수많은 교회와 선교단체가 있지만 우리의 영적 형편은 말할 수 없이 쇠퇴한 그 이유에 대해 논리적으로 분명히 알게 되었습니다. 즉, 우리나라 교회뿐만 아니라 지난 2000년간 신약의 교회들은 복음만 자신의 세대에 전했기 때문에 성령의 은혜가 풍성했던 그 당대에서는 잠시 융성했지만 그 세대가 지나가면 그 불이 꺼지고 말았던 것입니다.

또한 수평문화에 물든 아이들이 올바른 수직문화를 전혀 접하지 못하고 책임감을 갖춘 성숙한 인격이 되지 못해 교회에서 자라난 아이들도 대학에 들어가면 95%가 교회를 떠나는 지경에 이른 것이라는 사실을 알게 되었습니다.

이 과정 중, 아이들을 잘 기르고 싶어 집과 떨어진 기독교 대안학교에 보낸 후 신앙이 멀어진 내 아이를 생각하며 참으로 마음이 아팠습니다. 좌파 기독교인 선생님들에게 잘못된 생각을 전수 받은 것입니다.

나의 아이를 남의 손에 맡겨둔 실책에 내내 가슴이 아팠습니다. 현 목사님의 지적대로 정말 아이들은 어떻게 배웠는지에 따라 달라지는 존재들입니다. 복음교육과 함께 강한 수직문화의 선민 교육만이 이 나라와 다음 세대를 살릴 수 있다고 생각합니다. 그것은 성경의 교훈들을 절기에 따라 매뉴얼(코드화)을 만들고 실천해서 후대에 전수해야 하는 것입니다.

쉐마교육은 평생에 걸친 교육(평생교육)이자 또한 삶 내내 기쁨과 잔치의 시간을 마련하는 것이기도 합니다. 아이들과 후세들이 본받을 수 있는 신앙의 환경과 교육의 환경을 가정에서부터 시작하여 가정을 성소로 만드는 것입니다. 이를 통해 후손들이 올바른 인성교육을 받고 큰 그릇으로 강하게 자라나야 합니다.

특별히 동상제일교회의 학생들과 열방교회의 쉐마교육 사례를 실제로 눈으로 보며 큰 감동을 받았습니다. 이제 앞으로 성령님의 열매와 외면적 인성의 열매들이 풍성히 맺는 뿌리 깊은 한국인의 정체성을 갖는 후손들을 키우기 위해 최선의 노력을 다하고자 합니다.

강의 내내 나의 자녀교육 실패를 그대로 지적받아 마음 한편이 아리

기도 하며 또한 어떻게 이를 회복할 수 있는지에 대해 고민하며 3박 4일을 정신없이 듣고 노트하며, 또 새로운 쉐마 스피릿 세대의 부흥을 위해 여러분들과 네트워킹을 준비하며 함께 한 시간이었습니다.

    이러한 귀한 지혜와 지식을 베풀어 주신 현 목사님께 깊은 감사를 드립니다. 그리고 내내 좋은 환경과 식사로 지원해 주신 세계로 교회 손현보 목사님, 윤창현 장로님께 깊은 감사를 드립니다.

쉐마클리닉 참석자들의 증언

## 무섭고 사나운 짐승처럼 변해 가는 학생들에게 쉐마교육만이 대안

박경란 교사 (고양제일중학교)

- 고양 제일중학교 인성상담 부장
- 연세대학교 대학원 상담교육학과 졸업

    중고등학교에서 인성부장으로 23년간 학생들의 인성을 고민해 오던 차에 학교가 미션스쿨이라 신우회 담당 목사님 백승철 목사님께서 마지막 신우회 때 주신 간증집을 보고 대학교수인 남편에게 소개하여 남편이 꼭 신청하라는 허락에 같이 오게 되었다.

    평소 학생 지도를 잘했는데 갑자기 2011년 인권 조례 시행부터 학생들이 무서운, 사나운 짐승처럼 변해가는 것을 느끼게 되었다. 말씀도 가르치고, 상담도 열심히 하였으나 도도한 시대적 물결을 막을 수 없었다.

    교무실, 복도에서 교사와 싸우는 학생이 많아졌다. 점점 인격을 갖춘 전인적 인간의 모습을 상실해 가고 있으며 머리만 커가는 기이한 현상에 사명감을 잃어가는 교사가 많아지고 있다. 현 학교교육의 문제는 무엇인가?

교사가 없어서가 아니다. 인성교육에 관한 확실한 논리도 없거니와 정말 현 교수님 말씀처럼 쓸 만한 사람을 찾기 힘든 시대에 살기 때문이다.

인성교육의 원리인 수직문화와 수평문화에 관해 강의를 듣는 순간 너무나 기쁘고 감격했다. 난생 처음 듣는 이론이다. 그동안 내가 옳다고 생각했던 것을 실천으로 옮길 만한 확실한 논리적인 근거를 찾았다. 이제 학교 현장에서 학생들을 어떻게 지도하고 가르쳐야 하는지, 확실한 나만의 철학을 정립할 수 있었다.

사실 평소 말씀 묵상하며 구약의 말씀을 지키려고 노력했지만 드러낼 수 없는 교회 문화가 있어 실천하지 못했는데, 이것을 한 방에 해결해주는, 정말 영적으로 시원케 해주신 강의였다. 이제 학생들과 어른을 바라보는 눈이 달라졌다.

하루하루를 쌓듯이 자녀를 설득하고 말씀 전수에 앞장서야겠다는 결심을 하게 된 영적 쇼크를 경험한 영원히 잊지 못할 세미나였다. 정말 실천 강령으로 현 박사님의 책을 읽고 또 읽어 학생들, 교사들에게 강의를 하고 가정에서도 모범을 보이는 것을 목표로 세웠다. 아들이 고2라 마지막 청소년기 졸업 전에 이 교육에 참여하도록 설득할 것이다.

이 쉐마클리닉은 하나님이 마지막으로 한국에게 주신 선물이다. 이 한국을 너무 사랑하신다. 나를 아는 많은 사람들이 관심 갖도록 책과 세미나를 소개하여 한국을 진정한 크리스천 가정으로 세우는데 열심을 다할 것이다.

2차 세미나에 꼭 참석하고 싶다. 현직 교사들도 많이 참석해야 될 것 같아 많이 홍보하려고 한다. 학생들도 마찬가지다.

인성교육의 원리인 수직문화와 수평문화에 관해 강의를 듣는 순간 너무나 기쁘고 감격했다. 확실한 나만의 철학을 정립할 수 있었다.

부록 2

## 쉐마 국악 찬양

### 인성교육학적 측면에서
# 왜 국악 찬양이 필요한가!

유대인의 성공은 어디에서 오는가? 그들은 어떻게 자손 대대로 하나님의 말씀을 전수하는 데 성공하였는가? 그들은 자녀를 깊이 생각하는 뿌리 깊은 인간으로 양육하기 때문이다. 그들은 어떻게 자녀를 깊이 생각하는 뿌리 깊은 인간으로 양육할 수 있는가?

저자는 유대인을 모델로 한 저자의 저서 《현용수의 인성교육 노하우》 제1권에 수직문화와 수평문화에 대한 이론을 개발하였다. 그들은 표면적인 수평문화보다는 깊이 있는 수직문화를 가르치기 때문이다. 수직문화 중 하나가 자기 민족의 역사의식과 전통을 귀하게 여기고 가르치는 것이다. 그런데 한국인 기독교인은 우리의 전통을 무시하고 서양 것에만 너무 익숙해져 있다. 한국인 기독교인의 인성교육적 측면에서 분명히 잘못된 것이다.

물론 그만한 이유도 있다. 한국인 기독교인이 한국 민족의 전통을 그대로 이어갈 수 없는 이유는 대부분 한국의 전통들이 그 내용이나 형식을 보면 우상을 섬기는 데서 나왔기 때문이다. 그렇다면, 한국인 기독교인이 한국의 전통을 어떻게 사용할 수 있는가? 두 가지로 생각할 수 있다.

**첫째,** 기독교에서 한국의 전통을 잇기 위해서는 그 전통의 내용을 신본주의 사상으로 바꾸어 일부 형식만 사용하는 방법이다. 예를 들면 조상들에게 추수에 대한 감사를 표시하는 한국의 추석을 하나님께 추수에 대한 감사를 표시하는 추수감사절로 바꾸어 사용하는 방법이다. 기도도 마찬가지다. 서양 사람들은 의자에 앉아서 혹은 서서 기도한다. 그러나 한국인은 옛날부터 무릎을 꿇고 조상신들에게 빌었다.

이런 기도하는 방법, 즉 무릎을 꿇고 하나님께 기도하면 얼마나 하나님 앞에 정성스런 기도가 될 것인가? 뿐만 아니라 찬양도 국악의 형식을 빌어 하나님을 찬양할 수 있다. 우리 민족의 고유 가락을 하나님 섬기는 도구로 사용하는 것이다.

둘째, 보편적 윤리나 도덕적 예의나 지혜는 그대로 사용할 수 있다. 예를 들면, 서양 사람들이 인사할 때는 고개를 그대로 들고 "하이(Hi!)" 한다. 그러나 한국 기독교인은 고개를 많이 숙이면서 "안녕하세요"라고 말한다. 뿐만 아니라 한국의 고사성어에는 동양의 지혜가 많이 배어 있다. 예를 들면, 토사구팽(兎死狗烹), 새옹지마(塞翁之馬), 결자해지(結者解之) 등이다. 식자우환(識字憂患)이란 고사성어는 전도서에 나오는 말씀이다(전 1:18). 이런 것들은 종교를 떠나 한국인 지식인이라면 마땅히 알고 평상시에 사용하여야 한다.

특히 성경의 잠언이나 전도서 같은 지혜서에 나오는 말씀들도 동양에 얼마든지 있다. 왜냐하면, 하나님께서 이방인에게도 성경이라는 특수계시를 주시기 전 하나님을 알 만한 보편적 진리(롬 1:19~20)를 주셨기 때문이다.

〈자세한 내용은 저자의 저서 《현용수의 인성교육 노하우》(전4권, 쉐마, 2012) 참조〉

〈부록 2〉에는 부족한 종이 쉐마사역을 위하여 작사한 '쉐마 3대 찬양'과 '쉐마 효도 찬양' 그리고 박성희 목사가 작사한 '쉐마 이스라엘 들으라'를 싣는다. 곡은 모두 국악이다. 곡을 만드신 작곡가 류형선, 정세현, 조춘오 세 선생님에게도 감사를 드린다. 차제에 국악찬양이 많이 보급되어 전 세계에 흩어진 한국인 기독교인들이 우리의 것으로 하나님을 찬양하는 날이 속히 오기를 소원한다.

저자 현용수

# 쉐마3대찬양

곧 너와 네 아들과 손자로 평생에 네 하나님을… 네 날을 장구케 하기 위한 것이라
(신 6:2)

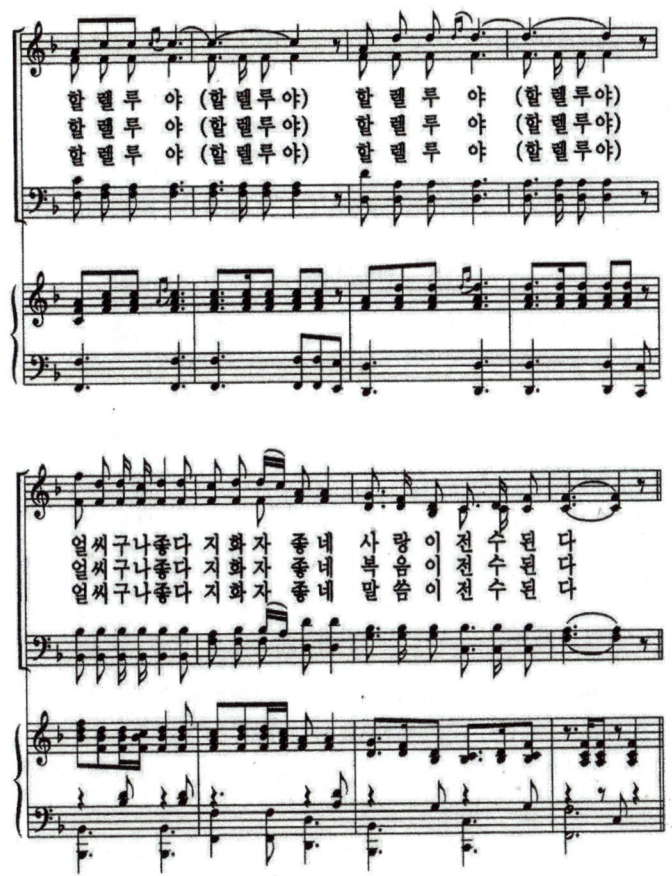

# 쉐마아버지노래

# 쉐마어머니노래

이제 너희는 이 노래를 써서 이스라엘 자손들에게 가르쳐
그들의 입으로 부르게 하여
이 노래로 나를 위하여
이스라엘 자손들에게 증거가 되게 하라.
(신명기 31:19)

## 가정을 성결하게 하는 두 가지 원칙

## 대 주제

나는 너를 애굽 땅, 종 되었던 집에서 인도하여 낸
너의 하나님 여호와로라. (출 20:2)


자녀들을 복음으로 구원의 확신을 갖게 하여
하나님의 성민이 되게 하라. (갈 2:20)

# 쉐마자녀교육 십계명
- 3대가 신앙과 문화의 세대차이를 막는 법 -

I. 정체성 교육(1-3계명)
II. 성결 교육(4-7계명)
III. 비전 교육(8-10계명)

# '쉐마자녀교육 십계명'을 제정하면서

현대 사회는 가정이 심각한 위기를 맞고 있다. 부모가 자녀에게 인성교육과 성경적 가치관 교육을 시키고 싶어도 왜 무엇을 어떻게 가르쳐야 할지 세부적이면서도 포괄적인 가이드라인이 분명치 않아 혼돈 상태에 있다. 이에 쉐마교육연구원은 성경적 자녀교육의 지침이 절실함을 깨닫고 다음에 유념하여 '쉐마자녀교육 십계명'을 제정하여 공포하게 되었다.

첫째, 본 '쉐마자녀교육 십계명'은 복음을 믿고 구원받은 기독교 가정의 자녀교육이다.

유대인이 성경을 많이 알아도 신약시대에 예수님을 믿지 않아 구원을 받지 못하는 것처럼, 자녀가 기독교 집안에서 성장했다고 구원 받는 것은 아니다. 신약시대는 오직 예수님의 십자가와 부활을 믿음으로 구원을 받을 수 있다(행 4:12; 고후 13:4). 따라서 본 쉐마자녀교육 십계명은 하나님의 은혜로 성령을 받아 예수님을 믿음으로 구원 받은 기독교인 가정을 대상으로 정리한다.

둘째, 본 '쉐마자녀교육 십계명'의 제정 목적은 한국인이 자녀로 하여금 한국인 기독교인의 정체성을 갖게 하고, 구별된 백성으로 하나님의 형상을 닮게 하여 그리스도의 장성한 분량까지 자라게 하기 위함이다(엡

4:13). 그리고 하나님을 향한 가문·민족·세계선교의 비전을 이루고, 전인교육으로 세상을 변화시키는 지도자로 키우기 위함이다. 이것이 3대가 신앙과 문화의 세대차이를 막고 자손대대로 말씀을 전수하며(구약의 지상명령, 창 18:19; 신 6:4-9), 세계선교(신약의 지상명령, 마 28:19-20)를 이루는 방법이다. 따라서 본 십계명은 다음 세 부분으로 구성되어졌다.

    I. 정체성 교육(제1계명 – 제3계명)
    II. 성결 교육(제4계명 – 제7계명)
    III. 비전 교육(제8계명 – 제10계명)


2006년 5월 5일, 어린이날
쉐마교육연구원 원장 현용수

한민족 기독교인의

# 쉐마자녀교육 십계명
- 3대가 신앙과 문화의 세대차이를 막는 법 -

## 대 주제

나는 너를 애굽 땅, 종 되었던 집에서 인도하여 낸 너의 하나님 여호와로라. (출 20:2)

자녀들을 복음으로 구원의 확신을 갖게 하여 하나님의 성민이 되게 하라. (갈 2:20)

## I. 정체성 교육
〈하나님을 향한 한민족 기독교인의
신앙 · 민족 · 지식의 정체성 교육〉

### 제1계명 자녀를 제자 삼아 말씀 맡은자의 정체성을 갖게 하라 (신앙의 정체성 교육)

하나님은 인류를 말씀으로 구속하시기를 소원하신다(사 40:8; 벧전 1:24). 예수님은 말씀이 육신이 되신 분이시다(요 1:14). 하나님의 말씀은 영혼의 양식이다. 따라서 부모는 자녀를 '말씀 맡은자'(롬 3:2)로 영적 정체성을 갖도록 양육해야 한다. 부모는 정기적으로 자녀와 함께 가정예배를 드리고 부지런히 말씀을 가르치므로(신 6:4-9) 주님 오실 때까지 하나님의 말씀을 자손 대대로 대물림해야 한다.

### 제2계명 자녀에게 한민족 기독교인의 정체성을 갖게 하라 (민족의 정체성 교육)

자녀를 자기 민족을 사랑하는 한민족 기독교인으로 양육하기 위하여 (출 32:32; 롬 9:1-5), 기독교 가치관과 한국인의 수직문화를 함께 가르쳐야 한다. 한국인의 수직문화는 자녀에게 한국인의 정체성을 심어주고, 자녀의 마음을 인성교육의 바탕이 되는 복음적 토양, 즉 옥토가 되게 한다 (마 13:18-23). 자녀에게 한국말과 한국의 예절을 가르쳐야 한다. 자신의 뿌리인 부모님에 대하여, 가족과 가문에 대하여, 민족에 대하여 생각하며 기도하게 해야 한다. 그래야 선 세대들이 이루어 놓은 한인교회를 후세대들이 세대차이 없이 전수받을 수 있다. 수직문화 교육은 모세나 바울처럼 신앙을 담는 아름답고 큰 그릇을 형성하게 한다.

### 제3계명 자녀에게 EQ + 지혜교육을 시켜 지식의 정체성을 갖게 하라 (지식의 정체성 교육)

그리스도를 아는 것은 고등학문이요, 세상학문은 초등학문이다(골 2:8). 또한 자녀들이 세상 악인의 꾀에 빠지지 않게 하기 위해서는 마음은 비둘기같이 순결하지만 머리는 뱀같이 지혜롭게 키워야 한다(마 10:16). 어머니교육, 기독교교육 및 자연교육은 EQ를 증진시키고 순결한 마음을 갖게 한다. 그리고 하나님의 말씀(율법) 교육은 자녀의 영혼을 소생케 하고 세상을 사는 데 필요한 지혜를 갖게 한다(시 119:98-107). 하나님은 지혜의 원천이시며, 그 말씀에서 지혜 교육이 나온다. 지혜교육에는 세상에서 머리가 되는 IQ교육도 포함된다(신 28:13).

## II. 성결 교육
〈하나님을 향한 장소·시간·사람·물질·생활의 성결교육〉

### 제4계명 세속 수평문화로부터 가정을 성결케 하라 (장소의 성결 교육)

가정은 거룩한 성전이다. 가정에서 수평문화를 차단하여 이 세대를 본받지 말게 하라(롬 12:2). 가정에서 죄성을 자극하는 불건전한 물건을 없애고, 자녀들의 TV 시청 및 영상문화를 금하라. 13세 이전에 세속적인 수평문화를 본받게 되면 마음의 토양이 자갈밭이 되어 복음을 전해도 받아들이기가 힘들고, 예수님을 영접한 후에도 헌신도가 약하고 제자화하기가 힘들다(마 13:18-23).

### 제5계명 한 가족 3대가 성수주일로 시간을 성결케 하라 (시간과 사람의 성결 교육)

신앙과 문화의 세대차이를 막기 위해 3대가 함께 주일을 거룩하게 지키는 훈련을 하는 것은 자녀를 어려서부터 하나님의 구별된 백성으로 양육하는 데 대단히 중요한 요소다. 하나님께서는 6일 동안 천지를 창조하신 후 제7일을 복되게 하여 그 날을 안식일로 거룩하게 하셨다(창 2:2-3). 안식일은 모든 세속적인 일을 멈추고 안식하며 하나님과의 관계를 더욱 충만하게 하는 절기다(출 20:8-11). 성수주일 교육은 하나님을 위한 다른 시간도 성결하게 사용하도록 돕는 훈련이다.

### 제6계명 십일조 교육으로 물질을 성결케 하라 (물질의 성결 교육)

하나님께 십일조를 드리는 행위는 만물의 주인이신 하나님에 대한 신앙의 표현이며 물질의 헌신이다. 이것은 기독교인의 기본 의무이기도 하다(말 3:7-12). 하나님을 사랑하기 때문에 기꺼이 의무를 이행할 수 있어야 한다. 보물이 있는 곳에 마음도 있다(마 6:21). 어려서부터 십일조 외에 다른 헌물도 구별하여 하나님께 드리는 바른 물질관 훈련을 시켜야 한다.

### 제7계명 선악을 분별케 하는 율법교육으로 생활을 성결케 하라 (생활의 성결 교육)

죄악 세상에서 어떻게 자녀를 성결하게 키울 수 있을까? 악인의 꾀를 좇지 않고 죄인의 길에 서지 않게(시 1:1) 하기 위해서는 먼저 어느 것이 악이고 어느 것이 선인지를 구별할 줄 알아야 한다. 따라서 부모는 자녀에게 하나님이 주신 십계명을 비롯한 성경(율법) 교육을 시켜(요일 5:2-3), 하나님이 '하라'는 것은 하고 '하지 말라'는 것을 하지 않도록 훈련시켜야 한다(시 119:101-102). 특별히 음란한 세상에서 성적 순결을 지키게 하라.

## III. 비전 교육
〈하나님을 향한 가문 · 민족 · 세계선교의 비전〉

### 제8계명 효도교육으로 명문 가문의 비전을 심으라
**(가문의 비전 교육)**

부모공경(출 20:12; 엡 6:1-3)은 하나님의 말씀을 전수하기 위한 필수 요건이다. 자녀가 부모를 공경하지 않으면 순종이 없고, 부모에게 순종하지 않으면 부모로부터 말씀을 전수받을 수 없기 때문이다. 말씀전수의 차원에서 부모공경은 바로 하나님 공경과 같다. 자녀가 부모에게 말씀을 받아 '말씀 맡은자'가 되면 당연히 예수님처럼 육신의 부모에게 효를 행하게 된다(요 19:25-26). 따라서 효는 하나님과 부모를 기쁘게 해드리는 인성교육의 기본이다. 효도교육을 받은 자녀는 형제간에 우애 있고 가문을 말씀으로 일으키며 민족(성민)의 수명을 길게 한다. (효도교육을 시킬 때 영적 부모인 목회자에 대한 효도교육도 함께 시켜야 한다)

### 제9계명 고난의 역사교육으로 민족의 비전을 심으라
### (민족의 비전 교육)

한국 민족의 고난의 역사교육을 시켜야 한다. 하나님은 이스라엘 백성을 애굽에서 구원하신 후 애굽에서의 고난을 기억시키기 위하여 유월절에 자녀들에게 쓴나물과 고난의 떡을 먹게 하셨다(출 12:8; 신 16:3). 인간이 고난의 역사를 잊으면 하나님의 은혜를 잊고 타락하기 때문이다(호 13:6). 따라서 자녀에게 가정뿐 아니라, 민족의 고난의 역사 교육도 시켜야 한다. 인간은 고난을 기억할 때 현재의 생활에 감사하며 충실하게 된다(신 6:10-13, 8:1-16). 그리고 민족의 평화와 번영을 위한 비전을 품게 한다.

### 제10계명 신·구약의 지상명령을 가르쳐 세계선교의
### 비전을 심으라 (세계선교의 비전 교육)

기독교인 자녀는 먼저 자신의 가정을 돌보고, 자기 민족을 사랑하지만, 이웃과 타민족도 함께 사랑해야 한다. 특히 하나님의 최고 관심사는 타락한 인류를 구원하여 하나님 나라를 이루시는 일임을 어려서부터 가르쳐야 한다. 따라서 기독교인은 먼저 가정에서 부모가 자녀에게 말씀을 가르쳐 자녀를 말씀의 제자로 양육하는 '구약의 지상명령'(창 18:19; 신 6:4-9)과 수평적으로 땅 끝까지 복음을 전하라는 예수님의 지상명령(마 28:19-20)도 함께 수행해야 한다. 이것이 주님의 재림을 준비하는 길이다.

## 참고자료(References)

### 한국 자료

경기도민일보, *이재명 성남시장, 반기문도 넘나?*, 2016년 12월 3일.

국민일보, *그리스도인 깨어 기도해야…미스바 구국기도회 열어*, 2016년 11월 10일.

\_\_\_\_, *신앙 성향은 보수적, 정치는 진보인 성도 28.5%*, 2021년 4월 16일.

국회뉴스, *韓경제의 특정 대기업 의존도, 주요 15개국 중 최고 1개 기업의 매출액이 한 나라 GDP의 14%에 달해*, 2015년 9월 30일.

김문수, *청와대 비서관 22명이 주사파…엄청난 일*, 블루투데이, 2017년 11월 20일.

김성보. (2005). *전쟁책임 다 못따진 '미완의 재판' 조명*. 한겨레, 5월 3일.

김은주. *유학생 때 겪었던 나의 부끄러운 과거, 원인을 알았다. 쉐마지도자클리닉에 참석한 후의 증언.*

김재동, (2015). *한국근현대사 바로 알기*, 서울: 복의 근원.

네이버, *이승만 인물 정보*, 2016년.

네이버 지식백과, *'연평도 포격도발'과 '천안함 폭침 사건.'*

뉴시스, *민중총궐기 100만명 돌파…'역대 최다 기록*, 2016년 12월 12일.

다음백과, *미국 뉴욕 쌍둥이 빌딩 911테러.*

다음사전, *'정치'의 정의*

데일리 굿 뉴스, *종교별 가장 많은 선택받은 후보? 개신교는*, 2017년 5월 11. 일.

동아일보, *'1인 지배 강화하는 시진핑 시대'좋은 정치를 위한 지식인의 제언*, 2016년 11월 28일.

\_\_\_\_, *겨울비 속 국회 앞 '밤샘 촛불'… 트랙터 10대 또 상경 시도*, 2016년 12월 9일.

_____, 김일성, 속이려고 협상… 김정일, 협상 하는 척만… 김정은, 협상 전면 거부, 2017년 9월 8일.

머니투데이, 촛불집회서 나온 '이석기 석방' 구호, 어떻게 생각하세요, 2016년 12월 17일.

매일경제, 39년만에 침몰한 한진해운, 유럽·중국 해운사만 파티, 2016년 12월 12일.

매일노동뉴스, 촛불, 집회가 혁명으로, 2016년 12월 13일.

문화일보, "북한인권 결의안 기권 결정 송민순 말이 맞다" 잇단 증언, 2016년 10월 18일.

서울신문, "전교조 탄압 주범 정원식을 몰아내자" 등의 한총련 구호, 2020년, 4월 13일.

_____, 자유한국당 의원 3명, 5.18사건 북한군 개입설을 주장, 2019년 2월 11일.

성경. (2001). 개역개정, 대한성경공회.

성경. (2015). 표준새번역, 대한성경공회.

손봉호, '기독교가 이념갈등을 해소하려면', 누가들의 세계, 2020년 가을–겨울호, 통권 209호.

송민순, (2016). 빙하는 움직인다. https://books.google.co.kr/books?id=jpM8DQAAQBAJ&pg=PT642&dq=문재인+북한+유엔+인권결의안.

연합뉴스, 아베 연설 모델은 58년 전 '신시대 언급 외조부 기시 노부스케 미 하원 연설, 2015년 4월 26일.

_____, '어린이 줄지 않는 이스라엘… '출산은 제1의무', 2016년 5월 5일.

_____, '돈 버는 기계일 뿐?…한국 직장인 행복지수, 전 세계 하위권, 2016년 12월 2일.

_____, 민주노총, '최순실 국정조사 국회 앞서 '재벌총수 구속' 주장, 2016년 12월 6일.

_____, 광화문광장 오늘도 대규모 집회…친박단체도 총출동, 2016년 12월 10일.

옥성득, 3.1운동과 기독교, LA중앙일보, 2015년 3월 3일.

우도환. (2020). 교회가 알아야 할 대한민국 건국사. 서울: 비전드림.

울산제일일보, 인구의 날에 생각해 본다, 2017년 7월 20일.

월간조선, 이화장에 있는 '金九-류위완 대화 비망록 全文 공개, 2009년 9월호.

_____, 문재인은 공산주의자인가? 2016년 11월호.

유영익, 이승만의 삶과 꿈, 중앙M&B, 1996년 12월 28일. '유학' 참조.

위키백과

이데일리, 상위 5개 그룹, 30대 그룹 이익 95% 차지, 대기업 의존도 심화, 2016년 11월 2일.

이동호, 좌파의 불편한 진실, 촛불 주동 세력의 전략과 전술 그리고 실체, 제1차 서울대 트루스 포럼, https://www.youtube.com/watch?v=l69RqdapXpE

이승만, 일본의 침략근성(Japan Inside Out), 행복우물(번역 김창주), 2015년 11월 1일.

이승만, 네이버 이승만 인물 정보, 2016년.

이영훈, (2007). 대한민국 이야기. 서울: 기파랑.

이주영, 이승만과 기독교, 2005년 4월 14일.

자유일보, 기록적인 여당 승리… 사회주의 헌법 개정 절호의 기회?, 2020년 5월 4일.

제이칸 뉴스, 한국자살률 최고, 행복지수 땅바닥, 2013년 4월 3일.

조갑제, 반대한민국적 계급투쟁사관으로 기술된 좌편향 교과서의 실상, 월간조선, 2014, 4월호, pp. 213-222.

조갑제 닷컴, 조직적 대한민국 와해 작전에 속은 국민들, arook(회원 글), 2021년 2월 12일.

중앙일보, 한국경제, 삼성·현대차 의존도 너무 높다, 2015년 9월 30일.

_____, 박 대통령 굴욕? 승부수?…박지원 "우린 함정에 빠졌다", 2016년 11월 9일.

_____, 우리는 '아기 자판기'가 아니다. 2017년 1월 9일.

_____ [LA], '한국민, 북한 호감도 역대 최고'…아산정책연구원 여론조사, 2018년 7월 6일.

조선일보, 민주노총이 종북세력인 이유, 2012년 6월 16일.

_____, 독일의 끝없는 속죄, '1조원 추가 賠償 끌어낸 유대인, 2013년 5월 30일.

_____, 中, 일제 戰犯까지 인도적 대우… 日은 이 정신 깨뜨려, 2014년 1월 18일.

_____, 문재인, 호남에서 이순신의 12척 배를 거론, 2019년 7월 12일.

_____, 추미애가 잘못했다 38% vs 윤석열이 잘못했다 18%, 2020년 12월 3일.

_____, 통진당 해산 반대 헌재 소장, 국민이 받아들일 수 있나, 2017년 5월 20일.

_____, 인성교육에서 '孝'를 빼면 뭐가 남는가, 현용수 칼럼, 2017년 8월 11일.

_____, 韓 낙태죄 66년 만에 역사 속으로…美 빼고 세계는 낙태죄 폐지 추세, 2019년 4월 14일.

_____, "박근혜 최악이라고 욕해 미안합니다" 서울대에 뜬 사과문, 2020년 11월 27일.

_____, 작년 4분기 합계출산율 0.7명대 추락, 역대 최저, 2021년 2월 24일.

천안함 폭침(끝나지 않은 전쟁), 네이버 지식백과, 2012. 3. 15., 전쟁기념관.

파이낸셜뉴스, 청소년 '결혼·출산 기피' 무섭게 확산…정부도 뾰족한 해법이 없다, 2021년 4월 21일.

펜엔마이크, "문재인 청와대는 국가조직의 탈을 쓴 주사파-핵심친문 범죄소굴", 허현준 칼럼, 2020년 1월 14일.

_____, '국가 자살'로 치닫는 20세기 기적의 나라, 권순활 칼럼, 2018년 6월 18일.

_____, 문재인, 당신은 잊혀지고 싶겠지만 우리는 당신을 잊지 못한다. 정규재 칼럼, 2020년 1월 22일.

카드뉴스, 국정교과서, 찬성과 반대 입장의 이유를 알아보니, 2017년 01월 06일.

크리스천 라이프&에듀 라이프, 국제오픈도어선교회, '2016 국가별 박해 순위' 발표, 2016년 1월 21일.

헤럴드경제, '朴대통령 퇴진 때까지'…1000만 촛불까지 간다; 시민일보, 법, 法, 청와대 100m 앞 집회 행진 또 허용, 12월 11일.

현용수. (2005). 부모여 자녀를 제자 삼아라. 제1권. 서울: 쉐마.

_____. (2005). 부모여 자녀를 제자 삼아라. 제2권. 서울: 쉐마.

_____, (2006). *문화와 종교교육*. 서울: 쉐마.

_____, (2008). '대한민국 국민의 민족관과 국가관 그리고 세계관', *현용수의 인성교육 노하우*. 제4권 제7부 제5장. 서울: 동아일보.

_____, (2009). *자녀의 효도교육 이렇게 시켜라*. 서울: 쉐마.

_____, (2009). *잃어버린 구약의 지상명령 쉐마*. 제1권. 서울: 쉐마.

_____, (2009). *잃어버린 구약의 지상명령 쉐마*. 제2권. 서울: 쉐마.

_____, (2009). *잃어버린 구약의 지상명령 쉐마*. 제3권. 서울: 쉐마.

_____, (2011). *신앙명가 이렇게 세워라*, 전2권. 서울: 쉐마.

_____, (2013). *한국형 주일 가정식탁예배 예식서*. 서울: 쉐마.

_____, (2014). *하나님의 독수리 자녀교육*. 서울: 쉐마.

_____, (2015). *유대인 아버지의 4차원 영재교육*. 서울: 쉐마.

_____, (2015). *자녀들아 돈은 이렇게 벌고 이렇게 써라*. 서울: 쉐마.

_____, (2015). 70년간의 참담한 공산주위 실험, *돈은 이렇게 벌고 이렇게 써라(유대인의 경제신학)*, pp. 229-230.

_____, (2015). *현용수의 인성교육 노하우*. 제1권. 서울: 쉐마.

_____, (2015). *현용수의 인성교육 노하우*. 제2권. 서울: 쉐마.

_____, (2015). 하나님은 왜 성경공부를 많이 한 아론보다 애급 왕실교육을 받은 모세를 지도자로 택하셨나?, *유대인을 모델로 한 현용수의 인성교육 노하우* (제2권), pp. 195-199.

_____, (2015). *현용수의 인성교육 노하우*. 제3권. 서울: 쉐마.

_____, (2015). *현용수의 인성교육 노하우*. 제4권. 서울: 쉐마.

_____, (2015). *유대인의 고난의 역사교육*. 서울: 쉐마.

_____, (2015). 독일과 일본의 역사인식은 왜 서로 다른가?, 승리보다 패배를 더 기억하는 유

_____, 대인, 2015, 쉐마, pp. 306-310.

_____, (2015). 승리보다 패배를 더 기억하는 유대인. 서울: 쉐마.

_____, (2016). 쉐마교육을 아십니까? 서울: 쉐마.

_____, (2017). 박근혜 위기, 유대인이라면 어떻게 할까. 쉐마교육학회에서 발표(2017년 1월 9일).

_____, (2017). 유대인이라면 박근혜 위기, 어떻게 할까. 서울: 쉐마.

_____, 인성교육에서 '孝'를 빼면 뭐가 남는가, 조선일보 현용수 칼럼, 2017년 8월 11일.

_____, (2018). 고난을 기억하는 유대인의 절기교육의 파워. 서울: 쉐마.

_____, (2019). 왜 내게 분노로 채우시나이까?, 청와대 아스팔트교회 설교(2019.10.25).

_____, (2020). '하브루타식 대한민국 좌파 논리 쪼개기', 2020년 9월부터 새물결(Holy Wave)에서 정치신학 비대면 강의.

_____, (2020). 교회교육의 실패 왜 유대인 교육이 답인가. 서울: 쉐마.

_____, (2021). 유대인과 공산주의의 경제관 차이.

_____, (2021). 유대인의 성교육. 서울: 쉐마.

_____, (2021). 하브루타, 왜 아버지가 나서야 하는가. 서울: 쉐마.

_____, (2021). 하브루타, 4차원 영재교육의 비밀. 서울: 쉐마.

_____, (2021). 저출산 극복한 이스라엘의 쉐마교육 연구와 교회 임상 결과 발표. 미래목회포럼, 17-2차 발표 논문.

GMW연합, 문제인보다 나쁜 것은 보수 우익이었다, 2017년 5월 10일.

MBC 100분 토론, 전희경 저장소, 2017년 8월 14일.

MBC 뉴스 데스크, 손병산, 중무장한 비무장지대에도 '평화의 봄' 오나?, 2018년 5월 6일.

SBS 뉴스, 새 총리에 '참여정부' 인사… 김병준 교수 내정, 2016년 11월 2일.

YTN, 야3당 "빨리 탄핵 판결", '즉각 퇴진' 두고 이견, 2016년 12월 11일.

## 외국 자료

Hyun, Yong Soo. (1990). *The Relationship between Cultural Assimilation Models, Religiosity, and Spiritual Well-Being Among Korean-American College Students and Young Adults in Korean Churches in Southern California*. Doctoral dissertation(Ph.D.), Biola University, Talbot School of Theology, La Mirada CA. Ann Arbor: University Microfilms International.

Pervin and John. ed. (1999). *Handbook of Personality*. New York, NY: The Guilford Press.

Tokayer, (2016). 탈무드 5: 탈무드의 잠언집. 현용수 편역. 서울: 쉐마.

_____, (2017). 탈무드 1: 탈무드의 지혜. 현용수 편역. 서울: 쉐마.

Vine, W. E. (1985). *An Expository Dictionary of Biblical Words*. Nashville: Thomas Nelson Publishers.

Knesset, *The Times of Israel*, June 26, 2013.

Tokayer, (2016). 탈무드 5: 탈무드의 잠언집. 서울: 쉐마.

_____, (2017). 탈무드 1: 탈무드의 지혜. 서울: 쉐마.

## 인터넷 및 SNS 자료

2018 Statistical Report on Ultra-Orthodox Society in Israel. https://en.idi.org.il/articles/25385

Bonhoeffer, Dietrich. https://en.wikipedia.org/wiki/Dietrich_Bonhoeffer

괴벨스(Joseph Goebbels), https://en.wikipedia.org/wiki/Joseph_Goebbels

Hyun, Yong Soo, https://www.facebook.com/profile.php?id=100010211046139%2Fallactivity%3Fprivacy_source&dog_filter=cluster_11

Jewish happiness index, answers.google.com.

*Wikipedia* 백과, 홀로코스트. https://ko.wikipedia.org/wiki/홀로코스트#유태인

경기교육청(교육감 이재정), 사실상의 촛불집회 학생 동원 허용, 파장 클 듯, blog.naver.com/dreamteller/220865026290, 2016년 11월 18일.

김문수, 주사파가 집권한 대한민국. http://blog.daum.net/leesjh/15341551

김태산, 까치만도 못한 사람들에 대한 단상, 2021년 4월 15일, http://nkd.or.kr/community/free/view/46684/

도란도란사랑방, 산 갈매기와 죽은 갈매기, 2013년 9월 12일, http://pjw38.tistory.com/567

미국 대학교수가 수강생 전원에게 F를 준 사연, https://cafe.daum.net/oj300/Pgwb/444?q=전%20학년이%20F학점을

보수 대연합집회, 광화문 촛불집회 취재, 2016년 12월 18일, http://naver.me/xaG35gZd

성교육의 문제점, SNS. 2019.03.23.

쉐마교육연구원 홈페이지 www.shemaiqeq.org

웨스트민스터 대요리 문답. http://www.gskchurch.com/pca/westminster_larger_catechism_Kor.pdf

연평도 포격도발, 네이버 지식백과, 시사상식사전, 박문각.

유지호, 미국, 한국전쟁 이후 이승만 제거 계획 아홉 차례나 세워, https://blog.naver.com/kimhs2769/220617247380

이동호, 좌파의 불편한 진실, 촛불 주동 세력의 전략과 전술 그리고 실체, 제1차 서울대 트루스 포럼. https://m.youtube.com/watch?feature=youtu.be&v=l69RqdapXpE

\_\_\_, 종북 주사파의 실체 경험과 자유민주주의 전향 증언, https://www.youtube.com/watch?v=5H8uNW8R8Uo

이선비, 사회의 좌경화는 하루아침에 이뤄진게 아니다. 2020년 8월 5일, https://gall.dcinside.com/mgallery/board/view/?id=dngks&no=1000215

이승만, 일본의 침략근성(*Japan Inside Out*), http://cfe.org.blog.me/220799270965.

이호, 4.19 혁명과 이승만의 최후, http://blog.daum.net/hjs0040/8480032.

지뢰폭발사건, 2015년 DMZ, https://ko.wikipedia.org/wiki/2015%EB%85%84_DMZ_지뢰폭발사건.

참석자가 SNS에 보낸 사진들, 광화문 촛불집회 취재, 2016년 12월 18일. http://naver.me/xaG35gZd).

펜앤드마이크, 정규재 칼럼, 2020년 1월 22일, http://www.pennmike.com

프랑스의 68운동, https://ko.wikipedia.org/wiki/프랑스의_68운동

프랑스의 자살, https://ko.wikipedia.org/wiki/프랑스의_자살

카톡방, 어느 스님의 증언.

현용수, 유대인 전문가가 본 한일 갈등에 대한 견해, https://blog.naver.com/dreamteller/221610564174, 2017년 8월.

____, 경제 전문인과 민주 투사의 공과(功過) 차이, https://blog.naver.com/kabsoonhwang/221436475158, 2019년 1월 4일.

____, 낙태법, 이스라엘과 한국의 차이와 이유, https://blog.naver.com/dreamteller/221515962695, 2019년 4월 15일.

____, 우한폐렴으로 문 닫은 교회, 대안은 쉐마다, https://blog.naver.com/shemaiqeq/221860111854, 2020년 3월 18.

____, 이승만 대통령 서거 55주년 추도예배 권면사. 새물결 이승만 광장』 주최, 2020년 7월 19일. 쉐마카톡방.


### 유튜브 동영상

김지연 약사, 동성애 바로 알고 바로 돕자, 여의도순복음교회편, GMW연합. https://youtu.be/8oQtpINGyWc

이동호, 좌파의 불편한 진실, 촛불 주동 세력의 전략과 전술 그리고 실체, 제1차 서울대 트루스 포럼. https://m.youtube.com/watch?feature=youtu.be&v=l69RqdapXpE

이정훈 (울산대학교 법학과), 동성애와 이데올로기, CTS울산. https://youtu.be/fPWS-MkeqkA

이호 목사, *하나님의 기적, 대한민국 건국*.

    1강: https://youtu.be/OGBg1IkFGhs

    2강: https://youtu.be/O8IugheG1zo

    3강: https://youtu.be/YhKxRQr-Q90

    4강: https://m.youtube.com/watch?v=fLg7QMazP84

황장엽 선생이 경고한 햇볕정책의 *3가지 거짓 가면*. https://www.youtube.com/watch?v=XWuI7CxJBXw

채널 A(채널 18), *이제 만나러 갑니다*, 북한 인권이 거의 전 회에 소개됨.

TV 조선(채널 19), *모란봉 클럽*, 북한 인권이 거의 전 회에 소개됨.

# 교육 혁명이 시작되었습니다!
## - 가정교육 · 교회교육 · 교회성장 위기의 대안 -

### 자녀교육 + 교회성장 고민하지요?

Q1: 왜 현대 교육은 점점 발달하는 데 인성은 점점 더 파괴되는가?
Q2: 왜 자녀들이 부모와 코드가 맞지 않아 갈등을 빚는가?
Q3: 왜 대학을 졸업하면 10%만 교회에 남는가? 교회학교의 90% 실패 원인은?
Q4: 왜 해외 교포 자녀들이 남은 10%라도 부모교회를 섬기지 않는가?
Q5: 왜 현대인에게 전도하기가 힘든가?

### 근본 대안은 유대인의 인성교육과 쉐마교육에 있습니다

- 어떻게 유대인은 위의 문제를 4,000년간 지혜롭게 해결하고 세계를 지배하고 있는가?
- 어떻게 유대인은 아브라함 때부터 현재까지 세대차이 없이 자손 대대로 말씀을 전수 하는데 성공했는가?

### ■ 쉐마교육연구원은 무슨 일을 하나?

**1. 2세 종교교육 방향제시**
혼돈 속에 있는 2세 종교교육의 방향을 성경적이고 과학적인 연구에 의해 옳은 방향으로 제시해 준다.

**2. 성경적 기독교교육 재정립**
유대인의 자녀교육과 기존 기독교교육 자료를 중심으로 백년대계를 세울 수 있도록 한국인에 맞는 기독교교육 방법을 재정립한다.

**3. 한국인에 맞는 기독교교육 자료(내용) 개발**
현 한국 및 전 세계 한국인 디아스포라를 위해 한국인의 자녀교육에 맞는 기독교교육 내용을 개발한다.

**4. 해외 및 기독교교육 문제 연구**
시대와 각 지역 문화의 변화에 대처하기 위해 계속 연구하고 대안을 제시한다.

**5. 교회교육 지도자 연수교육**
각 지교회에 새로운 교회교육 지도자를 양성 보충하며 기존 지도자의 필요를 충족시켜준다.

**6. 청소년 선도 교육 실시**
효과적인 청소년 교육 프로그램을 개발하여 선도교육을 실시한다.

**7. 효과적 성서 연구 및 보급**
성경을 교육학적으로 보다 깊이 연구하고 효과적인 전달 방법을 개발하여 이를 보급한다.

**8. 세계 선교 교육**
본 연구원의 교육 이념과 자료가 세계 선교로 이어지게 한다.

## ■ '쉐마지도자클리닉'이란 무엇인가?

쉐마교육연구원은 세계 최초로 현용수 교수에 의해 설립된, 인간의 인성과 성경적 쉐마교육을 가르치는 인성교육 전문 교육기관이다. 본 연구원에서 가르치는 핵심 교육의 내용 역시 현 교수가 하나님이 주신 지혜로 계발한 것들이며, 거의 모두가 세계 최초로 소개된 인성교육의 원리와 실제를 함께 가르치는 성경적 지혜교육이다. 본 연구원은 바른 인성교육 원리와 쉐마교육신학으로 가정교육·교회교육·교회성장 위기의 대안을 제시해 준다.

쉐마교육연구원에서 주관하는 '쉐마지도자클리닉'은 전체 3학기로 구성되어 있다. 1주 집중 강의로 3차에 걸쳐 제1학기는 '유대인을 모델로 한 인성교육 노하우', 제2학기는 '유대인의 쉐마교육'이 국내에서 진행된다. 제3학기는 '유대인의 인성 및 쉐마교육 미국 Field Trip'으로 미국에서 진행되며 현용수 교수의 강의는 물론 L.A.에 소재한 유대인 박물관, 정통파 유대인 회당 및 안식일 가정 절기 견학 등 그들의 성경적 삶의 현장을 견학하고, 정통파 유대인 랍비의 강의, 서기관 랍비의 양피지 토라 필사 현장 체험을 한 후 현지에서 졸업식으로 마친다.

3학기를 모두 마친 이수자에게는 졸업 후 쉐마를 가르칠 수 있는 'Teacher's Certificate'를 수여하여 자신이 섬기는 곳에서 쉐마교육을 가르칠 수 있도록 도와준다.

## ■ 누가 참석해야 하는가?

- 기존 교육에 한계를 느끼고 자녀교육과 교회학교 문제로 고민하시는 분.
- 한국 민족의 후대 교육을 고민하며 그 대안을 간절히 찾고자 하시는 분.
- 하나님의 말씀을 자손에게 물려줄 수 있는 비밀을 알고자 하시는 분.
- 유대인의 효도교육의 비밀과 천재교육+EQ교육의 방법을 알고자 하는 분.

---

미국 : 3446 Barry Ave. Los Angeles, California 90066 USA
쉐마교육연구원 (310) 397-0067
한국 : 02)3662-6567, 070-4216-6567, Fax. 02)2659-6567
www.shemaiqeq.org  shemaiqeq@naver.com

# IQ · EQ 박사 현용수의 유대인 교육 총서

| 총론 | 인성교육론 + 쉐마교육론의 총론:<br>IQ는 아버지 EQ는 어머니 몫이다 전3권 ||||
|---|---|---|---|
| 인성교육 시리즈 | 현용수의 인성교육 노하우 1<br>- 인성교육이란 무엇인가 - | 현용수의 인성교육 노하우 2<br>- 인성교육의 본질과 원리 - | 현용수의 인성교육 노하우 3<br>- 인성교육과 EQ + 예절 교육 - |
| | 현용수의 인성교육 노하우 4<br>- 다문화 속 인성 · 국가관 - | 문화와 종교교육<br>- 박사 학위 논문을 편집한 책 - | IQ · EQ 박사 현용수의<br>쉐마교육 개척기<br>- 자서전 - |
| | 가정해체로 인한 인성교육<br>실종 대재앙을 막는 길<br>- 논문 - | 이스라엘을 모델로 좌파<br>논리 쪼개기 (기독교인의 바<br>른 국가관과 정치관) - 논문 - | |
| 쉐마교육 시리즈 | 쉐마교육을 아십니까<br>- 쉐마목회자클리닉 간증문 - | 실패한 다음세대 교육,<br>왜 유대인 교육이 답인가<br>- 부모여 자녀를 제자 삼아라1 - | 세계선교의 한계,<br>왜 유대인 교육이 답인가<br>- 부모여 자녀를 제자 삼아라2 - |
| | 잃어버린 구약의 지상명령<br>쉐마 전3권<br>- 교육신학의 본질 - | 하브루타, 왜 아버지가<br>나서야 하는가<br>- 아버지 신학 (제1권) - | 유대인 아버지의<br>4차원 영재교육의 비밀<br>- 아버지 신학 (제2권) - |
| | 자녀들아, 돈은 이렇게<br>벌고 이렇게 써라<br>- 경제 신학 - | 자녀의 효도교육 이렇게 시<br>켜라 전3권<br>- 효신학 - | 신앙명가 이렇게 시켜라<br>전2권<br>- 가정 신학 - |
| | 성경이 말하는 남과 여<br>한 몸의 비밀<br>- 부부 · 성 신학 - | 성경이 말하는 어머니의<br>EQ 교육 전2권<br>- 어머니 신학 - | 한국형 주일가정식탁예배<br>예식서 + 순서지<br>- 가정예배 - |
| | 하나님의 독수리<br>자녀교육<br>- 고난교육신학 1 - | 유대인의<br>고난의 역사교육<br>- 고난교육신학 2 - | 승리보다 패배를<br>더 기억하는 유대인<br>- 고난교육신학 3 - |
| | 고난을 기억하는<br>유대인 절기교육의 파워<br>- 고난교육신학 4 - | 유대인의 고난의<br>역사현장교육<br>- 고난교육신학 5 - | 제2의 이스라엘 민족 한국인<br>- 한국인과 유대인의 유사점<br>107가지 |
| 탈무드 시리즈 | 탈무드 1 : 탈무드의 지혜<br>(원저 마빈 토카이어, 편저 현용수) | 탈무드 2 : 탈무드와 모세오경<br>(원저 마빈 토카이어, 편저 현용수) | 탈무드 3 : 탈무드의 처세술<br>(원저 마빈 토카이어, 편저 현용수) |
| | 탈무드 4 : 탈무드의 생명력<br>(원저 마빈 토카이어, 편저 현용수) | 탈무드 5 : 탈무드 잠언집<br>(원저 마빈 토카이어, 편저 현용수) | 탈무드 6 : 탈무드의 웃음<br>(원저 마빈 토카이어, 편저 현용수) |
| | 옷을 팔아 책을 사라<br>(원저 빅터 솔로몬,<br>편저 현용수, 쉐마) | | |

## 이런 순서로 읽으세요 〈전40여권〉

### - 인성교육론과 쉐마교육론 -

- 전체 유대인 자녀교육에 대한 총론을 알려면
  - 《IQ는 아버지 EQ는 어머니 몫이다》 (전3권)
- 유대인을 모델로 한 인성교육의 원리를 이해하려면
  - 《현용수의 인성교육 노하우》 (전4권)
- 인성교육론이 나오게 된 학문적 배경을 이해하려면
  - 《문화와 종교교육》 (현용수의 박사학위 논문)
  - 《IQ·EQ 박사 현용수의 쉐마교육 개척기》 (현용수의 자서전)
- 왜 기독교교육에 유대인 교육이 필요한지를 알려면
  - 《실패한 다음세대교육, 왜 유대인 교육이 답인가》
  - 《세계선교의 한계, 왜 유대인 교육이 답인가》
- 쉐마교육론(교육신학)이 나오게 된 성경의 기본 원리를 알려면
  - 《잃어버린 구약의 지상명령 쉐마》 (전3권)
- 가정 해체와 인성교육과의 관계를 알려면
  - 《가정 해체로 인한 인성교육 실종 대재앙을 막는 길》
- 대한민국 자녀의 이념교육 교재
  - 《이스라엘을 모델로 좌파 논리 쪼개기》 (기독교인의 바른 국가관과 정치관)
- 쉐마교육에 대하여 자세히 알고 싶으시면
  - 《쉐마교육을 아십니까》

### 각 쉐마교육론을 더 깊이 연구하려면 다음 책들을 읽으세요

- 아버지 신학 《하브루타, 왜 아버지가 나서야 하는가》 (제1권)
- 아버지 신학 《유대인 아버지의 4차원 영재교육의 비밀》 (제2권)
- 경제 신학 《자녀들아, 돈은 이렇게 벌고 이렇게 써라》
- 효 신학 《자녀의 효도교육 이렇게 시켜라》 (전3권)
- 가정 신학 《신앙명가 이렇게 세워라》 (전2권)
- 부부·성 신학 《유대인의 성교육》
- 어머니 신학 《성경이 말하는 어머니의 EQ 교육》 (전2권)
- 가정예배 《한국형 주일가정식탁예배 예식서》 (별책부록: 순서지)
- 고난교육신학 1 《하나님의 독수리 자녀교육》
- 고난교육신학 2 《유대인의 고난의 역사교육》
- 고난교육신학 3 《승리보다 패배를 더 기억하는 유대인》
- 고난교육신학 4 《고난을 기억하는 유대인 절기교육의 파워》
- 고난교육신학 5 《유대인의 고난의 역사현장교육》

앞으로 더 많은 교육 교재가 발간될 예정입니다. 계속 기도해 주세요.